教育部人文社会科学重点研究基地重大项目"'一带一路'不同类型国家教育制度与政策研究"（课题编号：17JJD880006）

教育部人文社会科学重点研究基地北京师范大学国际与比较教育研究院资助出版

"一带一路"不同类型国家教育制度与政策研究 主编◎顾明远

泰国教育制度与政策研究

阚　阅　徐冰娜◎著

人民出版社

总　序

2013 年 9 月和 10 月，习近平主席分别提出建设"新丝绸之路经济带"和"21 世纪海上丝绸之路"的合作倡议（简称"一带一路"倡议），强调加强沿线国家间的政策沟通、道路联通、贸易畅通、货币流通和民心相通。这一倡议是习近平"人类命运共同体"思想的具体体现。与沿线国家共创、共建、共赢，推动沿线各国经济繁荣、人民友好、和谐共处，维护世界和平；同时提升我国在世界经济体系中的地位，提高我国在国际社会、政治舞台上的话语权。要达成这些目标，单方面的物质投入是不够的，需要进一步加强人文交流，做到民心相通。而教育对于促进沿线地区和国家间的文化交流，加强彼此间的理解与认识，缓解因文化、民族等差异而引发的矛盾和冲突有着不可替代的作用。

2016 年 7 月，我国教育部牵头制订了《推进共建"一带一路"教育行动》，将开展教育互联互通合作作为首要合作重点，提出要开展"一带一路"教育法律、政策协同研究，构建沿线各国教育政策信息交流通报机制，为沿线各国政府推进教育政策互通提供决策建议，为沿线各国学校和社会力量开展教育合作交流提供政策咨询。中共中央、国务院 2019 年印发的《中国教育现代化 2035》再次提出要扎实推进"一带一路"教育行动。"一带一路"沿线国家国情不一，文化多元，要实现互联互通，首先要加强对这些国家教育制度与政策的了解。

改革开放以后，为了尽快恢复教育秩序，赶上发达国家的教育现代化步伐，我国比较教育研究的对象主要是西方发达国家。虽然 21 世纪以来我们开始关注非洲、拉丁美洲诸国的教育，但对许多"一带一路"沿线国家的教育研究得甚少，而这些基础性的研究恰恰是有效推进"一带一路"行动的必要依据。在这一背景下，我主持了教育部人文社科学重点研究基地 2017—2020 年重大项目"'一带一路'不同类型国家教育制度与政策研究"。本套丛书便是这一课题的主要研究成果。

由于各种现实条件的限制，我们难以对所有"一带一路"沿线国家开展研究。在综合考虑文明类型、地缘政治地位以及和我国的交流合作基础等因素后，我们遴选了俄罗斯、新加坡、泰国、印度、哈萨克斯坦和伊朗这六个有一定典型性和代表性的沿线国家开展国别研究，形成了本丛书。丛书着重论述了六个国家的教育文化传统、教育基本制度、最新教育政策以及对外开放形势。另外，丛书还重点分析了这六个国家与我国教育交流合作的进展、经验，以及当前面临的问题和挑战，以期为我国下一步的战略选择提供参考。

丛书由我担任主编，是多校科研团队通力合作的成果。各分册作者如下：《俄罗斯教育制度与政策研究》由北京师范大学国际与比较教育研究院肖甦、朋腾负责；《新加坡教育制度与政策研究》由北京师范大学国际与比较教育研究院丁瑞常、康云菲负责；《泰国教育制度与政策研究》由浙江大学阚阅、徐冰娜负责；《印度教育制度与政策研究》由贵州财经大学杨洪、车金恒负责；《哈斯克斯坦教育制度与政策研究》由新疆师范大学阿依提拉·阿布都热依木、北京师范大学国际与比较教育研究院朋腾负责；《伊朗教育制度与政策研究》由宁夏大学王锋、王丽莹负责。

本丛书覆盖的国别还非常有限，而且主要偏于对各国教育基本情况的介绍，研究广度和深度还有待进一步拓展。由于时间紧、任务重，丛书难免存在疏漏、错误等情况，我在此恳请读者批评指正，也诚邀学界同仁加入"一带一路"教育研究队伍中来。

是为序。

2020 年 9 月 22 日

目　录

第一章　泰国教育的历史发展与文化传统

　　泰王国（The Kingdom of Thailand）简称泰国，旧称暹罗①（Siam），是一个君主立宪制国家。泰国地理位置优越，位于中南半岛中南部，是通往东南亚的门户，因其在东南亚乃至亚洲的中心战略位置而获益匪浅。泰国是新兴工业国家和新兴市场经济体之一，在 20 世纪 90 年代就跻身"亚洲四小虎"。同时，泰国在国际竞争中也体现出很强的竞争力。据瑞士洛桑国际管理发展学院（IMD）发布的 2019 年世界竞争力排行（IMD World Competitiveness Ranking 2019），泰国在 63 个主要国家的竞争力排行中位居第 25 位，② 在世界经济论坛（WEF）《2019 年全球竞争力报告》（*The Global Competitiveness Report 2019*）中，泰国的全球竞争力在 141 个国家中位列第 40 位，在亚太国家和地区中位居第 10 位。③ 泰国也是东南亚国家一体化组织——东盟（ASEAN）的重要成员。2015 年 12 月，泰国及其东盟邻国开始形成一个新的经济共同体，在整个地区创建了一个由自由流动的劳动力、贸易和投资组成的单一竞争市场。

---

① 1939 年銮披汶·颂堪（Plaek Phibunsongkhram）政府颁布政府通告，正式将国名从暹罗改为泰国，英语的国家名称为 Thailand，民族和国籍的名称为 Thai。

② Institute for Management Development. *IMD World Competitiveness Ranking 2019*.

③ Klaus Schwab. *The Global Competitiveness Report 2019*，Geneva：World Economic Forum，2019，p.xiii.

第一节　泰国教育的历史发展

"教育"在泰语中的词汇为 การศึกษา，即 kansueksa。其中，การ 即 kan 是名词前缀，šueksa（或 šuksa）源自巴利语中的 ศึกษา，即 sanskrit（siksa 或 sikkha）。泰语中"教育"一词的词根为 śak，其含义为"具有……的能力"（to be capable），由之 sueksa 的含义为"希望具有……的能力"（to want to be capable）。因此，从词源的角度而言，泰语中的"教育"主要是指发展智慧和能力的过程，其含义是使一个人更有能力和更具胜任力的学习的过程。而正规教育指的是为了促进儿童知识、技能、精神运动、性格和道德价值观等的全面发展，同时也包括培养学生具有社会责任感的自我和家庭支持能力。[1]

泰国于公元 1238 年形成较为统一的国家，先后经历素可泰（Sukhothai）（1238—1438）、大城（Ayutthaya）（1350—1767）、吞武里（Thonburi）（1767—1782）和曼谷 / 却克里[2]（Bangkok / Chakri）（1782 年至今）四个主要的王朝。可以说，自古以来，泰国社会一直高度重视教育，并在相当长的历史时期内，不断发展和形成了两种不同类型的教育：一是面向王子和贵族子弟提供的宫廷教育；二是面向平民在寺院和家庭中进行的宗教教育和家庭教育。[3] 然而，泰国在其漫长的历史发展进程中并没有建立起正规的学校系统，知识和技能主要是在家庭中非正式地由父母教授给子女。其中，最典型的就是非正式职业教育。例如，父亲教授儿子从事种植水稻、雕刻、木工、绘画、建筑甚至政府管理等行业或手工艺活

---

[1]　Her Royal Highness Princess Maha Chakri Sirindhorn. "History and Development of Thai Education", in *Education in Thailand：An Old Elephant in Search of a New Mahout*, Gerald W. Fry（Ed.），Singapore：Springer Nature Singapore Pte Ltd.，2018，p.4.

[2]　曼谷王朝又称却克里王朝（Chakri Dynasty），建立者为昭披耶·却克里（Chao P'ya Chakri），中文名郑华，史称拉玛一世，1782—1809 年在位。

[3]　Runchana P. Suksod-Barger. *Religious Influences in Thai Female Education（1889-1931）*. Cambridge：James Clarke & Co.，2014，p.40.

动，以及母亲教授编织和烹饪之类的内容。除家庭以外，泰国的佛教寺庙不仅具有宗教的职能，同时也是知识和日常技术的主要来源。泰国的教育场所通常是在寺庙，教师一般由僧侣来担任，学生也往往仅限于男孩。相对而言，只有宫廷及贵族家庭子弟会享有更正规的教育。①

在整个发展过程中，泰国教育制度或多或少与该国社会经济状况的发展相平行。正如有学者指出的，在泰国早期漫长的历史中，教育几乎没有改变。西方思想的传播和渗透才带来了新的经济、政治和社会需要，并由此推动了教育的变革。② 在泰国教育部对泰国教育历史"早期发展"（Early Development）、"改革与现代化"（Reform and Modernization）以及"教育部的建立"（The Emergence of the Ministry of Education）三个时期③ 描述的基础上，本书进一步增加了对泰国现代教育发展特别是新世纪以来教育发展的回顾。

一、早期的教育发展

素可泰时期是泰国教育的奠基时期。13 世纪，当素可泰成为泰国都城之时，教育开始发端。1283 年，素可泰王朝的一位国王兰甘亨④（Ram Kamhaeng）以孟语（Mon）和高棉语（Khmer）的文字为基础首次创造了泰文文字。虽然当时创立的这套文字已与今天的文字完全不同，但它仍被追溯为今天泰文的起源。1292 年，兰甘亨国王在他的石刻铭文上第一次使用新的文字。尽管经历了很多的变化，部分原始文字仍在使用。素可泰的石刻记录了当时道德、知识和文化方面的教育情况。素可泰时期的教育

① Her Royal Highness Princess Maha Chakri Sirindhorn. "History and Development of Thai Education", in *Education in Thailand: An Old Elephant in Search of a New Mahout*, Gerald W. Fry (Ed.), Singapore: Springer Nature Singapore Pte Ltd., 2018, p.4.
② Thamrong Buasri. "Education in Thailand", in *Education in South-East Asia*, Trevor William George Miller (Ed.), Sydney: Ian Novak, 1968, p.138.
③ Ministry of Education. *Education in Thailand: History in the Making*, 2020 年 1 月 15 日，见 http://www.moe.go.th/main2/article/e-hist01.htm#e-sch.3.
④ 兰甘亨，素可泰王朝第 3 位国王，1279—1298 年在位。

主要在宫廷和佛教寺庙中进行。在早期，泰国社会绝大部分人是农民，他们没有或很少学习文化，普通泰国人感兴趣的主要是他们的子女未来从事的职业。对他们来说，日常教育就是在拓展的家庭社会规范背景下学习农业技能和社交技能。[①] 有学者认为，事实上这两种学习目的往往是联系在一起的。当时很流行的一种做法就是把孩子送到叔叔或姑妈家使其学习各种职业技艺，并建立起对家庭亲属关系的理解。[②]

在其后的大城时期，泰国的教育得到进一步的发展。这一时期，王子、贵族出身的男孩和平民的基本教育结构被大城王朝的宫廷和人民所采用，并且在曼谷王朝早期仍然盛行。在这个时期，值得一提的是，那莱[③]（Narai）国王在位期间，学习泰文的教科书《摩尼珠》（*Chindamani*）面世，该书是王室星象家奉那莱国王之命编撰的，也是当时最权威的泰文教科书。[④] 该书一经面世就非常受欢迎，直到朱拉隆功[⑤]（Chulalongkorn）国王在位时仍在使用。该书也被认为是泰国第一本泰语的教科书。总而言之，这个时期的教育仍为学术性的教育，有关职业培训的内容一般只是在家庭中或者通过学徒的形式来获得。17 世纪末，即大城王朝末期，建筑、天文、军事技术和海上贸易等西方知识和技术开始传入泰国社会，这正好与西方的科学技术时代相吻合。随着时间的推移，西方技术输入泰国的浪潮不断增强。

二、改革与现代化时期

曼谷王朝时期是泰国教育的改革与现代时期。1767 年大城王朝覆灭

---

① Chaveewan Mekaroonkamol. *Education Reform in Thailand*：*A Comparative Study of Its Impact on Primary Education in Phichit and Suphanburi Provinces*，New Delhi：Jawaharlal Nehru University，2003，pp.25-26.

② Chalio Buripakdi and Pratern Mahakhan，"Thailand"，in *Schooling in the ASEAN Region*，T. Neville Postlethwaite and R. Murray Thomas（eds），Oxford：Pergamon Press，1980，p.230.

③ 那莱大帝（Somdet Phra Narai），大城王朝第 28 位国王，1656—1688 年在位。

④ 段立生：《泰国通史》，上海社会科学出版社 2019 年版，第 293 页。

⑤ 朱拉隆功史称拉玛五世（Rama V），曼谷王朝第 5 位国王，1868—1910 年在位。

后，取而代之的是短暂的吞武里王朝，拉玛一世在曼谷建都，并成为当今曼谷王朝的第一位国王。他通过改革佛教对公共教育的发展产生了影响。

在 19 世纪西方帝国主义和殖民主义的全球扩张中，泰国也未能幸免。在策陀①（Nangklao）国王和蒙固②（Mongkut）国王在位期间，西方帝国主义和殖民主义越来越成为泰国面临的主要威胁。当时，出于迫切的国家现代化的需要，同时也作为一种避免殖民化的策略，泰国别无选择地按照西方标准进行了现代化。这种情势也要求实现教育的现代化，以培养高技能的人才。由此，西方教育体系被引入泰国。③

19 世纪早期造船、医学和教育被引入泰国。当时，泰国君主持开放的态度，允许传教士进入该国从事宗教和世俗活动。1848 年，蒙固国王在位期间，基督教长老会传教士在泰国创办了王朗学堂（Wang Lang School），该学校后来成为泰国最成功的女校——瓦塔纳威达亚学院（Wattana Wittaya Academy）。1852 年，基督教新教传教士创办了泰国第二所私立学校——曼谷基督教学院（Bangkok Christian College），该校专门招收男生。19 世纪后期，殖民主义在东方的传播，尤其是印刷技术的发展，对泰国教育产生了巨大的影响。④ 随着西方传教士和商人的到来，印刷术这种现代技术也随之传入泰国，泰国由此开始出现以泰文印刷的书籍。1858 年，蒙固国王命令政府建立自己的印刷所，并开始印刷《皇家公报》（Rajkitchanubeksa），一直持续到今天。在曼谷王朝早期，泰国与外国签订了一些友好条约和商业条约。自从英语成为远东的通用语后，蒙

---

① 策陀史称拉玛三世（Rama III），中文名郑福，曼谷王朝第 3 位国王，1824—1851 年在位。

② 蒙固史称拉玛四世（Rama IV），中文名郑明，曼谷王朝第 4 位国王，1851—1868 年在位。

③ Her Royal Highness Princess Maha Chakri Sirindhorn. "History and Development of Thai Education", in *Education in Thailand: An Old Elephant in Search of a New Mahout*, Gerald W. Fry (Ed.), Singapore: Springer Nature Singapore Pte Ltd., 2018, p.6.

④ Chaveewan Mekaroonkamol, *Education Reform in Thailand: A Comparative Study of Its Impact on Primary Education in Phichit and Suphanburi Provinces*, New Delhi: Jawaharlal Nehru University, 2003, pp.26-27.

固国王意识到，佛教寺庙和宫廷提供的教育对未来的政府官员来说是不够的，因此，他命令采取措施推动泰国的教育现代化，并且将良好的英语知识作为新的教育要求的一部分。

而后，朱拉隆功国王进一步推进教育现代化政策。朱拉隆功认识到王室和政府机构需要训练有素的人员，他于 1871 年在王宫中开办了一所学校来教育年轻的王子和贵族子弟。这是第一所现代意义上的泰国学校，它拥有自己独立的校舍、教师和课表。在第一所学校成立后不久，泰国颁布了《关于学校教育的命令宣言》(*Command Declaration on Schooling*)。值得注意的是，虽然该宣言标志着正规教育在朱拉隆功国王统治时期的产生，但实际上当时的教育系统基本上仍是为精英阶层服务的。此后不久，朱拉隆功国王在王宫里建立了一所英语学校，为王子和王室子弟出国深造做准备，并在王宫外建立了许多为平民子弟提供教育的学校。1887 年，朱拉隆功国王建立了教育厅 (Department of Education)，以监督王国的教育和宗教事务。教育厅成立时，下辖各府和首都地区的 34 所学校、81 名教师和 1994 名学生，其中包括在首都地区的 4 所高级学校 (advanced schools)。教育厅的建立意味着泰国的教育由此成为一种国家规划的事业，意味着教育发展比以往更具系统性。

三、教育部时期

1892 年，朱拉隆功国王进行了泰国行政和政治改革。作为改革的试验性措施，泰国设立了国防、外交、内政、地方政府、王室 (Royal Household)、财政、农业、司法、公共工作 (Public Work)、战争和掌玺 (Privy Seal) 等 12 个部 (ministry)。于当年 4 月 1 日设立的公共教育部①

---

① 泰国在大成王朝崔洛克国王 (Trailok, 1431—1488) 时期就已建立教会管理厅 (Department of Church Administration)，在泰国皇家一般转录系统 (RTGS) 中表述为 Krom Dhammakan。在朱拉隆功国王行政体系现代化改革过程中，该厅升格具有部级地位，在泰国皇家一般转录系统中表述为 Krasuang Dhammakan，字面意思为宗教事务部 (Ministry of Religious Affairs)，亦称公共教育部 (Ministry of Public Instruction)，负责整个国家的教育、宗教、卫生保健和博物馆事务。1941 年，根据《政府机构重组

(Ministry of Public Instruction) 就是 12 个部中的一个, 丹隆[①] (Damrong Rajanubhab) 亲王担任首任公共教育部部长。1898 年, 泰国制定了第一个《教育计划》(*Education Plan*)。该计划分为两个部分: 第一部分关注的是曼谷地区的教育, 第二部分为各府的教育。该教育计划最重要的特点是涵盖了从学前教育、初等教育、中等教育、技术教育直至高等教育等所有层次的教育组织。1902 年, 受美国和日本教育制度的影响, 泰国颁布了《教育公告》(*Education Proclamation*)。[②] 同年, 泰国颁布的《暹罗国家教育系统》(*National System of Education in Siam*) 保留了 1898 年《教育计划》中的各个教育层次, 并将其整合为两大类, 即普通教育 (general education) 和专业教育 (professional education) 或技术教育 (technical education)。该教育改革文件的另一个特点是, 对学生入学年龄设置了各种限定, 以激励他们在预定的时间内毕业。此后, 工艺美术学校 (School of Arts and Crafts) 于 1913 年在曼谷建立。1916 年朱拉隆功大学 (Chulalongkorn University) 的建立标志着泰国高等教育的发端, 该大学设有医学、法律与政治科学、工程学以及文学与科学等 4 个学院。1921 年泰国制定并颁布了《义务初等教育法》(*Compulsory Primary Education*

法》(*Restructuring of Government Agencies Act B.E. 2484 (1941)*) 的规定, 公共教育部改组为教育部 (Ministry of Education), 改组后的教育部设有宗教事务司 (Department of Religious Affairs)。参见 Somboon Suksamran, *Buddhism and Politics in Thailand: A Study of Socio-political Change and Political Activism of the Thai Sangha*, Singapore: Institute of Southeast Asian Studies, 1982, p.27 及 Yongyuth Chalamwong and Wanwisa Suebnusorn, "Vocational Education in Thailand: Its Evolution, Strengths, Limitations, and Blueprint for the Future", in *Education in Thailand: An Old Elephant in Search of a New Mahout*, Gerald W. Fry (Ed.), Singapore: Springer Nature Singapore Pte Ltd., 2018, p.167.

① 丹隆亲王 (1862—1943), 泰国曼谷王朝国王拉玛四世蒙固之子。丹隆是一位自学成才的历史学家, 也是他那个时代最有影响力的泰国知识分子之一。他通常被视为泰国现代教育系统和现代府级行政管理系统的奠基者。

② Chaveewan Mekaroonkamol, *Education Reform in Thailand: A Comparative Study of Its Impact on Primary Education in Phichit and Suphanburi Provinces*, New Delhi: Jawaharlal Nehru University, 2003, p.29.

Act）。根据该法的规定，泰国所有儿童，无论男女，都必须接受 4 年的初等教育。这是泰国教育的一个重大发展，它使以前无法进入教育系统的女孩也能够接受教育。在该法颁布后，泰国建立起很多免费的政府学校（government schools）。

四、新政体时期

1929—1933 年，资本主义世界爆发了严重的经济危机，这也给第一次世界大战后刚刚被纳入到资本主义世界经济体系的泰国带来沉重的打击。泰国国民经济受到严重影响，工农业生产停滞不前，广大农民和工人生活每况愈下，中下层官吏不满情绪滋长，社会矛盾不断激化。泰国社会和封建专制政体的重重危机导致了 1932 年 6 月 24 日的政变。暹罗人民党领导的政治运动结束了素可泰王朝以来相沿 600 多年的君主专制统治。

泰国国家政治体制的变化必然导致教育制度的变化。1932 年标志着泰国进入了一个新时代，泰国的政府体制由绝对君主制向君主立宪制转变，这导致了泰国教育体制的重新定位。为了维持新型的政府，泰国教育更倾向于政治社会化（political socialization）。[1] 特别是 20 世纪 30 年代初期以来，教育制度发生了进一步的变化。泰国政府也将教育视为一种投资，并清楚地认识到必须要认真规划，从而使教育与正在现代化的工业化国家不断变化的社会和经济需求紧密联系在一起。[2]

事实上，1932 年政变后，新宪法规定只有识字的人才能参加政治选举，这本身对泰国的教育就是一个很大的促进。[3] 而且新宪法第 56 条也规定，所有泰国国民应完成 4 年的小学教育。同时，泰国制定的第一个《国家教育计划》（*National Education Scheme*）使个人的教育权利（无论其性

---

[1] Chaveewan Mekaroonkamol. *Education Reform in Thailand：A Comparative Study of Its Impact on Primary Education in Phichit and Suphanburi Provinces*，New Delhi：Jawaharlal Nehru University，2003，p.30.

[2] Thamrong Buasri. "Education in Thailand"，in *Education in South-East Asia*，Trevor William George Miller（Ed.），Sydney：Ian Novak，1968，p.138.

[3] 田禾、周方冶：《列国志·泰国》，社会科学文献出版社 2005 年版，第 310 页。

别、社会背景或身体状况）都得到正式承认。这是泰国推出的第一个正式的综合性教育计划，该计划强调实施 4 年的初等教育和 8 年的中等教育。1933 年，泰国提出了扩大教育机会、发展扫盲教育、发展高等教育的若干重要原则。次年，泰国法政大学（Thammasat University）建立。1936 年，泰国进一步完善了 1932 年的《国家教育计划》，提出政府的目标是"使每个公民都有权接受教育，以充分实现每个公民的民主权利"，[①] 并建立起包括学前或幼儿园教育、初等教育、中等教育、大学预科教育和高等教育等在内的五个层次的教育。泰国 1951 年的《教育计划》（*Education Plan*）则进一步促进了特殊教育和成人教育。同年，泰国还加入了联合国教科文组织（UNESCO），自此泰国的教育不断与国际接轨并得到国际社会的支持。

五、战后重建时期

第二次世界大战之后，泰国政府面临着重建的任务，为了实现这一目标，人们把新的希望和理想寄托在教育上，将其视为社会和经济发展的一种手段。

为适应经济和政治的发展，泰国于 1960 年对《国家教育计划》做出进一步的调整，泰国中小学的学制结构改为"4–3–3–2"制。由于泰国政府面临着遏制普遍文盲和在尽可能短的时间内培训男女青年以适应充满活力的发展进程的双重挑战，因此，泰国将初等教育延长到 7 年，将中等教育变得更加灵活，以满足学生才智的发展以及社会日益增长的科学和商业发展的需要。这一揽子计划成为最初 6 年泰国全面发展计划的一部分。1960 年的《国家教育计划》也奠定了目前泰国教育总体目标的基础。[②] 该计划由德育、体育、智育和实践教育 4 个主要部分组成。其中，德育包括伦理与修养、道德责任和服务精神；体育包括促进良好的身心健康和运动

---

① 段立生：《泰国通史》，上海社会科学出版社 2019 年版，第 294 页。

② Thamrong Buasri. "Education in Thailand", in *Education in South-East Asia*, Trevor William George Miller（Ed.），Sydney：Ian Novak，1968，p.148.

精神；智育是指提高思维能力，获取知识、原则和实践，从而过上有益的幸福生活；实践教育包括培养勤奋的习惯、毅力和培养精神技能，这些是良好生活和职业成功的基础。此后，泰国政府一直致力于建设一个适合时代需要的教育系统。例如，1966 年，泰国将曼谷以外各府的市立小学的管辖权从教育部转移到各府的府行政委员会（Provincial Administrative Council）。

1966 年起，泰国还实行了教育发展的 5 年计划。其中第一个 5 年计划的重点是发展中等职业教育，第二个 5 年计划的重点是建立开放大学。特别是在第二个 5 年计划期间，高等教育得到很大发展。1971 年，泰国建立了第一所开放大学——兰甘亨大学（Ramkhamhaeng University），该校在学学生多达 100 万人。1978 年，泰国开办第二所开放大学——素可泰塔马斯莱特开放大学（Sukhothai Thammathirat Open University），在校生人数也达到 20 万人。[①]

1973 年 10 月中旬，泰国在第三个国家发展计划期间发生了一次学生运动。学生们要求改革官僚行政制度，特别是在教育领域。因此，1974 年的教育改革是在 1973 年学生运动后进行的。泰国政府 1974 年和 1975 年分别任命了"教育改革架构委员会"（Committee for Establishing Framework for Educational Reform）和"教育改革委员会"（Educational Reform Committee）修订教育制度，并就改善教育提出建议。根据两个委员会的建议，泰国以 1977 年《教育改革计划》取代 1960 年《教育改革计划》。该教育计划的一个重要变化是将初等教育的学制从 7 年缩短到 6 年，但学习的内容并没有减少，这一变化的主要目的是加快普及初等教育。

六、新发展时期

20 世纪 70 年代至 90 年代是泰国教育史上一个新发展的时期。20 世纪 70 年代，泰国政府加强了教育的管理和领导。在行政管理上，教育分

---

① 段立生：《泰国通史》，上海社会科学出版社 2019 年版，第 294—295 页。

属于 4 个不同的政府部门管辖：内政部（Ministry of Interior）负责农村初等教育和地方市政教育（local municipal education），教育部负责中等教育、职业教育、教师培训、私立教育和成人教育，大学事务部（Ministry of University Affairs）负责高等教育，设在总理办公室（Office of the Prime Minister）下的国家教育委员会（National Education Commission）负责教育政策与规划。1980 年，初等教育被纳入教育部管辖。①

而后，泰国政府也进行了学制的调整。当时的教育改革委员会提出将学制从"4–3–3–2"改为"7–3–2"，但考虑到很多学生，尤其是农村偏远地区的学生只完成 4 年小学教育，因此最终确定为"6–3–3"学制。1977 年，调整后的学制结构被正式采用。在新学制结构下，泰国要求所有学生应完成 6 年义务学校教育。② 泰国 1980 年的《国家教育计划》与以前的计划不同之处在于它强调班级的规定。此外，该计划也提出将泰国的初等义务教育改为 7 年，中等教育年限改为 5 年。

1982 年，泰国开启了《第五个国民经济和社会发展计划（1982—1986）》（*The Fifth National Economic and Social Development Plan*（*1982—1986*）），并将《国家教育发展规划》（*National Education Development Plan*）作为其中的重要组成部分。该计划的目的是根据国家经济和社会需要，促进和加速教育的数量和质量发展。该计划还规定了每一教育阶段的具体目标。在实现上述目标的过程中，泰国教育部得到了很多其他组织的支持。然而，泰国的教育发展既不能满足人民的需要，也不能满足 20 世纪 80 年代开始的经济腾飞的需要。为了满足人民和经济的需要，泰国在 1992 年对教育体系进行了重大改革。

泰国第一至第六个国民经济和社会发展计划的重点是为满足国家

---

① Her Royal Highness Princess Maha Chakri Sirindhorn，"History and Development of Thai Education"，in *Education in Thailand：An Old Elephant in Search of a New Mahout*，Gerald W. Fry（Ed.），Singapore：Springer Nature Singapore Pte Ltd.，2018，p.9.

② Her Royal Highness Princess Maha Chakri Sirindhorn，"History and Development of Thai Education"，in *Education in Thailand：An Old Elephant in Search of a New Mahout*，Gerald W. Fry（Ed.），Singapore：Springer Nature Singapore Pte Ltd.，2018，p.10.

发展需要而进行的人力（manpower）生产。《第七个国家教育发展规划（1992—1996）》（*The Seventh National Education Development Plan* (*1992—1996*)）对此进行了调整，把"人"（human）作为发展的中心。因此《第七个国家教育发展规划（1992—1996）》的主要目标是发展和形成具备适当技能的人力资源，使他们能胜任工作，从对国家的发展作出有力的贡献。该规划首要的重点是扩大包括身体、社会和经济上处于不利地位群体在内的各类群体的教育机会和服务。

20 世纪 90 年代后半期，在向信息技术社会快速发展过程中，教育质量的下滑引发了泰国社会对各界教育的反思。1999 年泰国国会通过《国家教育法》（*National Education Act*），由此也拉开了自国王拉玛五世重大改革以来，泰国教育最为重要的一次改革。此次改革主要针对教育界内部和外部面临的挑战而展开。依据《国家教育法》而展开的教育改革主要推出如下方面为重点的政策：（1）人人享有 12 年基础教育（包括 12 年免费教育）的平等权利和机会（其后在 2009 年 3 月又进一步包含了 3 年幼儿教育即延长至 15 年）；（2）以学生为中心的教与学，开发所有儿童的最大潜能；（3）教育行政管理权力下放；（4）终身教育与继续学习；（5）教师和教育人员的标准与专业发展；（6）质量保证；（7）政府对预算支持的承诺；（8）各部门参与教育资源开发。①

七、新世纪以来的发展时期

新世纪以来，在国内和国外一系列新的经济社会发展动力推动下，泰国教育发展呈现出新的面貌和趋势。

首先，信息通信技术与社会经济变革是泰国教育发展的重要动力。随着数字革命所引发的第四次工业革命的深入发展，信息通信技术的巨大飞跃极大地影响了贸易和信息的自由流动以及市场的扩展。全球化的

---

① Her Royal Highness Princess Maha Chakri Sirindhorn, "History and Development of Thai Education", in *Education in Thailand: An Old Elephant in Search of a New Mahout*, Gerald W. Fry (Ed.), Singapore: Springer Nature Singapore Pte Ltd., 2018, p.10.

新面貌是"物联网"世界。世界经济体系正逐步进入"第四次工业革命"或"工业4.0"的趋势。在此背景下，泰国政府制定了"泰国4.0战略"（Thailand 4.0），期望大力发展价值经济（value-based economy）。"泰国4.0战略"将促使泰国从传统农业向智慧农业、从传统中小企业向智慧企业、从传统服务业向高价值服务业转变。"泰国4.0战略"被认为是随着知识体系的发展而对无限获取信息和知识来源的支持。因此，"泰国4.0战略"是教育发展面临的一项重大挑战。在实施"泰国4.0战略"的过程中，教育在生产和开发具有改造国家所必需的高技能人力资源方面扮演着重要的角色。泰国政府认为，移动学习对教育尤为重要。为了应对这种情况，泰国的教育必须以人力资源开发、劳动力准备以及课程改进为目标。

其次是国际教育运动和发展议程对泰国教育的推动。2000年，全球164个国家达成一致，承诺到2015年实现全民教育（EFA）的6个目标。作为其中一员，泰国通过大力开发教育和人力资源，为实现6项全民教育目标作出了巨大努力。为了扩大和改善幼儿教育和保育，泰国政府建立了国家早期幼儿发展委员会（National Committee on Early Childhood Development），制定早期幼儿发展政策，并鼓励所有有关机构共同努力促进幼儿的发展。在扩大提供基础教育方面，有关机构努力为所有人提供基础教育，并为生活在泰国的每一个群体扩大获得有质量教育服务的机会。在为青年人和成年人提供学习和发展生活技能的机会方面，泰国制定了发展终身学习的战略，促进在人生的各个阶段持续学习的发展，同时也加强了职业教育。为提高成人的文化水平，泰国制定政策，加强所有泰国人的读写能力，并为其日常生活构筑基本的计算能力和科学技术知识。为了确保教育中的性别平等，泰国对课程和学习内容进行了修订，以适应学习者的兴趣和能力，同时也考虑到个体和性别差异。此外，泰国政府也实施多项政策努力提高教育质量。2016年以后，可持续发展目标（SDGs）成为泰国教育发展新的外部推动力量。泰国在2015年之前就已实现了多项千年发展目标（MDGs），其中包括普及初等教育、促进性别平等和向妇女赋权等目标。泰国初等教育的毛入学率已超过100%，男女享有平等的受教育机会。在 2015 年千年发展目标之后，作为国际共识的可持续发展目标成为泰国政府制定未来教育发展议程和政治政策的重要动力。在 17 项可持续发展目标中，第四个目标是确保包容和公平的有质量的教育，为所有人提供终身学习机会。这一目标确保所有女童和男童在 2030 年前完成免费中小学教育，并提供平等的职业培训机会和有质量的高等教育。

第三是东盟与地区一体化进程中泰国教育的发展。通过教育提供来开发人力资源是东盟共同体实现东盟一体化的必要条件。《东盟教育工作规划（2016—2020）》（*The ASEAN Work Plan on Education 2016—2020*）提出了 8 个方面的教育工作重点内容：（1）通过加强东南亚历史和本土知识来提高对东盟的认识；（2）扩大对包括残疾人、弱势群体和其他边缘化群体在内的所有人的基础教育质量和机会；（3）加强应用信息通信技术；（4）支持本地区技术和职业教育与培训（TVET）部门以及终身学习的发展；（5）配合其他部门的工作，以实现可持续发展教育的目标；（6）通过实施有力的质量保证机制加强高等教育部门；（7）通过"大学产业伙伴关系"（University Industry Partnership）促进高等教育在社会经济发展领域的作用；（8）为教师、学者和教育界其他主要利益相关者提供能力建设项目。在此背景下，泰国教育系统需要修订政策、规划和措施，以改进其课程和教学方法，使泰国人民具备知识、技能和自我免疫能力，为东盟的多元文化共同体做准备。此外，泰国政府还认为，应迫切发展一支有能力和高技能的劳动力队伍，以应对该地区内工作者的自由流动。

第四是泰国人口结构与技能需求对教育发展提出的新要求。根据泰国国民经济和社会发展委员会办公室（Office of the National Economic and Social Development Board）的预测，泰国社会将在 2031 年左右正式进入老龄化社会，并面临平均工作年龄不断下降的挑战。持续的低出生率和较高的预期寿命将在今后几十年大大增加老年人在总人口中所占的比例。为应对这种状况，泰国政府认为，教育系统需要认真改进，以便为国家的持续发展提供更有生产力和高技能的人力资源。泰国政府还认识到，终身学习在为老年人提供知识和保持他们生活质量上变得越来越重要。泰国政府还提出为 21 世纪培养高技能和有能力的人才，其中所强调的 21 世纪的技能主要由"3R"（即阅读、写作和算术）和"7C"（即批判性思维和解决问题能力，创造力和创新，跨文化理解，协作、团队合作与领导能力，传播、信息和媒体素养，计算机和信息通信技术素养，以及职业和学习技能）构成。①

第二节　泰国教育的文化传统

对于泰国长期历史发展形成的教育传统与特征，诗琳通（Maha Chakri Sirindhorn）公主曾做出很好的概括。她认为，教育的作用是为了理解和关心自己与他人，教育的目的应使一个人成为有能力、有生产力和负责任的公民，教育就是热爱自然，促进和平。这种教育目的观和价值观使得泰国传统教育主要强调理论知识、实践学习、道德教育及体育教育等四个方面的内容。（参见图 1.1）而基于这四个领域的教学与学习将使教育更加完善，有助于个人的全面发展。②

如果我们进一步去探讨泰国教育的这种特征，就需要从更广泛和深入的传统与文化背景入手。正如美国学者杰拉德·弗赖伊（Gerald W. Fry）所指出的，要想了解当代泰国教育，就必须要了解泰国的历史、文化、人口、地理、经济和政治背景。③ 而在这些背景因素中，尤

---

① Office of the Education Council, Ministry of Education, Kingdom of Thailand, *Education in Thailand*, Bangkok: Ministry of Education, 2017, pp.6-13.

② Her Royal Highness Princess Maha Chakri Sirindhorn, "History and Development of Thai Education", in *Education in Thailand: An Old Elephant in Search of a New Mahout*, Gerald W. Fry (Ed.), Singapore: Springer Nature Singapore Pte Ltd., 2018, p.30.

③ Gerald W. Fry, "The Thai Context: Historical, Cultural, Demographic, Geographic, Economic, and Political", in *Education in Thailand: An Old Elephant in Search of a New Mahout*, Gerald W. Fry (Ed.), Singapore: Springer Nature Singapore Pte Ltd., 2018, p.33.

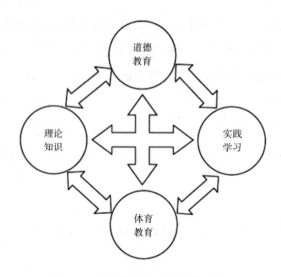

图 1.1　泰国传统全人教育模式图

资料来源：Her Royal Highness Princess Maha Chakri Sirindhorn，"History and Development of Thai Education"，in *Education in Thailand：An Old Elephant in Search of a New Mahout*，Gerald W. Fry（Ed.），Singapore：Springer Nature Singapore Pte Ltd.，2018，p.30.

为重要的是泰国的三大支柱——"国家（ชาติ）、宗教（ศาสนา）和国王（พระมหากษัตริย์）"，这也成为泰国的国训。[1]"国家、宗教和国王"的概念其实是由哇栖拉兀（Vajiravudh）[2]国王在位时提出的，他曾留学英国，而这一概念正是源于英国的"上帝（god）、国王（king）与国家（country）"的概念。

事实上，在泰国，"国家、宗教（特别是佛教）和国王"这三个因素间的关系是极其复杂、相互交织而又高度统一的。在三者中，僧权高于王权，而如果没有国家，僧权和王权都将无法存在。在泰国人的观念中，"国家、佛教和国王"是他们精神力量的三个主要支柱，缺一不可。[3]对

---

[1]　Gerald W. Fry，"Religion and Educational Development in Thailand"，in *Education in Thailand：An Old Elephant in Search of a New Mahout*，Gerald W. Fry（Ed.），Singapore：Springer Nature Singapore Pte Ltd.，2018，p.58.

[2]　哇栖拉兀史称拉玛六世（Rama VI），曼谷王朝第 6 位国王，1910—1925 年在位。

[3]　段立生：《泰国通史》，上海社会科学出版社 2019 年版，第 274 页。

于国家而言，尽管政治像剧院一样，有许多演员在舞台上进进出出，但君主和受过良好教育的官僚一直是实力和稳定的支柱。[1] 特别是在宪法意义上"统而不治"（rein without rule）的国王，在现实政治中却扮演重要的角色。对于国王来说，他不仅是政治领袖，同时也是佛教的保卫者。[2] 按照宪法规定，国王必须是佛教教徒及佛教的护持者，才可以登基为王。对于佛教来说，泰国人与佛教几乎成为一体。泰国人对政治和官员不太信任，但对于佛教和僧侣却是深信不疑。在某种意义上，佛教和僧侣也是创造和保存泰国传统文化价值的一小部分知识精英。

一、宗教

宗教和教育发展往往是一个被忽视的话题。但这个话题在泰国尤为重要，因为宗教是这个国家的三大支柱之一。宗教对泰国教育发展产生了相当深远的影响。[3] 几个世纪以来，宗教和教育几乎是传统暹罗的同义词：寺庙即学校，僧侣即教师。[4] 从泰国教育的历史演进来看，无论是佛教还是基督教都对教育的发展与变革产生重要的影响。

（一）佛教与泰国教育

泰国是东南亚重要的佛教国家，其人口95%以上都信仰佛教。泰国每个成年男子一生中必须出家一次，上至国王贵族，下至平民百姓，无人能够蠲免。从根本上说，泰国社会的社会文化生活是以佛教寺庙为中心的。寺院专门从事智慧和精神研究，它的主要功能是使儿童在更广阔的专

---

① Gerald W. Fry，"The Thai Context：Historical，Cultural，Demographic，Geographic，Economic，and Political"，in *Education in Thailand：An Old Elephant in Search of a New Mahout*，Gerald W. Fry（Ed.），Singapore：Springer Nature Singapore Pte Ltd.，2018，p.34.

② 陈鸿瑜：《泰国史》，台湾商务印书馆2015年版，第416—418页。

③ Gerald W. Fry，"Religion and Educational Development in Thailand"，in *Education in Thailand：An Old Elephant in Search of a New Mahout*，Gerald W. Fry（Ed.），Singapore：Springer Nature Singapore Pte Ltd.，2018，pp.57-58.

④ Pachrapimon Sooksomchitra Fox and David T. Gamage，"Thailand：The Development of the Education System since 1220"，in *Handbook of Asian Education：A Cultural Perspective*，Yong Zhao.（ed.），New York：Routledge. 2011，pp.425-441.

业化框架中成长，并使他具备社会高度重视的知识和精神素质。①

早在 13 世纪素可泰王朝时期，泰国即信奉佛教。兰甘亨国王为了减弱大乘佛教及婆罗门教的影响，而从斯里兰卡请来高僧宣传小乘佛教，自此泰国便成为小乘佛教盛行的国度。兰甘亨国王通过御座把王权与神权连在一起从而迈出佛教通往政治化的第一步。此后，泰国的佛教在不断加速政治化的进程，佛教与政治的关系越来越密切。曼谷王朝时期，拉玛一世国王就修建了很多重要的寺庙，如 1782 年在皇宫里修建的玉佛寺和素塔寺。同时还修缮了帕派扑寺等 10 座寺庙。拉玛三世国王在位时更是流传这样的说法："无论三世王在什么地方，无论发生什么事情，他总是首先考虑扶持佛教。"甚至在他临终之际仍不忘修建寺庙。拉玛四世登基前曾以行脚僧的身份走遍全国，他对佛教事务最了解也最重视。他即位后在曼谷修建了 4 座寺庙，修缮了 2 座寺庙。拉玛五世除了剃度出家和修缮寺庙外，还下令让寺庙办学，分别于 1889 年和 1893 年在摩诃塔寺（Mahathat Temple）和波稳尼威寺（Wat Bowonniwet）建立摩诃塔学院②（Mahathat College）和皇家摩诃蒙固学院③（Mahamakut Royal Academy）。④

在拉玛五世国王改革之前，泰国的文化教育就与佛教寺庙密切联系在一起。人们通过将孩子送到寺庙当僧侣的差役或短期出家，来学习文化和佛教知识，并由此产生寺庙教育。寺庙教育的主要功能在于累积传统的知识。直至今天，在泰国的佛教地区，学校校长办公室里都会摆放硕大的佛像，而佛教道德教育也是课程中不可或缺的组成部分。⑤

---

① Chaveewan Mekaroonkamol, *Education Reform in Thailand: A Comparative Study of Its Impact on Primary Education in Phichit and Suphanburi Provinces*, New Delhi: Jawaharlal Nehru University, 2003, p.26.

② 该学院后来发展成为摩诃朱拉隆功佛教大学（Mahachulalongkornrajavidyalaya University）。

③ 该学院后来发展成为摩诃蒙固佛教大学（Mahamakut Buddhist University）。

④ 段立生：《泰国通史》，上海社会科学出版社 2019 年版，第 146—153 页。

⑤ Gerald W. Fry, "Religion and Educational Development in Thailand", in *Education in Thailand: An Old Elephant in Search of a New Mahout*, Gerald W. Fry (Ed.), Singapore: Springer Nature Singapore Pte Ltd., 2018, p.58.

数个世纪以来，佛教寺庙一直是为泰国男性接受初等教育的主要场所，这些寺庙以当时佛教的视角提供正规教育。在泰国教育的前现代时期（即 1889 年以前），佛教寺庙向所有男性开放，给他们提供接受基本文化素养的机会，使其能够满足公共或宗教的召唤。[①] 按照朱拉隆功同父异母兄弟丹隆亲王的概括，传统的寺庙教育主要包括三个阶段：第一阶段是宗教教育，也就是父母把他们的孩子送到寺庙以获得文化素养和良好道德；第二个阶段是成为新手，这是一个人从成长到成熟的基础阶段，也就是学会各种手工艺和传统医学；第三个阶段是准备成年，也就是青年人为其从事农业学徒或农村生活等专门职业做准备的时期。[②]

对于上层社会和官家子弟来说，他们必须接受寺庙教育，一般从 7 岁开始进入寺庙接受传统寺庙教育并打下文化知识基础，经过七八年后，才能进宫担任御前侍卫，20 岁后还要遵循惯例，再如寺庙削发为僧 3 年，而后才能还俗担任公职。[③] 还有些人则在寺庙进行长期学习，后来成为各领域的学者。其中，最典型的就是蒙固国王。[④] 蒙固国王在继位前曾出家 17 年，在此期间，他不仅是一个非常勤奋的佛教学者，而且还学习了英语、拉丁语、科学、地理和天文学。[⑤] 对于普通和贫穷家庭子弟来说，只有通过佛教寺庙才能获得正规教育，而且这也是下层社会向上层社会流动的主要途径。[⑥] 男孩们在寺院一般除了学习宗教原则外，还学习被认为是

[①] Runchana P. Suksod-Barger，*Religious Influences in Thai Female Education*（*1889-1931*），Cambridge：James Clarke & Co.，2014，p.40.

[②] Runchana P. Suksod-Barger，*Religious Influences in Thai Female Education*（*1889-1931*），Cambridge：James Clarke & Co.，2014，p.42.

[③] 段立生：《泰国通史》，上海社会科学出版社 2019 年版，第 154—155 页。

[④] William A. Smalley，"Early Protestant Missionaries and the Development of Thailand's Hierarchy of Multilingualism"，in *Southeast Asian Linguistics Studies in Honor of Vichin Panupong*，Arthur S. Abramson（ed.），Bangkok：Chulalongkorn University Press，1997，p.247.

[⑤] Chaveewan Mekaroonkamol，*Education Reform in Thailand：A Comparative Study of Its Impact on Primary Education in Phichit and Suphanburi Provinces*，New Delhi：Jawaharlal Nehru University，2003，p.27.

[⑥] Niels Mulder，*Inside Thai Society：Interpretations of Everyday Life*，Amsterdam：The Pepin Press，1996，pp.114-116.

宗教行为的基本的读写知识。根据 17 世纪外国人的描述，寺庙里很多男孩也学习一门手艺或从事了一些工作。只有最聪颖的孩子才能继续学习，并得到寺院僧侣的单独指导，直至他们有能力担任寺院和学校的负责人或自己成为僧侣。

（二）基督教与泰国教育

基督教新教传教士第一次到达泰国之时，直至朱拉隆功国王在位期间的很长时间内，泰国并没有建立现代意义上的教育，也没有建立任何形式的政府教育体系。当时泰国的教育只是面向男性的、在佛教寺庙中进行的一种非正式和非结构化的教育，辅之以获得特殊技能的家庭教育或学徒教育。[1] 基督教传教士的到来，不仅带来新的宗教，也带来新的教育。而这种变化之所以能够发生，与蒙固国王时期对基督教的态度有着密切的联系。蒙固国王之前的国王往往对西方传教士进行限制，怀疑他们传播外来宗教和文化。蒙固国王在位时，他的副王[2]（Phra Klang）逐渐开始采取友好和鼓励的态度。相比之下，蒙固国王和朱拉隆功国王都对传教士进行了保护，并鼓励他们从事有益于泰国人民福祉以及有助于国家现代化和发展的工作。而且蒙固国王和朱拉隆功国王也经常寻求传教士的帮助。[3] 有记载表明，丹·比奇·布拉德利[4]（Dan Beach Bradley）和其他一些传教士经

[1] William A. Smalley, "Early Protestant Missionaries and the Development of Thailand's Hierarchy of Multilingualism", in *Southeast Asian Linguistics Studies in Honor of Vichin Panupong*, Arthur S. Abramson (ed.), Bangkok: Chulalongkorn University Press, 1997, p.247.

[2] 副王（Vice King）又称二王（Second King），是暹罗仅次于国王的人物。副王一般由国王的儿子或兄弟担任，副王仅仅只是王位的推定继承人，而非法定继承人。此头衔在 1885 年被朱拉隆功废除，改设暹罗王储之职。

[3] William A. Smalley, "Early Protestant Missionaries and the Development of Thailand's Hierarchy of Multilingualism", in *Southeast Asian Linguistics Studies in Honor of Vichin Panupong*, Arthur S. Abramson (ed.), Bangkok: Chulalongkorn University Press, 1997, p.240.

[4] 丹·比奇·布拉德利（1804—1873），医疗传教士，1804 年 7 月出生于美国纽约州马塞勒斯。布拉德利 20 岁时遭受了一周的耳聋，这让他开始审视自己的精神生活。两年后，布拉德利献身于耶稣基督。他曾就读于纽约大学，并于 1833 年 4 月毕业获医学博士学位。1832 年，他成为美国公理会海外传道会（American Board of Commissioners for Foreign Missions）医疗传教士。布拉德利于 1835 年到泰国传教直至 1873 年逝世。

常在深夜或清晨被召见进宫，帮助国王书写信函或翻译政府文件。①

1. 基督教与泰国教育现代化

19 世纪，基督教新教教徒的到来对于塑造今天的泰国社会发挥了很大的影响。特别是在 1851—1910 年期间，国王蒙固和朱拉隆功将泰国带入现代世界，并为泰国的发展指明了方向。两任国王都希望通过学习借鉴欧洲的理念和技术来增强国家的实力，使得泰国免受英国和法国军事征服的威胁。他们广泛"撒网"寻求有关信息和人士帮助提供所需的知识和技能。因此，一些传教士刚好成为他们可以利用的资源。

西方传教士在泰国现代教育发展上的作用，无论是从宫廷教育还是平民教育，无论是做家庭教师还是开办教会学校和社会文化机构，无论是在初等教育还是高等教育阶段，都可以找到清晰的印记。传教士与泰国王室有着密切的联系。1851 年，蒙固国王便邀请传教士莎拉·琼斯（Sarah Jones）、莎拉·布拉德利（Sarah Bradley）和玛丽·马顿（Mary Mattoon）到宫廷教授英语。1862 年，蒙固国王又从英国聘请教师教授王室子弟。此后直到 1897 年，当传教士萨缪尔·麦克法兰德（Samuel G. McFarland）创办提供有大量英语课程的政府学校后，贵族们对传教士英语教学的依赖才逐步降低。与此同时，传教士们也通过与中低阶层的接触，特别是通过他们建立的教会学校来更广泛地教授英语。传教士非常关注面向儿童特别是贫苦儿童的教育，也有一些传教士向女童提供教育。他们利用各种场所，采用当时美国的教育理论与实践提供这种教育。② 由圣加布里埃尔兄弟会（St. Gabriel brothers）创办的易三仓大学（Assumption University）

---

① William A. Smalley，"Early Protestant Missionaries and the Development of Thailand's Hierarchy of Multilingualism"，in *Southeast Asian Linguistics Studies in Honor of Vichin Panupong*，Arthur S. Abramson (ed.)，Bangkok：Chulalongkorn University Press，1997，p.242.

② William A. Smalley，"Early Protestant Missionaries and the Development of Thailand's Hierarchy of Multilingualism"，in *Southeast Asian Linguistics Studies in Honor of Vichin Panupong*，Arthur S. Abramson (ed.)，Bangkok：Chulalongkorn University Press，1997，p.247.

和由基督教会建立的西北大学（Payap University）等泰国几所顶尖的私立大学都植根于早期的传教运动。传教士们还通过印刷和出版促进了英语在泰国的使用。布拉德利和萨缪尔·史密斯（Samuel J. Smith）的英语报纸和其他系列出版物都发挥了非常重要的作用。1869 年，传教士尼尔森·海斯（Nielson Hays）经过大量的努力在曼谷建立了英文图书馆，此后并担任该图书馆馆长达 25 年。①

19 世纪 60 年代和 70 年代，传教士萨缪尔·麦克法兰德②（Samuel McFarland）和简·麦克法兰德（Jane McFarland）开始在碧武里府（Phetchaburi）兴办男校和女校。当女校校舍开建时，教会只筹集到所需的 4000 美元的一半，此时朱拉隆功国王和其他贵族各捐助了 1000 美元。进入 20 世纪后，这些学校以不同形式继续得以办学，但是其影响要小于曼谷的教会学校。碧武里的这些学校在英语和泰语教学发展方面具有重要的意义，正是由于萨缪尔·麦克法兰德的这段办学经历促使朱拉隆功国王邀请他于 1879 年建立了一所西式政府学校（Suan Anan School）。从 19 世纪末到 20 世纪初，教会男校和女校在南邦（Lampang）、彭世洛（Phitsanulok）、帕府（Phrae）、那空是塔玛叻（Nakhon Si Thammarat）、董里（Trang）和清莱（Chiang Rai）等泰国全国各地兴办起来。③ 传教士创办的教会学校为泰国公共教育的发展奠定了基础。此后，虽然这些学

① William A. Smalley, "Early Protestant Missionaries and the Development of Thailand's Hierarchy of Multilingualism", in *Southeast Asian Linguistics Studies in Honor of Vichin Panupong*, Arthur S. Abramson (ed.), Bangkok：Chulalongkorn University Press, 1997, p.242.

② 塞缪尔·麦克法兰德（1830—1897），传教士，1839 年 12 月出生于美国宾夕法尼亚州华盛顿县。他毕业于华盛顿学院（Washington College）和西方神学院（Western Theological Seminary）。1860 年，他被任命为牧师。1860—1878 年间，他作为美国长老会暹罗海外传教委员会（Board of Foreign Missions of the Presbyterian Church in the USA in Siam）的传教士在曼谷以外的碧武里（Petchaburi）地区传教。

③ William A. Smalley, "Early Protestant Missionaries and the Development of Thailand's Hierarchy of Multilingualism", in *Southeast Asian Linguistics Studies in Honor of Vichin Panupong*, Arthur S. Abramson (ed.), Bangkok：Chulalongkorn University Press, 1997, p.248.

校继续为泰国培养了很多领导者和各方面人才，但随着朱拉隆功国王在1887 年建立新的公共教育部（Ministry of Public Instruction）以及在 1897年下令在全国推广初等和中等教育，这些学校不再成为泰国现代教育的主要力量。[①]

在 19 世纪初期到泰国的外国传教士中，最有名的大概就是丹·比奇·布拉德利博士。他于 1835 年至 1873 年在泰国服务了 38 年。他最深远的影响是建立了使用暹罗文字的印刷所，这对泰国教育的发展以及知识和文化生活都产生了重要的影响。1835 年，丹·比奇·布拉德利博士作为基督教传教士来到泰国。布拉德利和后续到来的传教士受到泰国富有远见的统治者欢迎，而且他们的确对泰国现代教育和医学的发展产生了深远的影响。[②] 这些传教士建立了许多泰国最著名的学校，如圣母学院（Assumption College）、麦特德学院（Mater Dei College）、瓦塔纳学院（Wattana College）和圣加布里埃尔学院（St. Gabriel's College）。

布拉德利博士不仅将印刷术、接种防治天花的疫苗以及现代助产术等传入泰国，[③] 而且他也是教育的热心倡导者。他与泰国王室关系密切，并说服他们为泰国儿童建立寄宿学校，让他们接受现代教育。布拉德利博士还将第一台带有泰文字体的小型印刷机带到泰国，使以泰文出版图书资料成为可能。[④] 1836 年，泰国第一部印刷出版物——一部 1000 多页篇幅的基督教文件在布拉德利博士最初的印刷机中印制问世。1839 年，他

① William A. Smalley, "Early Protestant Missionaries and the Development of Thailand's Hierarchy of Multilingualism", in *Southeast Asian Linguistics Studies in Honor of Vichin Panupong*, Arthur S. Abramson (ed.), Bangkok: Chulalongkorn University Press, 1997, p.249.

② Jessie MacKinnon Hartzell and Joan Ross Acocella, *Mission to Siam: The Memoirs of Jessie MacKinnon Hartzell*, Honolulu: University of Hawai'i Press, 2001.

③ David Schavit, *The United States in Asia: A Historical Dictionary*, New York: Greenwood Press, 1990, p. 56.

④ Gerald W. Fry, "Religion and Educational Development in Thailand", in *Education in Thailand: An Old Elephant in Search of a New Mahout*, Gerald W. Fry (Ed.), Singapore: Springer Nature Singapore Pte Ltd., 2018, p. 59.

用改良后的印刷机首次印制 900 份泰国政府官方文件。1844 年，他创办泰国首份报纸——《曼谷纪事》（*Bangkok Recorder*），并以英文和泰文出版。在此后的 1858—1873 年，他创办了描述和批评泰国生活的定期出版物——《曼谷日历》（*Bangkok Calendar*）。此外，他也出版了丹隆亲王编写的泰国第一部教科书，以及首次出版泰国的一些古典文献。① 受其影响，1892 年一些传教士在清迈建立印刷所，他们以当地使用的北部泰语文字（Kammuang）印制出版物。

　　另一个重要的传教士教育人物是萨缪尔·麦克法兰德博士，他富有远见地在泰国创建一所类似于君士坦丁堡罗伯特学院（Robert College）的学校。在朱拉隆功国王的支持和批准下，1879 年他辞去牧师后在旧宫（Nantha-Utthayan Palace）建立专为王子和贵族子弟开办的皇家学校即苏安·阿南德学校（Suan Anand School）并担任校长。该学校提供英语和泰语双语的五年制中学水平的课程。② 有学者认为，麦克法兰德及其学校对泰国初等后教育的发展具有重大的影响。③1892 年，萨缪尔·麦克法兰德从他担任校长的政府学校转至泰国政府教育厅工作，主要任务是用泰语编写植物学、地理学、地质学和记账等教科书。这些教科书中的一些词汇和用法都是仿造英语的，并在初创的泰国学校系统中得以使用。④ 他在教育厅任职期间的工作，为泰国普及义务教育体系的建立奠定了基础。他

---

① William A. Smalley, "Early Protestant Missionaries and the Development of Thailand's Hierarchy of Multilingualism", in *Southeast Asian Linguistics Studies in Honor of Vichin Panupong*, Arthur S. Abramson (ed.), Bangkok：Chulalongkorn University Press, 1997, p.246.

② Gerald W. Fry, "Religion and Educational Development in Thailand", in *Education in Thailand：An Old Elephant in Search of a New Mahout*, Gerald W. Fry (Ed.), Singapore：Springer Nature Singapore Pte Ltd., 2018, p. 59.

③ David Wyatt, *Samuel McFarland and Early Educational Modernization in Thailand，1877-1895*, Bangkok：Siam Society, 1965.

④ William A. Smalley, "Early Protestant Missionaries and the Development of Thailand's Hierarchy of Multilingualism", in *Southeast Asian Linguistics Studies in Honor of Vichin Panupong*, Arthur S. Abramson (ed.), Bangkok：Chulalongkorn University Press, 1997, p.245.

在文化教育方面的贡献还包括 1865 年编辑的《英语—暹罗语词典》(*An English-Siamese Dictionary*)。①

　　萨缪尔·麦克法兰德的两个儿子也在促进泰国文化教育发展上发挥过积极的作用。他的儿子埃德温·麦克法兰德②(Edwin McFarland)曾制造出第一台泰语打字机,后来还接管了泰国的打字机经销业务。他的另一个儿子乔治·麦克法兰德③(George B. McFarland)不仅进一步改进和完善了泰语打字机,开办打字机及其他商用机器销售和维修公司,而且还曾负责政府医院工作,并新创办一所医学院,1903 年后该学院更名为皇家医学院(Royal Medical School)。他从 1902 年开始担任医学院教授直到 1926 年退休。朱拉隆功国王邀请他担任诗丽拉吉医院(Siriraj Hospital)及其医学院(该医学院后来成为朱拉隆功大学皇家医学院)的院长。乔治·麦克法兰德在医学院工作的 34 年里,为泰国现代医学的发展做出了重要的贡献。朱拉隆功国王曾多次嘉奖乔治·麦克法兰德,而且还封他为泰国贵族(Phra Ach Vidyagama)。④ 此外,他还在 1900 年出版了《英语—暹罗语发音手册》(*An English-Siamese Pronouncing Handbook*),1903 年修订出版了他父亲的《英语—暹罗语词典》,1928 年编辑出版《1828—

---

① David Schavit, *The United States in Asia: A Historical Dictionary*, New York: Greenwood Press, 1990, p. 322.

② 埃德温·麦克法兰德(1864—1895),1864 年 6 月 27 日出生于曼谷,1884 年毕业于华盛顿与杰斐逊学院(Washington and Jefferson College),后在曼谷国王英语学校任教,著有《暹罗入门书》(*A Siamese Primer*)、《英语课程》(*Lessons in English*)等著作。1895 年 8 月 8 日,埃德温·麦克法兰德在宾夕法尼亚卡侬斯堡(Canonsburg)附近从自行车上摔下身亡。

③ 乔治·麦克法兰德(1866—1942),医师和语言学家,1886 年 12 月 1 日出生于曼谷,后就读于华盛顿与杰弗逊学院,在西宾夕法尼亚医学院(Western Pennsylvania Medical School)毕业后于 1891 年返回曼谷开展有关工作。1926 年后,他成为美国基督教长老会海外传教委员会暹罗布道团成员。

④ William A. Smalley, "Early Protestant Missionaries and the Development of Thailand's Hierarchy of Multilingualism", in *Southeast Asian Linguistics Studies in Honor of Vichin Panupong*, Arthur S. Abramson (ed.), Bangkok: Chulalongkorn University Press, 1997, p. 245.

1928 年暹罗新教传教的历史梗概》（*Historical Sketch of Protestant Mission in Siam 1828—1928*），以及在 1941 年编订《泰英词典》（*Thai-English Dictionary*）。[1]

值得一提的还有美国基督教长老会传教士斯蒂芬·马顿[2]（Stephen Mattoon）。他于 1852 年在泰国北部清迈开办招收华人男童的学校。作为教会学校和长老会传教委员会（Presbyterian Mission Board）的负责人，他委托华人助手（Sinsaa Ki-eng Qua-Sean）为当地华人居民子弟管理学校。1857 年，该校迁至曼谷萨姆雷区（Samray）更名为萨姆雷学校（Samray School）后，为学生提供住宿和公共教育，开设泰语、英语、算数、地理和天文等课程，成为泰国第一所现代学校。1859 年该校招收了第一名女生。1890 年，萨姆雷学校与曼谷基督教高中（Bangkok Christian High School）合并。朱拉隆功国王和王室成员向该校提供了大量捐助，并为新校园的发展提供了土地。1902 年，新的曼谷基督教高中正式开学。该校在 1930 年更名为曼谷基督教学院（Bangkok Christian College）。该校毕业生大多在政府部门获得很高的职位或成为曼谷基督教长老会的牧师。[3]

2. 基督教与泰国女性教育发展

泰国早期佛教寺庙所提供的教育反映出一向以来佛教道德观念，即女性被认为在道德上是低贱的，因此往往也就缺乏为女性提供的任何正规教育的机会。[4]而 19 世纪中期基督教新教传教士的种种教育活动使既有的状况发生变化，也开启了泰国女性教育的新篇章。

在泰国早期现代化以前，大多数对女性的正规教育都仅限于精英阶

---

[1] David Schavit. *The United States in Asia：A Historical Dictionary*，New York：Greenwood Press，1990，p 322.

[2] 斯蒂芬·马顿（1816—1889），美国基督教长老会传教士，于 1847—1864 年在泰国传教。

[3] Runchana P. Suksod-Barger，*Religious Influences in Thai Female Education（1889-1931）*，Cambridge：James Clarke & Co.，2014，p.116.

[4] Runchana P. Suksod-Barger，*Religious Influences in Thai Female Education（1889-1931）*，Cambridge：James Clarke & Co.，2014，p. 40.

层。1851 年，当时的国王蒙固因其与新教徒医生和教师的友谊，邀请了
三位女性新教徒传教士教授王室嫔妃和子弟。蒙固还聘请安娜·李奥诺文
斯（Anna Leonowens）和罗伯特·莫朗特（Robert Morant）教授他的孩子
们（这其中也包括了未来的国王朱拉隆功）。①

　　19 世纪中期以后，玛丽·达文波特（Mary Davenport）、艾米丽·布
拉德利（Emily Bradley）、玛丽·马顿、简·麦克法兰德、苏菲亚·麦基
维利（Sophia McGilvary）等一些传教士的女眷，将泰国当地的女孩们集
中在自家的阳台上，教授她们《摩西十诫》（Ten Commandments）、缝纫
和其他家政手工艺。随着女学生的增多，传教士们开发了更加有组织的教
育课程，并将课堂移至校舍中。玛丽·马顿还建立了泰国第一所家庭主妇
学校，提供洗涤、熨烫、清洁、清扫、烹饪等家政课程。该校开办之初，
有 7 名已婚女性入学，除了上述课程外，还通过宗教教学学习读写。②

　　在正规教育方面，1848 年，玛丽·马顿在曼谷开办一所小型的以中
文为教学语言的学校，1860 年该学校改用泰语教学，后来该学校得到持
续发展并成为今天的曼谷基督教学院。③ 1852 年，她在教堂附近的街区建
立另一所女校。女学生主要来自教堂所在村落（Mon-Khmer village）不远
处走读学校（day school）的学生。1874 年，新教徒在曼谷开办了第一所
寄宿制女校——哈里特之家（Harriet House），即后来的王朗学堂（Wang
Lang School）。该校广受欢迎，以致也吸引了王室子女来就读。④ 到 1900
年，泰国 13 所政府学校中所有的女教师全部毕业于王朗学堂。1921

① Runchana P. Suksod-Barger, *Religious Influences in Thai Female Education* (*1889-1931*),
Cambridge: James Clarke & Co., 2014, p.81.

② Runchana P. Suksod-Barger, *Religious Influences in Thai Female Education* (*1889-1931*),
Cambridge: James Clarke & Co., 2014, p.81.

③ William A. Smalley, "Early Protestant Missionaries and the Development of Thailand's
Hierarchy of Multilingualism", in *Southeast Asian Linguistics Studies in Honor of Vichin
Panupong*, Arthur S. Abramson (ed.), Bangkok: Chulalongkorn University Press, 1997,
p. 247.

④ Runchana P. Suksod-Barger, *Religious Influences in Thai Female Education* (*1889-1931*),
Cambridge: James Clarke & Co., 2014, p.81.

年，王朗学堂迁至现址，并更名为瓦塔纳威达亚学院（Wattana Wittaya Academy）。① 另外，1875 年，传教士苏菲亚·麦基维利也在清迈住处的门廊为女童开课。1879 年，艾德娜·科尔（Edna Cole）将苏菲亚的课堂转变为正式的女校。此后，该校于 1923 年发展成为达拉学院（Dara Academy）。②

二、国王

泰国的君主政体已存在了 700 多年，在宗教和文化的影响下，泰国建立了绝对王权观念。在泰国，国王不仅是政治领袖，同时也是佛教的保卫者。尽管 1932 年泰国政变后，政体从绝对君主制变为君主立宪制，但王权继承问题并未受到重大影响，唯一的改变是王权由宪法加以规定。宪法规定国家主权来自人民，国王成为这一主权的保护人。③

（一）蒙固国王

蒙固国王预见到他的国家会像几个邻国一样被西方列强征服的危险，他成功地与西方建立了外交和友好关系。因此，在殖民主义的威胁和西方影响的推动下，蒙固国王将教育作为维护国家稳定和独立的重要工具。④ 虽然说没有蒙固和朱拉隆功泰国也无疑会最终实现现代化，但是两位国王在丹隆亲王等王室贵族和汶那家族（Bunnag family）领导者的帮助下，利

---

① William A. Smalley，"Early Protestant Missionaries and the Development of Thailand's Hierarchy of Multilingualism"，in *Southeast Asian Linguistics Studies in Honor of Vichin Panupong*，Arthur S. Abramson（ed.），Bangkok：Chulalongkorn University Press，1997，p. 248.

② William A. Smalley，"Early Protestant Missionaries and the Development of Thailand's Hierarchy of Multilingualism"，in *Southeast Asian Linguistics Studies in Honor of Vichin Panupong*，Arthur S. Abramson（ed.），Bangkok：Chulalongkorn University Press，1997，p. 248.

③ 陈鸿瑜：《泰国史》，台湾商务印书馆 2015 年版，第 410—418 页。

④ Chaveewan Mekaroonkamol，*Education Reform in Thailand：A Comparative Study of Its Impact on Primary Education in Phichit and Suphanburi Provinces*，New Delhi：Jawaharlal Nehru University，2003，p. 27.

用世界之势实现了他们的目标。这些思想开明和面向世界的国王努力保存最好的传统和融合西方最佳的经验。①

传教士杰西·卡斯韦尔（Jesse Caswell）从 1845 年开始就担任了蒙固王子的老师。他定期到宫廷教授蒙固王子英语和科学，建立了深厚的感情。1848 年，卡斯韦尔逝世时，蒙固王子参加了他的葬礼。1851 年，登基成为国王后，他在卡斯韦尔的坟墓旁建造了一座纪念碑，并送给卡斯韦尔的夫人大量的金钱和礼品。蒙固国王成为当时亚洲第一位懂英语的君主，他还用英语与西方国家的统治者以及外国朋友写信。②蒙固王子不仅学习了很多西方文化知识，还和包括传教士在内的曼谷形形色色的西方人交朋友。其中，丹·比奇·布拉德利就是他一生最为密切的传教士朋友。他们一起讨论神学、科学和国际事务，有时还用英语进行讨论。他还曾前往布拉德利的诊所，观看做手术和科学实验。③作为泰国第一位懂英语的国王，蒙固国王邀请英语教师到他的国家和他的宫廷。朱拉隆功国王也正是在他父亲的影响下学习英语，而后派遣他的儿子和侄子出国以英语为媒介接受教育，并最终建立了泰国的政府学校系统。④

---

① William A. Smalley, "Early Protestant Missionaries and the Development of Thailand's Hierarchy of Multilingualism", in *Southeast Asian Linguistics Studies in Honor of Vichin Panupong*, Arthur S. Abramson (ed.), Bangkok：Chulalongkorn University Press, 1997, p. 249.

② William A. Smalley, "Early Protestant Missionaries and the Development of Thailand's Hierarchy of Multilingualism", in *Southeast Asian Linguistics Studies in Honor of Vichin Panupong*, Arthur S. Abramson (ed.), Bangkok：Chulalongkorn University Press, 1997, p. 242.

③ William A. Smalley, "Early Protestant Missionaries and the Development of Thailand's Hierarchy of Multilingualism", in *Southeast Asian Linguistics Studies in Honor of Vichin Panupong*, Arthur S. Abramson (ed.), Bangkok：Chulalongkorn University Press, 1997, pp. 241-242.

④ William A. Smalley, "Early Protestant Missionaries and the Development of Thailand's Hierarchy of Multilingualism", in *Southeast Asian Linguistics Studies in Honor of Vichin Panupong*, Arthur S. Abramson (ed.), Bangkok：Chulalongkorn University Press, 1997, p. 240.

(二) 朱拉隆功国王

朱拉隆功国王被称为是泰国现代教育的奠基者。[①] 朱拉隆功国王很早就意识到，佛教寺庙和宫廷提供的教育对未来的政府官员来说是不够的。为此，他命令采取措施使国家的教育现代化。他认为，教育既要发挥现代化又要同西方帝国主义的危险做斗争的双重作用。[②]

朱拉隆功国王非常重视通过学习外国先进经验来促进本国的教育发展。他认识到教育是国家发展最重要的因素，但由于当时泰国人力资源缺乏，如果依靠自己的力量开展现代化，需要太长的时间。于是朱拉隆功国王不得不从国外聘请了医疗、法律、工程等领域大量专家帮助泰国推进现代化进程。他也认识到良好的英语知识的重要性，英语不仅成为进一步学习知识所必需的"钥匙"，也是与外国人交流的媒介，于是命令英语要成为新的教育要求的一部分。[③] 更为难得的是，朱拉隆功国王曾于 1897 年和 1907 年两赴欧洲在 15 个月时间内对 14 个国家进行深入考察。此外，他还三访印尼爪哇，访问新加坡、马来亚和印度等国。通过这些访问和考察，他不仅收获了有关国家和文化的丰富知识，还展现了非凡的外交才能，与英格兰、俄罗斯、法国和德国等诸多重要的和有影响力的欧洲国家建立起良好的关系，从而使泰国避免遭受西方国家的殖民。与此同时，出访国外的经历也促使朱拉隆功国王形成了派遣聪颖的泰国学生到欧美和日本留学的政策。朱拉隆功国王是欧洲教育的狂热支持者，他不仅送自己的儿子留学，而且还设立了"国王奖学金"（King's Scholarships）支持泰国

---

① Her Royal Highness Princess Maha Chakri Sirindhorn, "History and Development of Thai Education", in *Education in Thailand: An Old Elephant in Search of a New Mahout*, Gerald W. Fry (Ed.), Singapore: Springer Nature Singapore Pte Ltd., 2018, p. 8.

② Chaveewan Mekaroonkamol, *Education Reform in Thailand: A Comparative Study of Its Impact on Primary Education in Phichit and Suphanburi Provinces*, New Delhi: Jawaharlal Nehru University, 2003, p. 27.

③ Chaveewan Mekaroonkamol, *Education Reform in Thailand: A Comparative Study of Its Impact on Primary Education in Phichit and Suphanburi Provinces*, New Delhi: Jawaharlal Nehru University, 2003, p. 27.

学生留学。这种出国留学的模式也激发了泰国家长在之后几十年内送孩子出国留学的浪潮。一些官员也被派往瑞士、美国、埃及、印度和日本等国，学习他们的教育制度。①

朱拉隆功在位期间，在借鉴国外经验的基础上，他对泰国教育进行了首次系统性的改革。作为政府部门和行政管理架构改革的一部分，泰国1887年建立教育厅，后于1892年改为教育部。1898年泰国制定了第一个教育规划。该规划中最显著的部分就是教育组织涵盖了学前教育、初等教育、中等教育、技术教育及高等教育。朱拉隆功国王不仅开展了教育改革和教育制度变革，而且还建立了暹罗教育的一个全新基础，这其中包括开发新课程，制定教育标准和法规，建立行政管理结构，以及进行教职员工和管理人员的发展。在朱拉隆功国王看来，教育不仅是训练人们在政府中工作，而是培养他们具有更宽广的视野。他还提倡全民教育，以提高生活质量和公民素质。

尽管朱拉隆功国王对新教育体系有其自己的想法和愿景，但在他统治的早期，他仍然支持寺庙里的传统教育，教育仍然与宗教紧密相连，强调道德教育，僧侣是老师，寺庙是学校。1884年，国王拉玛五世在曼谷的皇家寺庙（Maharnabaram寺）建立第一所向所有人提供教育的政府学校。此后，政府和私人陆续开办了许多其他学校，曼谷以外的其他地区也建了类似的学校。他还指导为这些学校编写新教材，并亲自对每一本教材发表意见。

同时，朱拉隆功国王还相继建立起现代意义上的、拥有校舍、课表、课程和世俗教师的暹罗语学校及英语学校，特别是支持新教和天主教传教士建立的一些新式西方学校。在西方学校中比较有代表性的一所就是圣母学院。1901—1968年担任该校校长的法国传教士弗朗索瓦·图瓦内·希莱（Francois Touvenet Hilaire）精通泰语，他编写了至今仍在使用的著名

---

① Her Royal Highness Princess Maha Chakri Sirindhorn, "History and Development of Thai Education", in *Education in Thailand*: *An Old Elephant in Search of a New Mahout*, Gerald W. Fry (Ed.), Singapore: Springer Nature Singapore Pte Ltd., 2018, p. 8.

的泰语教科书（Darunsueksa）。1880 年，朱拉隆功国王建立了一所女子学校（Sunanthalai），但很快就关闭了，直到很久以后，妇女教育变得更受欢迎。他还创办了军事学校、皇家侍从学校（Royal Pages School）和绘图学校（Cartography School）等专门的学校。[①] 而新教徒传教士举办女校的成就实际上也离不开朱拉隆功国王的王后绍瓦帕·蓬西[②]（Saovabha Phongsri）的推动。绍瓦帕王后利用其私人资金先后于 1887 年和 1901 年在曼谷举办了绍瓦帕女校[③]（Saovabha School for Girls）和另一所女校（Bamrung Wijasatri）。此外，绍瓦帕王后还在大城、佛统（Nakhorn Paton）和庄他武里（Chantaburi）等府建立很多学校。20 世纪早期，继绍瓦帕王后之后，很多泰国王室的女性成员持续捐资建造女校校舍，这其中也包括了 20 世纪最初 10 年的王后学校（Rajini School）和碧武里教师培训学院（Phetchaburi Teachers' Training College）。相比之下，泰国政府在 19 世纪 80 年代至 20 世纪初的教育规划中都没有明确提出扩大女性入学的目标。[④]

三、国家

泰国是一个非西方国家，泰国以国家政治传统为基础的坚定的国家意识形态来对抗西方自由主义的涌入。泰国《宪法》第 45 条明确规定了官方的国家意识形态，即"任何人不得以对国家、宗教、国王和宪法产生不利影响的方式行使其宪法权利和自由"。拉玛六世哇栖拉兀国王创造了

---

① Her Royal Highness Princess Maha Chakri Sirindhorn, "History and Development of Thai Education", in *Education in Thailand*: *An Old Elephant in Search of a New Mahout*, Gerald W. Fry（Ed.）, Singapore: Springer Nature Singapore Pte Ltd., 2018, pp. 6-8.

② 绍瓦帕·蓬西（1864—1919）又名诗吉丽·巴加林德拉（Sri Bajarindra）。1897 年，当国王拉玛五世访欧期间，绍瓦帕王后成为暹罗第一位摄政王后。

③ 根据泰国教育部官网有关泰国教育史的记载，该学校成立于 1897 年。参见：http://www.moe.go.th/main2 /article/e-hist01.htm。

④ Runchana P. Suksod-Barger, *Religious Influences in Thai Female Education*（*1889-1931*）, Cambridge: James Clarke & Co., 2014, p. 117.

基于国家、宗教和国王三位一体的泰国国家的概念。这里所指的国家主要是指由拉玛四世蒙固国王所启动的朝向现代化发展的国家，更是指1932年泰国确立君主立宪政体后的现代国家。泰国现代教育的发展离不开泰国现代国家的发展。

（一）现代国家的发端

现代泰国的历史起始于19世纪中期的蒙固国王。① 因此，蒙固国王是使泰国朝向现代化国家发展最早的推动者。在他当国王之前在寺庙出家的时间里，他曾接触西方传教士，了解西方世界的文化和科学，这些知识是他日后成为国王后推动国家改革的重要动因。可以说，他的改革没有受到任何外部国家的压力或内部民意的要求，完全是他自己认为有必要通过改革使泰国走向现代化。② 蒙固国王及其身边具有现代思想的人士都认识到，只有从根本上改变传统暹罗的政治和经济体制，才能够避免欧洲殖民主义的殖民，从而维护国家的独立自主。在蒙固国王时代，泰国积极与西方国家构建商业和贸易关系。从1856年开始一直到1898年，泰国先后与英国（1856）、美国（1856）、法国（1856）、丹麦（1858）、瑞士（1858）、葡萄牙（1859）、荷兰（1860）、德国（1862）、瑞典（1868）、比利时（1868）、挪威（1868）、意大利（1868）、西班牙（1870）和日本（1898）等国家签订友好商业条约。1857年，蒙固国王还派遣一个27人的代表团前往英国，收集有关科学、交通和政治制度的信息。从1860年起，他聘请约80名西方人担任政府顾问。③

在朱拉隆功国王统治时期，泰国开始在精英阶层引入国家的概念。"国家"这个概念，在国家政治共同体的意义上，在19世纪80年代被受过西方教育的泰国知识分子频繁使用。④ 正是在19世纪80年代和90年代，

---

① Robert J. Muscat, *The Fifth Tiger：A Study of Thai Development Policy*, New York：Routledge, 1994, p. 10.

② 陈鸿瑜：《泰国史》，台湾商务印书馆2015年版，第174页。

③ 陈鸿瑜：《泰国史》，台湾商务印书馆2015年版，第176—177页。

④ Eiji Murashima, "The Origin of Modern Official State Ideology in Thailand", *Journal of Southeast Asian Studies*, Vol.19, No.1（March 1988）, p.81.

泰国经历了对其国家独立的最大威胁，国家的概念成为一个象征，泰国统治精英可以利用和操纵，作为在他们的领导下实现国家整合的一种手段。

朱拉隆功国王在位时通过大规模的政府改革进一步推动泰国现代化国家的建构。1874 年，朱拉隆功国王任命了第一个提供国政咨询的机构——国务委员会（State Council），这个委员会也成为泰国历史上第一个内阁。此后，朱拉隆功国王还设立由私人顾问组成的枢密院（Privy Council）。从 1887 年到 1892 年，朱拉隆功国王对很多政府部门进行重新改组。新的统治结构就位后，传统的世袭贵族权威开始下降，因为他们传统的行政职位被政府中大量的职位所取代，这些职位的标准更加开放，不只是基于世袭继承。新的结构也创造了一个新的阶级——来自富裕和中国贸易家庭的年轻贵族。他们拥有现代知识和法律权威，1932 年后在泰国政治中发挥了重要作用。可以说，朱拉隆功国王的诸多改革举措结束了从大城王朝流传下来的准自治、准封建的统治制度，创造了一个强大的中央集权国家，国王的现代化计划可以在这里启动。国王拉玛五世的新行政体系成为当前泰国统治体系的基础。[1]

19 世纪末，朱拉隆功国王访问欧洲时就命令泰国驻伦敦公使魏苏特（Phraya Wisut）研究英格兰教育系统并提供报告。1898 年 4 月，魏苏特提交教育改革报告，建议翻译外国教科书，在各级学校教授英文，以及按照英国教育体系调整泰国的教育系统。[2]朱拉隆功国王后来虽然意识到英格兰和泰国之间的差异，但认为泰国既可以现代化，同时又可以保持泰国特色。[3]于是泰国建立了两个不同的教育体系：各府学校由僧侣负责，属于寺庙教育；曼谷的学校则模仿英国教育制度。到朱拉隆功国王在位后期，政府对教育控制的基础已经奠定，以佛教寺庙学校为基础的义务教

---

① Sarayuth Poolsup, *Educational Politics in Thailand: A Case of the 1999 National Education Act*, Ypsilanti: Eastern Michigan University, 2003, pp. 59-60.

② 陈鸿瑜：《泰国史》，台湾商务印书馆 2015 年版，第 194 页。

③ Sarayuth Poolsup, *Educational Politics in Thailand: A Case of the 1999 National Education Act*, Ypsilanti: Eastern Michigan University, 2003, p. 65.

育制度得以实施，以教科书、课程、考试和督导为手段的高度集中的部级控制体系得以建立。1898 年 11 月，作为泰国首个《国家教育计划》的一部分，泰国颁布《府级教育组织条例》（*Decree on the Organization of Provincial Education*）。此后，泰国在六个月内在佛教寺庙开办了 177 所府级学校（provincial schools）。①1897 年，泰国以德国军校为模式建立朱拉中高军事学院（Chulachomklao Military Academy）。根据丹隆亲王的建议，朱拉隆功国王还在 1898 年建立皇家侍从学校（Royal Pages School）。该学校 1911 年成为公务员学校（Civil Service School），并在 1916 年发展成为泰国第一所大学——朱拉隆功大学。

有学者认为，在现代泰国历史中，"国家"的概念通常是在哇栖拉兀国王及其统治时期（1910—1925）的政治背景下讨论的。②1893 年，在遭受法国入侵之际，哇栖拉兀离开泰国赴英国留学。1898 年，他从桑德赫斯特皇家军事学院毕业后又入牛津大学基督教堂学院学习历史和法律。1902 年当他完成学业并游历世界回到泰国后，尽管他在西方生活了很长时间，但他对国家意识形态的观点却与他父亲那一代的观点有着不可分割的连续性。泰国此前形成的官方的国家意识形态，在面临西方殖民主义的危险时，作为一种维护现有王朝专制的工具而发展起来，而且被后代继承了下来，尤其是被哇栖拉兀国王继承下来。他继承了上一代国家意识形态的实质，将其正式化，并有意识地加以利用，试图在他的臣民中创造一种国家意识。沃尔特·维拉（Walter F. Vella）曾指出，泰国的国家主义完全是靠哇栖拉兀国王的天赋和资源建立起来的，"哇栖拉兀国王的国家主义（nationalism）和它的许多口号（包括对国家、宗教和国王忠诚的必要性……）都是西方舶来品"。③ 大卫·怀亚特（David K. Wyatt）也认为，

---

① Sarayuth Poolsup, *Educational Politics in Thailand: A Case of the 1999 National Education Act*, Ypsilanti: Eastern Michigan University, 2003, p. 65.

② Eiji Murashima, "The Origin of Modern Official State Ideology in Thailand", *Journal of Southeast Asian Studies*, Vol.19, No.1 (March 1988), p.80.

③ Walter F. Vella, *Chaiyol: King Vajiravudh and the Development of Thai Nationalism*, Honolulu: University Press of Hawaii, 1978, pp. ix-xvi.

"哇栖拉兀国王对朱拉隆功的国家（state）有很大的影响，他让这个国家（nation）意识到自己是一个国家，至少是一个精英阶层如此。"① 哇栖拉兀国王制定的政治理念保留了泰国文化特有的传统特征，并已成为支撑现代泰国国家的原则。即使在 1932 年宪法革命之后，这些传统思想依然存在，这一事实使得泰国的"民主"概念与西方的民主概念截然不同。②

早在 1911 年 5 月，哇栖拉兀就发起了自己的爱国运动——野虎队（Kong Sua Pa），他打算通过这个组织来训练平民，并组建一支国民卫队。野虎队及其训练的目的是在国王的同胞中传播野虎精神，并向他们灌输一种为同胞的生命和国王、国家及宗教而献身的精神。哇栖拉兀在 1911 年 5 月 26 日至 7 月 4 日举办了 6 次系列讲座，这些演讲后来被称为"灌输野虎精神"。在这些演讲中，国王对"国王""国家"和"宗教"这三种忠诚关系做了详细的解释。这些演讲后来被汇编成一份文本，并印刷了大约 10 万份。从 1942 年到 1957 年，泰国教育部在高中的泰语课上使用这些演讲作为课文。

哇栖拉兀国王也对泰国教育进行了重大的改革。他放弃了传统的寺庙教育，以政府资金设立和维护的政府学校、以地方税收设立和维护的地方学校以及由私人或团体设立和维护的私立学校成为三种主要的学校。1919 年颁布《私立学校法》（*Private School Act*）加强对私立学校特别是华人和外国传教士建立的学校的管理。1921 年《义务初等教育法》的颁布更使得泰国成为继日本后第二个实施义务教育的亚洲国家。到 1935 年，义务教育覆盖到泰国全国。

（二）现代国家的发展

19 世纪中叶，西方的影响开始日益扩散并改变传统的泰国贵族和政治。西方文化和知识慢慢地，有时几乎是潜移默化地渗透到泰国社会，导

---

① David K. Wyatt, *Thailand: A Short History*, London and Bangkok: Thai Watana Panich and Yale University Press 1984, p.224.

② Eiji Murashima, "The Origin of Modern Official State Ideology in Thailand", *Journal of Southeast Asian Studies*, Vol.19, No.1 (March 1988), p.96.

致了君主专制制度的终结。① 这是泰国现代国家发展中具有重要历史意义的变革。1932 年后的每一部宪法虽然都规定国王是国家元首，但都强调通过国会行使立法权，通过部长会议（Council of Ministers）（即内阁）行使行政权，通过法院行使司法权。此外，军队、政党、利益集团等各种机构和组织也都在泰国的政治生活中发挥着重要的作用。

1932 年的军事政变进一步加速了泰国的现代化进程，也深刻地影响着泰国教育现代化的发展。1932 年，泰国政府建立了负责制定国家教育政策和《国家教育计划》的教育委员会（Council of Education）。1932 年结束君主专制后，为了取代皇家成立的朱拉隆功大学，泰国的第二所大学——法政大学于 1933 年建立，其主要目标是发展泰国人民对法律、政治和治理的知识和理解。

而后沙立·他那叻② （Sarit Thanarat）担任总理期间，人力资源开发和高等教育成为沙立政府的主要关注领域。除了制定长期的教育政策《国家教育计划》以外，作为五年期《国民经济和社会发展计划》的一部分，泰国从 1961 年也开始制定五年期的《国家教育发展规划》，从而将教育与经济社会发展联系在一起。《国民经济和社会发展计划》中关于教育目的的基本假设是，教育应使泰国文化得到永久发展，并应提供知识和技能以满足经济的需要。沙立政府还建立泰国国家研究委员会（National Research Council of Thailand）支持大学的科学研究，在泰国东北部和南部地区设立新的大学，并积极回应青年教师在改善大学管理、教学和科研方面的要求。从 20 世纪 50 年代到 70 年代，沙立时代高等教育的发展还向学生引进了大量的国外民主观点以及共产主义观点。学生们越来越意识到泰国政治自由的缺乏以及军队和政治精英腐败等社会和政治问题。③

---

① Sarayuth Poolsup, *Educational Politics in Thailand：A Case of the 1999 National Education Act*，Ypsilanti：Eastern Michigan University，2003，p. 57.

② 沙立·他那叻陆军元帅 1957 年发动政变夺权，其后担任泰国总理，直到 1963 年去世。

③ Sarayuth Poolsup, *Educational Politics in Thailand：A Case of the 1999 National Education Act*，Ypsilanti：Eastern Michigan University，2003，pp. 99-101.

1961—1972 年间，泰国教育特别是高等教育获得新的发展。大学的数量从 5 所增加到 17 所，入学人数从约 1.5 万人增加到 10 万人。尤其是第一所公立开放大学——兰甘亨大学的建立使接受高等教育的学生规模迅速扩大。高等教育入学人数的不断发展也成为 1973 年反对军事政权学生运动的一个主要因素。美国在东南亚的介入也影响了军事政权时期泰国教育的发展。来自美国的教育工作者和教育顾问为泰国教师提供培训，并在教育决策中发挥了重要作用。美国的经济援助还启动了两国教育工作者之间的合作研究，并为泰国学生在美国接受高等教育提供了奖学金。

当然，泰国现代国家构建与发展之路并非坦途，甚至至今仍面临着很多重大的挑战。特别是在国家权力的分配以及公众的政治参与上，对立、冲突和矛盾不断在延续。其中，最突出的就是自大城王朝开始以来，泰国政治一直是由精英体系控制。在这个体系中，民众认为他们没有权利参与其中，统治精英一直希望保持他们控制的稳定。尽管自 1932 年以来发生了种种政治变化，但泰国民众仍未完全拥有其公民身份的政治成分，他们中的大多数人甚至可能没有意识到这一点。他们被排除在政治参与之外，仅有的一些参与还是通过使用暴力的形式。[①] 历史发展表明，从大城王朝时代到君主专制的结束，民众被法律制度、社会结构和宗教信仰排斥在政治之外。1932 年政变后，法律障碍被消除了，尽管不是完全消除，但是社会结构和宗教信仰却未受影响。参与式民主的概念从未真正得到统治精英的推广。尽管阶级结构发生了变化，但今天的泰国社会像几个世纪以前一样仍然是一个等级森严的社会。[②]

此外，军队在政治上的参与也一直导致泰国的混乱和不稳定。从 1932 年到 1992 年，泰国发生了 16 次军事政变（其中 9 次成功），进行了 19 次大选，组成了 50 个内阁，产生了 20 位总理。在这 20 位总理中，有

---

① Sarayuth Poolsup, *Educational Politics in Thailand: A Case of the 1999 National Education Act*, Ypsilanti: Eastern Michigan University, 2003, p.103.

② Sarayuth Poolsup, *Educational Politics in Thailand: A Case of the 1999 National Education Act*, Ypsilanti: Eastern Michigan University, 2003, p.123.

8位是军官，总共任职47年，而12位文职总理总共只任职15年。高级军官控制着武装部队，经常利用不稳定的政治局势发动政变。然后，他们利用政治权力来扩大他们对商业部门的影响，以获取自己的经济利益。如今，高级军官在国有企业担任关键职位仍是一种传统。军方还拥有221家广播电台、两家电视台和一家商业银行。它利用对媒体的垄断来推进政治议程。①

　　泰国朝向现代国家发展的进程中，历史的、传统的、宗教的和文化的束缚与制约也在影响着教育的现代化发展。虽然在全球化浪潮推动下，教育改革和发展越来越具有更多的趋同特征和成功经验，但在泰国实施这些"全球性"的教育改革仍是困难、漫长和不确定的。毫不奇怪，这些改革在泰国学校等级森严的社会和制度文化中受到了更谨慎的欢迎。与西方相比，这些"现代"教育实践背后的价值观和假设与泰国社会的传统文化规范背道而驰。当面对这些富有挑战性的管理、学习和教学的新方法时，泰国教育工作者仍然受制于传统的泰国文化价值观、假设和规范。② 因此，有学者断言这些"现代"教育改革的实施将会失败，除非泰国领导人能够对传统文化规范与泰国社会系统变革之间的关系形成更深刻的理解。

---

① Sarayuth Poolsup, *Educational Politics in Thailand：A Case of the 1999 National Education Act*，Ypsilanti：Eastern Michigan University，2003，p.114.

② Philip Hallinger and Pornkasem Kantamara，"Educational Change in Thailand：Opening a Window onto Leadership as a Cultural Process"，*School Leadership & Management*，Vol. 20，No.2（2000），p.191.

第二章　泰国教育制度

正如本书前文所述，在经济社会迅速现代化的进程中，泰国在吸收西方国家的成功经验，又保持许多自己的文化特色的基础上建立起符合自身实际和发展需要的教育体系。特别是进入 20 世纪后，泰国将教育作为国家建设的重要支柱，在政府的鼓励下，泰国的教育制度开始逐渐完善。[1] 目前在泰国，教育被认为是人力资源开发的一个基本因素，也是促进泰国经济和社会发展的一种机制。[2]

第一节　泰国教育的体系与制度

泰国教育可分为正规教育、非正规教育和非正式教育三大类，其中正规教育包括学前教育、基础教育、职业技术教育、高等教育等层次和类型。根据泰国宪法的规定，泰国实行 9 年义务教育和 15 年的免费基础教育。

一、教育类型与层次

（一）教育类型

泰国目前的教育系统主要提供正规、非正规和非正式三种类型的教

---

①　田禾、周方冶：《列国志·泰国》，社会科学文献出版社 2005 年版，第 310 页。

②　Office of the Education Council, Ministry of Education, *Education in Thailand*, Bangkok: Ministry of Education, 2017, p.1.

育，其目的是构建和支持实践能力、学术能力、社会能力、道德和民主价值观以及国家认同。①

1. 正规教育

自 1999 年以来，泰国的正规教育包括基础教育和高等教育（即第三级教育）。基础教育是免费的，包括学前教育、初等教育和中等教育。义务教育从 6 岁开始，持续 9 年，包括小学教育（P1—6 年级）和初中教育（M1—3 年级）。

泰国以各种教育形式为五类目标群体提供正规教育服务：（1）在普通学校（regular schools）为普通学生提供学术性和职业性的主流教育；（2）为天才儿童、就读于特殊学校、特殊教育中心和全纳学校的残疾学生，以及就读于福利学校②（welfare school）和边境巡逻警察学校③（Border Patrol Police School）的处境不利学生等有特殊教育需求的学生所提供的基础教育；（3）由宗教机构提供的神职人员教育（education for ecclesiastics）和有关教育服务；（4）由教育部以外的政府部门所提供的专门教育（specialized education）；（5）由国际学校提供的以泰语以外语言为教学语言（通常为英语）的国际教育。④

值得一提的是，近年来泰国国际学校得到持续发展，学校数量从 2004 年的 108 所增长到 2007 年的 139 所以及 2013 年的 176 所。其中，有 106 所国际学校位于曼谷。泰国的国际学校往往被认为是高质量的学校，这些学校都是私立学校，费用和学费比其他以泰语作为主要教学语言的公立和私立学校要高得多。由于费用高昂，这些学校通常仅限于社会经

① OECD/UNESCO，*Education in Thailand*：*An OECD-UNESCO Perspective*，Paris：OECD Publishing，2016，p.45.
② 泰国的福利教育（welfare education）或弱势群体教育是专门为儿童设计的，目的是促进接受正常教育的儿童平等接受教育。实施福利教育的学校即为福利学校。
③ 边境巡逻警察学校隶属于泰国皇家警察的边境巡警局，这些学校一般位于泰国偏远的边境地区。
④ Office of the Education Council，Ministry of Education，*Education in Thailand*，Bangkok：Ministry of Education，2017，p.47.

济地位较高的家庭。① 此外，泰国过去还曾有一些以汉语为教学语言的华文学校，后来这些学校被禁止办学。目前的华文学校以汉语、泰语和英语进行教学。随着中国全球和地区经济影响的不断提升，华文学校越来越受到欢迎。②

2. 非正规教育

泰国的非正规教育由教育部、国防部、劳工部、内政部、公共卫生部、交通部、农业与合作部及工业部等政府部门、私营组织、非政府组织等公共和私营机构提供。在国家层面，泰国的非正规和非正式教育由教育部的非正规与非正式教育办公室（Office of the Non-Formal and Informal Education）监督，但其他公共机构和私营利益攸关方也在正规教育项目之外提供教育。2013 年，超过 260 万名学生参加了非正规教育。③

泰国教育部非正规与非正式教育办公室提供的非正规教育服务主要针对学校教育系统以外的群体，大致可分为五类：(1) 面向学前儿童的非正规教育；(2) 扫盲基本教育；(3) 普通非正规教育；(4) 职业非正规教育；(5) 改善生活质量的有关活动。④ 具体来看，非正规教育的对象主要包括婴幼儿和学前儿童、错过正规学校教育的学龄儿童以及超过入学年龄的群体。近年来，非正规教育服务也逐步扩展至监狱犯人、劳工、应征入伍士兵、残疾人、老年人、地方领导人、山地部落居民、贫民窟居民、穆斯林群体、宗教从业者、完成义务教育后没有机会继续接受正规学校教育

---

① Her Royal Highness Princess Maha Chakri Sirindhorn, "History and Development of Thai Education", in *Education in Thailand：An Old Elephant in Search of a New Mahout*, Gerald W. Fry (Ed.), Singapore：Springer Nature Singapore Pte Ltd., 2018, p.26.

② Her Royal Highness Princess Maha Chakri Sirindhorn, "History and Development of Thai Education", in *Education in Thailand：An Old Elephant in Search of a New Mahout*, Gerald W. Fry (Ed.), Singapore：Springer Nature Singapore Pte Ltd., 2018, p.27.

③ OECD/UNESCO, *Education in Thailand：An OECD-UNESCO Perspective*, Paris：OECD Publishing, 2016, p.45.

④ Office of the National Education Commission, *Education in Thailand 2002/2003*, Bangkok：Amarin Printing and Publishing, 2003, p.22.

的人以及在国外的泰国人等一些特殊人群。①

泰国 2008 年颁布了《非正规与非正式教育促进法》（*Promotion of Non-Formal and Informal Education Act*），旨在促进人力资源的开发，以适应人口、社会和经济变革的需求。该法将非正规教育的重点放在提高泰国人素质，以及促进泰国人知识与技能、道德原则、伦理行为、核心价值和常识的发展，从而不仅确保他们个人的福祉，而且确保国家的可持续发展。

3. 非正式教育

泰国 1999 年《国家教育法》也准许和鼓励非正式教育的发展，使学习者能够根据其兴趣、潜力、意愿以及个人、社会、环境、媒体或其他知识来源提供的机会进行自学。泰国的非正式教育主要由图书馆、博物馆、科学中心和技术中心，以及大众传媒和社区学习网络等来提供。同时，泰国所有政府部门也都参与到提供非正式教育以促进终身学习的发展。② 具体而言，泰国非正式教育的渠道包括：（1）地方智慧（local wisdom），即每个社区的文化和知识体系；（2）地方媒体（local media），即通过多种形式的活动来传递知识和社会价值；（3）家庭，即家庭是全民学习的源泉；（4）通过合作活动建立网络。③

（二）教育层次

1. 基础教育

泰国的基础教育分为学前教育、初等教育和中等教育三个层次。2016年泰国政府宣布将免费基础教育从 12 年延长至 15 年，也就是从学前 3 年

---

① Office of the Education Council，Ministry of Education，*Education in Thailand*，Bangkok：Ministry of Education，2017，pp.60-61.

② Her Royal Highness Princess Maha Chakri Sirindhorn，"History and Development of Thai Education"，in *Education in Thailand：An Old Elephant in Search of a New Mahout*，Gerald W. Fry（Ed.），Singapore：Springer Nature Singapore Pte Ltd.，2018，pp.11-12.

③ Office of the Education Council，Ministry of Education，*Education in Thailand*，Bangkok：Ministry of Education，2017，p.62.

教育一直到高中 12 年级。①

（1）学前教育

学前教育的目的是培养和准备学生的生理、心理、智力和情感技能，使他们能够进一步接受基础教育。公立学前教育学校一般为学生提供 2 年的教育，私立学前教育学校提供 3 年的教育。②2004 年以后，学前教育成为基础教育的一部分，虽然学前教育还不是义务教育，但为了扩大入学，泰国从 2009 年起施行学前教育免费。公立学校（state schools）一般提供两年的幼儿园教育（3—4 岁）和一年的学前班教育（5 岁）。此外，幼儿还可进入幼儿保育中心（childcare center）接受学前教育。近年来，泰国学前教育入学率增长迅速。根据联合国教科文组织的统计，泰国学前教育在 2011 年已基本实现普及。③

（2）初等教育

在初等教育阶段即教学教育阶段，学生至少要接受 6 年的义务教育。小学教育强调基本的读写算能力，培养学生良好的行为习惯。④ 泰国学生通常从 6 岁开始接受小学教育。泰国小学入学基本实现普及，2009 年约95.6% 的适龄儿童进入小学就读。小学在校生人数约 500 万，在基础教育阶段学生中所占比例最大。

（3）中等教育

泰国中等教育包括初级和高级两个层次。中等教育从 12 岁开始。2013 年，有 97% 的适龄学生（即 240 万学生）进入初中就读。⑤ 初级中

---

① Office of the Education Council, Ministry of Education, *Education in Thailand*, Bangkok：Ministry of Education, 2017, p.65.

② Office of The Permanent Secretary, Ministry of Education, *2016 Educational Statistics*, Bangkok：Ministry of Education, 2016, p.4.

③ OECD/UNESCO, *Education in Thailand：An OECD-UNESCO Perspective*, Paris：OECD Publishing, 2016, p.46.

④ Office of The Permanent Secretary, Ministry of Education, *2016 Educational Statistics*, Bangkok：Ministry of Education, 2016, p.4.

⑤ OECD/UNESCO, *Education in Thailand：An OECD-UNESCO Perspective*, Paris：OECD Publishing, 2016, p.46.

等教育阶段面向学生提供为期 3 年的课程，旨在培养学生的道德、知识和能力，使学生探索自己的需求、兴趣和才能，并使他们能够满足自己的职业需求。高级中等教育提供为期 3 年的课程，是学生接受高等教育的基础阶段。高级中等教育旨在帮助学生适应劳动力市场，提高他们的创业技能。高级中等教育有两条发展路径：职业和技术学校为擅长技能的学生提供以职业为导向的教育，而通识教育学校为有学术倾向的学生提供以学术为导向的教育。[1]

泰国的高级中等教育即高中教育虽然不是强制性的，但它也是基础教育的组成部分。根据泰国官方的统计，2013 年有 75% 的适龄青少年学生接受高中教育。由于高中教育的主要目的是为学生将来的学习和工作生活做准备，因此学生在选择课程时享有一定的自由。泰国正规的职业教育与培训（VET）是在中等教育层面由特定学校或机构来实施的，或者是基于学校和公司之间协议采取的双元制。经过两年的课程学习，学生可获得文凭（diploma），然后他们可以继续在高等教育机构接受高等职业教育。近年来，泰国高中层面接受职业教育的学生比例一直在下降，2013 年约占所有高中学生比例的三分之一（32.7%）。[2]

2. 高等教育

泰国的高等教育由文凭教育或副学位（associate degree）教育和学位教育两个层次构成。

（1）文凭教育

在文凭教育层次，相关院校为完成高中教育的学生提供为期 1—4 年的课程。在高中三年级结束时，选择职业教育路径的学生可以进入职业院校或大学继续他们的职业教育课程，并获得职业文凭（vocational diploma）。另一方面，选择学术路径的学生，在获得学术证书（academic

---

① Office of The Permanent Secretary，Ministry of Education，*2016 Educational Statistics*，Bangkok：Ministry of Education，2016，pp.4-5.

② OECD/UNESCO，*Education in Thailand：An OECD-UNESCO Perspective*，Paris：OECD Publishing，2016，p.46.

certificate）后，可以进入学院和大学，攻读职业性或学术性课程。文凭课程旨在发展学习者的知识和"半技能"（semi-skills）水平的职业技能，使他们能够开启自己的创业发展。

（2）学位教育

学位教育层次又可以分为本科教育和研究生教育两个层次。

本科学位通常提供 4 年的课程，而建筑学、医学等专业则需要 5—6 年的学习。完成高级中等教育，并参加入学考试的学生，可以进入到技术和教育机构，进行为期 4—6 年的学士学位课程学习。对于已经获得文凭的学生，在参加入学考试后，可以进行为期 2 年的课程，从而在高等技术和教育机构获得第一级学位。本科学位课程的目标是培养学生的能力和学科素养，使学生将理论应用到实践，并在社会传播他们的知识。

研究生学位是为研究生文凭（graduate diploma）、硕士学位和博士学位层次上的学习者提供 1—3 年的课程。研究生学位层次的教育要求对学生进行专业化教育并将理论应用到实践。研究生课程培养学生的职业和学术才能，使他们能够在自己的职业生涯中进步。学习的过程集中在学习者更广阔的视野和更好的视角来看待世界，并使国家参与到国际竞争中。这个层次教育的另一个重点是运用国际知识和民间智慧（folk wisdom）促进国家发展。[①]

根据泰国官方的统计，截至 2016 年，泰国教育部高等教育委员会办公室（Office of the Higher Education Commission）负责管辖的院校有 155 所，其中高等教育机构（Institutions of Higher Education）154 所，包括公立高等教育机构 80 所和私立高等教育机构 74 所，另有社区学院机构[②]（Institute of Community Colleges）1 所。[③]

---

① Office of the Permanent Secretary，Ministry of Education，*2016 Educational Statistics*，Bangkok：Ministry of Education，2016，p 5.

② 社区学院是一个法人和政府机构（government agency），是根据《预算程序法》（*Budget Procedure Act*）、《社区学院法》（*The Community College Act*）而设立的学院。

③ Office of the Permanent Secretary，Ministry of Education，*2016 Educational Statistics*，Bangkok：Ministry of Education，2016，p.32.

二、学制结构

1977年，泰国的学制结构由"4–3–3–2"改为"6–3–3"，也就是6年初等义务教育，其后为3年初级中等教育（或中学第一阶段），以及再3年高级中等教育（即高中或中学第二阶段）。在高级中等教育阶段，学生可选择进入普通学校或职业学校。目前，进入普通教育学校和职业教育学校学生的比例大约为6∶4。"6–3–3"学制至今仍在沿用，但1999年教育改革已将义务教育年限从6年提高到9年，从小学到高中的教育为12年基础教育。目前，泰国的教育以1999年《国家教育法》所规定的框架为基础。据泰国教育部教育委员会办公室（Office of the Education Council）的统计，15—59岁适龄人口平均受教育年限从2003年的8.1年增至2007年的8.7年，以及2013年的8.9年。基础教育之后是由公立或私立大学、学院及其他类型机构提供的高等教育。截至2017年，隶属于泰国教育部高等教育委员会办公室且具有学位授予权的大学和学院共有157所，其中82所为公立院校，75所为私立院校。泰国还有一些隶属于公共卫生部等其他部委的专门性大学和学院，以及19所隶属于教育部职业教育委员会办公室（Office of the Vocational Education Commission）且具有学位授予权的技术院校。此外，还有一些国立或私立院校、职业学院、社区学院以及体育学院、戏剧艺术学院和美术学院提供学位水平以下或文凭层次的教育。职业或技术教育院校的学习期限一般为2年或3年。大学学位项目要求完成文凭课程的学生至少再学习2年，完成中等或同等课程的学生至少再学习4—6年。一般来说，硕士学位项目需要在学士学位之后学习2年，博士学位则需要在硕士学位之后再学习3—4年才能授予。①

三、学校类型

泰国教育系统由大量的公立和私立学校组成。目前，泰国教育部是

① Her Royal Highness Princess Maha Chakri Sirindhorn，"History and Development of Thai Education"，in *Education in Thailand：An Old Elephant in Search of a New Mahout*，Gerald W. Fry（Ed.），Singapore：Springer Nature Singapore Pte Ltd.，2018，p.11.

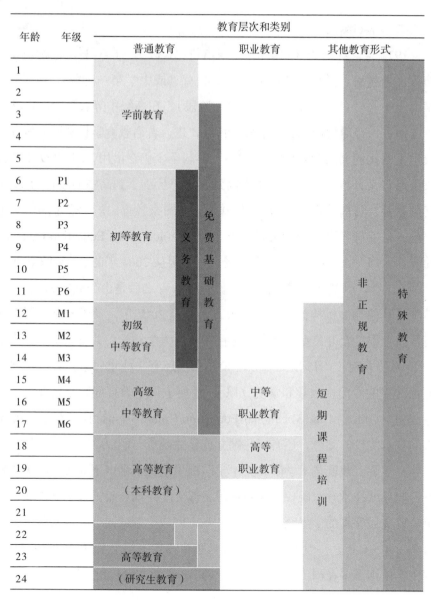

图 2.1 泰国学制图

资料来源：OECD/UNESCO，*Education in Thailand*：*An OECD-UNESCO Perspective*，Paris：OECD Publishing，2016，p.47.

最重要的教育提供者，此外其他 10 余个公共部门也负责管理其所属的院校，这些院校的在校生超过 110 万。泰国的很多教育机构同时提供初等和中等教育，在一所学校里接受初等和初级中等教育即"扩展初等教育"

（extended primary education）或初级和高级中等教育是很常见的。有特殊教育需要的学生目前在主流学校或专门机构接受教育，但泰国正在努力扩大他们的受教育机会，以实现自给自足并融入社会。

泰国有约 20% 的学生就读于私立教育机构。根据 1999 年《国家教育法》的规定，私立教育机构可以由个人、组织者或公司举办，可以在正规教育或非正规教育的基础上提供普通教育、职业教育或特殊教育。同时，私立教育机构也可以获得公共资金的补助。目前，私立学校入学人数最多的是学前教育和职业高中阶段的学校，大约有 1/3 的学生就读这些学校。但各地区私立学校的发展情况不尽相同，曼谷都市区（Bangkok Metropolitan Area）就读私立学校的学生更多一些，其中学前教育学生占 61%，小学学生占 42%，高中学生占 36%。对于来自富裕家庭的学生，以及曼谷地区的学生，参加私人的或收费的校外辅导也很普遍。这些所谓的"补习"（cram）学校主要是帮助学生进入中小学或大学的入学考试做准备。[1]

皇家边境巡逻警察在偏远地区维持着大约 180 所学校，主要服务于移民和山区部落家庭。这些学校通常只提供学前教育和小学教育。还有专门为各种宗教信仰的学生开设的公立或私立学校。例如，国家佛教局（National Buddhism Bureau）负责管理 400 多所学校，在校生达 5.2 万余人。在泰国南部，还有几种类型的学校提供伊斯兰教育，其中约有 270 所学校的课程得到了政府批准和资助。此外，泰国还有大约 200 所经注册的伊斯兰私立学校，以及相当数量的传统私立学校和大部分未经注册的学校，它们有自己的课程和在一些地区由教育部监督的校外课程（例如在清真寺）。[2]

泰国还有大量的小型学校，这些学校主要集中在小学层次和处于

---

① OECD/UNESCO, *Education in Thailand：An OECD-UNESCO Perspective*，Paris：OECD Publishing，2016，p.49.

② OECD/UNESCO, *Education in Thailand：An OECD-UNESCO Perspective*，Paris：OECD Publishing，2016，p.49.

不利地位的农村地区。据估计，近30%的泰国学校平均班级人数不足10人。①

第二节　泰国教育的行政与管理

泰国全国分中部、南部、东部、北部和东北部五个地区，共有77个府，府下设县、区、村。曼谷是唯一的府级直辖市。各府府尹为公务员，由内政部任命。曼谷市长由直选产生。

与其他公共行政领域一样，泰国的教育系统是高度中央集权的。正如泰国学者指出的，"在泰国的教育系统中，参与者认为上面的命令是所有相关人员的命令"。② 泰国正规教育系统的行政与管理主要由国家（中央）、府和地方三个层面构成。（参见图2.2）

一、中央教育行政管理

在国家层面的教育行政管理上，泰国设有很多不同的行政机构，其中有些设在政府内部，还有一些是公共机构。2003年，为改进国家教育行政管理的质量、效率和民主回应能力，泰国重组了两个部，并在教育部框架下重组了两个其他机构。但是，泰国教育行政管理的特点仍是不同部门职能的倍增。这种体制的复杂性与围绕有效利用财政资源和问责的问题交织在一起。2011年至2015年，泰国实施了一个"全国教育账户"（National Education Accounts）项目，旨在全面跟踪和分析教育预算流动。③

① OECD/UNESCO, *Education in Thailand：An OECD-UNESCO Perspective*，Paris：OECD Publishing，2016，p.49.

② Philip Hallinger and Pornkasem Kantamara，"Educational Change in Thailand：Opening a Window onto Leadership as a Cultural Process"，*School Leadership & Management*，Vol.20，No.2（2000），p.191.

③ OECD/UNESCO, *Education in Thailand：An OECD-UNESCO Perspective*，Paris：OECD Publishing，2016，p.50.

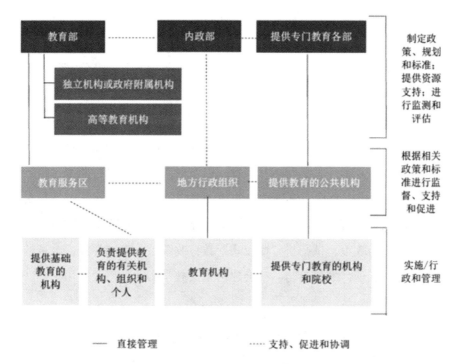

图 2.2　泰国教育行政管理图

资料来源：OECD/UNESCO，*Education in Thailand*：*An OECD-UNESCO Perspective*，Paris：
OECD Publishing，2016，p.53.

　　泰国国民经济和社会发展委员会负责制定泰国的总体发展计划，其中也包括教育发展目标。泰国教育部和内政部共同履行教育行政管理职责。教育部作为国家层面的主管部委，负责管理从学前教育到高等教育的各个层次和类型的教育，并且负责制定教育政策、规划和标准，分配教育资源，监测和督导教育提供，以及负责协调与教育相关的宗教事务、艺术、文化与体育。

　　1. 教育部

　　在泰国，教育部是在教育方面负有主要责任的重要机构。教育部负责促进和监督政府和私人部门举办的各级各类教育。目前，泰国的教育主要由教育部通过中央机构、地区和各府教育办公室以及教育机构进行管理。① 然而，过去几十年来，泰国教育部除了主管教育事务外还负责管理宗教和文化事务。1999 年的《国家教育法》也延续了这一惯例。2002 年泰国官僚制度改革则改变了这种结构，宗教事务划归总理办公室和新设立的文化部管理，文化事务由文化部管理。为了反映这一变化，《国家教育法》也于 2002 年进行了修改。（参见表 2.1）据此，教育部主要负责促进和监督各级各类教育，制订教育政策、规划和标准，调动教育资源，促进和协调宗教、艺术、文化和体育教育，以及对教育提供进行监测、督导和评估。② 在过去十年中，泰国中央集权的教育行政管理模式，特别是由此形成的体制文化对教育改革的限制日益明显。因此，近年来泰国教育部通过了一些新的政策，试图将"赋权式"教育改革植入泰国学校。改革的举措包括校本管理、家长参与、社会建构主义教学实践，以及应用一些新的学习技术等。③

表 2.1　1999 年《国家教育法》及 2002 年修正案对教育部的相关规定

	1999 年《国家教育法》	《国家教育法》2002 年修正案
名称	教育、宗教与文化部	教育部
职责	监督各级各类教育、宗教、艺术和文化	促进和监督各级各类教育
行政管理架构	国家教育、宗教与文化委员会 基础教育委员会 高等教育委员会 宗教与文化委员会	国家教育委员会 基础教育委员会 高等教育委员会 职业教育委员会

资料来源：Office of the National Education Commission，*Education in Thailand 2002/2003*，Bangkok：Amarin Printing and Publishing，2003，p.13.

---

① Office of the Education Council，Ministry of Education，*Education in Thailand*，Bangkok：Ministry of Education，2017，pp.14-15.

② Office of the National Education Commission，*Education in Thailand 2002/2003*，Bangkok：Amarin Printing and Publishing，2003，p.29.

③ Philip Hallinger and Pornkasem Kantamara，"Educational Change in Thailand：Opening a Window onto Leadership as a Cultural Process"，*School Leadership & Management*，Vol.20，No.2（2000），p.191.

根据 1999 年《国家教育法》及其 2002 年修正案和 2003 年《官僚改革法案》（*Bureaucratic Reform Bill*）的相关规定，泰国教育部主要由如下几个机构组成：

（1）常任秘书长办公室（Office of the Permanent Secretary）：该办公室主要负责提供行政指导，向教育部长提供建议，协调教育部内行政和管理系统及相关服务，对外代表教育部，同时也是政府机构之间以及与国际伙伴之间行政与合作的协调单位。该办公室下辖的主要部门包括：① 非正规与非正式教育办公室：该办公室成立于 2008 年，主要负责支持和协调正规教育以外的所有活动，负责提出政策建议，以及管理正规教育和非正规教育之间的认可和对等问题；② 私立教育委员会办公室（Office of the Private Education Commission）：该办公室负责督导和监督私立教育机构，审批学费标准和分配补助资金；③ 国家教师、教职员工与教育人事发展研究所（National Institute for Development of Teachers，Faculty Staff and Educational Personnel）：该机构成立于 2005 年，主要负责制定教育发展政策，实施相关的支持活动，以及协调相关的机构；④ 教师公务员与教育人事委员会办公室（Office of the Teacher Civil Service and Educational Personnel Commission）：该办公室成立于 2004 年，主要负责教育部所属所有公立学校人事管理事务。

（2）教育委员会办公室：该办公室履行全面规划职能，包括课程开发与研究、法律法规和教育标准等领域。传统上，该办公室的职能还包括制定宗教、艺术、文化和体育等方面国家教育计划，以及五年国家教育发展规划。除了根据国家框架监测该规划的实施情况外，该办公室还负责提出调动教育资源的有关政策。

（3）基础教育委员会办公室（Office of the Basic Education Commission）：该办公室负责整个普通基础教育部门，包括保障平等入学机会和帮助有天赋和特殊需要的学生。该办公室负责监督基础教育政策、标准和课程，并评估教育服务提供。该办公室各项工作的主要目的是为提高基础教育质量，发展创新，以及下放行政权力。

（4）高等教育委员会办公室[①]：负责设立基金和监督高等教育机构，制定政策和标准，并支持围绕高等教育问题开展的国际合作。该委员会办公室设有总务管理局、人事管理与发展局、合作与促进局、政策与规划局、高等教育标准与质量局、国际合作战略局、学生发展局、公共部门发展处及内部审计处等 9 个部门。

（5）职业教育委员会办公室：该办公室主要负责提供职业教育服务。该办公室主要职能是评估劳动力市场的需求，实施和规范职业教育管理和行政，并促进研究、创新和技术发展。[②]

此外，泰国教育部还下辖泰国教师委员会（Teachers' Council of Thailand）、科学技术教学促进研究所（Institute for the Promotion of Teaching Science and Technology）、国际贸易与发展研究所（International Institute for Trade and Development）、玛希隆王子纪念科学学校（Mahidol Wittayanusorn School）、教师和教育人员福利促进委员会办公室（Office of the Welfare Promotion Commission for Teachers and Educational Personnel）、国家教育考试服务研究所（National Institute of Educational Testing Service）以及泰国国家童军组织（National Scout Organisation of Thailand）等 7 个重要的机构。

2. 高等教育、科学、研究与创新部

高等教育、科学、研究与创新部是泰国负责监督和管理高等教育、研究和科学技术等事务的政府机构，也是泰国皇家政府 19 个部（ministry）中最新成立的一个。该部是在总理巴育（Prayut Chan-o-cha）执政期间，根据 2019 年 5 月 2 日颁布生效的《部、局和司改进法》（Act of Ministries, Bureaus, and Departments Improvement）而创立。该部设

[①]　2019 年 5 月，泰国高等教育、科学、研究与创新部（Ministry of Higher Education, Science, Research and Innovation）成立后，有关高等教育的职能已从教育部移交给该部。

[②]　OECD/UNESCO, *Education in Thailand: An OECD-UNESCO Perspective*, Paris: OECD Publishing, 2016, pp.50-52.

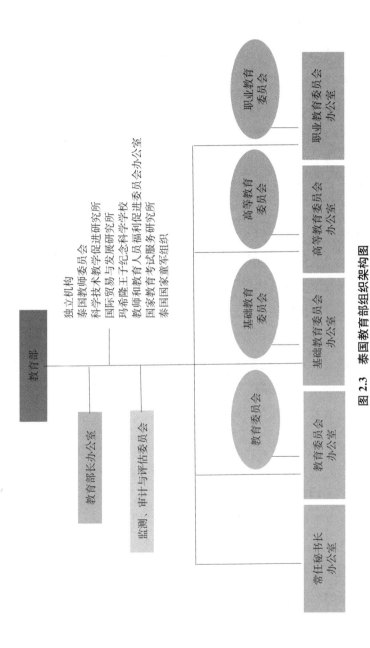

图 2.3　泰国教育部组织架构图

资料来源：Office of the Education Council, Ministry of Education, *Education in Thailand*, Bangkok: Ministry of Education, 2017, p.20.

有部长办公室、常任秘书长办公室、和平利用原子能办公室（Office of Atoms for Peace）、科学服务司（Department of Science Service）、高等教育委员会办公室以及泰国国家研究委员会办公室等部门。该部负责管理的公共机构包括：国家科学技术开发署（National Science and Technology Development Agency）、国家创新署（National Innovation Agency）、国家高等教育、科学、研究与创新政策委员会办公室（Office of the National Policy Higher Education，Science，Research and Innovation Council）、国家计量研究所（National Institute of Metrology）等。

新设立的高等教育、科学、研究与创新部的主要职能是：（1）促进、支持和监督高等教育，保持学术自主和管理与世界发展相适应，根据国家需要发展人力资源，以及在科学、技术、社会科学、人文和跨学科领域开展能够促进社区、社会和国家发展的研究和创新；（2）在该部或部长的监督下，并与该部以外的科研创新系统机构进行协调与合作，促进、支持和监督高等教育机构和科研创新系统中有关机构的研究创新，使之朝着与国家政策、战略和科学研究和创新计划相关和一致的方向发展；（3）为高等教育、科学、研究和创新提供重要的生态系统和基础设施，包括促进与外国政府机构、私营部门、地方行政组织和个人或机构在研究和创新方面的合作，以培养专门化的高水平人力资源；（4）有关法律规定的其他职责和权限。

3. 其他政府部门

虽然泰国教育部在教育管理方面负有主要的责任，但其他一些中央部委和地方机构也负责专门性或地方教育机构的管理。尤其是基础教育和高等教育阶段的专门教育主要由政府各部、局、署、国营企业和其他公共机构根据其需要和专门知识，结合国家教育政策和标准来提供。例如，内政部所属的电力学校、农业与合作部所属的灌溉学院、公共卫生部所属的护理学院、交通部所属的民航培训中心等。（参见表2.2）2015学年，除教育部管辖的35768所基础和高等教育机构外，内政部管辖的教育机构有21270所，曼谷都市管理局管辖的有763所，皇家警察管辖的有204所，文化部管辖的有 16 所，旅游与体育部管辖的有 12 所，社会发展与人员安全部管辖的有 1 所。① 另据泰国教育部的统计，2017 年泰国正规和非正规教育系统中隶属各政府部门教育机构的数量更是高达 4.4 万余所。（参见表 2.3 和表 2.4）

在这类政府部门中，负责泰国地方行政组织（LAO）管理的内政部尤为引人注目。因为按照教育部的标准，地方行政组织（包括曼谷和芭堤雅）可根据当地需要提供某一或所有层次的教育。地方行政组织由内政部监督和资助，而教育部则帮助协调并向地方当局提供建议。② 此外，总理办公室下属的国家教育标准和质量评估办公室（Office for the National Education Standards and Quality Assessment）在教育成果的外部评估方面发挥着重要的作用。泰国政府设立该办公室的主要目的是制订外部质量评估的标准和方法，并对教育成果进行评估，以检查教育机构的质量。泰国所有教育机构每五年至少进行一次外部质量评估，评估结果会向有关机构提交并向公众公布。③

表 2.2　有关政府部门提供的专门教育及学生数（2013 学年）

政府部门	院校类型	学生数
农业与合作部	灌溉学院 兽医学院	330
交通部	商船培训中心 民航培训中心	2857
数字经济与社会部	气象学院 邮政学院	190

---

① Office of the Education Council，Ministry of Education，*Education in Thailand*，Bangkok：Ministry of Education，2017，p.25.

② OECD/UNESCO，*Education in Thailand：An OECD-UNESCO Perspective*，Paris：OECD Publishing，2016，p.52.

③ Office of the Education Council，Ministry of Education，*Education in Thailand*，Bangkok：Ministry of Education，2017，p.21.

续表

政府部门	院校类型	学生数
国防部	军队院校预备学校 陆军、海军、空军学院 医学院 护理学院 技术培训学校 测绘学院 音乐学院	11160
公共卫生部	护理学院 公共卫生学院 医疗技术与公共卫生学院	24208
内政部	府级电力学校	145
司法部	法律培训研究所	32807
泰国皇家警察	皇家警察学院 护理学院 警察学校	4222
泰国红十字会	护理学院	702
曼谷都市管理局	医学院 护理学院	1293

资料来源：Office of the Education Council，Ministry of Education，*Education in Thailand*，Bangkok：Ministry of Education，2017，pp.32-33.

表 2.3　泰国正规教育系统中隶属各政府部门教育机构的数量（2017）

政府部门	全国	曼谷	其他地区
教育部	35442	988	34454
常任秘书长办公室	3977	684	3293
基础教育委员会办公室	30405	160	30245
高等教育委员会办公室	155	48	107
职业教育委员会办公室	904	96	808
教育部下属其他组织	1	—	1
其他政府部门	2816	472	2344

续表

政府部门	全国	曼谷	其他地区
内政部	1640	——	1640
社会发展与人员保障部	2	1	1
曼谷都市管理局	439	439	——
公共卫生部	46	5	41
交通部	2	1	1
国防部	19	14	5
文化部	16	1	15
旅游和体育部	29	——	29
国家佛教局	409	11	398
总理下属有关组织	214	——	214
总计	38258	1460	36798

资料来源：National Statistics Office，*Number of Institutions in The Formal School System by Jurisdiction in Bangkok Metropolis and Other Province*：*2009-2017*，2019 年 12 月 18 日，见 http：//statbbi.nso.go.th/staticreport/page/sector/en/03.aspx.

表 2.4　泰国非正规教育系统中隶属各政府部门教育机构的数量（2017）

政府部门	全国	曼谷	其他地区
教育部	9249	1861	7388
私立教育委员会办公室	8571	1837	6734
职业教育委员会办公室	658	24	634
高等教育委员会办公室	20	——	20
其他政府部门	10	10	——
曼谷都市管理局	10	10	——
总计	9259	1871	7388

资料来源：National Statistics Office，*Number of Institutions in The Non-Formal School System by Jurisdiction in Bangkok Metropolis and Other Provinces*：*2013-2017*，2019 年 12 月 18 日，见 http：//statbbi.nso.go.th/staticreport/page/sector/en/03. aspx.

从面向对象和课程内容角度来看，政府各部门提供的专门教育主要面向从小学到高中的毕业生，既包括普通教育的毕业生也包括职业教育的毕业生。各部门负责开发具体的课程，这些课程可以分为四类：（1）培养专业警察和士兵的课程，主要包括军队院校预备学校的课程，陆军、海军、空军学院和警察学院的课程，以及为初中和高中毕业生所设的士官课程；（2）培养专业技术人员的课程，主要包括为从事军队工作而培养军事技术人员的课程，以及隶属于农业与合作部和交通部等部门的灌溉学院和铁路技术学校等；（3）医学科学课程，主要面向中等教育的毕业生，由隶属于公共卫生部、国防部、曼谷都市管理局和泰国红十字会等的教育机构提供为期1—4年的教育；（4）为其他特定目的而开设的课程，主要面向初中阶段普通教育和职业教育毕业生以及普通高中的毕业生，由商船培训中心、邮政学校、民航培训中心等提供相关的课程和培训。①

表 2.5　泰国的教育支出（2014—2018 财年）（单位：百万泰铢）

	2014	2015	2016	2017	2018
中等教育及以下	383557.2	387886.6	388080.8	376124.3	325295.8
高等教育	87721.9	97725.7	106829.1	112975.0	108340.9
未按教育层次分配	2720.3	2780.7	9214.5	3081.8	3780.4
教育服务与支持	23508.6	22521.1	25386.7	15219.8	47466.3
其他类型教育	21011.1	20130.7	20197.0	27840.8	31721.9
总计	518519.1	531044.8	549708.1	535241.7	516605.3

资料来源：National Statistics Office, *Education Expenditure by Function：Fiscal Year 2009-2018*，2019 年 12 月 18 日，见 http：//statbbi.nso.go.th/staticreport/page/ sector/en/03.aspx.

二、地区和地方教育行政管理

（一）地区层面

在地区（regional areas）层面，按照 1999 年《国家教育法》有关

---

① Office of the Education Council，Ministry of Education，*Education in Thailand*，Bangkok：Ministry of Education，2017，pp.30-31.

教育管理放权的规定，基础教育主要由教育服务区（educational service area）进行管理。2003 年，根据教育行政管理权力下放的要求，基础教育委员会在当时的泰国 76 个府设立了 175 个教育服务区，其中 172 个在各府，3 个在曼谷。2008 年，泰国内阁根据教育部教育委员会办公室的建议，批准设立 10 个新的教育服务区，使教育服务区的数量达到 185 个。而后曼谷地区的 3 个教育服务区合并为 1 个，同时又设立 42 个中等教育服务区，因此泰国教育服务区的总数为 225 个。每个教育服务区负责约 200 个教育机构，约有 30 万至 50 万名学生。①

在教育服务区的管理架构上，每个教育服务区都建立地区教育委员会（Area Committee for Education），该委员会由社区、私人和地方行政组织、教师协会、教育行政管理者协会、教师与家长协会的代表，以及教育、宗教、艺术和文化领域的学者组成。（参见图 2.4）教育服务区及其办公室主要负责：（1）监督、设立、解散、合并或解散基础教育机构；（2）协调、促进和支持教育服务区的私立教育机构；（3）协调和促进地方行政组织，以便能够提供符合教育政策和标准的教育；（4）促进和支持个人、家庭、社区组织、私人组织、专业团体、宗教机构、企业和其他提供各种培训的社会机构所提供的教育。②

2016 年 3 月，为推动教育改革，确保协同工作改善各级教育质量，泰国政府调整了教育部在地区和各府的教育行政与管理。由此，泰国政府设立了地区教育改革委员会（Committee on Education Reform in the Regional Areas）。该委员会由教育部长担任主席，负责确定教育部在地区和府一级的工作方向。教育部长还负责规划人力资源的管理，审议各地区和各府教育机构、教育服务区及官员的预算分配、任命和调动。同

---

① Her Royal Highness Princess Maha Chakri Sirindhorn，"History and Development of Thai Education"，in *Education in Thailand：An Old Elephant in Search of a New Mahout*，Gerald W. Fry（Ed.），Singapore：Springer Nature Singapore Pte Ltd.，2018，p.12.

② Office of the National Education Commission，*Education in Thailand 2002/2003*，Bangkok：Amarin Printing and Publishing，2003，pp.29-31.

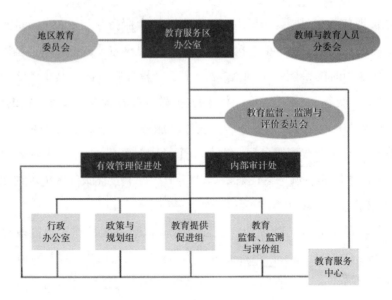

图 2.4   教育服务区组织架构图

资料来源：Office of the National Education Commission，*Education in Thailand 2002/2003*，
　　　　Bangkok：Amarin Printing and Publishing，2003，p.31.

时，泰国政府还在教育部常任秘书长办公室下设 18 个地区教育办事处
（Regional Education Office）。地区办事处根据国家发展方向、教育部政
策和府级集群发展战略制定教育发展战略。此外，地区办事处还支持府
级学术工作、研究与开发以及在其监督下对府教育办公室（Provincial
Education Office）绩效进行监控和评估。泰国每个府都有自己的府教育委
员会（Provincial Education Committee），由府尹或副府尹担任主席，并设
有自己的府教育办公室。上述地区和府的教育管理重组导致各教育服务区
委员会（Committee of Educational Service Areas）和教育服务区的教师与
教育人员分委会（Sub-committee on Teachers and Educational Personnel）的
解散。因此，教育服务区的权力被转移到各府的委员会，由其负责制定本
府的教育战略并采取相应的管理方式。目前，尽管初等和中等教育服务区
办公室（Office of the Primary and Secondary Educational Service Areas）有
关教师和教育人员的工作已移交府教育办公室，教育服务区办公室的其他

职责还未发生变化。①

根据《国家教育法》的规定，地方教育行政管理机构可根据其意愿、适宜性和当地的要求和特殊需要，提供任何或所有层次的教育。私立教育机构可以提供各级各类的教育。随着越来越多的政府预算按照1997年宪法的规定拨给地方学校，越来越多的其他地方政府正在申请将其所在地区的学校从教育部转到地方政府管理。教育部常任秘书长办公室下设的非正规与非正式教育办公室负责为偏远地区不同种族的儿童和成年人提供教育。②

（二）地方行政组织

泰国的地方行政组织可以分为府级行政组织（Provincial Administration Organizations）、都市（Municipalities）、分区行政组织（Sub-District Administration Organizations）和地方特别行政组织（Special Local Administration Organizations）等四类。（参见表2.6）据统计，2015年泰国有7853个地方行政组织。泰国内政部地方行政司的统计显示，在上述地方行政组织（包括曼谷都市管理局和芭提雅市）中，有628个地方行政组织负责管理教育机构，还有1855个地方行政组织负责监督教育机构。（参见表2.7）③

根据《国家教育法》的规定，地方行政组织可以根据其准备程度、适宜性和当地区域的要求，提供某一层次或各个层次的教育服务。泰国教育部规定了评估提供教育服务的准备情况的标准和程序，并根据有关政策和所需的标准协助提高其能力。此外，教育部还就地方行政这种提出的预算拨款提供咨询意见。教育部在将提供教育的权力移交给地方行政组织时，也移交了一些不需要评估的职责。这些工作包括监督分区图书馆和学前教育层面的儿童发展中心，以及采购教育材料和补充牛奶等食品。此

---

① Office of the Education Council，Ministry of Education，*Education in Thailand*，Bangkok：Ministry of Education，2017，pp.22-23.

② Her Royal Highness Princess Maha Chakri Sirindhorn，"History and Development of Thai Education"，in *Education in Thailand*：*An Old Elephant in Search of a New Mahout*，Gerald W. Fry（Ed.），Singapore：Springer Nature Singapore Pte Ltd.，2018，p.12.

③ Office of the Education Council，Ministry of Education，*Education in Thailand*，Bangkok：Ministry of Education，2017，pp.26-28.

外，儿童发展中心由社区发展处（Community Development Department）、宗教事务局（Department of Religious Affairs）等其他机构移交给本地行政组织。曼谷则鼓励一些地方社区参与建立学前儿童中心，并提供财政支持、食物补充和人员培训。值得注意的是，地方行政监管的学校大部分是小学，少数是高中。地方行政组织在提供教育方面所不断发挥的作用还体现在儿童发展中心、终身学习资源、工作训练及生活质量发展训练等非正规和非正式教育的提供上。在很多地方行政组织的监督下，每个地区都有充足的教育资源和适当数量的学校，这使得地方行政组织能够有效地提供教育。尤其是地方行政组织可以安排灵活而符合当地社区各种需求和生活方式的学习和教学课程，从而有助于改善当地社区的生活方式。①

表 2.6　泰国地方行政组织的类型和数量

地方行政组织类型	数量
府级行政组织（曼谷除外）	76
都市	2441
分区行政组织	5334
地方特别行政组织（曼谷都市管理局和芭堤雅市）	2
总计	7853

资料来源：Office of the Education Council，Ministry of Education，*Education in Thailand*，Bangkok：Ministry of Education，2017，p.26.

表 2.7　泰国地方行政组织管理和监督的教育机构数量

地方行政组织类型	负责管理教育机构的地方行政组织数	受地方行政组织监督的教育机构数量
府级行政组织	52	347
都市	453	923
分区行政组织	121	137
曼谷都市管理局	1	437

---

①　Office of the Education Council，Ministry of Education，*Education in Thailand*，Bangkok：Ministry of Education，2017，pp.26-30.

续表

地方行政组织类型	负责管理教育机构的地方行政组织数	受地方行政组织监督的教育机构数量
芭堤雅市	1	11
总计	628	1855

资料来源：Office of the Education Council，Ministry of Education，*Education in Thailand*，Bangkok：Ministry of Education，2017，p.28.

（三）教育机构

在基础教育层面，根据《国家教育法》的规定，泰国政府将与学术事务、预算、人事和一般事务有关的行政和管理权力下放给基础教育机构。对于每个提供基础教育的机构，都设有学校董事会（school board）来监督和支持该机构的管理。校董会成员通常包括家长、教师和社区、地方行政组织、学校校友、佛教僧侣的代表，区域内其他宗教机构以及学者的代表。教育机构的负责人一般为校董会的成员和秘书。在校董会组成人员的规模上，小的基础教育机构由 9 人组成，大的机构由 15 人组成。基础教育机构校董会的主要职责是监督学校的行政管理工作，推动和支持学校的活动，以及监督学校内部的人事管理。基础教育机构作为法人实体，在校董会成员的监督下，具有较大的灵活性、独立性和较强的行政管理实力。因此，提供基础教育学校的组织结构必须包括学术事务、预算、人事和一般事务等四个主要的管理部门。[①] 此外，基础教育学校负责提供教育和控制自己的预算。学校不具有教师工资方面的权力，而是由中央政府决定和支付。各利益相关者和家长通过学校董事会参与教育管理，并在地方一级发挥咨询职能。[②]

在高等教育层面，泰国早期设立的大学是具有教育厅地位的公立大

[①] Office of the Education Council，Ministry of Education，*Education in Thailand*，Bangkok：Ministry of Education，2017，pp.23-24.

[②] OECD/UNESCO，*Education in Thailand：An OECD-UNESCO Perspective*，Paris：OECD Publishing，2016，p.52.

学，而且可以获得年度办学预算。但是大学的人事、财务和一般管理都必须完全遵守官僚体制。根据《国家教育法》的规定，提供学位教育的公立教育机构（不包括提供专门教育的机构）为法人实体，享有政府或国家监管机构的地位。上述机构享有自主权，能够建立自己的行政管理制度，具有灵活性和学术自由，并根据各自机构的基本法受其机构理事会的监督。因此，一些公立大学正逐步转变为自治大学（autonomous university）。自治大学有自己的行政管理架构和预算编制体系，在充分自主的情况下，自主决定行政管理事项，同时还从政府获得经常性预算拨款。每一所公立大学和自治大学都有其关于大学内部行政管理的法律。这些法律增加了它们的自主性和灵活性，并鼓励在大学理事会的监督下进行自我管理。在法律框架内，每个公立高等教育机构可以根据需要建立自己的内部组织。同时，泰国也修改了有关普通高等教育机构人事管理的法律，以提高高等教育机构人事管理工作效率。根据泰国教育部高等教育委员会办公室统计，截至 2015 年 7 月，已有 19 所公立大学转型为自治大学。泰国政府目前还采取措施，鼓励现有的公立大学摆脱官僚体制。

三、私营部门提供教育的管理

在泰国，私营部门是提供各级各类教育的一个重要的机制。泰国的私营部门主要包括非政府组织（NGOs）、私立教育机构、私营企业、家庭和宗教机构等。

（一）私立教育机构

在私立教育机构的管理上，根据《国家教育法》的规定，私营部门的教育行政与管理享有独立性，国家负责监督、监测和评估教育质量和标准。私立教育机构的教育质量和教育标准的评估办法与公立教育机构相同。在私立基础教育机构的教育行政与管理上，2007 年《私立学校法》（*Private School Act B.E. 2550*）规定，正规学校必须设有由专业执照持有者、经理、主管、教师代表、学生家长代表及其他有关人士组成的执行委员会（executive board）。执行委员会的权力职责包括颁布学校的规章制度，批准学校的政策和教育发展规划，就人事、工作计划、预算、学生活动、校舍及社区关系等事宜提供学校行政及管理方面的意见，以及提供质量保证系统等。据统计，2015 学年在基础教育阶段，泰国提供正规教育、非正规教育、特殊教育及福利教育的私立教育机构共有 12892 所。[1] 基础教育阶段就读于公立和私立教育机构学生人数之比大致为 80：20。（参见表 2.8）

表 2.8　基础教育阶段就读于公立和私立教育机构学生人数的比例（2015）

	学前教育	小学	初中	高中		总计
				普通教育	职业教育	
比例	77：23	78：22	86：14	87：13	68：32	80：20

资料来源：Office of the Education Council，Ministry of Education，*Education in Thailand*，Bangkok：Ministry of Education，2017，p.36.

在私立高等教育机构的管理上，1969 年《私立学院法》（*Private College Act*）规定私立高等教育的地位仅仅相当于学院（college），1979 年《私立高等教育机构法》（*Private Higher Education Institution Act*）明确了高等教育机构的三种类型即大学（university）、学校（institution）和学院。据此规定，1984 年一些私立学院经过发展壮大后升格为大学。《国家教育法》颁布后，私立高等教育机构的设立和学习项目的实施须经教育部高等教育委员会办公室的严格审查。该法还规定，学位层次的私立高等教育机构具有办学自主权，可以建立自己的行政管理体系，享有办学的灵活性和学术自由，并根据《私立高等教育机构法》的规定受其理事会（council）的监督。2003 年《私立高等教育机构法》（*Private Higher Education Institution Act B.E. 2546*）及其 2007 年修正案为私立高等教育管理提供了新的框架。然而，私立高等教育机构不能从政府获得预算拨款，

---

[1]　Office of the Education Council，Ministry of Education，*Education in Thailand*，Bangkok：Ministry of Education，2017，pp.34-35.

它们可以从自己的收入和许可中获得办学支持。①

（二）私营企业

泰国的一些私营企业也与教育机构合作向学生提供培训机会。《技能开发促进法》（*Skill Development Promotion Act*）鼓励企业为"劳工技能开发基金"（Labour Skill Development Fund）提供资金，并为其雇员提供内部培训。同时，泰国政府 2004 年颁布的《企业设立学习中心提供基础教育权利的条例》（*Regulation on the Rights of Enterprises to Establish Learning Centres to Provide Basic Education*）也鼓励企业为员工提供教育项目。在实践中，有些企业提供的是高级中等教育层次的正规教育，有些则提供相当于高中水平的职业教育，主要培养工业机械修理和保养、焊接、零售、酒店管理、食品加工等与工作相关的技能。为适应劳动力市场的需求，一些企业也建立了自己的教育机构，例如，泰国国家石油有限公司（PTT Public Company Limited）建立的私立的、研究生层次大学——威迪亚斯利尔麦迪科学技术研究所（Vidyasirimedhi Institute of Science and Technology）和正大集团旗下便利店企业（CP All Plc）投资建立的正大管理学院（Panyapiwat Institute of Management）都是比较典型的代表。②

（三）家庭

以家庭为基础的幼儿发展在教育中起着至关重要的作用，有些家庭也更愿意为自己的孩子提供教育。《国家教育法》的颁布正式授权家庭可以提供基础教育。对于这部分家庭，其中有一部分是在家庭中教授自己的孩子，另有一部分家庭则组成团体或建立学习中心为其儿童群体提供教育。目前，已有一些学校允许在家上学的儿童注册为他们的学生，此举可使得这部分学生将来进行继续学习。2016 年，泰国有 474 个家庭的 595

---

① Office of the Education Council，Ministry of Education，*Education in Thailand*，Bangkok：Ministry of Education，2017，pp.35-36.

② Office of the Education Council，Ministry of Education，*Education in Thailand*，Bangkok：Ministry of Education，2017，p.39.

名儿童选择了在家上学。①

（四）宗教机构

泰国人享有绝对的宗教自由，泰国绝大部分人口信仰佛教，还有少部分人信仰伊斯兰教和基督教。同时，泰国政府也鼓励所有宗教机构参与提供和支持教育。

在佛教教育方面，泰国近4万座佛教寺院向僧侣和刚出家的人以及社会公众提供佛教研究和通识教育。佛教寺院中的普通佛教学校（General Ecclesiastical Schools）所提供的初级和高级中等教育层次的普通教育相当于教育部基础教育委员会办公室所属学校提供的教育。除一般学科外，这些学校的课程往往包括与宗教实践、佛教教义和巴利语有关的学习单元。泰国还有两所佛教大学：其一是摩诃蒙固佛教大学，该校的宗教与哲学学院、人文学院、社会科学学院及教育学院可提供学士、硕士和博士学位课程。同时，该校也提供教师培训项目，以及面向社会公众提供各种学术服务；其二是摩诃朱拉隆功佛教大学（Mahachulalongkornrajavidyalaya University），该校佛教学院、人文学院、社会科学院和教育学院可提供学士、硕士和博士学位层次的课程。感兴趣的外国人还可攻读该校开设的佛学研究国际硕士和博士学位项目。

在伊斯兰教教育方面，伊斯兰宗教机构在为泰国全国特别是南部五个府（即也拉、北大年、那拉提瓦、沙墩和宋卡）穆斯林儿童提供正规、非正规和非正式教育上发挥了重要的作用。2015学年，泰国南部五府有410所以伊斯兰教学为主要内容的私立伊斯兰寄宿制学校，这些学校多为庞多克学院（Pondok Institutes），受教育部私立教育委员会办公室监督。目前这些学校共有1.5万多名教师和4.1万余名学生。另外，泰国还有185所提供伊斯兰教育和普通教育的伊斯兰慈善普通教育学校。

在基督教教育方面，基督教各教派在向泰国基督教徒提供教育上也

---

① Office of the Education Council，Ministry of Education，*Education in Thailand*，Bangkok：Ministry of Education，2017，p.40.

发挥着重要的作用。罗马天主教教区和新教教派都为他们的追随者和其他人开办了通识教育学校。这些宗教机构还为希望成为牧师的基督徒和其他基督徒提供非正规和非正式教育。①

---

① Office of the Education Council，Ministry of Education，*Education in Thailand*，Bangkok：Ministry of Education，2017，pp.40-44.

第三章　泰国基础教育政策与变革

　　泰国基础教育的主要目的是提高学生在不断变化的社会中生活所需的基本知识、技能和素质，使其能够进一步地寻求持续终生的自我发展。泰国政府认为，基础教育的发展不仅事关学生的竞争力和创造力，增强泰国在国际竞争中的地位，而且也是塑造泰国人意识以及形成自律、关心公共利益和坚持民主的政府形式等观念的迫切需要。尤其是在泰国经济社会迅速变化以及科学技术不断进步的背景下，推动基础教育与这种变化和进步相协调的发展与改革势在必行。

第一节　泰国基础教育历史与现状

一、泰国基础教育的历史发展

　　1932 年政变以后，泰国颁布的新《宪法》规定，只有识字的人才能参与政府选举。此举极大地促进了泰国教育的发展，尤其是泰国初等教育和中等教育的发展。[①] 当时，泰国的中等教育主要由设在曼谷学校以及少数地区的私立学校来提供。因此，基本上只有少数精英才能接受教育。在这个阶段，泰国教育在推广方面并没有取得太大的成效，更没有实现普及教育。

---

① 田禾、周方冶：《列国志·泰国》，社会科学文献出版社 2005 年版，第 310 页。

20 世纪 60 年代，泰国开始推广工业化运动，倡导教育平等，大力普及义务教育。这一时期，小学阶段的教育经费占到全部教育经费的 55% 以上。①1977 年，泰国政府将学制从"4–3–3–2"改为"6–3–3"。② 泰国《第四个国民经济和社会发展计划（1977—1981）》(*The Fourth National Economic and Social Development Plan*（*1977—1981*）) 也提出将原来的学制改为"6–3–3–4"模式，即小学 6 年、初中 3 年、高中 3 年以及大学 4 年。在高中层次，学生可以选择进入普通高中或者职业高中。泰国的教育改革自从 20 世纪 60 年代以来就一直根据本国国情不断调整，将义务教育的年限从 4 年延长至 1978 年的 6 年，1990 年又延长至 9 年。泰国目前的义务教育年限为 9 年，包含小学 6 年和初中 3 年。从公立学校注册在籍的学生人数和比例来看，泰国在 20 世纪 60 年代的学生人数约 400 万，到 80 年代后期，11 岁以上儿童的比例达到 80%，7—12 岁儿童的入学比例更是达到 99.4%。③

1990—1998 年间，泰国教育部将基础教育的覆盖范围扩大到残障人群、贫困人口、贫民窟百姓以及其他弱势群体。在此期间，大约 75% 的 3—5 岁儿童接受了学前教育，90% 的 6—11 岁儿童接受了小学教育。④但仍然有一部分儿童因家庭贫困或者家庭住处离学校太远而未能进入小学。泰国《国家教育法》第 10 条规定，人人享有平等的受教育权，每个人都应享有国家提供的至少 12 年的免费基础教育的权利和机会。针对那些在肢体、心理、智力等方面有缺陷的受教育者，泰国也鼓励提供特殊的基础教育。

1997 年亚洲金融危机爆发时，泰国中学阶段学生注册率仍低于马来

---

① 冯增俊：《战后泰国教育发展的基本经验、问题及展望》，《教育导刊》1996 年第 6 期。

② Her Royal Highness Princess Maha Chakri Sirindhorn，"History and Development of Thai Education"，in *Education in Thailand：An Old Elephant in Search of a New Mahout*，Gerald W. Fry (Ed.)，Singapore：Springer Nature Singapore Pte Ltd.，2018，p.11.

③ 田禾、周方冶：《列国志·泰国》，社会科学文献出版社 2005 年版，第 311 页。

④ Harold E. Smith，Gayla S. Nieminen and May Kyi Win，*Historical Dictionary of Thailand*（*Second Edition*），Lanham：Scarecrow Press，Inc.，2005，p.100.

西亚和越南等东南亚国家。① 这促使泰国政府开展新的教育改革。1997 年泰国《宪法》第 43 条规定，泰国公民可以接受 12 年的免费优质基础教育。《国家教育法》第 10 条也强调，所有人都享有政府提供的免费的不少于 12 年基础教育的平等权利和机会。此项规定要求泰国政府在 5 年内加以落实，并从法律层面保证所有儿童都能完成高中教育。《国家教育法》第 16 条明确规定，基础教育是高等教育之前的不少于 12 年的教育。1999 年的教育改革还将义务教育年限从 6 年延长至 9 年，确保了所有的泰国公民均能完成小学教育和初中教育。② 泰国教育部 1999 年的报告显示，72.6% 的 12 岁至 14 岁的儿童进入初中进行学习，入学率比 10 年前增长了 33%。③ 泰国《第十个国民经济和社会发展计划（2007—2011）》（*The Tenth National Economic and Social Development Plan*（*2007—2011*））指出，泰国学生接受基础教育的年限还不够长，教育质量也不够高。学生的入学年限从 2000 年的 6.3 年，增至 2003 年的 7.8 年，以及 2005 年的 8.5 年。④ 但是这一数值与《国家教育法》中规定的 9 年义务教育仍然有差距，同时也低于日本、韩国和新加坡等亚洲国家学生接受基础教育的年限。

　　泰国在其国家"千年发展目标"（MDGs）中承诺，到 2006 年全面普及初中教育，到 2015 年普及高中教育。⑤ 2002 年，泰国第一次在全国

① Amornwich Nakornthap，"Rethinking Thai Secondary Education"，in *Education in Thailand：An Old Elephant in Search of a New Mahout*，Gerald W. Fry（Ed.），Singapore：Springer Nature Singapore Pte Ltd.，2018，p.128.

② Her Royal Highness Princess Maha Chakri Sirindhorn，"History and Development of Thai Education"，in *Education in Thailand：An Old Elephant in Search of a New Mahout*，Gerald W. Fry（Ed.），Singapore：Springer Nature Singapore Pte Ltd.，2018，p.11.

③ Harold E. Smith，Gayla S. Nieminen and May Kyi Win，*Historical Dictionary of Thailand*（*Second Edition*），Lanham：Scarecrow Press，Inc.，2005，p.100.

④ Office of the National Economic and Social Development Board，*The Tenth National Economic and Social Development Plan*（*2007-2011*），Bangkok：National Economic and Social Development Board，Office of the Prime Minister，2006.

⑤ Amornwich Nakornthap，"Rethinking Thai Secondary Education"，in *Education in Thailand：An Old Elephant in Search of a New Mahout*，Gerald W. Fry（Ed.），Singapore：Springer Nature Singapore Pte Ltd.，2018，p.128.

范围内实行 12 年的免费基础教育，包括 6 年初等教育和 6 年中等教育。2002 年，泰国政府颁布了《义务教育法》（*Compulsory Education Act*），该法于 2003 年 1 月 1 日正式生效。该法体现了全纳教育中的"零拒绝"原则，要求所有 6—15 岁适龄儿童（除了已完成九年级学业的学生）都应进入基础教育院校就读。① 同时，泰国政府非常关注农村地区处于劣势经济地位儿童的入学问题。2004 年 5 月，泰国免费的基础教育进一步从 12 年延长至 14 年。此时的泰国基础教育包括 2 年学前教育、6 年小学教育、3 年初中教育以及 3 年高中教育。2009 年 3 月，泰国免费的基础教育延伸至 15 年，包括 3 年的学前教育。② 虽然泰国的学前教育不属于义务教育，但是为了增加学前儿童的入学率，泰国自 2009 年以来实施免费政策。公立学校一般为 3—4 岁的儿童提供 2 年的幼儿园教育，为 5 岁的儿童提供 1 年的学前班教育。③ 更小的幼儿则可以进入幼儿保育中心（childcare centres）。根据泰国教育部教育委员会办公室的统计数据，15—59 岁的泰国公民平均受教育年限从 2003 年的 8.1 年已增至 2013 年的 8.9 年。④

二、泰国基础教育现状

基础教育对人的发展而言是非常必要的，也是一项基本权利。在发展中国家，平衡基础教育和高等教育是比较难的。很多国家注重发展高等教育以期获得较高的经济回报，却忽视了基础教育对人的作用和影响。泰国教育部强调，所有儿童在 5 岁之前都应接受学前教育。2015 年，泰

① UNESCO International Bureau of Education，*World Data on Education*（7th edition），Geneva：UNESCO International Bureau of Education，2010.

② Her Royal Highness Princess Maha Chakri Sirindhorn，"History and Development of Thai Education，in *Education in Thailand：An Old Elephant in Search of a New Mahout*，Gerald W. Fry（Ed.），Singapore：Springer Nature Singapore Pte Ltd.，2018，p.10.

③ OECD/UNESCO，*Education in Thailand：An OECD-UNESCO Perspective*，Paris：OECD Publishing，2016，p.46.

④ Her Royal Highness Princess Maha Chakri Sirindhorn，"History and Development of Thai Education"，in *Education in Thailand：An Old Elephant in Search of a New Mahout*，Gerald W. Fry（Ed.），Singapore：Springer Nature Singapore Pte Ltd.，2018，p.11.

国 76.2% 的 3—5 岁儿童能够接受优质的早期教育，包括公立机构、私立机构和儿童发展中心。① 由于中学几乎都位于市区，来自农村的孩子难以实现入学，所以中学阶段约 90% 学生来自城市，只有 10% 的学生来自农村。② 2008 年 7 月 11 日，泰国颁布《教育部（基础教育委员会办公室）293/2551 号令》(*Directive of the Ministry of Education No. OBEC 293/2551*)。该令提出要实施《基础教育核心课程》(*The Basic Education Core Curriculum B.E. 2551* (*2008*))，并且取代之前的"2001 年课程"。2009 学年，一些示范学校和准备实施《基础教育核心课程》的学校先在一至六年级、七年级和十年级开展，2010 学年则在一至六年级和七、八、十、十一年级开展。2011 学年，上述学校覆盖基础教育阶段的所有年级。

泰国的基础教育是高等教育之前的教育，针对不同的教育层次有不同类型的机构，可以是政府学校、私立学校以及佛教或其他宗教机构开办的学校，也可以是学习中心。从 2016 学年接受正规教育和非正规教育的学生人数来看，两类教育体系的学生数目相差不大，非正规教育是正规教育很好的补充。（参见表 3.1）

表 3.1 基础教育层次正规教育和非正规教育学校的学生人数（2016 学）

教育层次		学生人数		
		正规教育体系	非正规教育体系	共计
学前教育		1752458	988503	2740961
初等教育		4826770	181709	5037773
中等教育	初中教育	2314057	917617	3146860
	高中教育	1941524	1291076	3123428
	合计	4255581	2208693	6270288

① UN Department of Economic and Social Affairs，*Thailand's Voluntary National Review on the Implementation of the 2030 Agenda for Sustainable Development*，New York：United Nations，2017，p.17.

② Harold E. Smith，Gayla S. Nieminen and May Kyi Win，*Historical Dictionary of Thailand* (*Second Edition*)，Lanham：Scarecrow Press，Inc.，2005，p.100.

教育层次	学生人数		
	正规教育体系	非正规教育体系	共计
共计	10834809	3378905	14049022

资料来源：Office of the Permanent Secretary，*2016 Educational Statistics*，Bangkok：Ministry of Education，2017. p.21.

　　学前教育旨在为儿童进入小学前做好身体、心理、社会和智力开发方面的准备。泰国《国家教育法》第 18 条规定，学前教育机构有多种类型，例如，托儿所、幼儿园、宗教机构的前期教育、特殊教育的学前教育机构以及其他类型的学前教育中心。除政府举办的机构之外，很多私人机构和非政府组织也非常积极参与早期幼儿教育的提供。泰国的学前教育不属于义务教育，但是自 2009 年开始实施免费学前教育。泰国政府学前教育政策的主要目标是扩大儿童入学机会，特别是帮扶全国范围内农村地区的政府学校，以保障农村地区经济困难儿童的教育机会。

　　早期教育面向 0—5 岁的儿童，主要包括早期幼儿发展机构、幼儿园和学前班三种类型。年龄在 0—2 岁的儿童一般可以进入公立和私立的早期幼儿发展机构。提供这类服务的机构一般隶属于社会发展和人员保障部、公共卫生部、劳工部、国防部以及有关私营部门和基金会。另外教育部下属的国家儿童和家庭发展研究所也提供日托服务，同时兼以研究为目的。一般的早期幼儿发展机构可以包括保育中心、幼儿发展中心、为残障儿童和有特殊需求的儿童设立的早期照料中心以及由宗教机构或其他机构举办的早期幼儿发展中心。

　　泰国向 3—5 岁儿童提供幼儿园和学前班。公立幼儿园隶属教育部基础教育委员会办公室管辖，一般提供 2 年的教育。儿童在公立幼儿园学习后可以进入公立学前班继续进行 1 年的学习。公立学前班同样隶属教育部管辖，通常附属于某个公立小学。私立幼儿园隶属教育部私立教育委员会办公室管辖，一般提供 3 年的教育。幼教机构有公立、私立和私立公助三种。公立幼儿园一般与小学合办，是正规教育机构，设备完善，经费充足，师资水平较高。私立儿童发展中心一般由村民组织的发展委员会和穆斯林或佛教团体资助，设备较差，经费短缺，师资水平薄弱。私立公助儿童发展中心不仅有来自发展委员会和宗教组织的资助，往往还会获得政府以及联合国儿童基金会等国际组织的资助，办学条件介于前两者之间。

学习中心是社区学前儿童教育的主要形式。非正规教育机构、个人、家庭、社区组织、地方当局、私人组织、专业团体、宗教机构、企业、医院、医疗机构、福利机构和其他社会机构都可以举办学习中心。这类学习中心主要通过社区内各个机构的人力、物力和财力在满足社区需求的情况下为社区当中的儿童和家长提供广泛的教育服务。学习中心有三个层次：第一个层次是建立社区儿童教育管理网络。全国儿童和青年发展委员会、各级政府部门设立的社区发展机构、乡村组织的儿童发展委员会，结合泰国教育部、卫生部、内政部以及妇女组织、宗教组织等利益相关者一起协作管理；第二个层次注重开展社区儿童教育服务，经费来自政府的财政拨款以及集体和个人的筹资等渠道，主要涉及的内容包括宣传科学知识和咨询服务、设施修建以及体检服务等；第三个层次关联社区、儿童发展中心和家庭这三个社群。学习中心鼓励各利益相关者的参与，如卫生部参与保健服务，妇女组织鼓励母亲参与培训，社区发展部指导相关工作等。这有助于形成有机互通的立体网络，不仅帮助提升家长的育儿水平（例如胎教、科学喂养和膳食搭配等），而且鼓励社区积极参与管理的流程。

完成学前教育的孩子可以进入小学接受初等教育，毕业后进入初中接受初中层次的教育。泰国的义务教育要求所有儿童必须接受到初中毕业层次的教育水平。

学生在完成学前教育后，可以选择公立或私立小学继续学习，学习年限为 6 年。泰国小学的数量非常多，这主要归功于 20 世纪六七十年代小学的扩张。泰国政府在小学阶段的教育经费投入比重很大。由于小学教育属于义务教育，因此政府提供大量的教学楼、教师和教学设备，以满足日益增长的学习需求。

泰国的中等教育由四种类型学校提供：一是从学前教育或初等教育一直到高中教育的学校；二是只提供初高中教育的学校；三是只提供初中教育的学校；四是只提供高中教育的学校。一般来说，公立普通中等教育属教育部基础教育委员会办公室管理，公立职业教育归属教育部职业教育委员会办公室管理。

泰国的中等教育分为初中和高中，每个阶段为 3 年。进入公立初中的基本要求是完成小学教育或同等学力教育。如果学生想要进入私立学校或者顶尖的公立学校，需要进行竞争性选拔考试。高中分为普通高中和职业高中，有些高中会要求学生进行入学考试，尤其是比较好的公立学校和市区学校。根据《国家教育法》第 17 条的规定，只有中考成绩达标的学生才能升学。在某些特殊情况下，学校董事会可以单独设置特殊条件招收学生。优质公立学校的入学竞争性很大，这类学校学生在毕业后更有可能进入最好的大学。

如果单独考察基础教育阶段的学生毛入学率，可以发现 2014—2017 年，泰国基础教育阶段的学生毛入学率较为稳定，在小学及之后的阶段基本超过 100%，说明很多低于或高于该阶段年龄的儿童也在接受这一阶段的教育。学前教育仍然需要增大入学机会，同时鼓励更广泛的儿童入学接受教育。（参见表 3.2）

表 3.2　基础教育阶段学生毛入学率（2014—2017）（单位：%）

教育层次	年度			
	2014	2015	2016	2017
学前教育	71.27	67.86	71.96	73.58
小学教育	102.03	100.59	100.71	99.60
初中教育	121.26	121.00	122.57	121.50
高中教育	119.37	120.28	114.94	112.32

资料来源：UNESCO Institute for Statistics，*Gross Enrolment Ratio by Level of Education*，2019 年 7 月 3 日，见 http://data.uis.unesco.org/.

三、泰国基础教育的办学特色

泰国基础教育通过宗教课程凸显了自身佛教的传统与价值，从多维度塑造学生的道德理念，通过社会活动培养学生坚毅的品质，加强体育锻炼以及早期渗入职业教育，从而为学生若干年后进入社会做好准备。

佛教教育是一门有助于培养良好人格和道德的必修课，贯穿了整个基础教育阶段。泰国的基础教育课程大纲对公民品行塑造的课程和佛教课程的学习时长及活动做了具体规定。学校每周会请高僧用一个课时的时间为学生讲述佛经、参禅、人生、道德、仁爱、忠诚等内容。泰国教育部也规定，所有的学校在开学第一天都要举行佛教仪式，学生需要背诵佛经，不信佛教的学生也必须参加仪式，但可以不念经。这一规定适用于所有公立和私立学校。学生在升旗仪式后开始打禅，伴随着舒缓的音乐席地而坐，朗诵校训和佛教内容，包含佛教倡导的静心、忍让等良好的品质。除此之外，学生在午饭前也需要背诵佛经以感恩食物、国王、政府和学校等。佛教课程的实施培养了泰国学生对本国文化传统的尊崇感和自豪感。学校通过佛教文化的渗透有助于传统德育的宣传，而信仰教育则是德育教育的高效方式。由于泰国境内除了佛教外还有其他宗教，因此泰国在学前教育阶段就注重培养儿童与他人友好相处，特别强调不同宗教、文化和民族之间的和平共处，倡导集体主义精神。

公民道德教育是国家发展的基础，泰国根据本国国情和文化传统形成了具备本土特色的公民道德教育体系。自 20 世纪 60 年代以来，泰国中小学阶段的课程中就融入了道德教育的内容。泰国政府也非常重视德育教师的培养以保证德育课程的规范化。泰国道德教育倡导与人为善，学校每天都有"感恩"或者"祈祷"仪式。学生利用每天课程结束后的几分钟表达对家人的爱，珍惜自己拥有的一切。这个仪式在潜移默化中教导学生要心中有爱并且心存感恩。除了学校的道德教育之外，泰国全社会都面向学生开展不同形式的道德教育。电视台、报纸和网站等媒体都会推广针对青少年的品德教育内容，社会团体也成立了"童子军"等相关组织以辅助学校开展道德教育。另外，泰国学校、电视台和公共场合会在早上 8 点和晚上 6 点播放国歌，学生需要到学校参加 8 点的升国旗仪式。佛教和传统文化相结合的现代德育模式促进德育现代化的实现。上述公民道德教育措施对于形成泰国儿童的道德规范发挥了积极的作用。

在社会活动方面，泰国的"童子军"项目非常有代表性。"男童子军"（Boy Scout）项目诞生于 1911 年的英国，泰国国王拉玛六世将这一项目引入泰国，并将其作为中小学教育阶段的组成部分。1985 年以来，"童子军"项目成为泰国中小学阶段的必修课。目前，泰国每所中小学均有"童子军"组织。"童子军"项目开始于小学一年级，1—3 年级的学生为"幼童军"（Cub Scout），4—6 年级的项目为"男童子军"，初中层次的项目为"高年级童子军"（Senior Scout），高中层次的项目为"特别男童子军"（Special Boy Scout）。[①] 对于女生而言，也有类似的"女童子军"（Girl Scout）和"高年级女童子军"（Senior Girl Scout）。"童子军"项目是课程的一部分，也是学生能力开发的组成部分。男女童子军项目有助于学生的能力开发和课程的辅助性学习。"童子军"项目注重户外和实践活动，特别是露营、徒步、水上活动等户外活动非常符合泰国孩子的天性，这也是该项目流行和成功的关键所在。这门课每周只有 1 小时，对学生的评估方式只有通过和不通过。课程可以安排在一周内的任何一天，一般是每周三的课程教学的最后一小时。"童子军"上课和开展活动时，师生都需要穿着童子军制服，有时也组织国际"童子军"交流活动。"童子军"活动的主要目的是道德教育，帮助孩子更好地进行团队合作、和谐相处，以及树立社会责任感。活动的开展也有助于增强泰国人民的国家认同和社会融合。

泰国的基础教育注重学生在智力、心理和身体上的协调发展，尤其是强调体育教育，倡导体育精神，让学生在体育运动过程中感受深厚的体育内涵。中学阶段的分色运动会就是一项特别有代表性的体育活动。运动会一般都是以班级为单位的竞争性运动，但是泰国的分色运动会并没有按

---

① Amornwich Nakornthap，"Rethinking Thai Secondary Education"，in *Education in Thailand*：*An Old Elephant in Search of a New Mahout*，Gerald W. Fry（Ed.），Singapore：Springer Nature Singapore Pte Ltd.，2018，pp. 138-139.

照年级和班级进行分组。在新生入学的时候，学校将新生分成不同的色块，不同年级之间可能存在同一色块。因此，不同年级和班级的学生通过同一种色块被分到一组，有利于形成高年级带动低年级，不同年级和班级之间相互协作的同伴关系。在运动会的组织上，教师的职责主要是监督管理工作，学生负责啦啦队的组织、海报设计和宣传等事务，这使得学生的自主性更强。在运动会进行的过程中，色块内部是相互协作的，外部是相互竞争的。运动会结束后，奖项不仅会授予优秀的体育运动员，而且也会奖励优秀的组织人员和管理人员。这种模式可以充分发挥学生的潜力，帮助学生形成团队合作、公平正义和拼搏的信念。教学的中心也从教师转向了学生。

泰国的职业教育主要是高中阶段的职业高中以及综合性高中的职业教育项目。泰国也特别强调在高中阶段之前的课程学习中渗透职业导向相关内容，具体内容可参见本书第五章。2012 年，泰国教育部基础教育委员会办公室开始在中等教育阶段推广"中学生涯教育"（Secondary Career Education）。这一项目课程包含 45% 的核心课程、45% 的以资质为基础的课程以及 10% 帮助开发学生能力的活动。[①] 另外，基础教育委员会办公室和职业教育委员会办公室通过各类合作项目来支持中学的职业教育发展。例如，学生的学籍可以注册在职业学校，但是教学过程在普通中学；职业学校提供咨询和指导，学生在普通中学接受职业教育项目；师资和设备充足的普通中学可以提供独立的职业教育项目。

四、泰国基础教育的优势和不足

泰国很早就普及了基础教育，并在很多方面形成自己的优势和特色。在中学教育的推广方面，泰国政府推出了一系列举措：（1）开办并增加

---

① Yongyuth Chalamwong and Wanwisa Suebnusorn, "Vocational Education in Thailand: Its Evolution, Strengths, Limitations, and Blueprint for the Future", in *Education in Thailand: An Old Elephant in Search of a New Mahout*, Gerald W. Fry (Ed.), Singapore: Springer Nature Singapore Pte Ltd., 2018, p.184.

"扩展小学"（extended primary schools），学生免费入学；（2）鼓励排外的中学接收来自多样化背景的学生；（3）在之前没有中学的农村地区新建超过 500 所中学；（4）增加接收残障学生的学校；（5）为弱势学生增设政府福利学校；（6）逐步开展免费的中学教育；（7）在《国家教育法》颁布后，实施免费的公立中等教育；（8）认可中等教育层次的各类教育，特别是非正规教育同等层次的课程、佛教教育、伊斯兰教育、家庭学校和多种形式的远程教育。[①] 在中学课程的转型方面，从只关注学生学术能力的培养到现在强调所有人的基础教育的教授。推广多样化的课程，鼓励学生在学业方面进行自我探索和开发个人潜力。只要学生的学业成就能够达到基本标准，学校也可以开发自己的课程。在职业中学教育方面，泰国政府推出了不同形式的职业教育项目供学生选择。由于很多初中毕业生未来并不从事学术相关工作，所以初中课程融入了很多技能导向的课程。学生在初中毕业后可以选择进入公立或私立的职业高中。目前，泰国有 40% 左右的高中生选择了职业教育。但是这个比例还有待进一步提升，未来至少要达到 50%。为了达到这个目标，泰国政府推出了很多战略使得职业教育学校更加具备吸引力。在高考方面，泰国形成了比较完善的学术成就的衡量方式，综合考虑各类因素，包括相关科目平均绩点（GPA）、国家考试成绩等。这些因素的加入使得中学教育和大学准入的衔接更加协调。在质量保障体制上，基础教育层次的学校不仅接受来自基础教育委员会的监督，同时也受到来自国家教育标准和质量评估办公室的监管。

　　由于泰国政府关于基础教育的优先事项和政策一直在变化，每次改革提出的举措都不太完善，而教育部主要关注教育体系的稳定性和对政策的服从性，因此泰国教育的质量一直停滞不前。[②] 其中一个例子就是早期

---

① Amornwich Nakornthap，"Rethinking Thai Secondary Education"，in *Education in Thailand：An Old Elephant in Search of a New Mahout*，Gerald W. Fry（Ed.），Singapore：Springer Nature Singapore Pte Ltd.，2018，p.128.

② Sheldon Shaeffer，"Preschool and Primary Education：Thailand's Progress in Achieving Education for All"，in *Education in Thailand：An Old Elephant in Search of a New Mahout*，Gerald W. Fry（Ed.），Singapore：Springer Nature Singapore Pte Ltd.，2018，p.116.

保育教育项目与小学一年级之间没有实现有效的衔接。尽管泰国一直强调早期保育与教育的重要性，对此也做出很多承诺，但是儿童从学前教育进入小学教育的过程中依然存在转型的问题，而这类问题往往没有得到教育部的关注。而原因是多方面的，其中包括课程设置和教师培训的衔接性，以及不同阶段学生培养模式的差异（学前教育是以孩子为中心，关注学生的全面发展，而小学教育更关注具体科目的学习成效）等。同时，基础教育委员会办公室在其发展规划中几乎没有涉及学前教育。基础教育质量堪忧的第二个表现在于学生的学习方式。学生在课堂上不愿意提问，追求单一的解决方案以及适应"填鸭式教育"，这在很大程度上抑制了他们的自我发展和学习过程。第三个方面在于泰国政府一直强调"硬技能"（例如，STEM 教育、信息技术和英语），相对而言忽视了"软技能"（例如，解决问题的能力、团队合作、沟通能力、创新和文化理解力）的培养。①

第二节　泰国基础教育政策

一、基础教育的管理与治理

泰国教育部设有基础教育委员会办公室，而其前身是普通教育司（General Education Department）。基础教育委员会办公室从总体上负责基础教育发展的相关事务，涵盖的教育层次包含学前教育、小学教育和中等教育，同时也包括保障公平的入学机会以及帮助有天赋和特殊教育需要的学生，目的是改善基础教育的质量，增加创新，同时尽可能地促进行政管理的去中心化。根据《国家教育法》第 34 条的规定，基础教育委员会参照国民经济和社会发展计划和国家教育计划，制定了基础教育核心课程和教学标准。同时，基础教育委员办公室会对相关教育机构的办学水平进行检查和评估。

---

① Sheldon Shaefferjn，"Preschool and Primary Education：Thailand's Progress in Achieving Education for All"，in *Education in Thailand：An Old Elephant in Search of a New Mahout*，Gerald W. Fry（Ed.），Singapore：Springer Nature Singapore Pte Ltd.，2018，p.120.

　　泰国政府对基础教育的管理体系进行了一系列改革。当前泰国基础教育已形成"教育部—教育服务区—学校"的三级管理模式。教育部下有两个主要的管理主体：一个是教育部下属的教育服务区，另一个是内政部下属的地方行政组织。① 根据《国家教育法》及其 2002 年修正案的规定，与学术事务、预算、人事和普通事务相关的行政管理权力都要去中心化。《国家教育法》第 9 条强调，要将权力下放到教育领域、教育院校和地方行政组织。新的基础教育体系取消了府一级的教育行政机关，教育部针对基础教育行政和管理是基于教育服务区开展的。2003 年，基础教育委员会办公室在 76 个府共建立了 175 个教育服务区，其中 3 个在曼谷。每个教育服务区的建立位置都会考虑教育院校的数量、人口和文化背景等因素。② 每个教育服务区负责约 200 所教育机构，管理 30 万至 50 万名学生。2008 年，由于泰国内阁采纳了教育部基础教育委员会办公室的建议增设了 10 个教育服务区，因此教育服务区数量达到 185 个。随着此后泰国 3 个老的教育服务区合并为 1 个，教育服务区数量减少到 183 个。后来，泰国又增设了 42 个中等教育服务区，教育服务区数量增加到 225 个。③ 在当前所有的教育服务区中，183 个教育服务区处在小学层次，42 个教学服务区处在中学层次，共负责 3.5 万所学校。④ 教育服务区直接由基础教育委员会办公室负责。私立学校的管理由私立教育委员会办公室负责，不受任何教育服务区管辖，招生范围可以是全国。

　　基础教育委员会办公室通过教育服务区的管理制度直接连接了中央

---

① Australian Education International，*Thailand Regulatory Fact Sheet*，Canberra：Australian Education International，2013，p.24.

② Office of the Education Council，Ministry of Education，*Education in Thailand*，Bangkok：Ministry of Education，2017，p.21.

③ Her Royal Highness Princess Maha Chakri Sirindhorn，"History and Development of Thai Education"，in *Education in Thailand：An Old Elephant in Search of a New Mahout*，Gerald W. Fry（Ed.），Singapore：Springer Nature Singapore Pte Ltd.，2018，p.12.

④ Cuttariya Jangdecha and Panthep Larpkesorn，"The Structure of Thai Education"，in *Education in Thailand：An Old Elephant in Search of a New Mahout*，Gerald W. Fry（Ed.），Singapore：Springer Nature Singapore Pte Ltd，2018，p.88.

政府和地方学校。学区要监督、监管、评估和取缔基础教育院校，在各学区内协调和推广私立机构，协调和推进地方行政组织以及在学区内分配各个学校的预算。根据教育部教师公务员和教育人事委员会办公室的规则，教育服务区还负责教师的招聘工作。每个教育服务区都设有一个地区教育委员会。地区教育委员会有权管理学术事务、预算、人事和一般行政事务，具体负责教育服务区、教育服务区办公室和学校的管理工作。[①] 地区教育委员会的成员由社区代表、私人、地方当局代表、教师团体代表、教育行政管理者代表、家长代表、教育界代表、宗教界代表、艺术界代表以及文化界人士组成。地区教育委员会的职责主要包括：（1）教育服务区内基础教育学校的建立、整合、撤销、监督以及评估；（2）协调、支持和促进教育服务区内部私立教育机构；（3）协调和促进当地行政事务，确保中央政策、计划和标准能够落实；（4）经费的合理使用。

根据《国家教育法》第 37 条的规定，基础教育的行政和管理要考虑教育服务区要素，例如学校的数量、地方人口和文化等。因此，在义务教育阶段的管理环节中，泰国非常重视校本管理的作用。上述"教育部—教育服务区—学校"的三级管理模式强调教育服务区的关键作用，学校也参照教育服务区的构成设置了学校教育委员会（Education Committee）或者校董会。学校教育委员会是决策机构，主要向地区教育委员会负责，人数一般为 7—15 人。提供普通教育和职业教育的基础教育院校的董事会主要由家长、教师、社区代表、地方当局、校友、佛教僧侣、其他宗教代表以及学者组成。[②] 委员会的职责主要包括审批学校预算和政策、推进教学安排和教师发展以及推进内外部质量保障。在学校的管理过程中，泰国政府鼓励当地中小学利用地方资源，为地方经济和社会发展服务，同时结合职业教育、社会文化等元素，指导学生参与地方的发展建设过程。

[①]　Office of the Education Council，Ministry of Education，*Education in Thailand*，Bangkok：Ministry of Education，2017，pp.21-22.

[②]　Office of the Education Council，Ministry of Education，*Education in Thailand*，Bangkok：Ministry of Education，2017，p.23.

为了形成高效的教育管理机制，泰国政府一直强调各方利益相关者的积极参与，同时遵循善治的原则。当前的基础教育呈现多主体办学的现象。根据《国家教育法》第 12 条的规定，家庭、企业、社会团体、民间组织、宗教机构等都可以依法开办基础教育学校和其他机构。《国家教育法》第 14 条进一步规定了这类社会组织的权益。参与办学的机构可以获得国家的鼓励和支持，享有国家补贴的义务教育基金以及依法享受退税和免税权益。《国家教育法》第 8 条规定，社会各界均可提供教育活动。《国家教育法》第 12 条明确规定，除国家和地方行政机构外，家庭、企业、社会团体和宗教组织等组织也可以依法开办基础教育学校。此外，教育部私立教育委员会办公室管辖的国际学校也可以提供基础教育。

二、基础教育的质量与标准

泰国的基础教育一直强调学生的全面发展。《国家教育法》第 6 条规定，教育的目的是全面提升所有泰国人民的素质，保证儿童和青少年在身体、心理、智慧、品行和道德方面全面发展，同时在生活中讲求诚信、文明以及与他人和谐相处。该法第 7 条强调，受教育者要具有民族自豪感，推动民族宗教、艺术、文化和体育的发展。同时，泰国《国家教育计划（2002—2016）》（*The National Scheme of Education B.E. 2545—2559 (2002—2016)*）也强调要建立知识型社会，以及促进泰国人民在身心健康、智力、道德等方面的全面发展。[①] 教育部于 2003 年制定的《3—5 岁儿童学前教育课程》就着重关注儿童在身体、智力、情感和社交方面的准备工作。《第十个国民经济和社会发展计划（2007—2011）》强调，泰国人民要树立正确的道德观、提升智慧和远见，同时在身体、智力、情感和精神等领域全面发展。

泰国《第十二个国民经济和社会发展计划（2017—2021）》（*The*

---

① Office of the National Education Commission，*Education in Thailand 2002/2003*，Bangkok：Amarin Printing and Publishing，2003，p.14.

Twelfth National Economic and Social Development Plan（2017—2021）） 提出，所有年龄层次的泰国公民都应该掌握必要的知识、技能和能力。泰国政府大力推动幼儿教育，至少85%的0—5岁的儿童能够满足成长要求。同时，泰国政府强调要提升在读学生的智商和情商，使所有人的智商水平超过国际平均水准，使至少70%学生的情商水平超过国际平均水准。① 《国家幼儿早期发展政策和战略（2006—2008）》（*National Policy and Strategy for Early Childhood Development*（2006—2008）） 提出要设立幼儿早期发展国家委员会。该委员会专门负责幼儿早期发展相关事项的协调工作，成员由政府部门、私营部门、商业部门代表和专家构成。为了推动早期幼儿在认知方面和社会技能方面的发展，《第十二个国民经济和社会发展计划（2017—2021）》提出了 5 项举措：（1）为家长或监护人普及营养和育儿实践的知识，从而更好地抚养0—3岁的孩子，鼓励母亲在分娩后至少母乳喂养6个月；（2）为有孩子的家庭安排合理的工作时间，使得工作时间更加灵活，鼓励父亲照顾孩子以及承担家庭责任；（3）开发研究性课程，改善全国范围内的幼儿中心，保证幼儿中心的质量与预先标准相一致；（4）注重在0—5岁的孩子抚养技能方面融入家庭研究、母婴健康、大脑和社交开发等内容；（5）完善有关早期幼儿开发的法律，关注技能的开发、正规教育的入学准备、健康和卫生以及社交能力的培养。②

泰国《国家教育法》第 8 条强调，要不断改进教育内容和教学方式。在 2015 年经合组织国际学生评价项目（PISA）测试中，泰国学生的平均成绩低于其他相等发展程度国家学生的成绩，其主要原因在于课程和教学

---

① Office of the National Economic and Social Development Board，*The Twelfth National Economic and Social Development Plan*（2017-2021），Bangkok：National Economic and Social Development Board，Office of the Prime Minister，2016，p.82.

② Office of the National Economic and Social Development Board，*The Twelfth National Economic and Social Development Plan*（2017-2021），Bangkok：National Economic and Social Development Board，Office of the Prime Minister，2016，pp.84-85.

设计上的问题。① 泰国当前的课程和教学侧重于学生对所学知识的记忆，而不是对知识的理解，这实际上不利于学生创造性思维的培养。中等教育自从课程改革和 1977—1978 学年的学校制度改革之后，开始呈现多元全面的态势。1975 年，泰国教育部启动对高中课程的修订，引进学分制度和取消期末分级考试。课程的完成意味着学生得到相应学分，使得学生的学习更加灵活高效。取消教育部统一管理的期末分级考试，使课程更加多元化，也开始出现职业性课程。《国家教育法》第 24 条规定，教育机构在组织教学活动的过程中需要考虑几个方面，强调综合学生个体差异、兴趣和资质的课程、解决问题能力的培养、做中学、求知欲的培养、良好道德观的塑造、教师教学方式的改进以及广泛的学习时间和地点。《国家教育法》第 22 条规定，教学过程以学生为中心，激发学生的自我学习能力和自我完善的能力，从而实现其潜力。泰国《教育部教育发展战略(2012—2015)》确立了教育部改革的目标，其中一项强调要建立标准化的基础教育课程体系。

基础教育的课程在国家层面和院校制定。在国家层面，教育部负责制定课程框架。《国家教育法》第 27 条规定，基础教育委员会负责制定核心课程。核心课程旨在培养民族自豪感、良好的公民意识、生活观念、事业观以及继续接受教育的理念。基础教育课程框架分为：(1) 课程框架。明确基础教育目标、标准，以及教学和学生学习过程的考核与评价。(2) 国家核心课程框架。基础教育每 3 年为一个关键阶段，12 年基础教育共有 4 个关键阶段。不同关键阶段的过渡过程中要保持一致。(3) 本地课程框架。课程框架旨在指导学校实践，尽可能将学习内容与当地紧密结合。各利益相关者会针对课程进行探讨，然后课程与学习过程改革委员会会批准基础教育课程。2001 年，该委员会批准了基础教育课程，其中内容符合《国家教育法》及其 2002 年修正案中的教育权力下放的规定。《基

---

① Office of the National Economic and Social Development Board，*The Twelfth National Economic and Social Development Plan*（*2017-2021*），Bangkok：National Economic and Social Development Board，Office of the Prime Minister，2016，p.53.

础教育课程 2001》(*Basic Education Curriculum B.E. 2544 (2001)*) 于 2002 年在部分学校试行，2003 年开始全面推行。该课程不仅规定了学习目标和标准，而且还为学习者提供了框架和方向。但是随后于 2003—2005 年对 2001 年课程的研究暴露了此次课程的一系列问题，包括教育院校从业人员在具体制定课程时非常困惑以及不确定性，大部分学校对于学习内容和结果抱有过高的期待，学习成果的评价与标准脱节等等。在院校层面，泰国鼓励教育院校开发适应本地经济发展的课程。每所学校在制定本校的课程之前会建立学校课程委员会，委员会成员由学者、行政人员、教师、地方或教育院校的课程专家构成，主要帮助规划、监督、评估和开发学校的课程。

泰国政府特别强调泰国人民良好的道德理念。《第十个国民经济和社会发展计划 (2007—2011)》中说明，泰国人民未来发展的重点是树立良好的道德价值观、形成智慧和远见。而这类品质的建立需要在儿童和青少年阶段打好基础，帮助他们在早期就形成道德意识和公共意识，同时有助于他们的未来社会生活，帮助泰国实现可持续发展目标。《第十二个国家教育发展规划 (2017—2021)》(*The Twelfth National Education Development Plan (2017—2021)*) 中关于开发人力资源提出了两项重点：第一个重点就提出要促进孩子的身心健康；第二个重点强调泰国人民要树立与社会价值观一致的道德标准，所有人都要有道德观念和公共意识。[1] 该规划还关注了 5 项主要目标，其中首个目标就强调要提升泰国教育质量，强化人民的道德和伦理，帮助他们更好地面对变革以及对国家发展做出贡献。

学生学习成果的衡量需要通过学习成果评价完成。《国家教育法》第26 条认为，学生的学习成果评价应该综合考虑学生的进步程度、平时表现、课堂表现、课外活动参与以及考试成绩等各类要素。在《基础教育核心课程》文件中，"学习评价的标准"(Criteria for Learning Assessment)

---

① Office of the National Economic and Social Development Board, *The Twelfth National Economic and Social Development Plan (2017-2021)*, Bangkok: National Economic and Social Development Board, Office of the Prime Minister, 2016, p.19.

并不清晰，也不能有效支持学校和教师给出的评估结果。小学和中学层次的评价标准都涉及了出勤率，并且明确表示学生出勤率不低于80%。[①]但是出勤率这项指标主要衡量学生的学习时长，而不是学习的真实有效性。

优质的基础教育离不开完善的质量保障制度。《国家教育法》"第五章教育行政管理"第31条规定，教育部监管各级各类的教育机构，负责国家教育政策的规划和标准的制定。教育部以及直属部门的职责包括合理利用教育资源，在教育中融入宗教、艺术、文化和体育，然后对教育机构的办学质量进行后续追踪。

《第十个国民经济和社会发展计划（2007—2011）》指出，泰国在基础教育阶段的年限不够长，教育质量也不够高。学生的入学年限从2000年的6.3年增至2003年的7.8年，以及2005年的8.5年，但仍少于义务教育的规定年限。《国家教育法》"第九章教育技术"第66条强调受教育者运用教育技术进行自主和终身学习的重要性。学校在教学方法和基础教育课程改革方面可以通过教育技术以提高学校和基础教育的质量。2001年的《基础教育课程》为所有中小学学生了解信息技术制定了标准。总的来说，泰国基础教育的质量和其投入相比仍处于偏低水平。[②]

三、基础教育的教师与发展

《国家教育法》第9条规定了教育体系、结构和过程需要遵守的原则，其中强调要提升教师和教育工作者的专业水平，同时壮大教师队伍建设。与世界上其他国家类似，泰国的基础教育在小学阶段侧重通识知识（Generalist Knowledge），中学阶段侧重专门知识（Specialist Knowledge），

---

① OECD/UNESCO, *Education in Thailand: An OECD-UNESCO Perspective*, Paris: OECD Publishing, 2016, p. 118.

② Sheldon Shaeffer, "Preschool and Primary Education: Thailand's Progress in Archieving Education for All", in *Education in Thailand: An Old Elephant in Search of a New Mahout*, Gerald W. Fry (Ed.), Singapore: Springer Nature Singapore Pte Ltd., 2018, p.109.

但是当前的教师培训并没有对中小学的教学重点进行区分。[①]2012 年，基础教育委员会办公室发布了《学校内部全纳教育的质量保障标准》(*Standard of Quality Assurance for Inclusive Education within Academies*)。其中鼓励教师应该不断学习知识、通过教师培训形成一定的理解和态度，推广个性化教育项目 (Individualized Education Program) 和个性化实施计划 (Individualized Implementation Plan)。[②] 目前，泰国有 40 所公立皇家大学 (Rajabhat Universities)（即原来为皇家学院）。公立皇家大学是所在府的传统教师培训学院，由高等教育委员会办公室管理。[③] 小学和初中阶段的教师培训可以在公立皇家大学进行。

在 2013—2014 学年，基础教育委员会办公室公布的 10548 所学校（大约是泰国基础教育学校的三分之一）存在师资短缺的问题，尤其是中学教师和学校管理者方面，师资短缺尤为严峻。[④]2013 年，教师公务员和教育人事委员会办公室预计 68.2% 的基础教育教师将在接下去的 15 年内退休。[⑤]2014 年 11 月，5.4% 的基础教育教师是合同工，而不享受公务员待遇。[⑥] 另外，基础教育阶段的一些教师并没有教授他们擅长或专业的科目。[⑦] 以上因素都进一步加剧了基础教育阶段教师队伍不够壮大的情况（参见表 3.3）。

[①] OECD/UNESCO，*Education in Thailand：An OECD-UNESCO Perspective*，Paris：OECD Publishing，2016，p.201.

[②] Office of the Basic Education Commission，มาตรฐานการเรียนร่วมเพื่อการประกันคุณภาพภายในของสถานศึกษา พ.ศ. *2555.* [*Standard of Quality Assurance for Inclusive Education within Academies*]，Bangkok：Ministry of Education，2012.

[③] 中国—东盟中心：《东盟国家教育体制及现状》，教育科学出版社 2014 年版，第 269 页。

[④] OECD/UNESCO，*Education in Thailand：An OECD-UNESCO Perspective*，Paris：OECD Publishing，2016，p.227.

[⑤] OECD/UNESCO，*Education in Thailand：An OECD-UNESCO Perspective*，Paris：OECD Publishing，2016，p.192.

[⑥] OECD/UNESCO，*Education in Thailand：An OECD-UNESCO Perspective*，Paris：OECD Publishing，2016，p.191.

[⑦] Office of the Education Council，Ministry of Education，*Education in Thailand*，Bangkok：Ministry of Education，2017，p.106.

表 3.3　基础教育阶段学生师生比情况（2014—2017）（单位：%）

教育层次	年度			
	2014	**2015**	**2016**	**2017**
学前教育	—	—	—	—
小学教育	15.39	16.88	16.66	16.22
初中教育	—	25.50	—	—
高中教育	—	31.23	—	—

资料来源：UNESCO Institute for Statistics，*Pupil-teacher Ratio by Level of Education*（Headcount Basis），2019 年 7 月 3 日，见 http：//data.uis.unesco.org/.

　　泰国基础教育针对不同类型的人员有不同的教师准入方式。在学前教育阶段，儿童发展中心有保育员和教师两类工作人员。照顾儿童的为保育员，授课的为教师。保育员的要求是 18 岁以上，完成了九年制义务教育。保育员根据托儿中心的国家标准需要在录用前或者入职 3 个月内完成 6 周的培训课程，培训地点必须在教育部批准的任一教育院校。教师的最低要求是 4 年本科毕业，并且取得教育或相关课程的学士学位。2004 年《皇家大学法》（*Rajabhat University Act B.E. 2547（2004）*）指出，皇家大学要全力发挥其优势帮助地区发展，提供包括教学法、学校管理、特殊教育、人文科学、语言与沟通、数学与技术等多种课程。教师必须参加基础教育师资培训，且完成高中教育。小学和初中层次的教师必须进行为期两年的项目培训（教育文凭项目／专科学位项目），结束后获得高级教育证书。高中层次的教师有三种途径：第一种是通过政府项目，在教师培训学院或教师教育系进行 4 年的学习，毕业时获得四年制的教育学士学位；第二种方式是已经获得教育高级证书的学士可以在大学或教师培训学院再接受 2 年的全日制学习，毕业时获得学士学位；第三种方式为非教育学人士设立，已经拥有其他学科学士学位的预备教师需要经过 1 年的全日制学习，获得教育学士学位。一般性的教师教育课程有以下三类：（1）基础教育层次的教育项目（学士学位，5）。学习者要求完成 5 年的学士学位学习，该项目的前 4 年为教师准备密集的课程学习，第 5 年在一所认可的学校进行教学培训。（2）基础教育层次的教育项目（学士学位，2）。该项目是为非教育专业的本科毕业生准备的。这些本科毕业生需要进行 1 年的课程学习，然后在一所认可的学校进行 1 年的教学培训。（3）教学层次的教育项目（硕士学位，3）。该项目为教育专业和其他专业的毕业生准备的。学士需要进行 2 年的课程学习，然后在一所认可的学校进行 1 年的教学培训。[①]

在教师人员任免方面，学校可以自行决定教师的指派、培训、奖励、免职等相关事项。不过在这个过程中，泰国政府会为学校提供知识、经验、专家等方面的指导。

基础教育阶段的教师有比较繁重的课时任务。在学前教育阶段、小学阶段和中学阶段，在每周的总授课时长方面分别是 24 小时、25 小时和 35 小时。[②] 学前教育层次的教师可以允许一人教授所有科目，其他情况下科目的教授必须由专业教师进行。在中小学阶段，中小学教师不能像学生那样拥有长假期，他们需要在假期继续履行行政管理的职责。因为有时候国家课程已经改进，但是教科书还没有及时更新，所以教师需要不断熟悉改进的国家课程，同时在没有教材的情况下进行备课、授课、设计测试和考试。根据标准，中小学教师每周的工作量为 35 小时，包括了教学工作量和其他常规性任务。[③] 根据 2007 年的"教师观察调查"（Teacher Watch Survey），泰国基础教育层次的教师最多教授 4 门课程，一周工作 22 小时，46% 的教师将自己 20% 的时间花在了行政事务上，36% 的教师每周会因为会议、培训和其他学校相关活动而错过一堂课。[④] 另外，教师的授课有几项严格的规定，不允许多个年级一起上课，不允许一门教师同时教授多

---

① Office of the Education Council，Ministry of Education，*Education in Thailand*，Bangkok：Ministry of Education，2017，p.108.

② Dilaka Lathapipat，"Inequalities in Educational Attainment"，in *Education in Thailand：An Old Elephant in Search of a New Mahout*，Gerald W. Fry（Ed.），Singapore：Springer Nature Singapore Pte Ltd.，2018，p.363.

③ 中国—东盟中心：《东盟国家教育体制及现状》，教育科学出版社 2014 年版，第 270 页。

④ OECD/UNESCO，*Education in Thailand：An OECD-UNESCO Perspective*，Paris：OECD Publishing，2016，p. 215.

门科目，除了体育课可以一名教师最多只能管理两个班级。

四、基础教育的经费与投入

泰国政府针对基础教育的经费投入制定了多项政策。早在 1997 年，泰国政府颁布的《第八个国家教育发展规划（1997—2001）》（*The Eighth National Education Development Plan*（*1997—2001*））就指出有关教育经费的几个要点：(1) 完成 6 年初等教育的儿童必须到政府学校完成初中层次的免费义务教育；(2) 家庭困难的学生可获得适当教育补助；(3) 政府为学校提供物质资源；(4) 政府鼓励地方社区参与教育管理的进程。该规划还进一步提出，从 1998 年起，完成 9 年制义务教育的学生需要继续接受高中教育，政府免除学费，鼓励职业学校的发展，扩大教育机会。在基础教育阶段，虽然泰国政府公共经费以外的教育经费呈现上升趋势，但是其比例依然偏低。[①] 泰国《国家教育法》第 58 条规定，教育经费可以通过适当的退税和免税来鼓励多方面的教育经费来源。该法第 60 条提出设立教育贷款基金，该基金为家庭困难的学生提供一定的经济帮助，同时也提到为私立教育机构设立低息贷款基金，帮助私立教育的可持续发展。

泰国基础教育年限从 9 年延至 15 年、泰国人民对公立学校质量越来越高的要求以及泰国政府不允许对学生额外收取费用，这些因素都对国家的教育预算提出了很大的挑战。2009 年，泰国政府为高中生增加了学生贷款的预算以确保所有学生都能完成学业。在去中心化的教育管理背景下，教育服务区通过"一揽子拨款"（block grants）的形式直接将来自教育部的经费划拨给学校。目前，泰国已经没有明确的学校划拨经费的计算公式。泰国全国范围内的所有学校不管规模大小和地理位置，均能根据教育层次收到相等的生均拨款。除了教师的工资外，"一揽子拨款"的经费可以覆盖大部分的教育支出。不过教师工资其实占据基础教育预算最大的

---

① UNESCO，*Education Systems in ASEAN+6 Countries*：*A Comparative Analysis of Selected Educational Issues*，Bangkok：UNESCO Bangkok Office，2014，p.17.

比例，其比例高达 70% 及以上。[1] 学生在义务教育阶段无须缴纳学费，只需缴纳杂费（例如交通费、餐饮费等），占比 30% 的贫困学生可以不交杂费。泰国教育专家也对经费问题进行讨论，他们认为补助政策是否能够为优质标准化教育提供充足的教育资源还是未知的。[2] 泰国区域经济发展不均衡，中央政府对贫困地区的补助采用国家级补助方式，参考地方经济发展水平以确定补助的力度。泰国的教育经费预算充分体现了权力下放的原则。学校层面可以自行决定本校的预算方案。针对政府的拨款和其他来源的经费，学校需要善用经费，提升教育质量，同时提高行政管理效率。

2004 年，泰国财政部规定可免除私立教育机构的财产税，同时规定要平等对待私立教育院校和公立教育院校。针对家庭、社区学习中心这类非正规的教育形式，泰国政府会根据规定按照一定的标准为学生提供补助，实现免费义务教育的目标。2012 年，泰国在小学阶段的政府教育经费占比 44.8%，在中学阶段的政府教育经费比例相比 2008 年的 14.3% 增至 28.6%。[3] 从 2006 年至 2017 年的基础教育经费变化来看，泰国近十多年的教育经费一直呈现出不断增加的趋势（除 2017 年的教育经费略微下降）。（参见表 3.4）

表 3.4　基础教育阶段经费支出（2006—2017）（单位：百万泰铢）

年度	学前教育和初等教育	中等教育
2006	203246.2	
2007	245488.8	
2008	253509.4	
2009	281570.8	

[1]　UNESCO，*Education Systems in ASEAN+6 Countries*：*A Comparative Analysis of Selected Educational Issues*，Bangkok：UNESCO Bangkok Office，2014，p.15.

[2]　Australian Education International，*Thailand Regulatory Fact Sheet*，Canberra：Australian Education International，2013，p.24.

[3]　OECD/UNESCO，*Education in Thailand*：*An OECD-UNESCO Perspective*，Paris：OECD Publishing，2016，p.67.

续表

年度	学前教育和初等教育	中等教育
2010	282212.1	
2011	310330.0	
2012	338758.2	
2013	367010.0	
2014	383557.2	
2015	387886.6	
2016	388080.8	
2017	376124.3	

资料来源：Office of the Permanent Secretary，*2016 Educational Statistics*，Bangkok：Ministry of Education，2017，p.72.

五、基础教育的入学与公平

泰国政府非常强调免费优质的基础教育。泰国 1997 年《宪法》第 43 条规定，每个泰国人都享有政府提供的不少于 12 年的免费优质基础教育的权利。教育部于 1999 年的报告中显示，72.6% 的介于 12—14 岁的孩子都进入了初中进行学习，入学率比 10 年前增长了 33%。[①]《国家教育法》2002 年修正案中强调，12 年的小学和中学教育均免费，对象囊括在泰国生活的非泰国公民。2003 年开始施行的《义务教育法》规定，除已经完成九年级学业之外的所有 6—15 岁的孩子都应该入学接受基础教育。[②] 2004 年，免费的入学年限增至 14 年，包括 2 年的学前教育。《第十个国家教育发展规划（2006—2011）》（*The Tenth National Education Development Plan*（*2006—2011*））的战略中再次强调要确保每位泰国公民都能享受不少于 12 年的免费基础教育。2009 年 1 月，内阁通过了 18 个

[①]　Harold E. Smith，Gayla S. Nieminen and May Kyi Win，*Historical Dictionary of Thailand*（*Second Edition*），Lanham：Scarecrow Press，Inc.，2005，p.100.

[②]　UNESCO International Bureau of Education，*World Data on Education*（*7th edition*），Geneva：UNESCO International Bureau of Education，2010.

项目，其中一个项目就是将免费入学年限增至 15 年，其中学前教育增加了 1 年。学前教育阶段免费 3 年的学习是保障所有孩子在学习方面有良好的开端。根据联合国教科文组织统计研究所（UNESCO-UIS）的数据，泰国学前教育在 2011 年基本实现普及。[①] 根据泰国教育部教育委员会办公室的统计数据，介于 15—59 岁之间的泰国学生平均入学年限从 2003 年的 8.1 年增至 2013 年的 8.9 年。[②] 尽管高中阶段尚未纳入义务教育，但是初中毕业生选择进入高中继续学习的比例增加了。另外，由于泰国在高中阶段开始区分普通教育和职业教育，因此私立学校的增设也为泰国学生增加了很多入学机会。泰国 1997 年《宪法》中第 81 条强调了私营部门在各教育层次中的教育供给。

虽然优质基础教育的入学机会在泰国是非常不公平，比如来自弱势家庭背景的学生比例较低，但是泰国政府致力于通过改革实现基础教育层次的机会公平。2003 年《儿童保护法》（*Child Protection Act*）第 33 条提出了几项针对儿童的援助，其中一项强调儿童接受教育或者职业培训。内政部通过地方行政司（Department of Local Administration）为分区行政组织（Sub-district Administrative Organizations）提供支持，致力于为 3—5 岁学龄前儿童争取在农村和城市接受优质受教育机会。同时，内政部积极动员家庭、社区、民间组织、专业组织等各利益相关者参与到幼儿早期保育和发展中。2006 年，泰国的 3—5 岁并没有接受任何形式学前教育的儿童为 34 万名，净入学率为 88%；[③] 其余 12% 的儿童没有就学的原因主要是家庭经济状况较差或者家庭住址过于偏远。从 2016 学年泰国正规教育体系下于基础教育层次的学生数目和比例来看，泰国总体的入学率还是较高的。（参见表 3.5）

[①] OECD/UNESCO，*Education in Thailand：An OECD-UNESCO Perspective*，Paris：OECD Publishing，2016，p.46.

[②] Her Royal Highness Princess Maha Chakri Sirindhorn，"History and Development of Thai Education"，in *Education in Thailand：An Old Elephant in Search of a New Mahout*，Gerald W. Fry（Ed.），Singapore：Springer Nature Singapore Pte Ltd.，2018，p. 11.

[③] 中国—东盟中心：《东盟国家教育体制及现状》，教育科学出版社 2014 年版，第 255 页。

表 3.5　正规教育体系下基础教育层次的学生数目和比例情况（2016 学年）

教育层次	年级	年龄	学生数目			适龄学生数目	适龄学生入学比例	学生的比例
			男生	女生	共计			
学前教育	幼儿园 1（私立学校的 3 年项目）	3	132183	125755	257938	741007	34.81	2.03
	幼儿园 2（私立学校的 3 年项目）	4	387393	364730	752123	795016	94.60	5.93
	幼儿园 1（公立学校的 2 年项目）							
	幼儿园 3（私立学校的 3 年项目）	5	369461	344567	714028	779069	91.65	5.63
	幼儿园 2（公立学校的 2 年项目）							
	学前班	5	3508	3131	6639	(779069)	0.85	0.05
	共计	3—5	892545	838183	1730728	2315092	74.76	13.64
初等教育	1 年级	6	435552	374370	809922	752951	107.57	6.38
	2 年级	7	427069	366461	793530	775036	102.39	6.25
	3 年级	8	423308	377519	800827	780246	102.64	6.31
	4 年级	9	427991	375413	803404	797741	100.71	6.33
	5 年级	10	428279	377517	805796	790738	101.90	6.35

续表

教育层次	年级	年龄	学生数目			适龄学生数目	适龄学生入学比例	学生的比例
			男生	女生	共计			
	6 年级	11	429529	383762	813291	801321	101.49	6.41
	共计	6—11	2571728	2255042	4826770	4698033	102.74	38.04
初中教育	7 年级	12	415731	381639	797370	810999	98.32	6.28
	8 年级	13	397796	377896	775692	788293	98.40	6.11
	9 年级	14	374857	366138	740995	791917	93.57	5.84
	共计	12—14	1188384	1125673	2314057	2391209	96.77	18.24
高中教育	10 年级	15	341141	355692	696833	795130	87.64	5.49
	11 年级	16	292695	329490	622185	838883	74.17	4.90
	12 年级	17	295200	327306	622506	836940	74.38	4.91
	共计	15—17	929036	1012488	1941524	2470953	78.57	15.30
中等教育 共计		12—17	2117420	2138161	4255581	4862162	87.52	33.54
共计		3—17	5581693	5231386	10813079	11875287	91.06	85.22

资料来源：Office of the Permanent Secretary, *2016 Educational Statistics*, Bangkok: Ministry of Education, 2017, p.34.

学生的入学离不开父母或监护人对孩子接受教育的支持。《国家教育法》第 17 条规定，国家强制的义务教育年限为 9 年，父母或监护人有义务将孩子送往学校接受并完成义务教育。《国家教育法》第 11 条规定，父母或监护人有义务将适龄儿童送到学校接受义务教育。因此，泰国近些年的中小学入学率较高，义务教育的完成率也很高。

除了普通教育之外，泰国还有很大比例的特殊教育。基础教育阶段提供的特殊教育分为多个类型，既包含为有天赋的学生提供的特殊教育，也有为残障儿童提供的特殊学校、特殊中心以及全纳学校，还有为处于弱势地位的学生提供的福利教育。[①] 根据《国家教育法》第 10 条的规定，人人均享有平等的受教育权，每个人都应该享有国家提供的至少 12 年的免费基础教育的权利和机会。针对那些在肢体、心理、智力等方面有缺陷的受教育者，泰国也鼓励提供特殊的基础教育。对于有天赋或特殊才能的公民，泰国政府也需要为此类人群提供教学模式合理的教育。泰国政府一般会开办很多基础教育层次的地方学校，但是针对一些特殊情况也会开办地方基础教育学校。《国家教育法》第 37 条规定，开办的学校类型可以包括为残障人群或学习有缺陷学生的教育、非正规和非正式学校、为有特殊才能学生提供的教育以及远程教育。为了保障受教育机会的公平，《国家教育法》第 60 条有为特殊教育的人群提供特殊的经费和条件。基础教育委员会办公室特殊教育局（Special Education Bureau）管辖下有很多福利学校。例如，Suksasongkroh 福利学校专门为贫困儿童、弃儿、孤儿、感染艾滋病以及沾染毒品等处于弱势地位的儿童提供免费的教育和住宿。[②] 福利学校会根据当地需求为学生提供特殊的职业培训，为他们未来的就业做好准备。2015 年，泰国教育部基础教育委员会办公室管辖下的福利学

[①] Cuttariya Jangdecha and Panthep Larpkesorn, "The Structure of Thai Education", in *Education in Thailand: An Old Elephant in Search of a New Mahout*, Gerald W. Fry (Ed.), Singapore: Springer Nature Singapore Pte Ltd., 2018, p.81.

[②] Her Royal Highness Princess Maha Chakri Sirindhorn, "History and Development of Thai Education", in *Education in Thailand: An Old Elephant in Search of a New Mahout*, Gerald W. Fry (Ed.), Singapore: Springer Nature Singapore Pte Ltd., 2018, p. 17.

校达到 51 所。① 特殊教育局还负责管理泰国各府的 77 个特殊教育中心。这些特殊教育中心在某个地方或者全纳学校、家庭、医院等场所提供特殊教育服务。同时，他们也会组织一些研讨会为残障儿童提供一些短期培训的课程，为其家长提供相关的知识储备。② 泰国《第十二个国民经济和社会发展计划（2017—2021）》中提出，0—5 岁儿童需进入早期幼儿发展机构（Early Childhood Development Institutions）开发社会技能。儿童和家长可以选择幼儿中心、幼儿发展中心、宗教机构的学前幼儿发展中心、为残障儿童或有特殊需求的儿童设置的早期照料中心以及其他类型的早期幼儿发展中心。③

第三节　泰国 2008 年基础教育改革

课程的变动和修订往往是回应社会经济和技术变化的需要。泰国中小学的课程主要由教育部负责制定。泰国的小学课程于 1990 年进行过修订，1991 年首次在小学一年级开始实施，1996 年开始在小学阶段全面推开。泰国的初中和高中课程曾于 1978 年和 1984 年修订，1990 年再度完成修订，1991 年在初中一年级和高中一年级开始实施，1993 年开始在中学阶段全面推开。泰国《国家教育法》作为教育改革的基础，主要目标之一就是行政的去中心化。④ 教育机构要为学生提供符合他们兴趣和才能的

---

① Office of the Education Council，Ministry of Education，*Education in Thailand*，Bangkok：Ministry of Education，2017，p.56.

② Cuttariya Jangdecha and Panthep Larpkesorn，"The Structure of Thai Education"，in *Education in Thailand：An Old Elephant in Search of a New Mahout*，Gerald W. Fry（Ed.），Singapore：Springer Nature Singapore Pte Ltd.，2018，p.82.

③ Office of the National Economic and Social Development Board，*The Twelfth National Economic and Social Development Plan*（*2017-2021*），Bangkok：National Economic and Social Development Board，Office of the Prime Minister，2016，p.50.

④ Sumonta Promboon，Fred N. Finley and Kittisak Kaweekijmanee，"The Evolution and Current Status of STEM Education in Thailand：Policy Directions and Recommendations"，in *Education in Thailand：An Old Elephant in Search of a New Mahout*，Gerald W. Fry（Ed.），Singapore：Springer Nature Singapore Pte Ltd.，2018，p.439.

支持和活动。2001 年《基础教育课程》是泰国第一个广泛使用的国家课程，后被 2008 年《基础教育核心课程》取代。2009 年，2008 年《基础教育核心课程》在 1—6 年级以及 7 年级和 10 年级开始实施。2010 年，课程在 8 年级和 11 年级中实施。2011 年，2008 年《基础教育核心课程》应用于所有年级。但是在一般情况下，所有学校的预期进度会滞后 1 年。

一、核心课程改革的背景与动力

针对 2001 年《基础教育课程》应用的研究、监测和评估，泰国《第十个国民经济和社会发展计划（2007—2011）》中关于人力开发的指导原则以及教育部为 21 世纪青年培养提出的优先事项为 2008 年《基础教育核心课程》的形成起到了推动作用。

继《国家教育法》及其 2002 年修正案后，核心课程做出了适当调整以适应法律规定的教育目标。由于上述法律均强调要将教育权力下放到当地社区和学校，鼓励当地社区和学校积极参与因地制宜的课程准备。基于过去的相关研究、监测和课程应用的评估结果，2001 年《基础教育课程》促进了教育权力的去中心化，允许当地社区和学校参与课程的准备，制定的课程更符合地方经济发展需要，学习者的发展也更加全面化。然而，此次核心课程也显现了一些问题。在课程准备方面，课程的应用和不满意结果都导致了学校层面在准备本校课程过程中出现了困惑和不确定性。大多数学校在制定学习内容时抱有过高的期望，安排过多的课程，但是学校又缺乏有效开发课程和认定学习成果的经验。在师资培训方面，教师缺乏大量的培训和支持服务。他们在适应新课程开发过程中很难转换到新教师的角色。在学习成果的评估方面，存在标准的不一致和评估的有效性问题。评估方法与之前制定的标准不一致影响了学习成果的认可问题。评估过程不能有效衡量课程结果使得评估结果不可信。另外，关于学习者获得必要知识、技能、能力和期望特征的相关问题也存在争议。2001 年《基础教育课程》在地方校本课程（Local School-based Curricula）的开发方面不够明确，而 2008 年推出的《基础教育核心课程》解决了这一问题。① 课程目标的呈现和实施进程在学区和学校层面均有所改善。《基础教育核心课程》呈现了简要的愿景、目标、学习者能力和期望特征、学习标准和指标，为各教育层次的教学活动课程提供指导。新课程规定了每个年级每个课程的最少时间，但是学校能根据自身情况增加学习时长。《基础教育核心课程》完善了学习者评估的过程以及各教育层次的毕业条件。它作为当地社区和学校课程准备的框架和方针，帮助处于基础教育的所有孩子和青年在变化的社会中配备必要的知识和技能。

除此之外，泰国《第十个国民经济和社会发展计划（2007—2011）》强调要转变人力开发的重点。泰国人民迫切需要具备道德观和睿智，并且在身体、智力、情感和精神方面全面发展，从而推进知识型社会的发展。人本能力开发的重点关注为孩子和青年提供道德、公共意识、与未来生活有关的能力、技能和基本知识的扎实基础，从而推进国家的可持续发展。这与教育部推崇的"引领泰国儿童和青年走向 21 世纪"的政策是相一致的。未来人才培养的重点放在道德、民族意识、分析技能和创造性思维、技术素养和团队协作能力以及在世界共同体中与他人和谐相处的能力上。

二、核心课程改革的目标与原则

泰国此次课程改革为地方社区和学校提供制定学校课程的框架和方向。《基础教育核心课程》中规定的学习标准和具体指标有助于各层次的机构明确学习过程当中的预期学习成果、明确学习的测量和评估、解决校际之间的学习成果互认问题以及保障学习质量。《基础教育核心课程》旨在推动学习者在智力、道德和社会三个方面达到平衡。在推广国际化和全球意识的过程中，《基础教育核心课程》注重培养关于泰国公民教育的态

---

① Amornwich Nakornthap, "Rethinking Thai Secondary Education", in *Education in Thailand：An Old Elephant in Search of a New Mahout*, Gerald W. Fry (Ed.), Singapore：Springer Nature Singapore Pte Ltd., 2018, p.136.

度和价值观。坚持君主立宪制下的民主政府，学习者在完成基础教育之后能够拥有基础知识、必要的基本技能以及愿意继续教育和保持终身学习的良好生活态度，从而有助于他们未来的教育和职业发展。

《基础教育核心课程》致力于学习者在所有方面的全面发展，包括道德、智慧、幸福和继续教育与生活的能力。因此，下列目标是学习者在完成基础教育阶段后应该具备的能力：

（1）基本道德、职业道德、良好的价值观、自尊自律、遵循佛教教义或自己信仰的教义、遵守"充足经济哲学"的指导原则。"充足经济哲学"是一种生活方式和行为方式，可以应用于个人、家庭、社区、国家和社会的各个层面。

（2）良好的沟通、思考、解决问题的能力，基本技术和生活技能。

（3）良好的身心健康、卫生，积极的体育锻炼。

（4）爱国，作为泰国公民和全球公民承担责任和承诺，坚持君主立宪下的政府形式和民主的生活方式。

（5）保护泰国文化和智慧所有方面的意识，保护环境，有和平共处及大众服务的公众意识。①

在基础教育核心课程下的主要原则为：

（1）最终目标是实现民族团结。制定的学习目标和标准可以促使儿童和青年具备知识、技能、情感态度和良好的道德，这也符合普遍且具有泰国特色的价值观。

（2）课程推广全民教育。助力所有的泰国公民都能享有优质教育的公平机会。

（3）课程促进权力下放。该举措通过允许各类社会力量参与教育的提供，构建符合当地社会发展需求的课程。

（4）灵活安排课程结构。主要体现在学习的内容、时间的分配以及

---

① Office of Basic Education Commission，Ministry of Education，*The Basic Education Core Curriculum B.E. 2551 (A.D. 2008)*，Bangkok：Ministry of Education，2008，p.5.

学习的管理上。

（5）提倡"以学习者为中心"的方法。

（6）课程适用于所有教育类型，包括正规教育、非正规教育以及非正式学习。此次课程改革涵盖所有目标群体，有助于学习成果和经验的互认。①

三、核心课程改革的内容和举措

1. 学习领域

核心课程改革的学习领域（Learning Areas）包含知识体系、技能、学习过程、期望的特质以及对基础教育层面学习者要求的学习成就。基础教育核心课程划分了八大学习领域。

（1）泰语：泰语为学生自主寻求知识和信息提供了渠道，学生在获得知识的同时也可以进行分析、批判和创造性思维的培养。泰语也是泰国民族的象征。学生能够在泰语沟通过程中习得知识技能和文化，并且对泰语有自豪感。

（2）数学：数学培养学生创造力、逻辑思维以及系统条理的能力，帮助学习者洞悉、预测、计划和解决问题。数学学习内容涵盖运算、代数、几何、概率等内容，是学习其他学科的工具和基础。学生将数学知识、技能和科学流程应用于问题解决、生活方式和继续教育中，掌握系统性和建设性的思维。

（3）科学：科学涵盖领域有生物、环境、力与运动、天文学等，帮助学习者获得调查研究的能力以及在过程中收获知识和解决问题的能力。学生将科学知识和流程运用于知识性和系统性的问题解决中，掌握逻辑性、分析性和建设性思维方式，培养科学素养。

（4）外语：泰国主要推广的外语是英语，对于汉语、法语、德语等其

---

① Office of Basic Education Commission，Ministry of Education，*The Basic Education Core Curriculum B.E. 2551（A.D. 2008）*，Bangkok：Ministry of Education，2008，pp.4-5.

他语言，教育机构可以自行决定。学生学习外语中的知识、技能、态度和文化可以帮助与他人的沟通，同时在未来更好地学习和生活。

（5）社会研究、宗教和文化：社会研究、宗教和文化帮助学习者更好地认识人类。每个人不仅是单独的个体，同时也是社会成员的一部分。学习范围包括宗教、公民教育、经济、历史、道德伦理、地理等。学生在学习公民教育之后可以在泰国和世界共同体中与他人和平共处，对宗教存有信仰，感恩资源和环境，热爱国家，对泰国的本土特色有自豪感。

（6）职业与技术：职业技术帮助学习者获得技能，将所习技能运用于工作和生活中，从而增强泰国的创造力和竞争力。通过学习设计、生活和信息技术等内容，学生可以更加清晰地明确未来职业方向，端正学习态度。泰国小学此前有一门"基本工作技能"（Basic Work Skills）课程，这一课程在《基础教育核心课程》中改为"技术"。

（7）艺术：艺术有助于培养学生的创造力和艺术想象力，可以全方位塑造学生在身体、心理、智力、情感及社会交往方面的素质。艺术能增强学生自信，同时为学生未来教育生活打下良好的基础。学习内容涵盖视觉艺术、音乐和戏剧等。学生在创造艺术作品中可以收获灵感和想象力，对于美学和艺术鉴赏有独到的看法。

（8）健康和体育：健康和体育主要教会学习者有关身体生长发育知识、运动、健康等。学生掌握增强体质的知识和技能，了解并预防影响健康的因素。①

2. 关键要素

核心课程改革的关键要素主要阐述了在基础教育核心课程指导下的有关学习者质量培养的各要素之间的关系。（参见表3.6）从核心课程的愿景和目标，到具体的核心素养和预期特质的强调，从而决定了2008年《基础教育核心课程》的学习标准和指标以及三类开发性活动。

---

① Office of Basic Education Commission，Ministry of Education，*The Basic Education Core Curriculum B.E. 2551（A.D. 2008）*，Bangkok：Ministry of Education，2008，p.8.

表 3.6　《基础教育核心课程》的关键要素

基于基础教育核心课程的学习者质量培养的关系	
愿景	
基础教育核心课程旨在提升占据国家主要比例的学习者的能力，帮助学习者在身体、知识和道德方面获得全面的发展。学习者作为泰国公民以及世界共同体中的成员应该承担起他们的承诺和责任，拥护宪法规定的君主立宪制下的民主政府，拥有基本知识、必要技能以及面向继续教育、生活和终身学习的良好态度。	
目标	
1.基本道德、职业道德、良好的价值观、自尊自律、遵循佛教教义或自己信仰的教义、遵守"充足经济哲学"的指导原则。"充足经济哲学"是一种生活方式和行为方式，可以应用于个人、家庭、社区、国家和社会的各个层面。 2.良好的沟通、思考、解决问题的能力，基本技术和生活技能。 3.良好的身心健康、卫生，积极的体育锻炼。 4.爱国，作为泰国公民和全球公民承担责任和承诺，坚持君主立宪下的政府形式和民主的生活方式。 5.保护泰国文化和智慧所有方面的意识，保护环境，有和平共处的大众服务的公众意识。	
学习者的核心素养	预期的特质
1.沟通能力 2.思考能力 3.解决问题的能力 4.应用生活技能的能力 5.技术应用的能力	1.热爱国家、宗教和国王 2.诚实和正直 3.自律 4.爱学习 5.在生活方式中遵循"充足经济哲学"的原则 6.乐于工作 7.珍惜泰国本地特色 8.公众意识
基础教育层次的学习者质量	
学习标准和指标	学习者开发性活动
1.泰语 2.数学 3.科学 4.外语 5.社会研究、宗教和文化 6.职业与技术 7.艺术 8.健康和体育	1.咨询活动 2.学生活动 3.社会和公益活动

资料来源：OECD/UNESCO，*Education in Thailand：An OECD-UNESCO Perspective*，Paris：OECD Publishing，2016，p.100.

在核心素养方面，2008年《基础教育核心课程》反复强调学习者要具备以下5个方面的核心素养。

（1）沟通能力：能够收到并传播信息的能力；能够表达自己想法、知识和理解、在交换信息和经验中的感受和观点，这将有利于个人和社会；能够协商解决或减小问题和矛盾；能够通过合适的原因和合理的判断区分和选择是否接受信息；能够选择高效的沟通方式，同时铭记对个人和社会的可能存在的负面影响。

（2）思考能力：能够进行分析性、综合性、建设性、批判性和系统性的思考能力，从而产生知识或者关于个人和社会的明智决策的信息。

（3）解决问题的能力：能够基于合理原因、道德准则和准确的信息尽可能地减少困难和阻碍的能力；感恩在多种社会情形下的关系和变革；能够寻求并应用知识以预防困难和解决困难的能力；能够明智决策的能力，铭记对个人、社会和环境可能造成的负面影响。

（4）应用生活技能的能力：能够在日常生活中应对多项任务的能力；自我学习，持续学习，工作；通过加强愉悦的人际关系的社会和谐；通过适当方法减少困难和矛盾；能够进行自我调整并且适应社会和环境变革的能力；避免对个人和他人产生不利影响的有害行为。

（5）技术应用的能力：能够选择和应用不同技术的能力；在关于学习、沟通、工作和通过建设性的适当的道德手段解决问题方面，应用技术促进个人和社会的发展。[1]

在制定学习者预期的特质时，泰国教育部融入了12项国家核心价值，具体包括：（1）拥护国家、宗教和君主立宪政体；（2）为了大众的共同利益要保持成熟，乐于奉献和保持耐心；（3）感恩父母，监护人和教师；（4）直接或间接地追求知识和教育；（5）珍惜宝贵的泰国传统；（6）保持道德、正直，对他人的美好祝愿，同时乐于分享；（7）理解并学习国王作为国家

---

[1] Office of Basic Education Commission，Ministry of Education，*The Basic Education Core Curriculum B.E. 2551 (A.D. 2008)*，Bangkok：Ministry of Education，2008，pp.6-7.

元首的民主真谛；（8）保持原则，尊重法律，敬爱长者和智者；（9）意识到和考虑行动与国王的指令保持一致；（10）践行普密蓬·阿杜德国王的"充足经济哲学"（Sufficiency Economy Philosophy）思想，对于过度或商业扩张采取中庸的态度；（11）保持身心健康，抵抗黑势力或欲望，根据宗教原则对愧疚和罪恶有羞耻之心；（12）将公共利益和国家利益置于个人利益之前。① 因此，基础教育核心课程关注开发学习者的能力和特质，从而确保学习者能够作为泰国公民和全球公民与他人和谐相处。

学习者开发性活动（Learner Development Activities）旨在最大限度开发学习者的个人潜力，在所有方面充分提升学习者能力使之成为身体、智力、情感和社会交往等方面全面发展的人。学生在学习过程中会反复学习道德、伦理和自律，为社会利益开创并增强慈善精神，掌握自我管理的能力以及在群体中愉快生活的能力。学习者开发性活动的具体组织形式包括咨询活动、学生活动、社会公益活动。

（1）咨询活动：这类活动旨在鼓励学习者了解自己，知道如何保护环境、决策、解决问题，根据教育和未来职业制定目标和设定规划，同时适当地调整自己。另外，这些活动也帮助教师更好地理解学生。教师根据学生在活动中的参与情况给予家长建议。

（2）学生活动：这类活动旨在强化学生的自律、领导和被领导的能力，小组合作、负责任和解决问题的能力，合理决策、推理、乐于助人、照顾他人以及友好相处的能力。学生活动会考虑学生的能力、态度和兴趣进行组织。学习者可以参与到活动的各个方面，包括活动的规划、分析、实施、评估和后续的改善。根据学习者的心智成熟度、学校和当地的实际情况，学生活动会适当地强调小组合作的重要性。目前比较流行的学生活动主要有两类：一类是男童子军项目、女生引领项目、少年红十字会、社会服务和反恐行动等，另外一类是各类俱乐部和社团的活动。

（3）社会和公益活动：这类活动旨在鼓励学习者根据他们的兴趣为社

---

① Office of the Education Council, Ministry of Education, *Education in Thailand*, Bangkok: Ministry of Education, 2017, pp.93-94.

会、社区和地方做志愿服务，从而表达对社会的关系和对公德心的承诺。活动包括在各个领域和致力于公益的各类志愿服务。

在学习标准和指标方面，每个领域都制定了学习者应该达到的标准。标准规定了学习者应该了解的内容和应该能够做到的事情。学习标准也制定了学习者在完成基础教育后应该具备的道德价值观和预期的特质。由于学习标准明确了学习内容和教学评估方式，因此学习标准可以作为关键机制来推动整个教育体制。学习标准同样也是在学区层面和国家层面进行内外部质量保障的工具。学习标准是推动教育系统的基本机制，包含了学习内容、教学方法和评估。指标详细阐述了学习者在各个层次应该了解的内容，能够实践的程度以及拥有的特质。指标反映了学习标准，比较具体，可以用于规定内容、决定学习模块和组织教学活动，也可以作为评估学习者学习成果的重要因子。指标可以分为年级层次指标和关键阶段指标。年级层次指标描述了义务教育培养阶段的学习者在学习过程中需要达到的目标（从初等教育 1 年级到中等教育 3 年级，即 1—9 年级）。关键阶段指标描述了学生在高中教育阶段要达到的目标（中等教育 4—6 年级，即第 10—12 年级）。课程标准的各项指标基本限定了学生学习内容，一般用于评估的基本标准，以检验学习者的学习成果。课程为学习标准和指标制定了如下几种代码。（参见表 3.7）

表 3.7　学习标准和指标代码

Sc 1.1 Gr 1/2	
Sc	科目领域：科学
1.1	第一个科目领域，标准 1
Gr1/2	1 年级的指标 2

F 2.2 Gr 10—12/3	
F	科目领域：外语
2.2	第二个科目领域，标准 2
Gr 10—12/3	高中教育的指标 3 （高中教育的 4—6 年级及第 10—12 年级）

3. 学习标准

《基础教育核心课程》为 8 大学习领域制定了共 67 个标准。

（1）泰语

泰语是泰国身份的代表，是维持民族团结和增强泰国本土意识的文化宝藏。它可以作为交流工具帮助泰国人民之间互相理解，创造友好的关系。人们可以通过泰语从不同来源的数据和信息中寻找知识和经验，从而参与分析、批判和创造性的思维过程以便适应社会变革和科学技术的进步。泰语也有助于人们的职业发展。另外，泰语也是祖先关于文化、传统和美学智慧的表达媒介，代表了泰国最具价值的、值得学习的、在代与代之间流传的永恒特征。

表 3.8　泰语学习标准

第一个方面：阅读	
标准 T1.1	运用阅读过程为生活中的决策和问题解决建立知识和想法，同时鼓励养成阅读习惯。
第二个方面：写作	
标准 T2.1	有效运用阅读过程于写作交流、创作、大纲、各种形式的故事、数据和信息报告、学习和研究报告。
第三个方面：听力、评论和口语	
标准 T3.1	特定性和批判性听力和评论的特质，以及在各种情形下对于知识、想法和感受的批判性和创造性表达。
第四个方面：泰语使用的原则	
标准 T4.1	理解泰语的本质和原则，语言的变化和力量，语言的智慧和泰语作为国家宝藏的保护。
第五个方面：文学和文学作品	
标准 T5.1	理解和表达观点；通过欣赏的角度看待泰国文学和文学作品；将文学和文学作品应用于真实生活中。

（2）数学

数学对于开发心智非常重要。数学帮助学习者获得创造性、逻辑性、系统性和有条理的思维，并且能够让人认真彻底地分析各种问题、决策、解决问题以及在日常生活中准确并合理地运用数学知识。数学是学习科学、技术以及其他学科的工具。因此，数学对于个人的生活非常有帮助，提高生活质量，帮助人们与他人和谐相处。

表 3.9　数学学习标准

第一个方面：数字和运算	
标准 M1.1	理解数字呈现的多种方法以及它们在真实生活当中的运用。
标准 M1.2	理解数字运算的结果，运算的关系以及运算在解决问题方面的运用。
标准 M1.3	估计在计算和问题解决中的运用。
标准 M1.4	理解数字体系以及数字属性的运用。
第二个方面：测量	
标准 M2.1	理解测量基础；能够测量并估计物品的尺寸。
标准 M2.2	解决测量问题。
第三个方面：几何	
标准 M3.1	能够解释并分析几何中的 2 维和 3 维。
标准 M3.2	能够想象、空间推理和应用几何模型来解决问题。
第四个方面：代数	
标准 M4.1	理解和分析模式、关系和函数的能力。
标准 M4.2	能够应用代数表达、等式、不等式、图表和其他数学模型来代表各类情况和解释，应用于问题的解决。
第五个方面：数据分析和概率	
标准 M5.1	理解和能够将统计方法应用于数据分析的能力。
标准 M5.2	将统计方法和概率知识应用于有效估计。
标准 M5.3	将统计和概率知识应用于决策和问题解决。
第六个方面：数学技能和进程	
标准 M6.1	能够解决问题和推理的能力；沟通和呈现数学概念；联系数学知识体系，联系数学和其他学科；获得创造性思维的能力。

（3）科学

因为科学与日常生活和生存相关，所以科学在当前和未来的世界共同体中发挥着重要的作用。科学涉及技术、工具、设备和各类产品。科学知识结合创造性以及其他学科促进生活和工作。科学能够在很多方面提升思维，比如逻辑、创造性、分析性和批判性。另外，人们可以学到必要的有助于学习知识的调查技能，学到系统性解决问题的能力，基于各类数据和证据的决策能力。在知识型社会中，科学非常重要。因此，所有人都应该学习科学知识获得和理解自然与技术，通过逻辑性、创造性和道德的方法运用技术。

表 3.10　科学学习标准

第一个方面：生物和生命过程	
标准 Sc1.1	理解生物的基本单位；相互关联的生物多系统的结构和功能之间的关系；有追寻知识的调查过程；能够交流所学知识，将知识应用于个人生活和生物保护上。
标准 Sc1.2	理解遗传传递的过程和重要性；生物的进化；生物多样性；应用可以影响人类和环境的生物技术；对于知识获取和科学推理有调查过程；交流所学知识以用于有用的目的。
第二个方面：生活和环境	
标准 Sc2.1	理解当地环境；环境和生物之间的关系；生态系统中生物之间的关系；对于知识获取和科学推理有调查过程；交流所学知识以用于有用的目的。
标准 Sc2.2	认识到自然资源的重要性；在地方、国家和全球层面善用自然资源；在可持续的基础上应用自然资源和当地环境的管理知识。
第三个方面：物质和物质属性	
标准 Sc3.1	理解物质属性；物质属性和结构之间的关系，以及粒子间的结合力；对于知识获取和科学推理有调查过程；交流所学知识以用于有用的目的。
标准 Sc3.2	理解物质状态变化的原则和本质；解决方案的形成；化学反应；对于知识获取和科学推理有调查过程；交流所学知识以用于有用的目的。
第四个方面：力和运动	
标准 Sc4.1	理解电磁、引力和核力的本质；有追寻知识的调查过程；能够交流所学知识，将知识应用于有用的和道德的目的上。
标准 Sc4.2	理解自然物体的特征和各种类型的运动；对于知识获取和科学推理有调查过程；交流所学知识以用于有用的目的。

第五个方面：能源	
标准 Sc5.1	理解能源和生活的关系；能源转换；物质和能源之间的相互关系；能源使用对生活和环境的影响；对于知识获取有调查过程；交流所学知识以用于有用的目的。
第六个方面：地球变化的过程	
标准 Sc6.1	理解地球表面和内部的多种过程；导致气候、地形和地球的外形发生变化的各种过程之间的关系；对于知识获取和科学推理有调查过程；交流所学知识以用于有用的目的。
第七个方面：天文学和太空	
标准 Sc7.1	理解太阳系、银河系和宇宙的进化；太阳系内部的相互关系和他们对地球上生物的影响；对于知识获取和科学推理有调查过程；交流所学知识以用于有用的目的。
标准 Sc7.2	理解用于太空探索的太空技术的重要性，理解用于农业和交流的自然资源的重要性；对于知识获取和科学推理有调查过程；交流所学知识以用于生命和环境。
第八个方面：自然科学和技术	
标准 Sc8.1	将科学过程和科学推理应用于知识获取和问题解决的探索中；理解大多数自然现象均假设在特定时间段内的限制于数据和工具后的可以解释和证实的完全模式；理解科学、技术、社会和环境是相互联系的。

（4）社会研究、宗教和文化

该学习领域能够让人掌握作为个人以及社会成员生活的知识并增强理解，主要解决迫切的环境和有限资源管理的问题。学习者通过理解不同阶段和因素的发展和变化从而更好地理解自己和他人。学习者需要拥有耐心、宽容和对不同事物有较高的接受度。在学习该领域后，学习者能够拥有道德感以及将所学知识应用于生活中，成为泰国良好公民和世界共同体成员。

表 3.11　社会研究、宗教和文化学习标准

第一个方面：宗教，道德和伦理	
标准 So1.1	了解佛教或其他宗教的历史、教义以及道德准则；有正确的理念；遵循和平共处的道德原则。

续表

标准 So1.2	理解信徒的个人行为；遵循佛教或个人信念。
第二个方面：公民，文化和社会生活	
标准 So2.1	理解并履行与良好公民的职责相一致的个人行为；遵循和保护泰国传统和文化；享受在泰国社会和世界共同体中的和平共处。
标准 So2.2	理解当前社会的政治和行政体制；遵循、信任和支持宪法规定的君主立宪制下政府的民主形式。
第三个方面：经济	
标准 So3.1	能够理解并管理生产和消费的资源的能力；有效并合理地利用有限资源；理解未来更加全面的生活下的"充足经济哲学"原则。
标准 So3.2	理解各类经济体制和机构；经济关系；在世界共同体中的经济合作的必要性。
第四个方面：历史	
标准 So4.1	理解历史节点和阶段的意义和重要性；能够使用历史方法论系统地分析很多事件。
标准 So4.2	从过去到现在的视角理解人类的发展；意识到事件之间联系的重要性和持续性的变化，以及能够分析事件的影响。
标准 So4.3	掌握泰国作为一个国家的历史发展知识；文化；泰国智慧；珍惜泰国本土特色，以之为豪，并加以保护。
第五个方面：地理	
标准 So5.1	理解地球的外部特征和在相互影响的自然系统中各类事务之间的相互关系；利用地图和地理工具来搜索和分析，以及高效地运用地理数据和信息得出结论。
标准 So5.2	理解人类与自然环境之间在文化创新性方面的相互关系；在可持续发展下的自然和环境保护意识和参与。

（5）健康和体育

健康状况是指人在所有方面的全面发展，比如身体、心理、社会、智力和精神层面。因此，健康状态是重要的，它与生活的所有方面都密切相关。为了追寻优质的社会，所有人都应该了解健康知识、对于态度、道德和价值观的准确理解以及讲求卫生习惯的技能。

表 3.12   健康和体育学习标准

第一个方面：人类的成长和发展	
标准 H1.1	理解人类成长和发展的本质。
第二个方面：生活和家庭	
标准 H2.1	有理解力，能够悦纳自己；家庭；性别教育；拥有生活技能。
第三个方面：运动，身体锻炼，游戏，泰国和国际运动	
标准 H3.1	理解运动技巧；体育活动；玩游戏和运动。
标准 H3.2	倾向于定期的身体锻炼、游戏和运动；自律；遵守权利，规则和制度；有体育精神；有正确的竞争精神；欣赏运动的美学。
第四个方面：增强健康的能力和预防疾病	
标准 H4.1	认识健康和增强健康的技能；维持自身的健康状态；疾病预防和增强健康的能力。
第五个方面：生命安全	
标准 H5.1	针对风险因素、有害健康的行为和意外的预防和回避；药物的使用；易成瘾的物质和暴力。

（6）艺术

艺术的学习有助于培养学习者的创造力，学习者在学习艺术后可以具备艺术想象力、审美、有美学和价值观念，从而提升人们的生活质量。艺术获得在很多方面提升学习者，比如身体、心理、智力、情感和社会。艺术活动帮助学习者增强自信，从而为今后的教育和生活打下基础。

表 3.13   艺术学习标准

第一个方面：视觉艺术	
标准 A1.1	通过想象力和创造力创造视觉艺术的作品；通过感受和想法的自由表达对视觉艺术作品的价值进行分析和批判；在日常生活中欣赏并应用视觉艺术。
标准 A1.2	理解视觉艺术、历史和文化之间的关系；欣赏能够传达文化遗产、当地智慧、泰国和普遍智慧的视觉艺术作品。
第二个方面：音乐	
标准 A2.1	通过音乐理解创造性的自我表达以及能够进行创造性自我表达的能力；对于音乐价值观的分析和批判；对于音乐的感受和想法能够自由传达；在日常生活中欣赏和应用音乐。

续表

标准 A2.2	理解音乐、历史和文化之间的关系；欣赏能够传达文化遗产、当地智慧、泰国和普遍智慧的音乐作品。
第三个方面：戏剧艺术	
标准 A3.1	通过戏剧艺术理解创造性的自我表达以及能够进行创造性自我表达的能力；对于戏剧艺术价值的分析和批判；感受和想法的自由表达；在日常生活中欣赏和应用戏剧艺术。
标准 A3.2	理解戏剧艺术、历史和文化之间的关系；欣赏能够传达文化遗产、当地智慧、泰国和普遍智慧的戏剧艺术价值。

（7）职业和技术

职业与技术学习领域可以帮助学习者提升与生活密切相关的基本技能知识和理解。学习者能够更加顺利适应社会变革，并将所学关于生活、职业和技术的知识应用于工作当中。这增强了泰国社会的创造性以及世界共同体的竞争性。基于"充足经济哲学"的原则，学习者可以明确未来职业导向，能够以积极乐观的态度对待工作和生活。

表 3.14　职业和技术学习标准

第一个方面：生活和家庭	
标准 O1.1	理解工作的概念；在多个方面拥有创造力和技能，比如工作过程、管理、问题解决、团队协作和追寻知识的调查；道德、勤奋以及意识到需要节约能源、资源以及自身与家庭的环境。
第二个方面：设计和技术	
标准 O2.1	理解技术和技术过程；通过创造性技术过程进行物品、工具或者方法的设计和创造；特别使用对个人生活、社会和环境有利的技术；参加可持续技术管理。
第三个方面：信息和通用技术（ICT）	
标准 O3.1	理解信息技术在数据检索、交流、问题解决、工作和生活中的高效、有效和符合伦理的使用。
第四个方面：职业	
标准 O4.1	理解并获得必要的技能和经验；对于未来职业有合理的看法；职业发展中的技术应用；对于职业拥有道德观和积极的态度。

(8) 外语

在当今全球化社会中，由于外语学习是沟通、教育、知识学习、生活和增加对世界共同体文化理解的重要工具，因此外语学习对于日常生活非常重要和关键。外语使得学习者能够感知到不同的文化以及世界共同体中不同的观点，帮助学习者获得来自不同国家的友谊和合作关系。同时，学习者学习外语后，能够更好地理解自我和他人，从而提升自己。因此，学习者能够学习并理解不同语言和文化、习俗和传统、思维、社会、经济、政治和行政管理的差异。他们将外语学习作为交流沟通的方式以及学习广泛知识体系的方法，同时获得更广的视野。整个基础教育核心课程中规定的外语基本学习内容为英语。针对法语、德语、中文、日语、阿拉伯语、巴利以及其他邻国语言，主要由教育院校自行决定课程的准备和合理的学习管理。

表 3.15　外语学习标准

第一个方面：沟通的语言	
标准 F1.1	能够理解从不同类型的媒体听到和阅读到的信息并加以解释的能力，能够用恰当的理由表达观点的能力。
标准 F1.2	能够运用语言沟通技能进行数据和信息的有效交换；高效地进行感受和观点的表达。
标准 F1.3	能够通过说和写呈现数据和信息、关于不同事件的概念和观点。
第二个方面：语言和文化	
标准 F2.1	能够欣赏当地人的语言和文化之间的关系，以及能够将语言应用于恰当场合的能力。
标准 F2.2	能够欣赏当地人和泰国人之间的语言和文化相似和差异，以及能够正确和恰当地运用语言的能力。
第三个方面：语言和与其他学习领域的关系	
标准 F3.1	能够使用外语与其他学习领域关联知识。外语作为长远发展的基础可以帮助追寻知识和拓宽个人的视野。
第四个方面：语言与共同体和世界的关系	
标准 F4.1	能够在学校、共同体和社会中的各类情况下使用外语的能力。

续表

标准 F4.2	将外语作为继续教育、生活以及与世界共同体进行学习交流的基本工具。

4. 教育层次和教学时间

《基础教育核心课程》覆盖 3 个教育层次。首先是小学教育层次（初等教育 1—6 年级）。该层次覆盖了义务教育的第一个阶段。它关注各类技能的学习，包括阅读、写作、计算、基本的思考、沟通、社会学习过程和人类的基本问题，同时包括在多个方面（身体、智力、情感、社会和文化）的优质生命的全面发展，强调综合学习管理。其次是初中教育层次（初中教育的 1—3 年级，即 7—9 年级）。该层次覆盖了义务教育的最后阶段。它侧重学习者自主发展的才能和兴趣，促进个性的发展，批判性和创新性思维的技能，解决问题，生活技能和将技术作为学习工具的技能，社会责任感，在知识、善行、泰国本土特色的自豪感之间做出平衡。上述都可以辅助未来的生活以及继续教育打下基础。最后是高中教育层次（高中教育的 4—6 年级，即 10—12 年级）。该层次关注与个体学习者的能力、才能和兴趣相一致的具体知识和技能。学习者的能力、才能和兴趣主要是指在学术和技术上的应用、高层次思考过程的技能、将知识应用于继续教育和生活的能力、根据学生们各自的定位进行的个人发展和国家进步，以及在各个方面引导和提高社区服务的能力。

核心课程改革明确了 8 个学习领域以及学习者开发性活动的课时要求。（参见表 3.16）教育机构可以根据自身条件和优先事项，同时考虑毕业标准和要求对时长进行相应调整。在小学教育层次（小学教育 1—6 年级），学习时长进行年度分配，每天不超过 5 小时。在初中教育层次（初等教育的 1—3 年级或第 7—9 年级），学习时长进行学期制分配，每天不超过 6 小时，课程以学分计算，一个学分相当于一个学期内的 40 个小时的课时。在高中教育层次（高中教育的 4—6 年级，或第 10—12 年级），学习时长进行学期制分配，每天不超过 6 小时，课程以学分计算，一个学分相当于一个学期内的 40 个小时的课时。

表 3.16 基础教育核心课程的课时要求

学习领域 /活动	课时要求									
	小学						初中			高中
	1 年级	2 年级	3 年级	4 年级	5 年级	6 年级	7 年级	8 年级	9 年级	10—12 年级
学习领域										
泰语	200	200	200	160	160	160	120	120	120	240
							3 学分	3 学分	3 学分	6 学分
数学	200	200	200	160	160	160	120	120	120	240
							3 学分	3 学分	3 学分	6 学分
科学	80	80	80	80	80	80	120	120	120	240
							3 学分	3 学分	3 学分	6 学分
社会科学、宗教和文化	120	120	120	120	120	120	160	160	160	320
历史							4 学分	4 学分	4 学分	8 学分
宗教、道德和伦理	40	40	40	40	40	40	40	40	40	80
公民、文化和生活技能							1 学分	1 学分	1 学分	2 学分
经济										
地理	80	80	80	80	80	80	120	120	120	240
							3 学分	3 学分	3 学分	6 学分
健康和体育	80	80	80	80	80	80	80	80	80	120
							2 学分	2 学分	2 学分	3 学分
艺术	80	80	80	80	80	80	80	80	80	120
							2 学分	2 学分	2 学分	3 学分
职业与技术	40	40	40	80	80	80	80	80	80	120
							2 学分	2 学分	2 学分	3 学分

续表

学习领域 / 活动	课时要求									
	小学						初中			高中
	1 年级	2 年级	3 年级	4 年级	5 年级	6 年级	7 年级	8 年级	9 年级	10—12 年级
外语	40	40	40	80	80	80	120	120	120	240
							3 学分	3 学分	3 学分	6 学分
总学习时长（基础教育）	840	840	840	840	840	840	880	880	880	1640
							22 学分	22 学分	22 学分	41 学分
学习者开发性活动	120	120	120	120	120	120	120	120	120	360
学校会根据具体情况和重点来安排额外科目和活动	每年不超过 40 小时						每年不超过 200 小时			不少于 1600 小时
总课时	每年不超过 1000 小时						每年不超过 1200 小时			3 年不少于 3600 小时

资料来源：Office of Basic Education Commission，Ministry of Education，*The Basic Education Core Curriculum B.E. 2551* (*A.D. 2008*)，Bangkok：Ministry of Education，2008，p.25.

　　泰国学生在 1—3 年级可以适当增加在泰语和数学领域的学习时间。在学习之余，学习者可以参与课程辅导、学生活动、社会活动以及公益活动。针对公益活动，教育机构要为 1—6 年级的学生分配 60 小时，为 7—9 年级学生分配 45 小时，为 10—12 年级学生分配 60 小时。基于学校的情况、优先事项、条件和对毕业生的要求，学校可以允许分配总课程时长的 30% 为学生组织额外的课程。[①]STEM 项目融入泰国的中小学阶段的教

---

① Sumonta Promboon，Fred N. Finley and Kittisak Kaweekijmanee，"The Evolution and Current Status of STEM Education in Thailand：Policy Directions and Recommendations"，in *Education in Thailand：An Old Elephant in Search of a New Mahout*，Gerald W. Fry (Ed.)，Singapore：Springer Nature Singapore Pte Ltd.，2018，p.439.

育，主要以课外活动的形式开展。①

中小学阶段的学生在职业与技术课程中会学习职业准备的工作经验和技术应用的基本知识。开发学生的 21 世纪技能对于泰国创造强竞争力、有保障的美好的未来非常重要。教师需要理解这些资质的本质，在具体学科中得到开发学生资质相关的明确案例，以及如何通过教学和课程活动开发学习者的资质。尽管《基础教育核心课程》包括了关键资质，但是学生的资质开发并不具有连续性。文件对于资质的具体内容、资质如何融入课程结构、资质如何评估等内容依然不够明确。

针对特殊目标群体的教育提供，比如特殊教育、天才教育、选择性教育、为弱势群体提供的教育和非正规教育，基础教育核心课程会根据每个目标群体的情况进行相应的调整，但调整内容须符合教育部规定的方法和条件。

5. 学生评价

《基础教育核心课程》指出了 4 个学生评价的主要层次：

（1）课堂：教师定期且持续地衡量和评估学习者的表现。

（2）学校：年度评价或每学期的评价查看学生通过教育项目是否达到了学习目标，有无有待缩小的差距。

（3）学区或地方：学生学习成果的监测是通过学校的标准化试卷和数据实现的。

（4）国家：学生学习成果的评估为不同层次的教育质量的比较提供了数据基础，国家测试的结果可以辅助教育规划，从而提升教育质量和更广泛的教育决策。

秉持所有人都能实现自我学习和发挥个人潜能的愿望，此次核心课程改革大力倡导以学习者为中心的学习模式。以学习者为中心的学习管理

---

① Sumonta Promboon, Fred N. Finley and Kittisak Kaweekijmanee, "The Evolution and Current Status of STEM Education in Thailand: Policy Directions and Recommendations", in *Education in Thailand: An Old Elephant in Search of a New Mahout*, Gerald W. Fry (Ed.), Singapore: Springer Nature Singapore Pte Ltd., 2018, p.432.

模式是通过多种学习过程为工具以实现课程目标。学习者的基本学习过程包括综合性学习、知识创造、思维、社交、启发式学习、实践经验的学习、实际操作、管理、研究、自学、发展特色。学习者在上述学习的过程中得到锻炼，从而获得一定能力，推进自我为中心的学习模式，从而实现课程的目标。学习者和教师可以选择优质的学习媒介，或者共同设计和开发学习的媒介。通过利用这些媒介，学习者能够实现自主学习。

第四节　泰国基础教育质量保障

一、泰国基础教育质量保障框架

泰国《国家教育法》第9条明确了教育体系、结构和过程需要遵守的原则，强调统一教学标准的重要性，主张各级各类教育应该形成整体的质量保障体系。该法第47条规定"要制定一套教育标准和质量保障体系，包括内部质量保障和外部质量保障"；第48条规定"教育院校的管辖机构和自身都应该建立一套内部质量保障体系，内部质量保障应该被作为教育管理中的一部分，同时需要持续推动内部教育保障进程"；第49条提出"要设立国家教育标准和质量评估办公室，对外部评估的条件和方法的开发负责、至少每五年对教育院校的教育成就进行评估以确保院校的质量"。对于任何教育体系而言，能否有效和可行地评估学生的学习成果是非常重要的。内部质量评估应该是持续性的教育管理常规流程，主要涉及质量相关因素的控制，定期检测、监管和评估教育院校的表现。外部质量评估主要通过外部小组对教育院校的质量进行监测，从而对其教育行政和管理进行评估。评估的最终目的是帮助教育院校提升质量和标准。外部质量评估的方式可以促进教育院校开发自身的内部评估体系从而设计并实施自己的教育质量发展规划，包括质量监测和控制。教育院校的自我评估体系需要在教育标准和评估办公室的外部质量评估之前完成。教育标准和评估办公室对院校的内部评估结果的数据进行检验和分析。因此，内部评估体系与教育输入、教育过程和教育输出有关，外部质量评估则关注教育管理结果

的评估。(参见图 3.1)

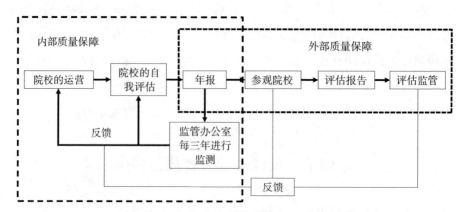

图 3.1 基础教育内部质量保障和外部质量评估之间关系图

资料来源:ONESQA,*Manual for Basic Education Institutions:The Third-Round of External Quality Assessment(2011-2015)*,Bangkok:The Office for National Education Standards and Quality Assessment,2013,p.10.

在完成内部质量保障评估后,院校需要将自我评估报告(SAR)呈递给院校委员会(Institution Council)、上级机构、其他相关机构和社会公众。院校的自我评估报告与院校内部评估、上级机构的评估监管以及国家教育标准和质量评估办公室的外部质量评估密切相关。因此,教育院校的综合性自我评估报告需要能够反映院校在所有方面的教育质量。保证内外部质量评估的一致可以确保教育的质量和标准。

二、泰国基础教育内部质量保障

基础教育内部质量保障的监测非常重要,因为它反映了在相关标准中规定的质量完成情况。持续性的内部质量保障是教育管理的一部分。为了提升教育的质量和标准,院校需要将年度报告呈递给上级机构、相关机构以及公众,并且做好外部质量评估的准备。教育部研究并开发了基础教育阶段的内部评估方法,并制定相关准则:(1)所有基础教育院校每年都应该进行内部质量保障活动;(2)内部质量保障的过程应包含规划、评估和提升表现。每个基础教育院校都应该根据《国家教育法》、国家教育标准和本机构的目标、理念或章程制定适合自身的教育发展规划，同时明确时间框架，不断评估表现，结合评估结果改善教育质量；（参见图 3.2）（3）内部质量保障的各个阶段都应关注利益相关者的协调和参与作用。利益相关者可以是教育院校的人员、董事会、家长、社区、教育服务区等；（4）每所基础教育院校在下一学年开始前需要向上级组织和相关机构提交内部质量保障报告，同时披露给社会公众。该报告会显示基础教育质量的评估结果以及对下一学年基础教育质量提升的指导和规划。

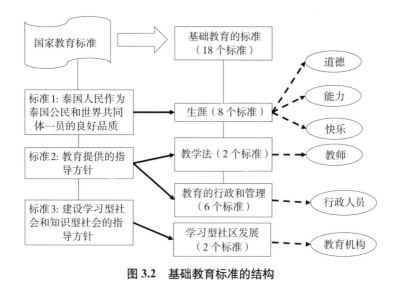

图 3.2　基础教育标准的结构

资料来源：Office of the Basic Education Commission，Ministry of Education，*Basic Education Standards for Internal Quality Assurance*，Bangkok：Ministry of Education，2005，p.15.

　　学习标准和指标使得院校明确预期的学习成果，帮助相关地方机构和学校更好地开展高质量的学校课程。泰国目前使用的核心课程（2008年《基础教育核心课程》）是基于标准的课程，直接回应预先制定的内容标准和成果标准。[①] 内容标准描述所有学生在每个科目中应该学习并且能够做的内容，具体涵盖每个学生在科目学习过程中发展的资质和价值观。

[①]　OECD/UNESCO，*Education in Thailand：An OECD-UNESCO Perspective*，Paris：OECD Publishing，2016，p.94.

成果标准阐述了期望的学习成果以及评估内容标准能够达到的程度。制定的成果标准能够帮助教师准备课堂的教学设计从而更好地帮助学生达到学习目标。从国家到学校的所有层次课程开发必须参照学习标准和指标，核心课程为所有类型的教育提供框架和导向，覆盖所有接受基础教育的学习者群体。（参见表 3.17）保证核心课程达到预期目标需要国家、社区、家庭和个人的共同努力。基础教育核心课程旨在提升占据国家较大比例的学习者能力，帮助他们在身体、知识和道德方面获得全面的发展。学习者作为泰国公民以及世界共同体中的成员应该承担起承诺和责任，拥护宪法规定的君主立宪制民主政府，拥有基本知识、必要技能以及愿意继续教育和终身学习的良好意愿。

表 3.17 基础教育标准

标准	描述	指标
生源标准	1. 学生要有美德、道德和美好的品质	1.1 自律，有责任心，遵循宗教的基本原则 1.2 诚实 1.3 感恩 1.4 友善，大度，愿意为公共利益做出牺牲 1.5 善用个人和私人的资源 1.6 对泰国有身份认同感，了解泰国文化，忠于泰国，保护泰国本土特色
	2. 学生要有意识地去保护和开发环境	2.1 认识环境，意识到环境变化的影响 2.2 参与环境保护和开发的活动或项目
	3. 学生应该掌握工作技能，热爱工作，能够与他人一起工作，偏向于诚信的职业	3.1 能够管理并完成工作的技能 3.2 在工作中坚持、勤奋、耐心和积极的态度 3.3 快乐工作，在工作中有所成长，对于自己的工作倍感自豪 3.4 可以与他人协作 3.5 偏向于诚信的职业，对于感兴趣的职业会主动检索信息

续表

标准	描述	指标
	4. 学生应该具备分析性和综合性思考的能力，具备评判是非的能力；学生应该有创造力和想法。学生要有梦想	4.1 具有全面、系统、综合思考的能力 4.2 能够预测，制定目标和决策的方法 4.3 评估和决策，能够冷静地解决问题 4.4 创造性，乐观和想象力
	5. 学生应该具备课程规定的必要知识和技能	5.1 达到标准的学习成果平均水平 5.2 达到标准的国家学术评估测试的平均成绩 5.3 能够通过话语、协作和其他方式进行沟通的能力 5.4 能够通过泰语和外语进行沟通的能力 5.5 能够运用信息技术自我学习的能力
	6. 学生应该拥有自我学习的能力，热爱学习，持续性学习	6.1 热爱阅读、写作和倾听，知道如何提问来了解原因 6.2 喜爱从不同来源寻找信息，能够利用校内和校外的图书馆、其他知识来源以及媒体的能力 6.3 有自己的学习方法，能够与他人一起学习，喜欢去学校
	7. 学生应该有健康的爱好以及良好的身心健康	7.1 有健康保健相关的习惯，短期锻炼 7.2 有标准的体重、身高和体力 7.3 远离有害的成瘾物质，避免暴力、疾病、意外以及与性相关的问题 7.4 能够用恰当并且尊重他人的方式自信地表达自己的观点 7.5 与朋友、教师和他人保持良好的关系
	8. 学生应该对艺术、音乐和运动存有美学和喜好	8.1 欣赏艺术，参加艺术活动，创造艺术作品 8.2 欣赏音乐或戏剧，参与音乐或戏剧活动，创造音乐或戏剧作品 8.3 喜爱体育和休闲，参加体育或休闲活动，创造体育或休闲作品

续表

标准	描述	指标
教学法标准	9. 教师应该具备美德、道德，学位或者与岗位相关的知识和资质；教师要持续性自我发展；教师要能与社区和谐相处；要有大量的教师	9.1 具备美德和道德，能够根据专业道德标准规范行为 9.2 与学生、监护人和社区和谐相处 9.3 下定决心并且愿意教授和发展学生 9.4 寻求新的知识和技术，听从建议，具备开放的心态，接受变化 9.5 教育学学士学位或同等学力 9.6 教授与专业或辅修或能力相关的课程 9.7 应该有充足的教师和支持人员
	10. 教师应该具备有效管理教学的能力，特别是以学习者为中心的教学法	10.1 具备知识，对于基础教育课程的目标有所了解 10.2 分析学生的潜质，理解每一位学生 10.3 能够使用学习者为中心的教学法 10.4 能够运用技术发展教师和学生的学习过程 10.5 评估符合学生的学习情况并且与学生发展相关的教学成果 10.6 通过评估结果调整教学法从而最大限度地培养学生，实现他们的潜能 10.7 实施提升学生学习的研究，并将研究结果用于后续的改善方面
教育行政和管理的标准	11. 行政人员应该具备美德、道德、领导力以及在教育的行政和管理方面的资质	11.1 美德和道德，根据专业道德标准规范行为 11.2 创造力、愿景和学术领导力 11.3 在学术行政和管理方面的能力 11.4 满足相关人群的高效管理
	12. 教育机构应该具备组织和结构性安排，全面和系统的行政体系和组织发展	12.1 安排组织、结果和行政体系，使之高度灵活并且符合情况 12.2 管理信息，使之能够系统性、综合性并且容易获取 12.3 实施持续性的内部质量保障体系 12.4 管理系统性和持续性的人事发展 12.5 当事人和相关人群对行政和学生发展是满意的
	13. 教育机构应该拥有基于本校指标的教育行政和管理	13.1 教育行政和管理的去中心化 13.2 使用战略性行政和参与性原则 13.3 校董会参与院校的发展 13.4 使用绩效为基础的行政风格 13.5 采用制衡机制

续表

标准	描述	指标
	14. 教育机构应该采用以学习者为中心的课程和学习过程	14.1 具备适合学习者和社区的课程 14.2 根据学生的兴趣为其组织多种课程和活动 14.3 鼓励教师设计适合学生能力的教学计划 14.4 推动并发展能够支持学习的教学法创新以及教学的媒体和工具 14.5 整理学生数据的记录、报告和传输 14.6 具备教学指导体系，将指导意见用于定期的教学法提升当中 14.7 教学过程中融入当地学习资源和智慧
	15. 教育机构应该有各种活动来提升学生质量	15.1 具备并发展一个帮助学生的有效全面的体系 15.2 组织能够促进学生学术和创造性能力的活动 15.3 组织能够最大限度开发学生特殊能力和潜力的活动 15.4 组织能够促进良好社会价值理念的活动 15.5 组织能够推广艺术、音乐或传统舞蹈以及体育和休闲的活动 15.6 组织能够继续创造文化、习俗、传统以及泰国智慧的活动 15.7 组织能够推广民主精神的活动
	16. 教育机构应该营造良好的学习环境和服务，促进学生学习从而实现最大的潜能	16.1 提供支持学习的环境以及合适的建筑和场所 16.2 保障学生的健康和安全 16.3 提供各类支持自主学习和参与式学习的信息技术服务 16.4 提供大量的有用的教室、实验室、图书馆、绿化和设施 16.5 提供并使用校内外的学习资源
学习型社区发展的标准	17. 教育机构应该提供支持，并且运用当地学习资源和智慧	17.1 与当地链接和交换学习资源和智慧 17.2 支持学习资源、智慧和社区参与到校本课程的设计过程中
	18. 教育机构应该与家庭、宗教机构、学术机构、公共和私立机构开展合作以推进社区的学习	18.1 成为学术资源，满足知识和社区服务的需要 18.2 相互交换知识

资料来源：Office of the Basic Education Commission，Ministry of Education，*Basic Education Standards for Internal Quality Assurance*，Bangkok：Ministry of Education，2005，pp.5-14.

三、泰国基础教育外部质量保障

《国家教育法》及其 2002 年修正案第六章"教育标准和质量保障"规定：所有教育院校都应该每 5 年至少接受一次关于之前办学绩效的外部质量评估，评估结果应提交到相关机构并且向社会公众公开。2000 年，国家教育标准和质量评估办公室作为独立的公益性机构成立，旨在制定外部评估的标准和方法，结合教育法规中各类教育层次的目标、原则和方向对教育院校质量进行评估。在基础教育阶段，泰国国家教育标准和质量评估办公室与美国新英格兰学校和学院协会（New England Association of Schools and Colleges）、西部学校和学院协会（Western Association of Schools and Colleges）、国际学校协会（Council of International Schools）等国际质量保障机构以及有关大学和学院互相分享和学习质量保障标准方面的内容。[①]

当前，国家教育标准和质量评估办公室已经完成了对基础教育院校的三轮外部质量评估。第一轮外部质量评估（2001—2005）旨在帮助基础教育院校理解并且准确地实施质量保障体系。第二轮外部质量评估（2006—2010）针对第一轮的评估结果进行教育质量的提升，同时在第二轮评估中对教育质量完成认证工作。第三轮评估侧重于产出、结果和影响，减少对教育过程的关注，全力提高教育质量标准。针对第三轮基础教育的外部质量保障体系，国家教育标准和质量评估办公室设立了详细的 12 项指标，包括 8 项基本指标、2 项身份指标以及 2 项社会责任指标。国家教育标准和质量评估办公室在执行每所教育院校的外部质量评估时都需要与国家教育标准保持一致。国家教育标准为：（1）教育成就的标准；（2）教育行政的标准；（3）以学生为中心的课堂管理标准；（4）内部质量保障标准。具体的指标与标准的联系以及权重参见下表 3.18。

[①] Somwung Pitiyanuwat, Samphan Phanphruk and Tan Pitiyanuwat, "Educational Testing, Assessment, and Quality Assurance", in *Education in Thailand: An Old Elephant in Search of a New Mahout*, Gerald W. Fry (Ed.), Singapore: Springer Nature Singapore Pte Ltd., 2018, p.603.

表 3.18　第三轮基础教育外部质量保障的标准和指标

指标	具体的指标	权重	标准
基本指标	1. 良好的身心健康	10	教育管理成就
	2. 道德、伦理和良好的态度	10	
	3. 想要继续学习的热情	10	
	4. 思考技能的开发	10	
	5. 学生的学习成就	20	
	6. 学生为中心的课堂管理的有效性	10	
	7. 教育院校的行政和发展的有效性	5	
	8. 教育院校及其上级机构对内部质量保障的发展	5	
	共计	80	
身份指标	9. 教育院校发展其理念、理想或愿景、任务和目标的结果	5	教育管理成就
	10. 基于院校的重点和优势，反映其身份特征的发展结果	5	
	共计	10	
社会责任指标	11. 教育院校对特殊项目的运营以凸显院校角色的结果	5	教育行政
	12. 在国家教育改革的导向下，教育院校改善的结果以及在追求卓越的标准方面实施情况	5	
	共计	10	
	12 个指标的总权重	100	

资料来源：ONESQA，*Manual for Basic Education Institutions*：*The Third-Round of External Quality Assessment*（*2011-2015*），Bangkok：Office for National Education Standards and Quality Assessment，2013，pp.13-15.

　　基本指标用于评估基础教育院校的基本情况，主要判断其运营结果和影响。这类指标与内部质量保障相关。身份指标是基于机构思维理念、愿景、任务、设立目的以及成就对结果进行评估的指标。这类评估会基于机构的优势和经院校委员会认可的特殊性开展评估工作。社会责任指标用于评估每个教育院校的不同社会问题的进展情况。在国家政策的导引下，社会责任指标关注院校与他人在解决社会问题方面的协作。该项指标下，院校需要在民族主义、宗教实践、坚持君主立宪制、支持皇家项目、遵循充足经济哲学、为融入东盟做好准备、倡导环境、能源、经济、健康、良好的态度、社会仪式以及针对社会矛盾，灾害和麻醉药等的解决方案。基本指标与国家教育标准保持一致，8 项具体的指标之间的关系参见下图 3.3。

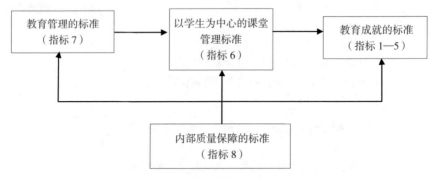

图 3.3　基础指标之间的关系

资料来源：ONESQA，*Manual for Basic Education Institutions*：*The Third-Round of External Quality Assessment*（*2011-2015*），Bangkok：Office for National Education Standards and Quality Assessment，2013，p.14.

　　在分析完一所基础教育院校的质量基本状况后，国家教育标准和质量评估办公室会根据该教育院校的情况考虑是否认证该机构的质量。基础教育院校获得质量认证的条件为：（1）12 项指标的总分超过 80 分；（2）12 项指标中，至少有 10 项指标的评估结果为良（good）及以上；（3）所有指标结果都不能出现"需要改善"或"亟须改善"。针对进行质量改善的院校，国家教育标准和质量评估办公室发起了"1 对 9"项目（"1 for 9" Project）来帮助各级教育院校之间通过协作和互相帮助共创更好的教育管理。"1 对 9"项目顾名思义就是一所表现较好的院校帮助其他 9 所需要帮助的院校提升表现。

　　国家教育标准和质量评估办公室进行第三轮基础教育外部质量评估的流程主要包括组成专家评估团队、收集评估数据、评估步骤、监管并评估外部评估者的表现、监管教育院校并改善其质量这 5 个步骤。

1. 组成专家评估团队

在对每个院校进行外部质量评估之前，国家教育标准和质量评估办公室将根据相关规定中的特质选择评估机构。该评估机构必须至少拥有30名获得国家教育标准和质量评估办公室认证的外部评估专家，并且能够根据相关规定顺利完成外部质量评估工作。评估机构需要组成外部专家评估团队，且他们与被评估院校没有利益关联。在专家评估团队中，团队需要选出一位外部专家作为协调员。如果被评估院校在早期儿童教育层次有相关教育管理，那么评估机构必须要有在早期儿童教育领域有专长的外部评估专家。评估基础教育层次院校的外部专家的数目主要参照院校规模。（参见表3.19）

表3.19　基础教育院校的规模和对应的外部专家人数

教育院校的规模	外部专家人数
小规模的教育院校 （学生数目少于301人）	2—4人
中等规模的教育院校 （学生数目居于301—1000人之间）	3—5人
大规模的教育院校 （学生数目居于1001—2000人之间）	4—6人
非常大规模的教育院校 （学生数目大于2001人）	5—7人

2. 收集评估数据

评估数据的收集对于外部质量评估是非常关键的步骤。该过程需要被评估院校通知校园中所有的人事、安排会议以及呈现院校的运营情况。评估团队可以采用3种方式收集数据，分别是文件校验、采访以及观察。文件校验主要涉及院校的年度报告、自我评估报告、会议记录、涉及院校的研究发现以及学生成就报告。文件也可以接受来自公告板、图、音频和视频的信息。采访是通过采访目标人群并保留访谈记录的数据收集方法。一般采访对象包含院校行政人员、师生以及毕业生的雇主。由于涉及的目标人群非常多，专家团队需要尽可能选择能够提供可靠信息的人群。采访方式可以是面对面的会议交谈、电话访谈、一对一谈话、焦点访谈以及深入对话。通过收集目标群体的互动或姿态信息、事件或在特定事件的具体环境，观察法是不通过访谈记录信息的方式。观察法的信息可以包括院校地理位置、社会氛围以及教学氛围。

3.评估步骤

对于一个院校的真实评估步骤一般包含 3 步，分别为院校访问前、院校访问期间以及院校访问后开展的工作。（参见表 3.20、表 3.21、表 3.22）

表 3.20　院校访问前的工作

步骤	负责主体	活动	细节
1	评估团队	评估团队组长组织会议，分配任务	1.组长发起会议解释评估的流程，同时将任务和院校的自我评估报告分析结果发给每位评估者。 2.评估者分析院校的自我评估报告或年度报告，总结待商榷的问题，将总结结果呈递给团队秘书，为之后的评估预备会议做准备。
2	评估团队	评估团队开会进行评估前的准备工作	评估团队组织会议，规划参观院校相关事宜，包括工作日程表、每位评估者的具体任务以及参观的日期。
3	评估团队	通知院校为外部质量评估做准备	1.评估团队至少提前 1 周通知被评估院校。 2.被评估院校和评估团队一起合作准备外部质量评估所需的文件和证据材料。

注：* 如果院校对评估团队不满意，院校可以向国家教育标准和质量评估办公室委员会提出申请，国家教育标准和质量评估办公室委员会会参考院校意见。但是最终结果以委员会的决定为准。

资料来源：ONESQA，*Manual for Basic Education Institutions*：*The Third-Round of External Quality Assessment*（*2011-2015*），Bangkok：Office for National Education Standards and Quality Assessment，2013，p.55.

表 3.21　院校访问期间的工作

步骤	负责主体	活动	细节
1	评估团队	评估团队组长召开会议，为每位评估者分配任务	评估团队依照日程表参观院校，参观时间持续 3 天。
2	评估团队	评估团队召开会议，解释外部质量评估的目标和步骤	第一天，评估团队和院校行政人员和人事开会，解释评估的步骤和目标，并且告知院校人员评估团队的计划、日程表和院校的职责。此时院校应该准备齐全所有文件和评估材料。
3	评估团队	评估团队推进评估的进程	1. 评估团队依据指定的范围和问题评估院校的教育质量。 2. 评估团队分享调研发现，同时分析评估结果。
4	评估团队	评估团队口头宣布评估结果的意见和总结	评估团队将意见向院校大会报告，收集他们的反馈，核实评估数据（院校有机会进行解释），特别是院校对认为评估者没有正确解释院校情况或报告结果不完整。评估者口头总结的评估结果将会被收录外部质量评估报告。

注：在听取评估团队的结果期间，院校必须聚集来自院校委员会、行政部门、教师、人事部门以及学生的代表。

资料来源：ONESQA，*Manual for Basic Education Institutions*：*The Third-Round of External Quality Assessment*（*2011-2015*），Bangkok：Office for National Education Standards and Quality Assessment，2013，p.56.

表 3.22　院校访问后的工作

步骤	负责主体	活动	细节
1	评估团队	评估团队草拟评估报告，并将其呈现给院校预览	1. 评估团队基于收集的所有数据和证据材料，依照国家教育标准和质量评估办公室的框架协作完成外部质量评估的报告初稿。 2. 评估团队在完成院校参观后的 15 天内将报告初稿呈递给院校预览。 3. 院校在收到报告初稿后的 15 天内完成浏览和通过的工作。如果评估结果的反馈没有在规定时间内收到，那么国家教育标准和质量评估办公室默认院校认可了评估结果。

续表

步骤	负责主体	活动	细节
2	国家教育标准和质量评估办公室／评估团队	评估团队将评估报告的初稿呈递给主要评估者	1. 评估团队将经过院校认可后的评估报告初稿呈递给主要评估者。 2. 基于主要评估者的修改意见，评估团队修订评估，然后将完整的评估报告呈递给国家教育标准和质量评估办公室。
3	国家教育标准和质量评估办公室	国家教育标准和质量评估办公室通过了评估报告，并授予被评估院校的质量认证	国家教育标准和质量评估办公室进行院校的质量认证工作，并将结果反馈给院校以及上级机构。
4	国家教育标准和质量评估办公室	国家教育标准和质量评估办公室基于教育质量评估结果制定年度报告	1. 国家教育标准和质量评估办公室将教育质量评估结果的报告呈递给内阁、教育部、相关办公室和大众。 2. 针对那些评估结果没有达到国家教育标准和质量评估办公室标准的院校，国家教育标准和质量评估办公室会将院校改善意见呈递给其上级机构，并责其在一定时期内采取相关行动。

资料来源：ONESQA，*Manual for Basic Education Institutions*：*The Third-Round of External Quality Assessment*（*2011-2015*），Bangkok：Office for National Education Standards and Quality Assessment，2013，pp.56-57.

4. 监管并评估外部评估者的表现

在评估团队的外部质量评估期间和完成后，国家教育标准和质量评估办公室会基于来自院校和其他相关人员的反馈信息以监管并评估评估者的表现。反馈内容包括评估者是否按照国家教育标准和质量评估办公室的目标和条件对院校进行评估。另外，国家教育标准和质量评估办公室还可以通过评估团队提交的外部质量评估报告对评估者的表现进行评估。

5. 监管教育院校并改善其质量

在完成上述步骤之后，后续的跟进工作对于持续发展和教育质量改善而言非常关键。根据《国家教育法》及其 2002 年修正案中的规定，院校每年必须发布年度报告。因此，院校表现的监管可以通过查阅他们的年度报告以及国家教育标准和质量评估办公室允准的外部质量评估报告实现。另外，院校可以通过上级机构关于内部质量评估的监管、支持和协调以及国家教育标准和质量评估办公室在外部质量评估后提供的建议从而改善教育水平。对院校的案例研究也可以用于监测院校是否在规定时间内根据评估结果改善了教育质量。

在基础教育的第 3 轮评估中，国家教育标准和质量评估办公室共计评估了 7985 所学校，其中 1896 所（24%）没有达到国家标准。相比之下，基础教育委员会办公室的评估结果显示 17% 的学校没有达到国家标准，情况稍微好一些。①

表 3.23　基础教育第三轮外部质量评估的结果

| 管辖机构 | 经过认证 | | | | | | 未通过认证 | | 共计 |
| | 优秀
（Very good） | | 良好
（Good） | | 总计 | | 数目 | 比例 | |
	数目	比例	数目	比例	数目	比例			
基础教育委员会办公室	2025	7.22	15126	53.90	17151	61.11	10914	38.89	28065
私立教育办公室	261	12.93	1133	56.14	1394	69.08	624	30.92	2018
曼谷都市管理局	27	6.21	362	83.22	389	89.43	46	10.57	435
内政部地方行政司	43	5.26	460	56.23	503	61.49	315	38.51	818
高等教育委员会办公室	26	66.67	13	33.33	39	100.00	——	——	——

————————

① Sheldon Shaeffer, "Preschool and Primary Education：Thailand's Progress in Achieving Education for All", in *Education in Thailand：An Old Elephant in Search of a New Mahout*, Gerald W. Fry（Ed.），Singapore：Springer Nature Singapore Pte Ltd.，2018，p.107.

续表

管辖机构	经过认证						未通过认证		共计
	优秀 (Very good)		良好 (Good)		总计		数目	比例	
	数目	比例	数目	比例	数目	比例			
共计	2382	7.59	17094	54.48	19476	62.07	11899	37.93	31375

资料来源：Somwung Pitiyanuwat，Samphan Phanphruk and Tan Pitiyanuwat，"Educational Testing，Assessment，and Quality Assurance"，in *Education in Thailand*：*An Old Elephant in Search of a New Mahout*，Gerald W. Fry（Ed.），Singapore：Springer Nature Singapore Pte Ltd.，2018，p.607.

在国家教育标准和质量评估办公室的第三轮外部质量评估中，基础教育层次合格的学校数目为 19476 所，占比 62.1%。在高等教育委员会办公室管辖下的所有院校都合格了，而且三分之二的院校达到了"优秀"（Very Good）的等级。但是，在基础教育委员会办公室、内政部地方行政司以及私立教育委员会办公室管辖下的超过 30% 的学校都没有通过合格测试，这反映出教育体系存在质量问题。

第四章　泰国高等教育政策与变革

高等教育在泰国的政治、社会与发展中发挥了至关重要的作用。泰国高等教育的发展历程反映了泰国文化的独特性，同时泰国高等教育也融合了西方高等教育发展积累的有益经验。

第一节　泰国高等教育历史与现状

一、泰国高等教育的历史回顾

泰国高等教育发端于 1916 年，自 20 世纪以来经历了一系列重大的变革。尤其是自二战以来，为适应社会经济发展的需求，泰国高等教育在不同的历史阶段呈现出不同的发展目标、发展要求和发展特征。

按照泰国教育部的记载，泰国于 1916 年就开始着手发展高等教育，当时的国王拉玛六世率先于 1917 年设立泰国第一所高等教育机构——朱拉隆功大学，并赐予其父拉玛五世的名字作为校名。朱拉隆功大学最初设立医学院、政治科学学院、工程学院和文学院四个学院。①1923 年至 1934年，在洛克菲勒基金会（Rockefeller Foundation）的资助下，朱拉隆功大学开启了各个学院的教学改革，并在 1930 年正式设置硕士和博士学位，

① Office of the Education Council，Ministry of Education，*Education in Thailand*，Bangkok：Ministry of Education，2017，p.2.

这使得朱拉隆功大学成为泰国高等教育的先驱，指引着国家高等教育的发展。为了培养泰国行政人才、提升国民素质，泰国于 1932 年建立了泰国第二所公立高等教育机构——国立法政大学，而后于 1943 年还相继建立皇家玛希隆大学（Mahidol University）、农业大学（Kasetsart University）等若干所以医学、农学和艺术等为特色的专门性大学。但泰国早期建立的高等教育机构主要集中在曼谷地区，主要是为了培训政府官员，并非是为社会经济发展培养专门人才，因此带有强烈的政治色彩，也限制了高等教育机构的发展速度和发展规模以及高等教育的普及程度。① 而且，这个阶段泰国高等教育的发展实际上受到了西方国家的影响和控制，"尽管这所大学是泰国政府自己办的，教学内容却是主要传授西方礼仪和学术，教师亦由西方国家派遣"。②

20 世纪 50—60 年代，泰国大力推行国家现代化，国家经济开始进入计划发展时期，开始实施五年期的国民经济和社会发展计划，经济的蓬勃发展也为高等教育的发展带来了机遇。泰国将发展教育视作振兴整个民族、促进经济发展的重要举措，开始将教育纳入国民经济和社会发展计划。同时，经济的迅速恢复与发展也要求高等教育为社会经济发展培养急需的各种专业的人才。为此，朱拉隆功大学等高等教育机构不断革新扩大，增设社会经济发展急需的专业，增加招生名额，加强科学研究等，为社会经济发展培养人才。这个阶段泰国政府高度重视教育在促进经济发展和社会公平上发挥的作用，认识到教育公平在促进地区发展中的重要性，高度重视教育公平的问题，力求改变泰国高等教育院校集中在曼谷的地理布局，大力推动建立地方大学，促进泰国东北部、北部和南部等贫困地区高等教育的发展。泰国在 20 世纪 60 年代相继在泰国东北部的孔敬、北部的清迈和南部的宋卡地区建立综合性大学，真正意义上结束了除曼谷外其他地区再无高等教育机构的时代，而且这三所地区大学因地制宜，根据当

---

① 黄建如：《东盟五国高等教育发展战略的形成与演进》，《外国教育研究》1981 年第 4 期。

② 杨林兴：《泰国高等教育发展略述》，云南人民出版社 1997 年版，第 359 页。

地的经济发展需求和行业产业特色设置大学的专业。例如，坐落在农业较为发达的北部和东北部地区的清迈大学（Chiang Mai University）和孔敬大学（Khon Kaen University）主要侧重培养农林专业人才，促进当地农业和工业发展，为泰国北部和东北部的经济发展提供了必要的技术支持和人才支撑；而位于矿产资源丰富的南部地区，宋卡王子大学（Prince of Songkla University）着眼于资源优势，设立了矿业等专业以及工程学院和自然资源学院。泰国改变高等教育资源布局的举措成效斐然，这些举措很大程度上促进了泰国教育的发展，也提升了泰国国民的素质。据统计，1985 年泰国成人识字率高达 91%，在亚洲仅次于日本和新加坡两国。①

　　20 世纪 70—90 年代，泰国对高等教育的需求不断上升，但泰国公立大学数量有限，仅能向部分学生提供高等教育。面临着高等教育供需严重不均的情况，泰国政府提出大力发展私立高等教育机构，加强私立高等教育机构在高等教育体系中的活力和影响力，并推行开放大学的模式，以减轻公立高等教育机构提供高等教育方面的压力。为此，泰国于 1969 年和 1979 年分别颁布了《私立学院法》和《私立高等教育机构法》，在泰国掀起了一股开办私立高等教育机构的浪潮。此外，泰国政府还开办了较为节约经费、覆盖面较大的开放大学。泰国于 1971 年率先创办亚洲第一所开放大学——兰甘亨大学，并于 1978 年创办第二所开放大学——素可泰塔马斯莱特开放大学。泰国政府规定开放大学招收学生不受年龄、性别、职业等方面的限制。开放大学学费低廉、授课方式灵活、文凭广泛认可，为社会中低收入者提供了教育机会，受到了泰国民众的广泛称赞。此外，泰国出台的第四个、第五个和第六个高等教育五年发展规划等系列规划文件中也明确提出高等教育要根据社会经济发展需求，调整专业结构，提高教育质量。泰国《第五个高等教育发展规划（1982—1986）》（*The Fifth Higher Education Development Plan*（*1982—1986*））强调高等教育在为国家培养社会经济发展急需人才中的重要作用，并明确了要将医学、农

---

① 曹自力：《泰国高等教育发展政策述评》，《高教探索》1990 年第 4 期。

业和工程等列为高等教育机构重点发展的学科；《第六个高等教育发展规划（1987—1991）》（*The Sixth Higher Education Development Plan（2007—2011）*）也提出应扩大社会经济发展急需学科的招生名额，着眼于国家经济社会发展的需求，开设相关的研究生课程，并且要保证教育质量。[①]

自 1997 年亚洲金融危机以来，泰国面临着经济增长速度逐渐变缓，陷入"中等收入陷阱"的发展瓶颈，且面临着国家竞争力不足、人口红利趋于丧失老龄化人口增长、产业结构不合理亟待转型升级等问题。泰国推行自主自足经济，经济结构转型升级，服务业和工业的迅速发展对劳动力就业以及国家财政产生了巨大的影响，这不仅促使泰国政府反思其发展模式，调整国内经济结构，进一步认识到高等教育的作用以及其与国家经济建设、科技创新发展和人才培养的联系，也促使高等教育重新思考其发展定位和目标，促使其改变传统的教育模式和人才培养方式。在此背景下，泰国《高等教育第二个十五年长期发展规划（2008—2022）》（*The Second 15-Year Long Range Plan on Higher Education（2008—2022）*）提出"高等教育必须以服务实际生产工作为宗旨"，高等教育必须要服务于各行业部门以及区域经济，高等教育需要不断强化与工业部门的合作。泰国政府也对教育管理体制进行改革。2002 年泰国将原有的 3 大管理机构 16 个互补协调的职能部门——教育部、大学事务部和教育委员会办公室等合并，简化管理程序，提高管理的效率。泰国也逐渐将教育管理部门的权力下放。1999 年《国家教育法》以及《国家教育计划（2002—2016）》等都高度重视教育管理部门权力的下放，让各高校拥有更多的自主权。1999 年《国家教育法》提出要使公立高等教育机构享有办学自主权，在办学以及管理等方面拥有高度的自主权，加强其学术自由度和灵活性。21 世纪以来，泰国也逐渐将部分公立大学转变为自治大学，使其摆脱官方公立制度成为独立的高等教育机构，允许其按照市场机制进行运作，在财政管理、招生、人事任免、行政管理等方面拥有自行决定的权力。泰国的高等教育也

[①]　黄建如：《东盟五国高等教育发展战略的形成与演进》，《外国教育研究》1981 年第 4 期。

由起初的"国家—政府主导型"逐渐转变为"政府—院校协助型"。① 泰国政治不稳定，暴力事件频发，尤其是 21 世纪初爆发的泰国三府爆炸事件使各府逐渐意识到高等教育是解决民族冲突问题的重要因素。为着力增加泰国南部人民受教育和就业的机会，立足教育构建永久性的沟通桥梁，《高等教育第二个十五年长期发展规划（2008—2022）》等文件中都提出要高度重视发展南部特别行政区的高等教育，全面协调泰国南部地区十四府的高等教育机构的发展。

此外，自 21 世纪以来泰国高等教育的国际化趋势也不断增强。泰国政府大力推动高等教育机构融入地区和世界，尤其是加强与联合国教科文组织、东南亚国家联盟、东南亚国家教育部长组织（SEAMEO）、东盟大学网络（AUN）等国际组织的合作，基于国际组织的平台，加强与亚太地区尤其是与东亚、东南亚各国的教育交流与合作。在大力发展国际学校、国际课程与合作办学以及促进师生国际流动外，泰国政府还认识到信息技术在 21 世纪这个信息化时代至关重要，为此将其引入高等教育之中，相继创办了泰国教育与研究网络（Thailand Education and Research Network）和泰国网络大学（Thailand Cyber University），将各高等教育机构的电子资源进行互联互通，也协助高等教育机构进行远程教育，并确保远程教育的质量能够符合国家标准以及国际质量认证系统的教育标准。泰国在利用信息技术革新高等教育已位于世界前列。② 同时，在高等教育国际化的进程中，泰国也高度重视保存和传承传统文化，1999 年《国家教育法》等政策和法律文件都明确提出要促进民族、宗教、文化等事业的发展。由此可见，泰国促进高等教育全球化和传统教育的协调发展，着力构建一个具有本土特色且与全球化进展保持同步的高等教育体系。

2014 年巴育政府上台后，开始着手制定国家 20 年发展战略。新政府2016 年率先出台《第十二个国民经济和社会发展计划（2017—2021）》，

---

① 强海燕：《东南亚教育改革与发展（2000—2010）》，广东高等教育出版社 2010 年版，第 248 页。
② 阮韶强：《泰国高等教育的国际化进程》，《东南亚纵横》2009 年第 12 期。

首次提出了"泰国 4.0 战略",声明泰国将力争进入工业 4.0 时代,致力于通过创新技术发展高附加值产业,推动泰国经济产业转型升级,跨越"中等收入陷阱",增加泰国的创新力和国际竞争力,使创新成为推动泰国经济增长的主要驱动力[1],这也为此后五年泰国经济、教育、社会等领域的优先发展事项指明了方向。《第十二个国民经济和社会发展计划 (2017—2021)》《国家教育计划 (2017—2036)》(*The National Scheme of Education B.E. 2560-2579 (2017—2036)*)《第十二个国家教育发展规划 (2017—2021)》等政策文件都强调高等教育的发展要与"泰国 4.0 战略"保持一致,要重视十大战略领域的人才培养和科研发展,即泰国五大优势产业(新一代汽车制造、智能电子、高端旅游与医疗旅游、农业与生物技术、食品加工)和五大未来产业(工业机器人、航空与物流、生物能源与生物化工、数字经济、综合医疗)。

二、泰国高等教育的发展现状

截至 2016 年,泰国共拥有 155 所高等教育机构以及 200 余万高校在读大学生,其中 86% 的学生就读于公立高等教育机构,仅 14% 的学生就读于私立高等教育机构,2015 年新入学学生数量为 54.3 万,2014 年毕业生数量为 31.5 万,泰国所有高等教育机构的教师为 18.9 万。[2] 此外,在政府大力发展公立、私立高等教育机构以及开放大学等形式的推进下,泰国在高等教育入学率上取得了不错的成绩,根据经合组织的数据,近 50 年来,泰国高等教育实现了突破式的进展(参见图 4.1),高等教育入学率从 20 世纪 70 年代的不足 10%,上升至 21 世纪初的 45%,已实现从精英高等教育到大众高等教育转型,目前是东盟国家中高等教育入学率最高的

---

① Office of the National Economic and Social Development Board,*The Twelfth National Economic and Social Development Plan (2017-2021)*,Bangkok:Office of the National Economic and Social Development Board,2018.

② Office of the Higher Education Commission,Ministry of Education,*Thai Higher Education:Fact & Figures*,Bangkok:Ministry of Education,2016.

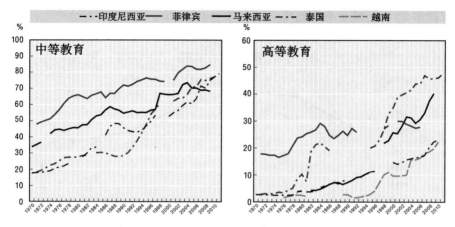

图 4.1　泰国等东南亚国家的高等教育入学率（1970—2010）

资料来源：OECD，*Structural Policy Country Notes Thailand*，*in Southeast Asian Economic Outlook 2013：With Perspective on China and India*，Paris：OECD，2013，p. 3.

国家。泰国高等教育机构整体实力在逐渐增强，2018 年泰晤士世界大学排行榜中玛希隆大学（501—600 名）、朱拉隆功大学（601—800 名）、泰国国王科技大学（601—800 名）、苏拉那里工业大学（601—800 名）以及清迈大学（801—1000 名）等 5 所大学进入世界大学排行榜前 1000 名；此外，从 QS 世界大学学科排行榜来看，农业大学的农学和林学（29 名），朱拉隆功大学的化学工程（51—100 名）、现代语言（51—100 名）和金融会计（101—150 名）以及玛希隆大学的药学（101—150 名）等专业名列前茅。[1] 泰国高等教育国际化也颇有成效，2016—2017 学年间，泰国高等教育机构与 23 个国家和地区开展了 138 项合作学位项目和 769 项国际交流项目，吸纳了 1.7 万外国留学生，其中中国、缅甸、柬埔寨等为主要的留学生来源国（参见图 4.2），留学生集中在旅游管理、泰语、酒店管理等专业（参见图 4.3）。此外，为加速东盟地区的一体化进程，2012 年泰国教育部宣布要改变泰国高等教育机构的学期制度，与国际学年制度保持一致，自此，泰国的学年将由两个为期 16 周的学期组成，第一个学期为

[1]　Office of the Higher Education Commission，Ministry of Education，*Thai Higher Education：At a Glance 2017*，Bangkok：Ministry of Education，2017.

8月至12月，第二个学期为来年1月至5月。①

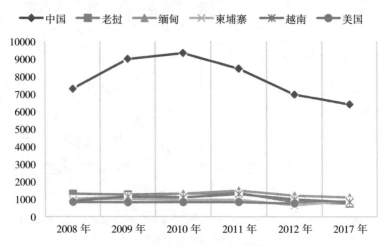

图4.2 泰国留学生各主要生源国人数

数据来源：*Number of Foreign Students in Thai Higher Education Institutions*（2012），2018年1月3日，见 https：//drive.google.com/file/d/0B0tJlz-N98SrRGFmb3 V0eDJPTnM/view。

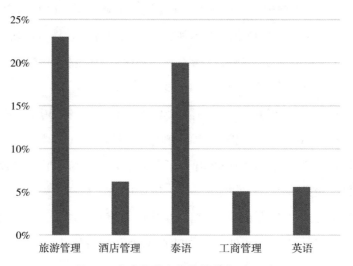

图4.3 在泰留学生就读的专业（2012）

数据来源：Office of the Higher Education Commission，Ministry of Education，*Thai Higher Education：At a Glance 2017*，Bangkok：Ministry of Education，2017.

---

① Office of the Higher Education Commission，Ministry of Education，*Study in Thailand 2014*，Bangkok：Ministry of Education，2015.

（一）泰国高等教育机构的类型

泰国高等教育主要由大学、技术学院、专业学院和教师学院等高等教育机构提供。泰国高等教育机构大体上主要分为公立和私立两类。截至 2016 年，泰国共有 156 所高等教育机构，其中涵盖了 81 所公立高等教育机构和 75 所私立高等教育机构，目前我国教育部承认学历的共有 89 所（具体高等教育机构的信息可参见中国教育部教育涉外监管信息网）。从数量上看，私立高等教育机构占据了高等教育机构的半壁江山，但从学生的入学率来看，仅 14% 的学生就读于私立高等教育机构，86% 的学生就读于公立高等教育机构。[①] 与此同时，泰国拥有一大批医学护理、警察等方面的培训中心或学院，例如由泰国国防部皇家武装部队举办的为高级军官和平民提供高级培训的泰国国防学院（National Defence College of Thailand）等。有些文献和新闻报道也将这类培训中心纳入高等教育机构，认为泰国共有 300 多所高等教育机构。[②]

泰国公立高等教育机构主要分为四个类型——皇家大学（Rajabhat Universities）、自治大学（Autonomous Universities）、皇家技术大学（Rajamangala Universities of Technology）以及公立大学。[③] 皇家大学最初是皇家学院（Rajabhat Institutes），是作为教师学院而存在的，这些学院于 2004 年升格成为大学。皇家大学聚焦社区和地区的发展，旨在促进学术和高等职业教育，开展相关的研究，培养并提升教师的素质和能力，并为其所在的社区提供其他学术服务和学习服务。截至 2014 年，泰国共有 38 所皇家大学。自治大学是由泰国政府创办，享有自主办学权力的大学。这些大学可以自主确立高等教育机构的行政管理体制和预算制度，能够自主处理高等教育机构内部的行政事务。21 世纪以来，泰国将公立大学逐

---

① Office of the Higher Education Commission，Ministry of Education，*Thai Higher Education：Fact & Figures*，Bangkok：Ministry of Education，2016.

② Dumrongkiat Mala，"University Challenge：Falling Enrollment Stemming from Low Birthrate Is Hitting Where It Hurts"，*Bangkok Post*，2018-08-12.

③ Ministry of Education，*Study in Thailand*，Bangkok：Ministry of Education，2014，p. 5.

渐转变为自治大学，使其不再受政府官僚体系的控制，而是在教育部的指导下自行决定其行政管理机构，并根据大学自我制定的规章制度进行人事管理，允许其按照市场机制进行运作，在财政管理、招生、人事任免、行政管理等方面拥有自行决定的权力。此外，自治大学的教师也不再被视为国家公务员，而是大学聘任的雇员。这些自治大学虽然脱离了公立大学的行列，成为独立的自我管理的高等教育机构，但仍然可以得到国家教育经费的支持，并要接受国家在教育质量等方面的监督。① 根据泰国教育部的数据，截至 2014 年，泰国目前有包括泰国朱拉隆功大学、农业大学、孔敬大学等大学在内的共 19 所自治大学。泰国目前拥有 9 所皇家技术大学。皇家技术大学起初是由泰国地方政府创办、由泰国教育部高等教育委员会批准设立的职业技术学院，由地方政府资助，接受高等教育委员会的管理。泰国国王拉玛九世将这些职业技术学院升级成为大学，并冠以皇家的名义，称之为皇家技术大学，而剩余的就是 15 所传统的公立大学。

私立高等教育机构是由泰国教育部高等教育委员会批准成立的，私人投资举办的院校。在高等教育的发展过程中，泰国也高度重视私立高等教育机构，加强私立高等教育机构在高等教育体系中的活力和影响力，减轻政府提供高等教育方面的压力。1969 年以前，泰国的高等教育系统完全为政府垄断。然而，随着经济的发展，泰国政府逐渐意识到了开放教育市场的重要性，并于 1969 年率先出台了《私立学院法》，允许私立学院提供高等教育。此后，泰国私立学院得到蓬勃发展，在院校数量、招生人数等方面都获得了较大的进展，但那个时期的私立学院还是处于学院（college）的地位。1979 年泰国颁布实施了《私立高等教育机构法》，将高等教育机构分为三类：大学（university）、机构（institution）和学院（college）。至 1984 年，部分私立学院发展成为私立大学。私立大学数量逐渐增加，私立高等教育规模不断扩大，满足了社会对高等教育的需求以

---

① 强海燕：《东南亚教育改革与发展（2000—2010）》，广东高等教育出版社 2010 年版，第 248 页。

及加强国家教育发展的需要。1999 年《国家教育法》不仅明确提出要允许并鼓励社会各界参与办学，要制定明确的政策和措施确立私立大学在国民教育中的定位，还表示要加大对私立教育的自主管理，国家要负责评估和检测私立教育的质量和标准，确认私立教育的质量评估与测评标准和公立教育机构的标准是一致的，为此泰国私立大学的设立、学习方案的设置等也逐渐受到高等教育委员会的密切关注。此外，私立高校还获得了政府的扶持。1995 年泰国政府出台了《私立教育投资援助计划》，为私立大学设立了 400 多亿泰铢的发展基金和奖学金贷款，同时在招生政策上为私立大学开通特殊通道——私立大学可以在每年全国统考前自主举办大学入学考试，实现提前招生[①]。泰国 2003 年颁布的《私立高等教育法》取代了 1979 年的《私立高等教育机构法》。该法明确了私立高等教育机构的类型——私立大学、私立学院和私立职业技术学院，提出要发展私立大学自主管理的体系，明确私立高等教育机构董事会的规章制度以及相关的职权，成立私立高等教育委员会，负责制定公立和私立高等教育机构高等教育发展规划与标准的议案，保证私立大学能与公立大学一样执行国家教育质量评估和标准检测的管理，确保私立高等教育机构的教育质量，这些规定有助于保持私立高等教育机构的办学自由，保证其管理的自主性、灵活性和独立性。此外，为支持私立高等教育机构的发展，泰国政府还通过专门拨款设立流动资金，为私立高等教育机构提供低利率贷款，帮助私立高等教育机构基础设施的建设。此外，泰国政府还设立派遣教师海外留学的专门流动资金，为本科学历教师提供进修资助，提供资金重点扶持规模较小、分布在外府、缺乏高质量师资、人力资源培养资金不足的私立高等教育机构，提高私立高等教育机构师资的整体水平。[②]

泰国开放大学也颇具特色。泰国国内目前有两所开放大学——建于 1971 年的兰甘亨大学和建于 1978 年的素可泰塔马斯莱特开放大学。泰国

---

① 田禾、周方冶：《列国志·泰国》，社会科学文献出版社 2005 年版，第 317 页。
② 崔晓麟：《东盟发展报告（2013）》，社会科学文献出版社 2014 年版，第 152 页。

开放大学入学较为自由，凡是拥有高中文凭的泰国国民，不论其年龄、性别、身体状况，都可以免试注册入学，且在 8 年内，学生只要按照要求修满学分，便可以获得学位；如果学生在 8 年内不能按期完成课程，则可申请再次注册修读课程。开放大学可授予学士学位和硕士学位。泰国开放大学学费低廉、授课方式灵活、文凭广泛认可，为社会中低收入者提供了受教育机会，受到了泰国民众的广泛欢迎。据统计，2001 年，泰国开放大学共拥有 77.6 万在校学生，占泰国高等教育在校学生的 58%。[①] 泰国开放大学深受英国开放大学模式的影响，因此在办学宗旨、目标、学校行政管理体制、教学管理等方面都与英国开放大学颇为相似。[②] 在泰国政府财力紧张、国内高等教育供需不足、急需扩大国民接受高等教育的机会等现状下，创办开放大学对于泰国等发展中国家的高等教育是一条有效的经济实惠的路径，而且实践证明，墨西哥、印尼等第三世界的发展中国家在经历了公私高等教育发展后，仿效泰国大力创办开放大学。[③]

此外，泰国高等教育中还可以看到明显的佛教的痕迹。佛教是泰国最主要的宗教。据统计，泰国近 95% 的国民信奉佛教，泰国历代国王也大力拥护佛教，因此佛教不仅是泰国国教，对泰国社会、国民生活等产生重要的影响，而且对泰国的基础教育乃至高等教育也产生了深远的影响。泰国国王拉玛五世朱拉隆功也曾表示"不考虑寺院的潜力，泰国的教育就没有坚实的基础……不与寺院相联系，就不可能建立起一种教育制度。我在各府做过调查，我们看到不信佛教的泰国人堕落道德沦丧，我主张与宗教相联系的教育制度"。[④] 泰国高等教育在佛学的学习、研究和传播等方面发挥了重要的作用。目前泰国拥有两所佛教大学——摩诃蒙固佛教大学和摩诃朱拉隆功大学，为佛教僧侣等人士提供高等教育，这两所佛

---

① 田禾、周方冶：《列国志·泰国》，社会科学文献出版社 2005 年版，第 317 页。
② 强海燕：《东南亚教育改革与发展（2000—2010）》，广东高等教育出版社 2010 年版，第 247 页。
③ 曹自力：《泰国高等教育发展政策述评》，《高教探索》1990 年第 4 期。
④ 黄葛：《泰国高等教育本土化策略探析》，《煤炭高等教育》2011 年第 6 期。

教大学旨在作为佛学研究中心，鼓励学生做佛学研究，也鼓励学生在现代潮流下，学习新学科，发展内在修行，加强对社会的贡献。摩诃蒙固佛教大学提供宗教、哲学、人文、社会科学和教育学的学士、硕士和博士学位课程，还为社会工作提供教师培训服务和相关的学术服务。摩诃朱拉隆功大学提供佛教、人文、社会科学和教育学的学士、硕士和博士学位课程。

（二）泰国大学入学考试制度

泰国的大学入学考试制度至今已实行了 50 多年，从 1961 年起至今都在不断地发展改进，已经历了多轮的变革。1961 年前，泰国各高等教育机构的入学考试比较分散，并未形成全国统一的考试，各个高等教育机构通常是按照各自院校的标准和需求，分别举办自主招生进行人才选拔。1961 年，泰国国家统一的高中毕业考试制度出台并开始实施，泰国迈入"一年一考""一考定终生"的全国统考时期。此后，20 世纪末 21 世纪初泰国意识到"一考定终生"的局限性，进而将"一年一考"改为"一年两考"的形式，取两次考试成绩中最高的分数计入总分；还逐渐摒弃了将单一的统考成绩作为选拔学生的唯一标准，开始重视学生高中在校期间的学习表现，将学生高中期间成绩纳入总分。2006 年，泰国高考发生巨大的变革，开始实施中央大学录取系统（Central University Admission System），注重对学生综合能力的考察，学生的总分由下述四个部分组成：高中学习期间所有课程成绩的平均分（Cumulative Grade Point Average）占 10%；高中学习期间课堂成绩平均分（Grade Point Average）占 20%；普通国民教育考试（Ordinary National Education Test，O-NET）成绩占 35%—70%；国家高等教育考试（Advance National Education Test，A-NET）0—35%。之后泰国意识到每所高中成绩给分标准不统一，因此将 GPA 成绩从整个中央大学录取系统中移除，还参照美国的学术能力评价测试（Scholastic Assessment Test）引入了能力评价测试（Assessment Test）取代原有的国家高等教育测试。能力测试包含两个部分——考查学生是否具备完成本科学业任务能力的普通能力测试（General Aptitude Test）以及考查学生各个专业基础知识储备情况的专业能力测试（Professional Aptitude Test）。从分数比重来看，普通能力测试占 10%—50%，专业能力测试占 0—40%，普通能力测试以及专业能力测试所占的具体比重取决于各个大学和相关专业的规定。泰国的高考制度侧重对学生综合能力的考察，参照了学生高中学习期间所有课程成绩，考核了国家基础课程的情况，考查了学生的普通能力，即是否具备完成本科学业任务的能力，也考查了学生在各个专业基础知识的储备情况。该考查不是一考定终生，国家统一的考试一年各举办 3 次，分别在 3 月、7 月和 10 月。此外，高中成绩特别优异的学生可以凭借高中阶段的平均成绩向大学申请免试入学；泰国某些高等教育机构也会在每年 11 月左右开始组织自主招生考试。但需要指出的是，兰甘亨大学和素可泰塔马斯莱特开放大学这两所开放大学的入学并不要求入学考试。①

　　近年来，泰国大学校长理事会（Council of University Presidents of Thailand）对大学入学考试制度进行新一轮的改革，推出新的"泰国大学中央录取系统"（Thai University Central Admission System，以下简称"TCAS 系统"）以取代此前的中央大学录取系统，并于 2018 年开始正式实施。根据泰国大学校长理事会的数据，2018 年，泰国 54 所高等教育机构将使用 TCAS 系统进行招生，招生数额高达 206506 人次，② 与以往的大学入学考试制度相比，这个系统更具集中性，重视学生课程，注重平等，并尽量避免重复录取的现象。新的大学入学考试制度囊括了 5 轮选拔，难度依次增加，如果学生通过某一轮的选拔，被高等教育机构录取，学生可以选择确认录取或者是选择拒绝，选择确认则意味着学生不能再进入下一轮进行选拔，选择拒绝则意味着学生放弃该轮的录取并选择进入下一轮的选拔。第一轮（Portfolio）为投简历招生，主要面对的是普通高中考生、

① NUFFIC, *Education System Thailand Described and Compared with the Dutch System*, Hague：NUFFIC, 2015.

② Dumrongkiat Mala, "University Council Launches New Admission System", *Bangkok Post*, 2017-06-03.

拥有特殊技能的高中考生、高校附属学校考生等学生。学生可向各高等教育机构投简历报名，申请费仅为 50 泰铢，简历包含教育经历、在校期间所获的奖项和荣誉等信息，这将作为主要的入学选拔标准；高等教育机构接受报名，并基于学生的简历和面试表现进行选拔。（具体的时间流程等可参见表 4.1）第二轮选拔为高考配额（Catchment Area Quotas），主要是面向高等教育机构所在的当地考生、高校附属学校考生、特殊技能项目考生等学生。考生需要向高等教育机构提交普通国民教育考试（O-NET）、普通能力测试（GAT）、专业能力测试（PAT）等测试的成绩，高等教育机构主要基于学生各项测试的成绩也可以自主举办测试对考生进行选拔，学生参加普通能力测试和专业能力测试的考试每科目需要支付 100 或 140 铢的费用，普通国民教育考试不需要支付费用。第三轮是联合直接录取（CUPT-supervised Direct Admission），主要是面向要进入泰国医学院联盟（Consortium of Thai Medical Schools）的学生，可以选择其中 4 所高等教育机构进行申请，但 4 个选择没有先后顺序，整个申请的流程都在泰国大学校长理事会的监管下进行，费用上，学生需要申请费 200 铢、考场费 300—900 铢，向泰国医学院联盟支付考试费用 800 铢。第四轮为普遍录取（Central Admission），针对所有普通考生。考生可以选择四个专业进行申请，学生需提供普通国民教育考试（O-NET）、普通能力测试（GAT）、专业能力测试（PAT）、高中学习期间所有课程成绩的平均分（GPAX）等考试的成绩，将根据考生的这些考试的成绩进行选拔。学生最多可选择 4 所高等教育机构，申请费为 150—300 泰铢。[1] 第五轮是高校自主招生（Independent Direct Admission），面向所有普通考生，高等教育机构可以自主规定招生的方式、考生申请条件、考试费用以及具体的选拔方式等，基于各自的标准来录取学生。

---

[1]　Dumrongkiat Mala and Kamolwat Praprutitum，"University Admission Rules Draw Flak"，*Bangkok Post*，2018-06-01.

表 4.1　泰国 TCAS 系统五轮招生情况

轮数	选拔对象	选拔标准	招生名额	时间流程		
				事项	时间	
					第一次	第二次
第一轮	普通高中毕业生、拥有特殊技能的高中毕业生、高校附属学校毕业生	简历＋面试	44258 人	考生提交申请资料	2017.10.1—11.30	2017.12.22—2018.2.28
				高校向泰国大学校长理事会提交被录取学生名单	2017.12.12 前	2018.3.15 前
				考生确认录取信息	2017.12.15—12.19	2018.3.19—3.22
				公布最终录取结果	2017.12.22	2018.3.26
第二轮	高等教育机构所在的当地考生、高校附属学校考生、特殊技能项目考生	GAT，PAT，O-NET 等测试的成绩	68050 人	考生提交申请资料	2017.12—2018.4	
				高校向泰国大学校长理事会提交被录取学生名单	2018.4.30 前	
				考生确认录取信息	2018.5.3—5.6	
				公布最终录取结果	2018.5.8	
第三轮	想进入泰国医学院联盟的学生	泰国医学院联盟考试	44390 人	泰国大学校长理事会公布考生申请条件	2018.4.12 前	
				考生提交申请资料	2018.5.9—5.13	
				高校向泰国大学校长理事会提交面试学生名单	2018.5.23	

续表

轮数	选拔对象	选拔标准	招生名额	时间流程	
				事项	时间
				考生确认信息	2018.5.26—5.28
				高校的面试	2018.6.4—6.5
				高校提交面试通过名单	2018.6.6
				公布最终录取结果	2018.6.8
第四轮	普通考生	GAT，PAT，O-NET，GPAX 等测试的成绩	34744人	泰国大学校长理事会公布考生申请条件	2018.1.30
				泰国大学校长理事会制作大学入学考试志愿书	2018.5.3 前
				考生提交申请资料	2018.6.6—6.10
				考试面试体检	2018.7.4—7.5
				高校向泰国大学校长理事会提交被录取学生名单	2018.7.8
				公布最终录取结果	2018.7.13
第五轮	普通考生	高等教育机构自主规定	15064人	考生提交申请资料	2018.7
				高等教育机构自主招生后向泰国大学校长理事会提交被录取学生名单	2018.7

资料来源：郭贤、卢双双：《泰国新高考"TCAS"制度研究》，《教育现代化》2018 年第 18 期。

泰国媒体表示，新的 TCAS 系统可以降低学生和家长的经济负担，学生参加以往的入学考试制度需要支付 7 万泰铢的费用，而现行的 TCAS 系统可以使这个费用降至 2 万泰铢，① 大大减轻了家庭的经济负担。但大学入学考试制度的改革和实施也受到了泰国社会的质疑，例如相关的硬件设施没有跟上步伐，2018 年泰国第三轮招生选拔时，网上申请因系统"不堪重负"而崩溃，引起了学生和家长的骚动，他们担心这可能会使学生错过网上申请的时间，进而错过中意的大学。② 对于第三轮学生可选择 4 所高等教育机构也是备受批判的，考生担心高分者会占用名额，低分候选者则没有选择的空间。为此，泰国大学校长理事会表示已成立三个相关的委员会，着重改善 2019 年泰国大学 TCAS 系统，③ 尤其是第三轮的招生选拔环节。④

（三）泰国高等教育的学历文凭

泰国高等教育的学历文凭也颇具特色。泰国高等教育由大学、技术院校、职业与技术学院以及师范院校等高等教育机构提供。泰国 1999 年《国家教育法》第 16 条规定"高等教育分为两个阶段：专科教育和本科及以上阶段的教育"，因此，泰国高等教育提供的学历文凭主要分为两个层次——低于学士学位或副学士学位/教育或职业技术教育的高级证书（由教育部下属的各院校提供的技术、职业和师范教育方向的两年制项目）以及学士学位。按照泰国 2006 年公布的《泰国国家高等教育资历框架实施

① Rachanon Charoonsak，"University Admission System Gets Tech Upgrade after Last Week's Crash"，*The Nation*，2018-05-16.

② Rachanon Charoonsa k，"University Admission System Gets Tech Upgrade after Last Week's Crash"，*The Nation*，2018-05-16.

③ Ministry of Education，*The Council of University Presidents of Thailand (CUPT) Has Set up Three Committees to Improve the Thai University Central Admission System (TCAS) for the Next Academic Year*，Its President，Suchatvee Suwansawat，Said on Monday，2018 年 6 月 21 日，见 http://www.en.moe.go.th/enMoe2017/index.php/ articles/150-universities-to-revamp-tcas-admissions-system.

④ Dumrongkiat Mala，"Unlocking the Future through Educational Reform"，*Bangkok Post*，2018-12-30.

指南》(*National Qualifications Framework for Higher Education in Thailand Implementation Handbook*)，泰国高等教育资历框架共拥有以下六级：文凭（第一级）、本科学位（第二级）、研究生文凭（第三级）、研究生学位（第四级）、高等研究生文凭（第五级）和博士学位（第六级）。①

1. 文凭（Diploma）和副学士（Associate Degree）

学生如果要获得文凭和副学士类的学历，需要在皇家大学、皇家科技大学、地方或私立职业学院以及体育、戏剧艺术和美术学院等高等教育机构完成两年制的课程项目，此类课程项目囊括了农业、工商管理、教育、工程技术、家政、美术、音乐、戏剧和文学等专业。这类项目旨在培养学生在专业领域的就业知识和技能，夯实学生在理论知识以及研究方面的基础，为学生进一步学习以获得本科学位提供基础。学生需拥有高中教育或同等学力。两年制的项目课程要求学生修读至少 60 个学分，三年制的课程则要求学生修读至少 90 个学分的课程。社区学院的项目课程至少需要修读 84 个学分。

2. 学士学位（Bachelor degree）

获得本科学位需要在文凭 / 副学士的基础上完成两年制的课程项目，或是在获得高中学力或同等学历的基础上完成 4—6 年的课程项目，且学生的课程平均绩点必须在 2.0 以上（4.0 制）。本科学位的项目通常是四年制的，学生需要获得 120 个学分方能毕业，但某些学科的年限和学分数量有特别的规定，如建筑、绘画、雕塑、图形艺术和药学专业是五年制的，学生需要完成 150 个学分的修读；牙科和兽医等专业则是六年制的，学生需完成至少 180 个学分的修读。以上这些专业在获得职业资格证书之前，还需要参加实习的课程。②

① Office of the Higher Education Commission，Ministry of Education，*National Qualifications Framework for Higher Education in Thailand Implementation Handbook*，Bangkok：Ministry of Education，2006.

② Office of the Education Council，Ministry of Education，*Education in Thailand*，Bangkok：Ministry of Education，2017，pp. 68-70.

3. 研究生文凭（Graduate Diploma）与硕士学位（Master Degree）

拥有本科学位的学生可以报名参加一个为期一年的短期硕士项目，期间修满 24 个学分，完成后可以颁发研究生文凭，这类短期硕士项目通常是面向师范专业的学生提供具体学科的专业培训的。而学生如果想要获得硕士学位，则需要参加为期 1 年的研究生学习。硕士学位项目要求学生成绩良好（通常要求本科绩点 2.5 或 3.0 分以上），在修读期间内修满 36 个学分的课程，完成高级课程以及研究。人文社科课程侧重全面综合的学习，采用考试的考核方式，而非论文；科学和应用科学则需要提交研究论文。此外，为了获得硕士学位，学生的课程平均绩点必须在 3.0 以上。

4. 高等研究生文凭（Higher Graduate Diploma）

高等研究生文凭是介于硕士和博士水平之间，在医学等特定专业领域内进行专业研究的高级专业资格证书。学生在入学前需要获得硕士学位或同等学历。此类课程要求学生在 3 年内完成 24 个学分的修读。

5. 博士学位（PhD degree）

博士学位代表了研究生学习的最高水平，申请人必须完成学士学位课程，并拥有优秀的学习成绩或硕士学位或同等学历，且分为学术类（哲学博士）和专业类（如工程博士）两种。在博士修读的 2—5 年内，持有硕士学位的学生需修读 48 个学分，本科学位则需攻读至少 72 个学分。在读期间，学生应在特定的专业领域进行深入的研究，并撰写有望为该学科发展做出贡献的博士论文；在读期间，学生还应该撰写学习报告并参加学术研讨会。在泰国，所有的高等教育机构的博士学位项目都要求学生在毕业前需在广泛认可的、同行评议的国际知名期刊至少发表一篇与毕业论文或研究相关的论文。[①]

此外，根据泰国政府 2006 年公布的《泰国国家高等教育资历框架实施指南》，泰国高等教育资历框架中的六个等级之间是可以进行衔接的

① ［美］Stuart Powell、［美］Howard Green：《全球博士教育》，查岚、严媛、徐贝译，上海交通大学出版社 2012 年版，第 208 页。

（参见图 4.4），六个等级横纵向贯通衔接，这对于搭建泰国高等教育人才成长的"立交桥"、构建泰国终身学习体系、建设学习型社会都具有非常重要的意义。

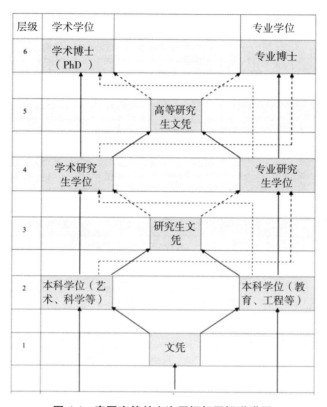

图 4.4　泰国高等教育资历框架层级递进图

注：实线表示层级之间的正常递进路线。虚线表示可能存在的递进路线（泰国表示目前还无法确定），但这些可能涉及一些额外的过渡性研究，确保学生具备必要的知识和技能。

资料来源：Office of the Higher Education Commission，Ministry of Education，*National Qualifications Framework for Higher Education in Thailand Implementation Handbook*，Bangkok：Ministry of Education，2006，p. 7.

　　从泰国高等教育各类文凭学历的学生入学来看（参见表 4.2），泰国文凭和本科学位学生入学比例较高，每年的比例虽有所不同，但近年来基本占高等教育总入学人数的 13% 和 77%，囊括了泰国近九成的高等教育学生。此外，近五年来，泰国高等教育学生增长缓慢，文凭、研究生文凭以及研究生学位的入学数量呈现波动下降的趋势，而博士研究生入学人数则上升明显，2015年博士研究生入学人数达到24742人，较2011年（18190人）增长了36个百分点。

表 4.2　泰国 2011—2015 年高等教育入学人数及其学历类型（单位：人）

学历类型	年份				
	2011	**2012**	**2013**	**2014**	**2015**
文凭	351682	323380	316288	312770	344377
本科学位	1825066	1845253	1881816	1843477	1851652
研究生文凭	13434	5409	5399	3829	7788
硕士学位	183858	193，638	200304	188327	179245
高等研究生文凭	1245	1，227	1442	1523	1438
博士学位	18190	21636	25394	24487	24742
总计	2393475	2390543	2430643	2374413	2409243

数据来源：Office of the Education Council, *Ministry of Education*, *Education in Thailand*, Bangkok：Ministry of Education, 2017, p. 130.

第二节　泰国高等教育政策

1999 年泰国颁布了《国家教育法》，并于 2002 年和 2010 年两度对《国家教育法》进行修订。《国家教育法》不仅阐述了泰国 21 世纪教育改革与发展的总体目标和原则，也为 21 世纪泰国高等教育的发展指明了方向。21 世纪以来，泰国也相继制定了关于教育发展的多项规划，其中包括《国家教育计划（2002—2016）》《国家教育计划（2017—2036）》和《第十二个国家教育发展规划（2017—2021）》，以及有关高等教育发展的系列规划，包括《高等教育第二个十五年长期发展规划（2008—2022）》《第十个高等教育发展规划（2007—2011）》（*The Tenth Higher Education Development Plan*（*2007—2011*））《第十一个高等教育发展规划（2012—2016）》（*The Eleventh Higher Education Development Plan*（*2012—2016*））《第十二个高等教育发展规划（2017—2021）》（*The Twelfth Higher*

Education Development Plan（2017—2021）） 等。本节将着重分析泰国 21 世纪以来高等教育的政策法规以及泰国政府推出的有关项目，以期把握泰国高等教育政策的主要议题、发展脉络和未来趋向。

一、高等教育管理和治理

泰国 1991 年颁布的《公共行政组织法》提出要将行政管理、人事调动、财政管理等相关的权力下放到地方。1997 年颁布的泰国《宪法》更是将管理分权上升到国家宪法的层面，提出要鼓励地方政府和公私立机构等参与到教育供给环节。1999 年《国家教育法》第五章"教育行政管理"更是聚焦到教育管理问题，从"国家对教育的管理""地方政府对教育的管理"以及"对私立教育的管理"等三个层面阐述教育管理问题，明确了教育部下属的教育委员会、高等教育委员会等四个委员会的职责范围、公立高等教育机构的性质、地方教育委员会的职责范围等相关的内容。《国家教育法》第 31 条至 34 条规定了教育部及其下设的委员会的职责范围，明确教育部负责制定教育政策、教育计划以及准则、监督和评估各级各类教育机构的质量等职责；第 36 条则立足高等教育机构的性质，明确规定"公立高等教育机构（除地方政府机构开设的专业性教育培训机构）需要接受委员会的监督并遵守相关的规章制度，可以自主办学，可以自主设置行政管理体系，具有高度的灵活性和学术自由性"；第 39 条和第 4 条更是明确地提出要将学术、预算、人力资源管理等方面的权力下放至地方委员会以及教育机构。① 由此，泰国开始着手改变中央管理权力过度集中、缺乏社会公众参与的问题，逐渐向鼓励社会参与、管理权力逐步由中央向地方和教育机构转移转变，赋予地方和教育机构更多的自主权。21 世纪以来，泰国国家层面和高等教育机构层面进行了很多新的尝试。在国家层面，泰国对教育行政机关的结构进行改革。20 世纪末期，泰国中央政府

---

① Office of the National Education Commission，*Office of the Prime Minister*，*National Education Act of B.E. 2542*（1999），Bangkok：Office of the National Education Commission，Office of the Prime Minister，1999，p. 14.

设有 3 个不同的部门管理教育事务，分别是总理办公室下属的国家教育委员会以及基础教育部和大学事务部。为了提高国家层面教育管理的效率，1997 年泰国政府将这 3 个教育行政部门合并成为教育、宗教和文化部，又于 2002 年将其改组为教育部，下设教育委员会、基础教育委员会、高等教育委员会和职业教育委员会。改革后各委员会办公室直接向教育部长负责，从而提高教育行政工作的效率。[1] 在高等教育机构层面，21 世纪以来，泰国部分公立大学逐渐转变为自治大学。这些自治大学不再受政府官僚体系的控制，而是在教育部的指导下自行决定其行政管理机构，并根据大学自我制定的规章制度进行人事管理，允许其按照市场机制进行运作，在财政管理、招生、人事任免、行政管理等方面拥有自行决定的权力。此外，自治大学的教师也不再被视为国家的公务员，而是大学的雇员。这些自治大学脱离了公立大学的行列，成为独立的高等教育机构。[2]

21 世纪以来，泰国政府更是出台了诸多政策，努力实现教育管理部门的机构精简与权责分明，对教育管理体制进行重组，将高等教育机构进行精简，重新划分各相关部门的职能范围。2009 年《国家教育计划修订版（2009—2016）》在分权管理体制的基础上，对完善泰国教育管理体制提出了新要求，例如在教育管理中鼓励使用信息技术。

泰国政府认识到要想实现高等教育机构的有效管理和治理，不能仅仅依靠政府权力的下放，还要依赖于高等教育机构高素质的管理人员队伍。为此，《高等教育第二个十五年长期发展规划（2008—2022）》提出要高度重视高等教育机构董事会以及管理人员的推选和发展，要改革高等教育机构的管理结构，包括高等教育机构董事会主席的聘任条件和推选机制、董事会成员的结构比例等，鼓励高等教育机构尝试新的政策和高等教育管理体系，例如设立"全职的大学校长 + 教务长 + 副校长"的管理体系，制定高等教育机构管理和管理评估的体系，设置考评指标，评估董

---

① 黄建如、卢美丽：《泰国高等教育管理中的政府行为》，《东南亚纵横》2009 年第 7 期。
② 强海燕：《东南亚教育改革与发展（2000—2010）》，广东高等教育出版社 2010 年版，第 248 页。

事会成员等各类管理人员的工作绩效等。① 此外，不仅要完善高校的人事制度，改善高校理事会成员的选拔制度，还要为各级管理人员提供适当的培训，使其具备良好的治理能力、管理能力和领导力。《高等教育第二个十五年长期发展规划（2008—2022）》提出了"以善治为目标的领导变革"（Leader for Change with Good Governance），在改善大学董事会主席、董事会成员等聘任制度的基础上，为各级管理人员提供适当的培训系统，使其掌握有关知识并具有良好管理能力、领导能力以及变革管理能力。此外，各高等教育机构也应建立并推行以善治为目标的评估制度。在此基础上，《高等教育第二个十五年长期发展规划（2008—2022）》还推出了系列善治项目，包括高等教育机构董事会的"自我质量评估项目"（Quality Self-Assessment Project）、"高等教育领导力提升与发展项目"（Leadership Enhancement and Development）以及"善治评估项目"（Good Governance Assessment Project）。②

近年来，《高等教育法》以及《国家战略（2018—2037）》（*National Strategy B.E. 2561—2580（2018—2037）*）《国家教育计划（2017—2036）》《第十一个高等教育发展规划（2012—2016）》等都高度关注高等教育管理的善治和有效性问题。《第十一个高等教育发展规划（2012—2016）》提出"优质教育管理变革、一切为了优质教育与全民优质教育的领导者"（Leader of Change Management for Quality Education，All for Quality Education and Quality Education for All）战略，提出高等教育机构要提升其对高等教育的价值的认知，转变高等教育的管理模式，为了促进高等教育的发展，要将单一的高等教育部门作业改为各个相关高等教育机构协调作业，相关机构需要在完成各自任务的同时，还要有意识地保证工作的质量，但在过程中要关注质量而非数量。《国家教育计划（2017—

---

① 李枭鹰等编：《东盟教育政策法规》，广西师范大学出版社 2015 年版，第 160 页。

② Office of the Higher Education Commission，Ministry of Education，*Executive Summary*：*The Framework of the Second 15-Year Long Range Plan on Higher Education of Thailand（2008-2022）*，Bangkok：Ministry of Education，2016.

2036）》提出的"教育行政管理能力"（The Competency for Educational Administrations）战略，主要聚焦于高等教育机构教育管理的结构以及有效性，提出了以下四个方面的要求：（1）教育管理的体系和结构必须要做到清晰和灵活；中央和地方行政部门的行政管理符合"善治"的原则，要做到因地制宜，能够根据当地的背景对管理的体系和结构进行变动；（2）教育管理必须要做到有效，在教育质量上有突出的表现；（3）鼓励地方政府、社区、社会团体、私人机构、专业机构、宗教团体等多方都能参与教育管理；（4）探索建立符合地方和学校特点的管理制度。① 《国家战略（2018—2037）》等政策重申了要按照"善治"的原则对高等教育进行管理，要提高教育管理的效率，也强调了要鼓励公私部门以及社会各团体参与到教育的管理等各个环节。泰国教育部也在教育管理上进行了不少的尝试，对高等教育行政管理机构进行改革。泰国内阁于 2018 年 8 月 7 日批准《高等教育法》草案，将科技部、高等教育委员会等若干个部委合并成一个新的部门——高等教育、科学、研究与创新部，统一管理高等教育以及科技创新方面的事宜，促进对高等教育教学和科研标准的制定，以便未来加强对高等教育研发和人力资源开发的管理，提高研发经费拨款等的效率，努力实现教育管理部门精简，提高教育管理的效率。②

二、高等教育经费的投入

1999 年《国家教育法》第八章就教育投入和保障条件等内容做出规定，提出要调动国家、地方政府、个人、家庭、社区、社会团体、私人机构、专业机构、宗教团体、企业、国外组织机构等多方资源，采用多种渠道筹措高等教育经费，为开展高等教育事业提供充裕的教育资源；同时，还应建立一个完善的质量监测体系，跟踪调查教育经费的使用效益，保障

---

① Office of the Education Council，Ministry of Education，*The National Scheme of Education B.E. 2560-2579（2017-2036）*，Bangkok：Ministry of Education，2016.

② Office of the Minister Newsline，ข่าวที่ 270/2561 ครม.เห็นชอบร่างพระราชบัญญัติการอุดมศึกษา พ.ศ，2018 年 8 月 7 日，见 http：// www.moe.go.th/websm/2018/3/270.html.

教育经费的使用符合国家教育方针、教育原则和教育质量标准。

《高等教育第二个十五年长期发展规划（2008—2022)》关注高等教育机构的科研经费问题，指出目前泰国高等教育机构的科研水平较低，科研成果不足，以及还未建立起系统化的科研管理体系。因此，《高等教育第二个十五年长期发展规划（2008—2022)》提出要从科研体系的构建、科研经费的分配等方面入手，保障高等教育机构的发展。《高等教育第二个十五年长期发展规划（2008—2022)》首先提出要大力促进国家科研系统的构建，包括建立国家科研政策机构和科研经费分配机构，创设研究中心等研究单位，建立高等教育机构和生产部门的合作体系；要完善科学研发体系，参照英国的科研评估（RAE）来评估泰国国内高等教育研究水平，并据此公开竞标分配高等教育的研究资源，推动建立国家级、高校级先进的研究中心，以期在有限的资源环境下，能将资源利用率最大化，提升国家的竞争力。在科研经费的分配上，《高等教育第二个十五年长期发展规划（2008—2022)》提出国家层面上要加大对高等教育的投入，应根据社会经济的发展适当调整高等教育的预算，将高等教育与国家发展的需求紧密地结合起来；地方层面上建立地方政府财政预算的合理分配机制。此外，该规划还建议建立类似于英格兰高等教育基金委员会（HEFCE）的缓冲组织，从而根据高等教育的使命以及与政府政策性协议的结构，分配高等教育预算。这类缓冲组织的主要任务为：与政府协商高等教育政策以及其预算的分配，制定各高等教育机构的战略发展规划，制定预算调度、财务管理和资源分配的规划方案，监测审查重大项目等。[①]《第十一个高等教育发展规划（2012—2016)》聚焦高等教育机构财务管理制度，提出要明晰高等教育机构财务管理制度，大力发展高等教育的财务战略和监督机制，对高等教育的政策发展取得主动权，对高等教育机构要精益求精，有目标地分配奖学金，整合社会各界的资源，严格控制高等教育的支出，在资源有限的情况下，加强经费使用的效率，创造良好的学术氛围。

---

① 李枭鹰等编：《东盟教育政策法规》，广西师范大学出版社 2015 年版，第 164 页。

　　近年来，泰国政府拨付给高等教育机构的财政经费一直处于增长的态势。以公立高等教育机构为例，2012 年政府拨款总额为 728 亿泰铢，2018 年增长至 1198 亿泰铢，增长了 64.5 个百分点。（参见图 4.5）泰国政府也高度重视对私立高等教育机构的资助和扶持力度。2003 年泰国教育部就提出要设立基金促进私立高等教育机构的全面发展，利用税收等政策免除高等教育机构办学设施和科研设备的进口关税，以及鼓励支持公私立高等学校开展资源设备的共享。对私立高等教育机构采取了低息专项周转基金、补贴和免税等方式，给予高等教育机构充分的财政保障，支持私立高等教育机构的发展。1991 年至今，泰国政府为私立高等教育机构提供了高额的低息专项周转基金用于学校建设和教师培训。近年来，泰国私立高等教育机构的发展逐渐成熟，政府虽逐渐减少了专项周转基金的数额，但 2015 年政府用以支持私立高等教育机构发展的专项周转基金仍有 2.3 亿泰铢（1991 年的专项周转基金为 5 亿泰铢）。除了低息专项周转基金外，泰国政府每年还补贴私立高等教育机构 550 万泰铢用于支持其学术和行政发展，并出台了多项减免私立高等教育机构税收的优惠政策。①

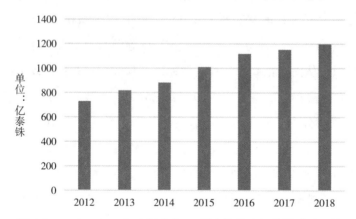

图 4.5　2012—2018 年泰国公立 81 所高等教育机构的财政预算

资料来源：Suphat Champatong，*Roles of the Office of Higher Education*：*Thailand 4.0*，Bangkok：Ministry of Education，2017.

---

① 祝怀新、卢双双：《泰国政府在私立高等教育发展中的角色探析》，《浙江树人大学学报》2016 年第 6 期。

除了按照年度性常规财政预算拨付的办学经费外，泰国政府还给予其他方面预算制度的支持，划拨部分预算用于高等教育机构各个领域的发展，包括对研究员的培育经费和支持基本设施建设的经费等。例如，泰国于 2009 年启动"研究型大学"项目，选定朱拉隆功大学、玛希隆大学等九所综合实力较强的大学进行研究型大学的重点建设，对其进行额外的预算分配，使其结合自身学科特色和社会经济发展需求，开展不同学科的高水平研究，并先后成立 11 个卓越中心（Centers of Excellence）。2014 年，泰国教育部进一步推出"世界一流大学项目"，计划在 5 年内向研究型大学投资 250 亿泰铢，加强研究型大学的科研创新能力，提高其国际竞争力和排行，并在此基础上形成综合实力较强的泰国大学联盟。[①]

此外，泰国政府还高度重视教育贷款的问题。《高等教育第二个十五年长期发展规划（2008—2022）》提出要制定恰当的贷款计划，为有能力的学生提供教育贷款使其能够进入高等教育机构接受教育。其实，1998 年，泰国就颁布了《学生贷款基金法》（Student Loans Fund Act），实施助学贷款计划，帮助无法承担高等教育费用的学生完成学业。贷款计划主要面向在泰国高等教育机构就读且其成绩优秀但家境贫困无力支付高等教育学费的泰国学生。在贷款实施过程中，家庭收入条件是学生申请贷款的重要标准。在贷款的偿还上，借贷的学生分 15 年还清，利率为 1%，每年按照规定的比例偿还借款，还款比例将随着年份逐渐增加（参见表 4.3）。此外，在毕业后学生有 2 年的宽限期，且能选择延期 4 次，但总延期时限不超过 2 年。

表 4.3　泰国助学贷款年度还款比例

还款年数	1	2	3	4	5	6	7	8	9	10	11	12	13	14	15
还款比例（%）	1.5	2.5	3.0	3.5	4.0	4.5	5.0	6.0	7.0	8.0	9.0	10.0	11.0	12.0	13.0

资料来源：Adrian Zideman，*Student Loans in Thailand：Are They Effective，Equitable，Sustainable?* Bangkok：UNESCO Bangkok/IIEP，2003，p.72.

[①] Chadarat Singhadechakul，*Current Thai Education Policies and Reform*，Boracay：APEC Education Network Meeting，2015.

但考虑到这项教育贷款的偿还年限过长，贷款的回收率过低，且在执行中存在不公平的现象，对同一管理机构下属的高等教育机构的贷款分配政策不完全相同，很难保证贷款的公平分配。为此，泰国政府对教育贷款进行改革，于 2006 年开始实施"按收入比例还款型"贷款计划。新的贷款计划对公私高等教育机构的学生一视同仁，并将研究生阶段也囊括了进来，会根据学科设定贷款的额度，还款上，学生的起薪需要高于 16000铢/月才会开始还款。"按收入比例还款型"贷款计划相较于先前的教育贷款计划在贷款学生家庭收入条件、贷款用途、毕业贷款还薪等方面作出了较大的调整。（参见表 4.4）

表 4.4   泰国两类教育贷款的比较

<table>
<tr><th colspan="2"></th><th>传统型贷款
（2006 年前）</th><th>按收入比例还款型贷款
（2006 年后）</th></tr>
<tr><td rowspan="2">贷款对象</td><td>包含高中学生和职业教育学生</td><td>是</td><td>否</td></tr>
<tr><td>包含大学生</td><td>是</td><td>是</td></tr>
<tr><td colspan="2">贷款学生家庭收入条件</td><td>年收入低于 150000 铢</td><td>不考虑家庭收入</td></tr>
<tr><td rowspan="3">贷款用途</td><td>支付学费</td><td>是</td><td>是</td></tr>
<tr><td>教育相关费用</td><td>是</td><td>否</td></tr>
<tr><td>支付生活费</td><td>是</td><td>否，但会向困难家庭的学生提供生活费补贴</td></tr>
<tr><td rowspan="2">还款</td><td>毕业还款起薪</td><td>4700 铢/月</td><td>16000 铢/月</td></tr>
<tr><td>利率</td><td>1%</td><td>按照通货膨胀率调整（不高于 5%）</td></tr>
</table>

资料来源：孙涛、沈红：《泰国高等教育助学贷款改革：基于实践的探讨》，《高教探索》2008 年第 1 期。

三、高等教育师资队伍的建设

泰国高度重视师资队伍的建设，认为师资队伍的建设对于提高高等教育的质量、提升高等教育机构的科研水平、培养创新人才等具有重要的意义。1999 年《国家教育法》第 52 条就明确表示"国家要大力提高教师的素质，加强教师队伍建设，打造高素质、高能量、高标准的师资队伍"。① 但《高等教育第二个十五年长期发展规划（2008—2022）》表明发展泰国高等教育事业的一大弱项是高等教育机构师资队伍的问题。高等教育机构师资队伍不论是在数量上还是质量上存在着众多问题。一是高等教育机构面临着师资队伍总量少、总体规模小以及严峻的师资短缺的问题。《高等教育第二个十五年长期发展规划（2008—2022）》就预测在今后的15 年内，泰国高等教育机构将面临严峻的师资短缺的问题，师资缺口将高达 30000 人。二是高等教育师资队伍的质量堪忧、整体结构不合理。20 世纪末 21 世纪初，泰国教育部提出对高等教育机构师资队伍的构想，期望能使高等教育机构教师的学历比例达到博士学位占 30%，硕士学位占 60%，本科学位占 10%，但《高等教育长期发展规划（2008—2022）》表明截至 2008 年高校教师拥有硕博士学位的比例尚未达标，当年师资学历比例博士学位为 25%，硕士学位为 60%，本科学位为 15%，博士学位的比例仍相对较低。为此，泰国教育部高度重视师资队伍的建设，21 世纪以来，先后在 1999 年《国家教育法》、2003 年《教师和教育人事委员会法》（The Teachers and Educational Personnel Council Act）、2004 年《政府教师和教育人事法》（Government Teacher and Education Personnel Act）《高等教育第二个十五年长期发展规划（2008—2022）》《第十个高等教育发展规划（2007—2011）》《第十一个高等教育发展规划（2012—2016）》以及《国家教育计划（2017—2036）》等政策文件中都提出关于师资队伍建设的内容，主要从以下几个方面加强高等教育师资队伍的建设。

　　首先是加快调整师资队伍结构，提升教师专业素质。泰国《高等教育第二个十五年长期发展规划（2008—2022）》以及《国家教育计划（2017—2036）》等提出应出台专门的扶持教师发展的政策和项目，要针对不同地区不同学科分类施策，提高师资队伍中拥有博士学历的比例。

---

① Office of the National Education Commission，*Office of the Prime Minister*，*National Education Act of B.E. 2542*（*1999*），Bangkok：Office of the Prime Minister，1999，p. 18.

《国家教育法》第 52 条明确指出要在教育部下专门设立一个教师管理机构，专门设定教师的专业标准、颁发和撤销教师的职业资格证书，以此保障师资队伍的质量。《国家教育计划（2017—2036）》提出要加快调整高等教育机构的师资队伍结构，在教师的准入和选拔上，要提高高等教育机构教师的准入条件、建立教师的培养和审查制度，使教师以及其他教育工作者的招聘、培训等方面的标准与国际衔接，并鼓励建立一个有关高等教育机构教师需求的数据库，畅通高等教育机构与人才之间的信息渠道，让社会尤其是海外高层次高素质的人才了解到相关的招聘信息，要大力引进海外归国人才、海外高层次高职称人才在本国高等教育机构进行任教。

同时，《高等教育第二个十五年长期发展规划（2008—2022)》《第十个高等教育发展规划（2007—2011)》《教育改革第二个十年（2009—2018)》以及《第十一个高等教育发展规划（2012—2016)》等文件都重视加强对在职教师的专业发展，为在职教师提升学术能力提供机会，尤其是鼓励无博士学位的教师深造获得博士学位。泰国政府高度重视在职教师的培训，设立了专门派遣教师海外留学的基金，为教师提供进修资助。此外，考虑到私立高等教育机构的教师数量不足且水平参差不齐，为加强私立高等教育机构的师资队伍，泰国政府还设立教师海外留学的专门流动资金，为本科学历教师提供进修资助，重点扶持规模小、分布在外府、缺乏高质量师资、人力资源培养资金不足的私立高等教育机构，提高私立高等教育机构师资的整体水平。据统计，泰国政府投入到私立高等教育机构教师培训的经费虽比此前有所下降，但在 2013—2016 年每年投入的经费规模仍在 6000 万至 1 亿泰铢左右。①

第二是调整教师培训计划，鼓励教师的能力发展。泰国政府也高度重视教师的在职培训，调整教师的培训计划，通过培训提升教师的能力。《国家教育计划（2017—2036）》提出要鼓励制定各府各类高等教育机构

---

① สำนักงานคณะกรรมการการอุดมศึกษา (สกอ.), ข้อมูลการดำเนินงานตามภารกิจของทุนหมุนเวียน ปี 2558, 2019 年 12 月 16 日，见 http://www.mua.go.th/users/bphe/rf/two.html。

以及各学科的教师招聘与培训的十年发展规划（2017—2027），指出高等教育机构的教师以及其他教育工作者，不论其职称都必须要接受标准的能力培训，使其能有效地开展科研和教学工作，能满足高等教育机构对其教师的需求。《第十一个高等教育发展规划（2012—2016）》则聚焦高等教育机构教师的科研和学术能力，要求教师定期发表学术科研成果，提出"教师专业化"（Educator Professional）的战略目标，指出要加大高等教育机构教师的培养力度，鼓励其在科研能力和学术能力方面获得发展，使教师提高业务能力和专业知识，使讲师成长为专业教授，为学术发展做出贡献；还主张建立教师教学知识交流网络，加强教师在教学和学术上的交流与合作。在教师发展上，高等教育委员会表示将重点关注拥有博士学位教师比例较低的高等教育机构以及学科，出台具有针对性的举措。《教育改革第二个十年（2009—2018）》则聚焦教师的身份，认为在教育中，教师是作为"学习促进者"（learning facilitators）的身份存在的。为此，务必要提升教师的能力，调整教师的培训计划，侧重对教师进行能力导向的培训，使其掌握 21 世纪的技能，从而可以胜任各个教学岗位。教师只有自身具备足够的学术能力、专业知识和道德素养，才能培养出具有创造力、适应不断变化的世界的创新人才。[①]《高等教育第二个十五年长期发展规划（2008—2022）》提出要定期对高等教育机构教师进行培训，提升其教学水平、学术水平、科研能力、职业道德、社会能力以及管理能力等，注重教师的全面发展，同时还应加强与科研部门、生产部门以及民间社会组织等的合作，强化高等教育教师与生产部门的交流与合作，强化对其实际工作能力的培养。

第三是制定配套政策，保障教师的福利。泰国《国家教育法》第 52 条就明确规定，要对师资队伍的建设给予经费保障，制定专门的工资报酬、津贴补助法，设立专门的奖励基金用以奖励有科研成果丰硕、表现

---

① Office of the Education Council，Ministry of Education，*Proposal for the Second Decade of Education Reform*（2009-2018），Bangkok：Ministry of Education，2009，p. 18.

杰出的教师，鼓励教师的职业发展。泰国于 2003 年和 2004 年相继颁布《教师和教育人事委员会法》和《政府教师和教育工作者法》，宣布成立政府教师和教育人事委员会（Government Teacher and Education Personnel Committee），并由此委员会制定政府教师和教育工作者岗位的政策和计划，向部长会议提出有关上调政府教师、教育工作者的工资、津贴等保障教师福利的意见，监督和评估教师和教育工作者的相关管理情况。《高等教育第二个十五年长期发展规划（2008—2022）》建议在基金设置上，要设立并有效利用"高等教育发展基金"，为打造德才兼备的师资队伍提供资金的支持。

四、高等教育与工业部门的联系

《高等教育第二个十五年长期发展规划（2008—2022）》明确提出，目前泰国高等教育机构和工业部门之间的联系不密切，合作少且质量不高，存在诸多的问题。一方面，泰国工业部门尤其是私营工业部门的科技创新能力不足。泰国私营工业部门中存在一大批中小型企业，这些中小型企业是泰国经济的支柱，在吸纳就业和促进经济增长等方面发挥了至关重要的作用。然而，中小型企业是短期市场需求导向型的而非技术导向型的，其创新意识和创新能力明显不足，而且面临着缺乏技术创新人才和技能等问题。据统计，泰国企业创新率很低，仅为 11.2%，而韩国企业则高达 42.8%，此外，仅 48% 的泰国企业能够自主开展产品、过程创新以及研发活动。[1] 另一方面，泰国很多的高等教育机构并不注重驱动产业革新的研发问题，也不了解国内外市场的需求问题，培养的人才也不符合劳动力市场和工业部门的需求。泰国发展研究所（Thailand Development Research Institute）调查发现科学、技术、工程、数学领域的大学毕业生虽然供不应求，但培养的学生并不符合劳动力市场的需求，仅 24% 的毕业生在专业领域工作，而其余的毕业生并未充分利用其大学所学知识；而

---

① 涂俊：《泰国创新政策与国家创新系统转型》，《亚太经济》2006 年第 1 期。

通过调查，泰国发展研究所表明这是因为大学的课程已经过时，不符合劳动力市场的需求，这源于高校和劳动力市场之间的脱节，高校缺乏有关市场的相关信息，对毕业生就业所需的技能等一无所知，进而导致毕业生技能与市场需求不相吻合的结果。①

为此，泰国《高等教育第二个十五年长期发展规划（2008—2022）》《第十一个高等教育发展规划（2012—2016）》等发展规划都提出要大力加强和推进工业部门尤其是私立部门和高等教育机构之间的合作与联系。泰国《高等教育第二个十五年长期发展规划（2008—2022）》提出"高等教育必须以服务实际生产工作为宗旨"，②高等教育必须要服务于各部门行业以及区域性经济，服务于工业部门，为此，高等教育需要不断强化与工业部门的合作。2014年教育部高等教育委员会制定了"泰国卓越2030"（Thailand Excellence 2030）的蓝图，呼吁要增加对高等教育机构的投资，建设国家研究型大学，提高高等教育机构在创造知识型经济和创新驱动型经济中的关键作用，加强大学和产业的合作，促进高校与优先科技领域的行业和私营部门合作，创新高校知识，并将新知识和研究成果运用到产业中。着眼于目前教育部等部委推行的项目和相关的政策文本，高等教育机构和工业部门的联系主要集中在两个方面。

一个方面是强化高等教育机构与工业部门在人才培养上的协作。《第十一个高等教育发展规划（2012—2016）》聚焦工业部门和高等教育机构在学生培养上的合作，提出要加强高等教育机构和工业部门之间的协作，通过合作办学等方式使高等教育机构培养的毕业生具备更全面更系统的能力和社会责任感，尤其是要提升毕业生在知识道德、技能、人际交往、社会责任、数据分析和信息计划等五个方面的能力，希望高等教育机构培养的学生能得到工业部门的认可，使其毕业后能尽快适应工作

① Thailand Development Research Institute，*Big Data Makes Educational Institutes More Responsive*，2018年11月7日，见 https：//tdri.or.th/en/2017/05/big-data-makes-educational-institutes-responsive/.

② 李枭鹰等编：《东盟教育政策法规》，广西师范大学出版社2015年版，第133页。

岗位的需求。为此，教育部推行工学结合项目（Cooperation Education and Work Integrated Education），试图在高等教育机构和工作场所以及毕业生之间建立全方位的教育联系，使学生将课堂所学的理论知识应用于实际生产中，也通过私营部门协同规划教材和培养方案、共同参与对学习者的监测评估等人才培养环节，使毕业生的质量更符合劳动力市场的需求。此外，泰国高等科学技术研究所（Thailand Advanced Institute of Science and Technology）等机构也大力促进国内外高校、研究机构和私营部门的合作，加强泰国科学技术领域的人力资源开发，协助各高等教育机构根据国家议程和国家战略发展的需要开设所需的课程。此外，鉴于现存的中小型企业创新创业人才支撑不足，在工业部工业促进司以及软件产业促进署（Software Industry Promotion Agency）等相关政府部门的倡导下，泰国高等教育机构开启了泰国新企业家创新教育项目（SME Promotion Action Plan and the Development of the New Entrepreneur Creation Training Program）、数字技术企业创业人才培养项目（Tech Startup Program）等为工业部门培养创新人才的项目，这些项目聚焦技术创新、信息支持、质量标准提升等，向中小企业人员提供创新创业技能培训，帮助中小企业提升现有人才的创新创业能力。

另一个方面是强化高等教育机构与工业部门在科技创新上的合作。《国家科学和技术十年战略规划（2012—2021）》（*National Science, Technology and Innovation Policy Master Plan*（*2012—2021*））等政策都明确表示要加强泰国高等教育机构和产业部门之间的联系，促进国家科技和创新活动，营造优渥的创新环境，大力推动高等教育机构和研究机构科技成果的转化和商业化。泰国国家科学技术发展局、研究基金会、教育部高等教育委员会等多部委合作启动了"人才流动"（Talent Mobility）和"工业技术援助"（Industrial Technology Assistance Program）项目，鼓励高校政府的研究人员和私营部门进行合作，加强研究人员的流动，加强高等教育机构和工业部门的创新合作，增强产业部门的创新能力。泰国政府支持高等教育机构也通过设立大学企业孵化器（University Business Incubator）

和加速器积极搭建科技成果转化和孵化公共服务平台，充分发挥高等教育机构在研究创新中的高地优势，打造创新成果孵化转化基地，并鼓励高等教育机构泰国国家创业委员会、科技部等领衔的"泰国创业"（Thailand Startup）项目，积极构建创新创业平台和创新生态系统，加强创新创业实践活动以及对初创企业的扶持。"启业泰国"（Startup Thailand）是泰国国家层面促进创业的平台，旨在形成由国家创业委员会（National Startup Committee）发起、泰国科技部（Ministry of Science and Technology）领导、高校产业等各界参与的泰国创业发展和创业生态系统，为创新创业活动提供支持。大学孵化器是高等教育机构科技成果转化和孵化的重要平台，充当了大学与社会产业之间的中介机构，为加强大学和产业的联系、促进大学研究的有效利用和技术的商业化提供了平台，且实践证明大学孵化器成效斐然，截至 2014 年，泰国共有 35 家大学企业孵化器，共孵化企业 327 家，当年新孵化 60 家企业。①

五、高等教育创新人才的培养

泰国也高度重视高等教育机构对创新人才的培养。1999 年《国家教育法》第 6 条和第 7 条就明确提出泰国教育的目标在于促进泰国国民的全面发展，培养维护国家集体利益、具有民族自豪感、促使宗教艺术文化发展、具有自力更生能力、能自主持续学习的创新人才。21 世纪以来，泰国相继出台了《高等教育第二个十五年长期发展规划（2008—2022)》《第十个高等教育发展规划（2007—2011)》《第十一个国民经济和社会发展计划（2012—2016)》《第十一个高等教育发展规划（2012—2016)》等政策，着重提升高等教育毕业生的素质，设立高等教育资历框架保证教育和研究的质量，加强对农业、工业领域高素质创新人才的培养，开发科技创新人力资源。《高等教育第二个十五年长期发展规划（2008—2022)》就

---

① 　Jarunee Wonglimpiyarat, "The Innovation Incubator, University Business Incubator and Technology Transfer Strategy: The Case of Thailand", *Technology in Society*, 2016, 46, pp.18-27.

明确提出要培养高素质的经济适用型的人才，发挥高等教育机构在教授知识、培养创新能力方面的作用，提升国家综合竞争力，为泰国经济发展提供强有力的人才和智力支撑。《第十个高等教育发展规划（2007—2011)》明确提出要培养高素质、适应社会、拥有思辨能力的创新人才。[1]《第十一个高等教育发展规划（2012—2016)》表明该五年计划的核心目标就是培养高素质、能满足社会需求、具有批判性思维、勇于创新、能够积极主动学习、拥有正确的道德观、价值观和世界观、有望推动社会发展的人才，进而提高泰国国民的个人素质，提升泰国的国家竞争力和可持续发展的能力。[2]

2014 年巴育政府上台，开始着手制定泰国国家 20 年发展战略，并于2016 年率先制定了《第十二个国民经济和社会发展计划（2017—2021)》，为而后 5 年泰国经济、教育、社会等领域的众多优先发展事项指明了方向。"泰国 4.0 战略"提出了要将泰国公民培养成 21 世纪社会有能力的人，并设立了三项目标——将泰国人类发展指数（HDI）从 0.722 提高至0.8，10 年内跻身世界前 50 强国家，20 年内至少 5 所泰国高校跻身世界百强高校。[3] 2017 年颁布的《泰王国宪法》（*Constitution of The Kingdom of Thailand*，*B.E. 2560*）确立了国家战略和国家发展规划的法律地位，并构建出以国家 20 年战略、国家发展规划和"泰国 4.0 战略"方针组成的泰国国家总体发展蓝图。2017 年《宪法》第 69 节明确提出"国家应促进科学、技术方面的研究和发展，加强知识生产和创新，增强泰国人民和社会的创新力"。[4]2017 年《宪法》和 2018 年出台的《国家战略（2018—

---

① ［泰］朱美虹：《泰国〈高等教育发展计划（2012—2016)〉研究》，硕士学位论文，西南大学教育学部，2015 年，第 4 页。

② ［泰］朱美虹：《泰国〈高等教育发展计划（2012—2016)〉研究》，硕士学位论文，西南大学教育学部，2015 年，第 24 页。

③ OECD, *Multi-dimensional Review of Thailand*（*Volume 1*)，Paris：OECD Publishing，2018，p. 27.

④ The Constitutional Court of the Kingdom of Thailand. *Constitution of The Kingdom of Thailand*，2017.

2037)》构建了泰国的国家总体发展战略宏图，并提出六大战略，其中第二大战略"提升泰国竞争力"以及第三大战略"大力发展人力资源"等战略都与创新人才的培养密不可分，将科技发展、创新、人力资本开发提高到了国家战略和宪法层面。"泰国4.0战略"推出后，泰国教育部出台了基于"泰国4.0战略"的20年、5年以及年度等配套的教育政策，即《国家教育计划（2017—2036）》和《第十二个国家教育发展规划（2017—2021）》等，将教育发展规划与国家战略进行绑定。《国家教育计划（2017—2036）》旗帜鲜明地表示了高等教育在国家产业创新发展、推动实现"泰国4.0战略"上发挥的作用，并明确要培养高素质的、符合社会经济发展需求的创新人才。《国家战略（2018—2037）》明确提出"人力资源开发是社会各个环节发展的动力和基础……要培养掌握21世纪技能（尤其是批判性思维、解决问题、与他人合作的能力）的、高素质的、拥有终身学习能力的创新创业人才"，[①] 这不仅明晰了创新人才培养的目的，也明确了对创新人才的要求。泰国国家战略指出创新人才需要拥有21世纪技能，《国家教育计划（2017—2036）》则明晰了21世纪技能的概念，即"3Rs"（阅读、写作和算数）和"8Cs"（批判性思维和解决问题的能力，创造力和创新，跨文化理解，协作、团队合作与领导力，沟通、信息和媒体素养、信息技术素养，职业和学习技能，以及同理心）。

　　此外，泰国《国家教育计划（2017—2036）》等有关政策也明确了高等教育创新人才培养的优先领域和具体的指标。《第十二个国民经济和社会发展计划（2017—2021）》指出创新人才培养的优先领域要与"泰国4.0战略"保持一致，要着力培养泰国五大优势产业（新一代汽车制造、智能电子、高端旅游与医疗旅游、农业与生物技术、食品加工）和五大未来产业（工业机器人、航空与物流、生物能源与生物化工、数字经济、综合医疗）的人才，增加泰国整体的研发投入，至2021年要增至GDP

① ราชกิจจานุเบกษา. ยุทธศาสตร์ชาติ (พ.ศ. ๒๕๖๑-๒๕๘๐)，2018年10月13日，见 http：//www.ratchakitcha.soc.go.th/DATA/ PDF/2561/ A/082/ T_0001.PDF.

的 1.5%，尤其要增加对十大战略产业研发的投入，至 2021 年战略产业研究、基础研究和基础设施的投入比重应为 55∶25∶20；[1] 增加研究人员的数量，至 2021 年预计增至 25 人／万人；增加私营部门在研发中的投入，至 2021 年公私部门的研发投入比例应为 30∶70。[2] 此外，泰国政府还制定了具体领域的技术发展框架以及相应的发展指标。例如，泰国科技和创新政策办公室的《纳米技术发展框架（2012—2021）》(*The National Nanotechnology Policy Framework* (*2012—2021*)) 指出要提高国家对纳米技术的研发投入，预计到 2021 年要达到 GDP 的 0.2%，要提高该领域科研人员的数量，增至每万人 2.5 人，要增加该领域的研究质量和国际竞争力，能够在国际专利机构注册不少于 500 项专利，并且发表 2000 篇以上的国际学术论文，使该领域能进入 IMD 世界竞争力排行榜前 15 强，使泰国的纳米技术处于世界领先地位。[3]

为此，泰国高度重视培养优质的博士生。其实早于 20 世纪末，泰国就设立了"皇家金禧"（Royal Golden Jubilee）博士生项目，培养更多高质量的博士毕业生，为研究提供高素质的研究人员，泰国研究基金会率先引入该项目，通过院校将资金分配给成果突出的教授，支持教授培养最优秀的学生，从而帮助学生进入博士阶段的学习。[4] 近年来，泰国教育部高等教育委员会设立"战略前沿奖学金"和"硕博士研究生奖学金"等高等

---

①　Office of the National Economic and Social Development Board，*The Twelfth National Economic and Social Development Plan* (*2017-2021*)，Bangkok：Office of the National Economic and Social Development Board，2018.

②　National Science Technology and Innovation Policy Office，นโยบายและแผนวิทยาศาสตร์เทคโนโลยีและนวัตกรรมแห่งชาติ ฉบับที่1 (พ.ศ.2555-2564)，2018 年 11 月 7 日，见 http：//www.sti.or.th/uploads/content_file/%E0%B9%81%E0%B8%9C%E 0%B8% 99_% E0%B8%A7%E0%B8%97%E0%B8%99.pdf.

③　National Science Technology and Innovation Policy Office，*The National Nanotechnology Policy Framework* (*2012-2021*)，2013 年 3 月 11 日，见 http：//www.sti.or.th/enx/pdf/ The-National-Nanotechnology-Policy-framework-exe-sum.pdf.

④　[美] Stuart Powell、[美] Howard Green：《全球博士教育》，查岚、严媛、徐贝译，上海交通大学出版社 2012 年版，第 204 页。

教育人力资源开发的项目，预计在 15 年内拨付 440 亿泰铢的经费，提供 16000 个博士和博士后奖学金名额，增加泰国国内博士人数，为公私部门研发机构提供高质量的研究人才。[①] 此外，近年来，泰国高等教育机构聚焦"泰国 4.0 战略"，瞄准东部经济走廊计划、中泰高铁建设等重大国家层面的项目，根据国家战略和社会经济发展的需求培养特定的创新人才。2017 年，泰国内阁批准了教育部预算为 6 亿泰铢的东部经济走廊技术人才培养计划议案，要求教育部制定清晰的具有针对性的培养方案，着重培养与"泰国 4.0 战略"和新一代汽车制造等十大战略产业高度对口的科技和创新人才，落实人才培养符合企业发展需求，将创新科技成果运用到产业经济中，希望在未来五年内为东部经济走廊提供约 20 万创新人才储备。[②]

第三节　泰国高等教育的质量保障

一、泰国高等教育质量保障体系概况

泰国政府从 20 世纪 90 年代起认识到建立高等教育质量保障体系的重要性，并相继出台相关政策，逐渐构建起高等教育内部和外部质量保障体系。30 年来，泰国在高等教育质量保障体系上已取得了积极的进展。

1999 年，泰国在《国家教育法》中阐述了泰国 21 世纪教育改革与发展的总体目标和原则，也为高等教育质量保障体系的发展奠定了基础。《国家教育法》第六章"教育质量标准与保障"专门就教育的质量保障问题做出规定。《国家教育法》提出要建立一个统一的和整体性的质量保障体系，明确各级各类教育标准，保证各级教育的质量，也明确了泰国内外部质量保障体系的相关机构及其职责范围等内容。《国家教育法》的颁布，为泰国高等教育质量保障体系的建立提供了法律依据和法律保障，也成为

---

① Chadarat Singhadechakul，*Current Thai Education Policies and Reform*，Boracay：APEC Education Network Meeting，2015.

② 泰国中华网：《东部经济走廊人才培养战略计划获内阁支持》，2017 年 7 月 18 日，见 http://thaizhonghua.com/2017/07/18/52 888.html。

泰国正式构建高等教育质量保障体系的标志。

　　泰国教育部指出泰国有三种类型的教育标准——《国家教育标准》（*National Education Standards*）《内部质量评估标准》以及《外部质量评估标准》。[①]《国家教育法》指出国家教育标准是关于教育属性、教育质量、宗旨以及相关标准的规定，适用于各个教育机构，旨在促进教育发展、实施教育监督和教育评估、保障教育质量，明确规定由教育部教育委员会负责提出国家教育标准，并与基础教育委员会、职业教育委员会、高等教育委员会以及国家教育标准和质量评估办公室合作，制定了适用于所有各级教育机构的国家教育标准。《国家教育标准》于 2004 年 10 月 26 日正式批准实施，主要包括以下三个方面：第一，作为泰国国民和国际社会成员的泰国人民应具有的五个方面的理想特征：（1）身心健康；（2）足以开展有意义的生活和社会发展所需的知识和技能；（3）学习和自我调整的能力；（4）社会交际技能；（5）正义，公信，对泰国公民和世界公民身份的认同。第二，教育提供的标准：开放多样的课程，使学习者能够根据个人的最大潜力发展自我；系统有效地发展管理人员、教师、教职员工等教育相关人员；学校导向的管理实践。第三，创建学习型社会／知识型社会：提供学术服务，建立教育机构与社区之间的合作将教育机构转变为学习和知识型社会；研究和学习，构建促进学习的机制；为社会各阶层和各部分的利益创造和管理知识。国家教育标准也是制定内部和外部质量保障机制评估标准的基础。[②]基于国家教育标准，2006 年 8 月 7 日，泰国教育部公布了与国家教育标准三个方面分别对应的高等教育标准，即《毕业生质量标准》《高等教育管理标准》以及《建立和发展知识型社会的标准》。此外，2008 年，高等教育委员会还制定了另外两个关于高等教育机构的标准——《教育管理能力标准》和《高等教育机构运行标准》，以促进高等

---

① Office of the Education Council，Ministry of Education，*Education in Thailand*，Bangkok：Ministry of Education，2017，p. 70.

② Office of the Education Council，Ministry of Education，*Education in Thailand*，Bangkok：Ministry of Education，2017，p. 71.

教育机构基于不同的理念、目标进行发展。[①] 而基于高等教育标准制定的 2009 年泰国高等教育资历框架则明确了高等教育毕业生的学习成果标准，即所有学科以及所有学位的毕业生在伦理和道德、知识、认知技能、社会交际技能和责任感、数据分析能力和信息技术能力等五个领域应达到的学习成果标准。

　　泰国公立高等教育机构必须要遵守国家教育质量评估与标准监测的相关规定，接受国家对教育质量评估与标准监测的宏观管理。泰国高等教育的质量保障主要由内部质量保障体系和外部质量保障体系两个部分构成。高等教育内部质量保障主要是由各高等教育机构自主负责，根据国家教育标准、高等教育委员会 2007 年颁布的《高等教育机构内部质量保障指南》以及 2014 年制定的《高等教育机构内部质量保障手册》等相关文件制定高等教育机构内部质量保障体系的标准和指标，设立校级、学院级、中心级等不同层级的教学质量保障委员会，对高等教育机构的教学、科研、社会服务、学生服务等进行多维度全方位深层次的监管，确保高等教育机构提供的教育能够达到国家教育标准，并基于内部的审查向相关部门提交自我评估报告。在外部质量保障上，《国家教育法》明确提出要成立一个公共组织——国家教育标准和质量评估办公室，由该办公室专门负责制定外部质量评估的方法、标准和指标。该办公室每五年会对泰国全部的高等教育机构实施一轮评估，评估结果不仅会反馈给各高等教育机构，也会向社会公众公布。由此可见，泰国的外部质量保障体系主要由社会第三方机构实施，而内部质量保障体系则主要由高等教育机构实施，实施主体不同，在质量保障的职责也不同。为此，泰国提出要加强内部质量保障体系和外部质量保障体系之间的融通，高度重视内外部质量保障体系的结合。泰国高等教育质量保障体系由内部和外部两个体系形成一个良性的循环。（参见图 4.6）

---

① Office of the Higher Education Commission，Ministry of Education，*Manual for the Internal Quality Assurance for Higher Education Institutions*，Bangkok：Ministry of Education，2017，p. 6.

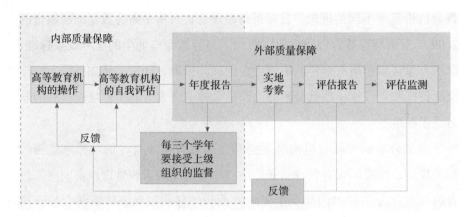

图4.6　泰国高等教育质量保障的流程

资料来源：The Office for National Education Standards and Quality Assessment，*Manual for Higher Educational Institutions*：*The Third-round of External Quality Assessment*（*2011-2015*），Bangkok：The Office for National Education Standards and Quality Assessment，2013，p.10.

　　除了国家教育标准、外部质量保障和内部质量保障外，泰国还制定了泰国高等教育资历框架（Thai Qualifications Framework for Higher Education）以及泰国国家资历框架（National Qualifications Framework），试图以此促进国内教育质量保障体系的构建，也促进国内知识、技能以及能力标准与国际的衔接。2003年，泰国开始构建泰国高等教育资历框架，在国家层面上确保高等教育和学历文凭（award titles）的统一，在国际层面也能够与其他国家和地区高等教育机构授予的学历文凭相比较和兼容。2006年泰国教育部高等教育委员会公布的《泰国国家高等教育资历框架实施指南》提出泰国高等教育资历框架拥有文凭、本科学位、研究生文凭、研究生学位、高等研究生文凭和博士学位等六级，并从伦理和道德、知识、认知技能、社会交际技能和责任感、数据分析能力和信息技术能力等五个领域详细地描述了每个级别的学习成果（参见表4.5），这明确了高等教育机构人才培养的要求，保证了不同高等教育机构相同项目相同学位的毕业生拥有同等的学习成果，也为高等教育机构设置有关学生培养的内部质量保障指标指明了方向。2009年7月，泰国高等教育资历框架及其指南正式出台，泰国教育部也极力促进高等教育界和利益相关者对此的理解，在全国高等教育机构中大力推进高等教育资历框架。基于此，教育部开展了科学、物流、生物技术、旅游和酒店管理、计算机、护理、教育以及农工业等八个学科的试点项目。①

表4.5　泰国高等教育资历框架的学习领域

学习领域	具体内容
伦理道德	在个人和公共生活中按照高道德标准以道德和负责任的方式行事；拥有一致的价值观和解决价值冲突的能力
知识	掌握具体事实的知识；掌握概念、原则和理论等方面的知识；掌握规章制度等流程方面的知识
认知技能	能够按照要求应用知识，理解概念、原则、理论和具体的流程；在遇到意料之外的新情况时，能够分析情境并批判地运用原则和理论等知识，创造性地解决问题
社会交际技能和责任感	有效的团队工作，发挥领导作用；承担个人和社会责任；计划并对个人的学习负责
数据分析和信息技术能力	能够使用基本的数学统计技术；能够通过口头和书面形式实现有效的沟通；能够使用信息和通信技术

资料来源：Office of the Higher Education Commission，Ministry of Education，*National Qualifications Framework for Higher Education in Thailand Implementation Handbook*，Bangkok：Ministry of Education，2006，pp.3-4.

表4.6　泰国高等教育资历框架中的层级描述符

	伦理道德	知识	认知技能	社会交际技能和责任感	数据分析和信息技术能力
第一级	承担个人和团队的责任；了解并遵守相关法规和行为准则；评估行动的适当性；明确冲突的性质	了解其研究领域的现状、原则和理论以及与其专业领域相关的法规和操作程序	将概念理论和探究过程应用于与其研究和/或就业相关的问题，根据分析制定合理的解决方案	独立思考和行动；有效的团队合作并发挥领导作用；识别个人知识技能中的弱点并继续学习	提出问题的解决方案；通过口头/书面的形式实现有效的沟通；有效利用信息技术

① C.S. Collins，et al.，*The Palgrave Handbooks of Asia Pacific Higher Education*，New York：Palgrave Macmillan，2016，p. 527.

续表

	伦理道德	知识	认知技能	社会交际技能和责任感	数据分析和信息技术能力
第二级	在涉及价值冲突的情况下，展现高道德标准；诚实正直，平衡个人团队的目标；树立榜样作用，发挥积极影响	对研究领域全面系统地把握，熟悉该领域的最新进展，批判认识已有的研究；熟知相关的法规和操作程序以及会根据环境的变化进行适当调整	能独立理解和评估各类新信息，得出结论并将结论应用于其他问题；能研究复杂的问题并提出具有创新性的解决方案，能基于经验评估方案的结果和影响	有效地解决团队合作的问题；领导团队呼吁创新；承担个人和团队的责任；识别个人／社会的问题并适当处理；继续学习，促进个人专业发展	创造性地使用数学／统计技术来解释相关信息并提出解决方案；在口头／书面上实现有效沟通，根据问题／受众，选择合适的沟通方式
第三级	在涉及价值冲突的情况下，展现高道德标准；诚实正直，平衡个人团队的目标；树立榜样作用，发挥积极影响	掌握学术／专业等领域的理论和实践知识；了解当前领域的研究／创新等方面的进展以及这些进展对理论和实践的影响	能运用理论知识和实践经验研究复杂的问题，根据需要使用相关的信息／技术；基于问题的情境得出结论并提出相应的解决方案	不论何种情况，都能有效地开展团队合作；在工作或其他场景中，拥有高度的责任感；学习所需的新知识／技能，提升个人素质	合理使用各种分析技术；在口头／书面上使用信息技术实现有效沟通；根据信息技术对不同受众的影响，合理使用技术提高效率
第四级	在学术／专业情境中复杂的道德问题谨慎处理；在问题并未按照现行的道德标准处理时，能坚守价值观和原则作出回应；发掘现行业务守则的不足以便改进，鼓励他人在沟通时遵循道德标准	对相关学科或主要领域全面系统地把握以及批判性地理解；熟知相关领域前沿理论、实践等动态；了解新知识对领域理论和实践发展的影响；了解当地／全球的规章制度对领域的影响	运用理论／实践知识处理问题，尝试提出创新性的解决方案；在信息不统一／缺失的情况下作出明智的判断；整合已有的研究提出新构想，或批判既定知识；创造性运用研究技术分析复杂问题，提出相关的结论／建议；独立执行大型项目	主动识别学术／专业情境下的复杂问题并提出解决方案；能够自主学习所需的知识／技能；承担个人的责任，有效开展团队合作，展现领导力，提高团队合作的工作效率	通过正式／非正式的形式，与学术／专业受众进行有效适当的沟通；批判性评估并有效利用所获取的数据，在调查、形成结论和提出建议等环节，使用各类信息技术

	伦理道德	知识	认知技能	社会交际技能和责任感	数据分析和信息技术能力
第五级	在学术/专业情境中复杂的道德问题谨慎处理；在问题并未按照现行道德标准处理时，能坚守价值观和原则作出回应；发掘现行业务守则的不足以便改进；鼓励他人在沟通时遵循道德标准；发挥道德的领导作用	全面把握专业领域当地/国际发展趋势；了解当前研究活动以及新兴理论的验证情况，判断在作出专业决策时，是否可以依据这些新兴理论/研究活动；熟知规章制度以及影响领域实践的相关专业行为准则	分析复杂的情境，应用最新的研究/实践知识，基于情境选择最适合的解决方案；能对复杂的问题进行深入的分析；能够掌控行动的结果，成效卓著的话能够将这种方法以实践的方式推广出去	自主积极地展开专业活动；对个人行为负责，基于客观反馈和意见提升个人的效率；帮助客户/同事提升其专业能力；促进团队的互动，在复杂的专业/社会情境下，发挥有效的领导作用	通过正式/非正式的形式，与学术/专业受众进行有效适当的沟通；批判性评估并有效利用所获取的数据，在调查、形成结论和在向不同受众提出建议时，使用各类信息技术
第六级	在学术/专业情境中谨慎处理复杂的道德问题；在问题并未按照现行道德标准处理时，能坚守价值观和原则作出回应；发掘现行业务守则的不足以便改进，鼓励他人在沟通时遵循道德标准；发挥道德的领导作用	对领域的知识、理论原则、概念等有深入的了解；熟知领域的最新进展，包括新兴的问题和技术以及研究结论推广中存在的挑战；对泰国/他国该领域的变革了然于胸；对与该领域相关的其他领域的发展也有全面的把握	熟知先进的理论和技术，并能运用其来分析重大问题的分析和提出创新的解决方案；基于领域已有的研究，提出新的构想；能够处理专业领域涉及新知识和实践发展的复杂问题，设计实施重大的项目	自主积极地展开专业活动；对个人行为负责，基于客观反馈和意见提升个人的效率；促进团队的互动，在复杂的专业/社会情境下，发挥有效的领导作用	通过正式/非正式的形式，与学术/专业受众进行有效适当的沟通；定期评估并有效利用所获取的数据，在调查、形成结论和提出建议时，使用各类信息技术

资料来源：Office of the Higher Education Commission，Ministry of Education，*National Qualifications Framework for Higher Education in Thailand Implementation Handbook*，Bangkok：Ministry of Education，2006，pp.15-26.

2013 年，泰国教育委员会办公室公布了国家资历框架，将此作为在高等教育资历框架和职业教育资历框架基础上开发的学分转换系统（credit transfer system）。国家资历框架被视为评估个人学习能力、将资历与经验进行衔接的重要工具，也被视为将各级各类教育进行衔接贯通、促进终身学习的强有力的工具。目前，泰国教育部教育委员会办公室正在大力推动国家资历框架的实施，并与东盟国家建立合作共同创建东盟资历参照框架（ASEAN Qualifications Reference Framework）。

二、泰国高等教育内部质量保障体系

泰国高等教育质量保障体系包括内部质量保障和外部质量保障两部分。内部质量保障由各个相关教育机构负责，它注重高等教育机构的自我评价和改进的过程，包括学生的发展情况、学术活动等。《国家教育法》提出"内部质量保障"是指教育机构内部人员及其上级领导机构对教育机构的教学成果、教育质量进行评估和监督的行为；第六章"教育质量标准与保障"第 48 条明确指出教育机构及其上级领导机构要制定一套内部质量保障系统，教育机构必须严格按照内部质量保障系统对其教育质量进行严格有效的监督，每年向上级领导机构以及相关部门提交年度报告，并向社会公布此报告。各高等教育机构设有校级、学院级、中心级等不同册次级别的教学质量保障委员会，负责对学校的教学、科研和学生服务等多个方面进行全程的监督和控制，确保高等教育机构提供的教育能达到国家和国际的标准。泰国教育部尤其是教育部下设的高等教育委员会，在泰国高等教育内部质量保障中也发挥了重要的作用。高等教育委员会制定有关内部质量保障的标准和方法的指南，并基于内部和外部质量保障评估的结果，为高等教育机构提升其教育质量提出具有针对性的意见；此外，高等教育委员会负责高等教育机构的资助和监督，负责监督高等教育机构的建立和关闭，它需要定期对各高等教育机构进行一次外部的审查监督工作，审查批准高等教育机构提交的新学位项目，如果高等教育机构的质量不过关，且未在规定的时间内纠正这些质量问题，高等教育机构很有可能会被关闭。

　　泰国对高等教育机构内部质量保障体系的关注和研究由来已久，最早可追溯至 20 世纪末，当时的大学事务部就高度关注高等教育机构的内部质量保障问题，并提出了内部质量保障的 11 项指标，包括理念、使命、目标和实施计划、教学规定、学生发展活动、研究、对社区的学术服务、对艺术文化的保护、行政管理、经费预算、质量保障体系和机制。[①] 2003年教育部公布了《教育部关于高等教育机构内部质量保障体系、标准与程序的规定》(*Ministerial Regulation Regarding Systems，Criteria，and Procedures for Internal Quality Assurance in Higher Education Institutions*)，指出高等教育机构的内部质量保障需遵循以下三个重要的原则：(1) 高等教育机构能够独立、灵活地管理其课程、预算、人员和资源；(2) 府 / 私人机构、地方行政组织、企业家、当地学者、当地社区和家长将能够参与高等教育管理和质量保障；(3) 其他组织可以检查高等教育机构的标准和所有内部操作。内部质量保障是外部质量评估的基础，所有教育机构都遵循其监督机构制定的内部质量保障标准指南。为此，2007 年高等教育委员会制定了《高等教育机构内部质量保障指南》(以下简称《指南》)，用于指导各高等教育机构的内部质量保障。《指南》包括了 9 个有关质量保障的要素以及 44 项指标，这对高等教育机构内部质量保障的实施提出了统一的要求。[②] 在《指南》颁布前，高等教育机构内部质量标准各不相同；《指南》的颁布对所有高等教育机构的内部质量保障提出了统一的要求，有利于高等教育机构内部质量保障体系的发展。它允许高等教育机构在内部质量评估中增加能反映机构特性的指标。2007 年的内部质量保障体系是高等教育机构统一运行的第一个内部质量保障体系，也吸纳了之前提

---

①　Somwung Pitiyanuwat，"The Standards and Key Performance Indicators of External Quality Assurance for Higher Education in Thailand"，*Journal of Research Methodology*，Vol.18 No.2 (May-August 2005)，p.171.

②　[泰] Nuanthip Kamolvarin：《泰国教育质量保障体系及运行机制的反思》，《教育发展研究》2009 年第 3 期。

出的对于高等教育机构的内部质量评估中的指标，例如 2007 年内部质量保障体系在操作运行方面的指标囊括了投入、过程和产出 / 成果指标，涵盖了之前 2003 年《教育部关于高等教育机构内部质量保障体系、标准与程序的规定》中提及的质量指标，也与国家教育标准、高等教育标准以及国家教育标准和质量评估办公室公布的外部评估质量的指标保持一致。由此，第一轮内部质量评估（2007—2009）开始实施，它对高等教育机构内部质量保障提出了统一的要求外，在部分指标上也考虑到了高等教育机构的多种类型，在学习和创新方面的评估指标包括适用于所有高等教育机构的指标，也包括适用于不同侧重点的高等教育机构的指标，例如侧重于研究生培养和研究、研究生培养和社会发展、研究生培养和文化发展、完全侧重研究生培养的这四类高等教育机构。但第一轮内部质量评估时，大多数高等教育机构缺乏强调质量周期的工作系统，因此大多数指标都过度强调过程。① 此外，自 2009 年以来，教育部还为高等教育机构开发了一个在线的质量保障数据库系统（educational quality assurance database system，CHE QA Online），鼓励高等教育机构随时进行自我评估，不断在线更新自我评估的相关数据，也要求高等教育机构在学年结束的 120 天内通过该系统提交机构的年度自我评估报告。

相较于第一轮侧重于评估过程性指标，2010 年开始的第二轮内部质量评估（2010—2013）则重点关注投入和过程性指标，第三轮内部质量评估关注的重点是产出 / 成果类指标，并借用国家教育标准和质量评估办公室的指标，因此第三轮（2014—2018）制定的标准与第一轮不同，一方面囊括了适用于所有高等教育机构的一般的标准和指标，另一方面还包括了适用于特定类型的高等教育机构的标准和指标。

2014 年 1 月，高等教育委员会在《高等教育机构内部质量保障手册》（*Manual for the Internal Quality Assurance for Higher Education Institutions*）

---

① Office of the Higher Education Commission，Ministry of Education，*Manual for the Internal Quality Assurance for Higher Education Institutions*，Bangkok：Ministry of Education，2017，p. 15.

中提出，在制定内部质量保障体系时，要综合考虑《高等教育第二个十五年长期发展规划（2008—2022）》《第十一个高等教育发展规划（2012—2016）》《高等教育标准》及 2009 年泰国高等教育资历框架等相关要求，并基于高等教育机构的四个主要任务——培养学生、开展研究、为社会提供学术服务以及保护艺术和文化，提出在学校和学院层面制定 9 个内部质量评估要素：（1）高等教育机构的宗旨、目标和实施计划；（2）毕业生生产；（3）学生发展活动；（4）研究；（5）社区学术服务；（6）艺术和文化的保护；（7）行政管理；（8）财务和预算编制；（9）质量保障体系和机制。高等教育委员会根据这 9 个质量要素设置相关的指标，并对指标的实际操作、评分细则、要求等内容进行了详细的阐述。① 建立内部质量保障体系必须包括对结果的监督、检查和评估等环节，为此，高等教育委员会提出高等教育机构必须按照其创建的内部质量保障体系每个学年对课程、学院和学校层面的质量进行评估，以期第二年根据前一年的评估结果进行改进、提升教育质量。此外，高等教育委员会每三年需要根据高等教育机构的内部质量保障体系进行检查，将相关意见反馈给高等教育机构并向社会公布检查结果。尤其需要指出的是关于毕业生的质量相关的指标，《高等教育机构内部质量保障手册》表明必须要与泰国高等教育资历框架的要求保持一致，参照泰国高等教育资历框架对不同层级毕业生伦理道德等各领域的学习成果的要求。

2014 年 12 月《高等教育内部质量保障委员会关于高等教育内部质量保障标准和指南的公告》（*Announcement of the Higher Education Internal Quality Assurance Committee Regarding Criteria and Guidelines for Internal Quality Assurance in Higher Education*）正式发布。该公告指出要制定项目课程、学院和学校共三个层面的内部质量保障体系，并明确提出根据学术自由和独立性的原则，高等教育机构可以自主选择内部质量保障体系。为

① Office of the Higher Education Commission, Ministry of Education, *Manual for the Internal Quality Assurance for Higher Education Institutions*, Bangkok: Ministry of Education, 2014, p. 21.

此，高等教育委员会对 2014 年的《高等教育机构内部质量保障手册》进行更改，于 2017 年再度发布《高等教育机构内部质量保障手册》，明确指出要建立三个层次的内部质量保障体系，即项目课程层次、学院层次以及学校层次。2017 年版本的《高等教育机构内部质量保障手册》保留并简化了学院和学校层级的要素以及相关的指标，并增加项目课程层次的要素与指标。(具体的要素和指标可参见下表 4.7)《高等教育机构内部质量保障手册》不仅指出每所高等教育机构都必须基于国家高等教育标准建立内部教育质量保障体系，至少要做到能满足国家高等教育标准的最低要求，从项目课程、学院以及学校三个层次对高等教育机构内部质量保障体系的构建提出建设性的方向，还提出鉴于高等教育机构的类型多样化、其背景和愿景迥异，高等教育机构能够根据其特性选择适合其机构的内部质量保障体系，可以选择高等教育委员会开发的内部质量保障体系，也可以选择国际认可的内部质量保障体系如东盟大学网络质量保障体系（ASEAN University Network-Quality Assurance）以及卓越绩效教育标准（Education Criteria for Performance Excellence）体系，也可以自行开发内部质量保障体系。至此，泰国的内部质量保障体系及其标准指标逐渐成形。

表 4.7 高等教育机构内部质量评估指标

层次	要素	指标
课程项目	监管标准	1. 按照高等教育委员会设定的标准进行课程管理
	毕业生	1. 毕业生质量要与泰国高等教育资历框架保持一致
		2. 毕业生的就业情况 / 研究成果
	学生	1. 学生入学情况
		2. 学生发展的支持
		3. 学生的情况（毕业率、学生满意度等）
	指导者	1. 教师的管理和发展
		2. 教师的质量
		3. 教师的情况（留任率、满意度等）

续表

层次	要素	指标
	课程和学习者评估	1.项目课程的内容
		2.教师指导中心的设立
		3.学习者评估
		4.根据泰国高等教育资历框架判断项目运行结果
	学习支持	1.学习资源
学院 & 学校	学生培养	1.课程管理的结果
		2.拥有博士学位的全职教师
		3.拥有学术职称的全职教师
		4.师生比（该指标仅学校层面的要求）
		5.给予本科生的服务
		6.本科生活动
	研究	1.管理和开发研究/创新活动的机制体制
		2.研究/创新活动的资金支持
		3.全职教师和研究员的学术成果
	学术服务	1.对社会的学术服务
	艺术和文化保护	1.艺术和文化保护的机制体制
	行政管理	1.学院/学校层面的管理，监督产出
		2.监督课程质量的机制
		3.学院管理的结果（该指标仅学校层面的要求）

资料来源：Office of the Higher Education Commission，Ministry of Education，*Manual for the Internal Quality Assurance for Higher Education Institutions*，Bangkok：Ministry of Education，2017，pp. 32-35，80-81，110-111.

　　泰国政府还出台了相关的政策，为高等教育内部质量保障体系的开发提供法律依据和保障。2010 年《教育部关于教育质量保障体系、标准与程序的规定》（*Ministerial Regulation on System，Criteria，and Procedures for Educational Quality Assurance*）对内部质量保障的方法、机制体制等做出了明确的规定。2018 年 2 月公布的《教育部关于教育质量保障的规定》（*Ministerial Regulation On Educational Quality Assurance*）重申了高等教育机构应当按照泰国高等教育标准和其教育类型，自主建立起其内部质量保障体系，应制定并实施重点关注教育质量的发展计划和管理计划，应根据教育标准对教育质量进行内部检查和评估，监督其运行绩效，并向上级机构提交自我评估年度报告。同年 8 月，教育部公布了《教育部关于高等教育标准的公告》（*Ministry of Education Announcement on Higher Education Standards*），提出了在"泰国 4.0 战略"的新时代背景下将根据时代的进步和社会经济的需求改变高等教育标准——学习者成果、研究和创新、学术服务、艺术文化和泰国身份以及教学管理（参见表 4.8），以此取代 2006 年公布的高等教育标准。[①] 高等教育标准的更改是否会对之后的高等教育机构的内外部质量保障体系的指标产生影响？内外部质量保障体系的标准和指标是否也会相应发生变化？这仍值得持续关注。

表 4.8　泰国 2018 年新高等教育标准

高等教育标准	具体的内容
学习者成果	（1）能培养知识渊博、能干、拥有系列通用知识、能够为个人家庭社区和社会营造稳定较高质量的生活的学习者；拥有终身学习能力，且具有高道德素质和职业素养、勤奋、坚持的学习者；（2）能够促进创新；拥有 21 世纪技能；能够整合各个领域的知识，着力改善社会条件或解决社会问题；拥有创新创业的专业知识，了解当前社会的变化，为个人、社区、社会和国家创造机会并增加价值；（3）能培养有道德、勇气的公民；其能理解并认识到保持泰国价值观的重要性；促进家庭、社会、地区和全球的和平与福祉。
研究和创新	高等教育机构能够创造并应用新知识；基于机构的能力和特点，发展与经济、社会、艺术和文化以及环境密切相关的创新或知识；加入国内外高等教育机构、公私组织网络；研究和创新要能满足国家战略和泰国社会、社区、公私部门以及整个国家的需求；研究和创新要能对学习者的发展产生重大影响，促使其改善生活质量，创造增值机会，提高国家全球竞争力。

---

① Ministry of Education，*Ministry of Education Announcement on Higher Education Standards B.E.2561*，Bangkok：Ministry of Education，2018.

续表

高等教育标准	具体的内容
学术服务	高等教育机构应根据其自身的专业水平和特点，与其他高等教育机构以及国内外公私部门合作提供学术服务，满足当地社区和整个社会的需求；学术服务旨在提高学习者、家庭、社区、社会以及国家的能力。
艺术、文化和泰国身份	高等教育机构提供研究、学术服务等服务，促进对艺术文化知识的传播和理解，并结合机构自身的专业水平和特性，以适当的方式应用泰国和外国的艺术和文化；促进民众对泰国国民身份的认同感和自豪感，促进学习者为社区、社会和国家创造价值。
教学管理	(1) 高等教育机构应根据国家战略和国家的经济、社会和环境需求，与当地社区、社会、公私部门合作共同制定培养方案和教学方法，促使学习者综合发展。(2) 高等教育机构应按照既定的使命和愿景运作，人力资源的管理上要遵循善治的原则；尊重多样性和学术自由，并且做到高效、透明和负责。(3) 高等教育机构应在课程、学院和学校层面推进质量保障体系，开展高效的教育质量的监督、审计和评估；按照高等教育课程标准、国家高等教育资历框架以及教育部规定的其他标准对教育进行监督。

资料来源：Ministry of Education，*Ministry of Education Announcement on Higher Education Standards B.E.2561*，Bangkok：Ministry of Education，2018，pp.1-3.

三、泰国高等教育外部质量保障体系

按照《国家教育法》的规定，高等教育的外部质量保障由 2000 年成立的国家教育标准和质量评估办公室负责。2000 年《关于设立国家教育标准和质量评估办公室的皇家法令》（*Royal Decree on the Establishment of the Office for National Education Standards and Quality Assessment*）明确指出国家教育标准和质量评估办公室的权力和职责范围包括了以下六个方面：(1) 创建外部质量评估体系，基于教育机构的质量保障体系建立有效的外部质量评估体系框架；(2) 开发外部质量评估的标准和相关的指标；(3) 对外部质量评估专家进行资质的认定；(4) 监督和制定由外部评估专家实施的外部评估标准，并对标准进行认证，但在必要情况下，或为有利于外部评估体系的开发研究；(5) 培训外部评估专家，准备培训课程，鼓

励专业人员或学术机构参与培训，提高培训的效率和质量；(6) 向部长委员会提交教育质量标准的年度评估报告，为部长和有关机构制定教育政策和分配预算提供参照，向有关部门和公众发布报告。[①] 国家教育标准和质量评估办公室不仅负责制定外部评价的标准和方法，要求所有的高等教育机构必须至少每五年接受一次外部质量评估，评估高等教育机构的优劣势并为其发展提供有建设性价值的建议，评估结果需要提交给相关机构，并向公众公布，促使高等教育机构不断提升其教育质量，实现有效的教育管理。在进行评估时，由私立组织、专业组织和学术组织人员构成的外部评估组需要使用"友好评估模型"(Amicable Assessment Model)，该模型旨在提高评估的质量和效率。此外，为了确保外部教育质量评估符合各级教育重点、类型和水平，使外部教育质量评估更具针对性，国家教育标准和质量评估办公室下设了三个委员会，即基础教育评估体系发展委员会 (Committee for Development of Assessment Systems for Basic Education)、职业教育评估体系发展委员会 (Committee for Development of Assessment Systems for Vocational Education) 和高等教育评估体系发展委员会 (Committee for Development of Assessment Systems for Higher Education)，分别负责基础教育、职业教育和高等教育领域外部质量评估相关标准、指标和评估模式的构建，监督各级教育机构的教育质量，确保各级教育机构的质量和标准符合要求。

2001—2015 年的 15 年期间，国家教育标准和质量评估办公室总共进行了三轮高等教育外部教育质量评估，每一轮外部质量评估都基于上一轮评估的结果，并结合当下高等教育发展的现状，对高等教育外部质量评估的标准、相关的指标、评估的方法等做了适当的调整，确保每一轮的外部质量评估都更具科学性和合理性。三轮外部质量评估的侧重点有所不同，第一轮评估旨在促进高等教育机构对内部质量保障的重视，了解高等教育

---

① Office for National Education Standards and Quality Assessment, *A Glimpse at ONESQA*, Bangkok: Office for National Education Standards and Quality Assessment, 2017, p. 5.

机构的现状，为外部质量评估做准备工作；第二轮评估基于第一轮评估的结果，制定了高等教育外部质量评估的体系和标准，对高等教育机构的质量和标准等进行评估；第三轮则聚焦如何提高教育的产出而非过程性的教育质量标准。①2001—2005 年，国家教育标准和质量评估办公室实施了首次教育质量外部评估，收集高等教育机构教育质量的相关信息，建立相关数据库，为开发第二轮外部质量评估的标准以及相关的指标做准备工作。高等教育机构类型多样且院校间差异较大，第一轮外部质量评估的结果无法充分地呈现各高等教育机构的质量，但在首轮外部评估后，国家教育标准和质量评估办公室根据外部质量评估的相关数据，将泰国高等教育机构分为以下四类：教学与研究型大学、教学与社会发展型大学、教学与艺术发展型大学以及教学型大学。此外，根据这四种分类，高等教育评估体系促进委员会设定了 7 项共同标准、39 项共同指标以及 9 项选择性指标。②2006—2010 年，国家教育标准和质量评估办公室对泰国全国高等教育机构进行了第二轮教育质量外部评估，在此轮评估中，不同类型的高等教育根据高等教育评估体系促进委员会制定的不同的标准和指标实施评估，进一步提升了外部评估的科学性和合理性。

　　国家教育标准和质量评估办公室公布的《第三轮高等教育机构外部质量评估手册（2011—2015）》提出第三轮高等教育外部质量评估要基于以下六个原则：（1）提高高等教育的质量。（2）外部质量评估要基于可靠的数据，保证评估的公正性、问责和透明性。（3）在学术和国家教育政策间寻求平衡；实现统一的战略规划；鼓励每个高等教育机构根据其机构和学生的潜力设定明确的目标，提高教育质量。（4）支持高等教育机构建立其内部质量保障体系。（5）鼓励国家、私营部门、地方行政组

---

① Office for National Education Standards and Quality Assessment，*Manual for Higher Educational Institutions*：*The Third-round of External Quality Assessment*（*2011-2015*），Bangkok：Office for National Education Standards and Quality Assessment，2013，p. 1.

② ［泰］Nuanthip Kamolvarin：《泰国教育质量保障体系及运行机制的反思》，《教育发展研究》2009 年第 3 期。

织、个人、家庭、当地社区、专业协会、宗教部门以及其他社会机构参与到高等教育的质量保障和教育发展中。(6)综合考虑学术资源以及高等教育机构的理念、目标、愿景、使命等内容。此外，第三轮的外部质量保障评估注重高等教育机构的多样性。《第三轮高等教育机构外部质量评估手册（2011—2015）》的第六项原则不难看出国家教育标准和质量评估办公室开始重视高等教育机构的多样性问题，在外部质量评估中考虑高等教育机构的理念、目标等个性化因素。国家教育标准和质量评估办公室主任查纳隆·潘荣罗吉（Channarong Pornrungroj）表示，第三轮的外部质量评估中引入了一个新的概念，即"降低负担，增强创造力和友好性"（Burden Reduction，Creativity and Amicability），并立足于"简化综合"（Better Together Simplify）的原则，简化先前的评估指标，创建了三维核心指标体系（3D-Key-Performance-Indicators），这三维可以构成一个循环（参见图 4.7），旨在提高教学质量，国家教育标准和质量评估办公室聚焦高等教育机构在课堂、教育机构和社会三个维度上的相关指标，对高等教育机构进行外部质量评估，并根据评估结果提供相应的改进建议以提升高等教育机构的质量。三维核心指标体系主要包括以下三个维度：第一维是基本指标，即所有高等教育机构都需遵循的基本指标；第二维强调高等教育机构的个性化指标，综合考虑高等教育机构的理念、愿景和使命等内容；第三维是社会责任指标，评估高等教育机构的社会服务绩效。第三轮外部质量评估中，国家教育标准和质量评估办公室制定了 4 项标准（即学习成果、以学生为中心的课堂管理、教育管理以及内部质量保障）和 18 个具体指标，其中包括 15 个基本指标、2 个个性化指标以及 1 个社会责任指标。（参见表 4.9）《第三轮高等教育机构外部质量评估手册（2011—2015）》不仅明确了第三轮高等教育机构外部质量评估的标准和指标，还对各个指标的具体要求和评分细则等内容进行了详细的阐述。

第三轮外部质量评估（2011—2015）结果表明，大多数高等教育机构的外部质量评估成绩为"良好"（3.83—4.46），其中社区学院的表现尤

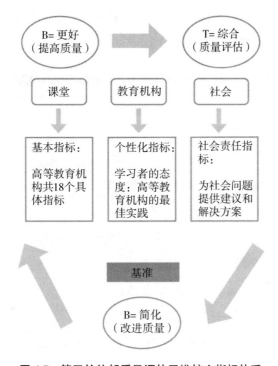

图 4.7　第三轮外部质量评估三维核心指标体系

注："基准"适用于高等教育机构认为基本指标不完全适用的情况。
资料来源：Office for National Education Standards and Quality Assessment. *Advanced Research & Innovation in Quality Assurance*，Bangkok：Office for National Education Standards and Quality Assessment，2015，p. 9.

为突出，其外部质量评估成绩为"优秀"（4.55）。同时，所有公立高等教育机构也都通过了外部质量评估与认证。但仍值得注意的是，私立高等教育机构的外部质量评估与认证率为89.85%，仍有较大的提升空间。从三维核心指标来看，大多数高等教育机构在基本指标方面表现为"良好"，在个性化指标和社会责任指标上表现"优秀"。综合第三轮外部质量评估的结果，国家教育标准和质量评估办公室建议高等教育机构推动高等教育机构教学人员的深造，尤其是鼓励低于博士学位的教师继续深造获得博士学位，鼓励师生开展研究，建立相关的信息和数据库等。此外，国家教育标准和质量评估办公室还对不同类型的高等教育机构提出了不同的要求。例如，对于普通高等教育机构，该办公室认为其应该重视指标4、5、6、

7 和 14 的发展，而专业型高等教育机构应着重关注指标 5、6、7 和 14，地区警察培训中心则应聚焦指标 16。[①]

表 4.9 第三轮高等教育外部质量评估的标准和指标

指标		具体指标	标准
基本指标	毕业生质量	1. 学士学位毕业生毕业后一年内能就业	学习成果以及以学生为中心的课堂管理
		2. 高等教育机构毕业生的质量与泰国高等教育资历框架的要求保持一致	
		3. 硕士研究生研究成果的发表与共享	
		4. 博士研究生研究成果的发表与共享	
	研究和创新	5. 研究和创新成果的发表	
		6. 研究和创新成果的孵化	
		7. 经过质量认证的学术成果	
	学术服务	8. 从为社会提供的学术服务中获取知识和经验，将其应用于发展高等教育机构的教学和研究	
		9. 学术服务对社区或其他校外组织的作用	
	发展艺术和文化	10. 扶持和促进艺术文化的发展	
		11. 促进艺术和文化中美学的发展	
	机构管理和发展	12. 高等教育机构理事会在履行其相关的职责等方面的表现	教育管理
		13. 高等教育机构管理人员在履行其相关的职责等方面的表现	
		14. 师资队伍的建设与发展	
	内部质量保障体系	15. 受到上级组织认可的内部质量评估结果	内部质量保障

---

① Office for National Education Standards and Quality Assessment，*Executive Summary*：*Synthesis of Third-round External Quality Assessment for Higher Education*，Bangkok：Office for National Education Standards and Quality Assessment，2015，p. 1.

续表

指标		具体指标	标准
个性化指标	发展成果具有个性化特征	16. 发展成果呈现高等教育机构的特性（高等教育机构的管理产生的个性化特征；个性化的毕业生培训）	学习成果以及以学生为中心的课堂管理
		17. 发展成果呈现高等教育机构特色专业和优势	
社会责任指标	在不同领域指导和解决社会问题的证据	18. 高等教育机构在解决社会问题、提出改进举措、使社会免于威胁（包括校内、校外的威胁）等方面发挥的作用	

资料来源：The Office for National Education Standards and Quality Assessment，*Manual for Higher Educational Institutions*：*The Third-round of External Quality Assessment*（*2011-2015*），Bangkok：Office for National Education Standards and Quality Assessment，2013，pp.13-14.

此外，国家教育标准和质量评估办公室还尝试创新外部质量评估模式，引入"区域评估模式"（Area-based Assessment），立足于区域，按照府的区域行政分划对高等教育机构进行外部质量评估，加强区域质量保障体系。"区域评估模式"旨在加强高等教育机构和当地公私部门之间的合作关系，研究教育机构如何响应当地社区的发展需求，并鼓励各府内所有部门都积极参与本区域教育的评估和发展。此外，评估后，将根据各区域的评估结果，结合各区域的独特性提出具有针对性的建议，做到"一区一策"，特别是在教育资源和预算的拨款上，做到更具有区域的针对性。第一阶段（2012）首先着眼于泰国北部的帕府（Changwat Phrae）、中部信武里府（Changwat Sing Buri）、猜纳府（Changwat Chai Nat）、夜功府（Changwat Samut Songkhram）和达叻府（Changwat Trat）、南部的春蓬府（Changwat Chumphon）、攀牙府（Changwat Phang Nga）以及东北部的安纳乍仑府（Changwat Amnat Charoen）等8个府。按照计划第二、三、四个阶段相继邀请其他府加入区域评估，第二个阶段（2013）将涵盖泰国的20个府，到第三个阶段（2014）的时候将覆盖41个府。国家教育标准和质量评估办公室表示，将基于区域评估的结果，举办教育质量节，呈现各区域的评估结果、存在的问题和障碍，提出提高教育质量的指导方针，并鼓励府一级开展"创意对话"，与区域内的各部门合作，基于评估结果以及相关的指导方针明确提升区域教育质量的具体举措。[①]

泰国国家教育标准和质量评估办公室还推行"1 对 9"项目（"1 for 9"Project），鼓励教育资源充沛、外部质量评估优秀的高等教育机构在零预算的情况下自愿加入该项目，充当导师的角色协助其他 9 个高等教育机构，为其提供各种方式的指导（包括咨询等方式），协助其提高教育质量，促进高等教育机构加强教育质量上的合作与交流，促进泰国高等教育机构之间的关系进行转型，从竞争关系向互帮互助的关系转型。第一阶段，邀请朱拉隆功大学、清迈大学、宋卡王子大学、孔敬大学等 9 所综合实力较强的高等教育机构参与到该项目中，第二、三阶段分别邀请 99 所高等教育机构作为导师加入该项目，以期最后在泰国创建"教育质量链"（Educational Quality Chain）。[②] 此外，国家教育标准和质量评估办公室还着眼于外部质量评估的评估员，开发了 QC100 的监管体系，向所有教育机构发放问卷调查其对评估员的建议，加强评估员在评估知识、评估环节、道德规范等相关方面的能力，进而加强外部质量评估的可信度和合理性。

泰国目前正在进行第四轮外部教育质量评估（2016—2020），国家教育标准和质量评估办公室表示该轮外部教育质量评估将聚焦高等教育机构的整体表现，在评估过程中使用信息技术（IT-based），并强调外部质量评估是用以验证高等教育机构内部质量评估结果的。因此，这一轮外部质量评估宣称将基于上级组织的质量评估标准和指标展开。在本轮评估正式启动后，国家教育标准和质量评估办公室鼓励高等教育机构通过办公室开发

---

① Office for National Education Standards and Quality Assessment, *Advanced Research & Innovation in Quality Assurance*, Bangkok: Office for National Education Standards and Quality Assessment, 2015, p. 13.

② Office for National Education Standards and Quality Assessment, *Advanced Research & Innovation in Quality Assurance*, Bangkok: Office for National Education Standards and Quality Assessment, 2015, p. 13.

的自动化质量保障系统（Automated QA）在线提交其自我评估报告，该系统将于 2021 年开始的第五轮外部质量评估中全面实施。

整体来说，泰国高等教育质量保障体系取得了不错的进展，构建了内部和外部质量保障体系，尝试创新评估模式，引入"区域评估模式"，按照府的区域行政分划对高等教育机构进行外部质量评估，并在质量保障标准和指标统一化的基础上，考虑到了高等教育机构类型多样化差异大的现实情况，推行三维核心指标体系，在基本指标的基础上增加了"个性化指标"，承认个别高等教育机构的特别目标，接受评估结果的多样性，认为整个国家教育不应该是完全统一一致的而应该是多样化的。但泰国高等教育质量保障体系也存在着质量保障主体单一、质量标准过度统一化、质量保障过程繁杂等问题。①

---

① 洪晓霞：《泰国高等教育质量保障体系研究》，硕士学位论文，西北大学公共管理学院，2018 年。

第五章　泰国职业教育政策与变革

泰国的职业教育体系在泰国政府"职业教育为国家建设服务"（vocational education for nation building）的口号下发挥了重要的作用，成为推动泰国走向繁荣的关键引擎。按照泰国学者的说法，目前泰国的职业教育体系反映了"不可能的梦想"（impossible dream）和"双城记"（a tale of two cities）的隐喻。[①]

第一节　泰国职业教育历史与现状

一、泰国职业教育的历史回顾

1804—1868 年间（即国王拉玛四世时期），泰国开始出现对职业技术人才的需求。在这期间，泰国引入了很多西方现代科学技术。拉玛五世朱拉隆功国王也非常重视现代技术，引入了铁路、自来水厂和发电站等。此时，泰国对熟练技工的需求也逐渐增加。1902 年，泰国倡导要让所有的学生都能够接受普通教育或者专业的职业教育。由于泰国传统观念认为，技术岗位不如公务员的社会地位高，因此泰国人民学习技术的积极性依旧

① Yongyuth Chalamwong and Wanwisa Suebnusorn, "Vocational Education in Thailand: Its Evolution, Strengths, Limitations, and Blueprint for the Future", in *Education in Thailand: An Old Elephant in Search of a New Mahout*, Gerald W. Fry (Ed.), Singapore: Springer Nature Singapore Pte Ltd., 2018, p. 163.

很低。

为了扩大职业教育的影响力，泰国于 1909 年将职业教育划分为正规和非正规职业教育。非正规职业教育主要侧重医学、英文和商业等特定职业。1910 年，泰国专门建立了如拉嘉布拉那寺（Wat Ratchaburana）这样的寺庙教授职业相关的知识和技能。随后，职业教育从最初的几所寺庙拓展到其他的职业教育机构。但是，泰国此时的熟练劳动力依然非常欠缺，而且社会对技术工作的偏见也比较严重。为了改善这一情况，泰国国王拉玛六世于 1913 年建立了博昌（Poh-Chang）学校。这所学校专门为学习者提供农业、手工业以及商业的培训。1932 年，非正规职业教育被正式列入泰国国家发展计划。1936 年，职业教育成为一项正式国家教育制度。然而，职业教育作为"后来者"，从一开始就处于与普通教育相比较的次等管理地位。根据当时的《达马汗部委结构改革皇家法令》（*Royal Decree of Structural Reform of the Dhammakan Ministry*），泰国政府在公共教育部下设立了课程与教学开发司（Department of Curriculum and Instruction Development）和普通教育司（Department of General Education）。因此，从 1938 年开始，职业学校仅由课程与教学开发司的职业教育处管理①，而正规教育学校则由普通教育司管理。1941 年公共教育部改组后，原来的技术司（Technical Department）降格为技术处（Technical Division），同时新设立职业教育司②（Department of Vocational Education）。③

与此同时，泰国政府积极与外国政府合作开办职业教育院校。泰国第一所职业技术院校始于 1952 年在美国援助下建立的曼谷技术学院（Bangkok Technical Institute）。此后，泰国政府分别在 1954 年、1956 年

---

① 该司还设有秘书办公室、教材处和考试处。

② 该司下设秘书办公室、学校处和学术处。2003 年 7 月，该司改组升格为教育部职业教育委员会办公室。

③ Yongyuth Chalamwong and Wanwisa Suebnusorn, "Vocational Education in Thailand: Its Evolution, Strengths, Limitations, and Blueprint for the Future", in *Education in Thailand: An Old Elephant in Search of a New Mahout*, Gerald W. Fry (Ed.), Singapore: Springer Nature Singapore Pte Ltd., 2018, pp. 166-167.

和 1957 年建立了南方技术学院（Southern Technical Institute）、东北技术学院（North-Eastern Technical Institute）以及北方技术学院（Northern Technical Institute）。1965 年，泰国政府与德国政府合作，泰国教育部职业教育司在东北部城市孔敬（Khon Kaen）建立孔敬技术学院（Khon Kaen Technical College）。1971 年，泰国政府又与奥地利政府合作，在春武里府（Chonburi）建立泰奥技术学院（Thai-Austrian Technical College）。到 1979 年，泰国教育部职业教育司下属的职业教育机构已达 159 所，其中学院（college）层次的机构达 90 所。[①]

泰国对职业教育学历的管理经历了从结业证书到学士学位的发展过程。1956 年，职业教育的高级结业证书获得泰国政府的认可。20 世纪 60 年代，泰国政府在其教育改革发展战略中明确提出，泰国要大力发展职业教育以培养大量的技术人才从而适应市场和经济的发展。这一时期，泰国的很多职业教育机构被授权升格为学院（college），并开始提供文凭（diploma）层次的教育。泰国教育部职业教育司建立第一所该类型的学院即帕纳空商业学院（Phranakorn Commercial College）。20 世纪 70 年代，就读职业院校的学生不断增多，很多学生都有继续学习的意愿，但是只有北曼谷蒙固国王技术学院能够为这批学生提供受教育的机会。为了帮助职业教育的学生获得学历，泰国政府合并了职业教育司管辖下的 28 所学院，成立技术和职业教育学院（即后来的泰国皇家理工学院和泰国皇家理工大学），并允许其颁发学士学位。1971 年，技术和职业教育学院开始授予学士学位，其他的学院也陆续在 1975 年获得了学位授予的资格。1976 年，技术学院和职业教育学院开始开设高等职业教育课程。泰国政府于 1981 年开始引入职业教育证书制度，并于 1984 年引入职业教育和高等技术教

---

① Yongyuth Chalamwong and Wanwisa Suebnusorn，"Vocational Education in Thailand：Its Evolution，Strengths，Limitations，and Blueprint for the Future"，in *Education in Thailand：An Old Elephant in Search of a New Mahout*，Gerald W. Fry（Ed.），Singapore：Springer Nature Singapore Pte Ltd.，2018，p.167.

育文凭。①

20 世纪 80 年代末，技术与职业教育与培训体系培养出来的学生大多进入了私营部门。由于私营部门的市场属性，企业要求学习者具备的技能与工作岗位所需技能之间尽可能保持一致，这对职业教育的人才培养模式提出了新的要求。政府需要加强引导职业院校，鼓励学生增加实践机会。2003 年 6 月，针对《国家教育法》中的相关要求，泰国教育改革委员会通过了教育体系改革的决议，内阁于同年 12 月予以批准。此项行动主要在职业教育领域针对其定位、体系重组以及资源配置方面做出了明确的规定。根据《国家教育法》及其 2002 年修正案和 2002 年《部、分部、司重组法》（*Reorganization of Ministry，Sub-Ministry，and Department Act*）的相关规定，泰国政府提出将教育部、大学事务部和国家教育委员会合并重组为新的教育部，教育部重组方案在 2003 年获得泰国议会上下两院通过。② 改组后的教育部下设 5 个部门，分别是常任秘书长办公室、教育委员会办公室、基础教育委员会办公室、高等教育委员会办公室以及职业教育委员会办公室。教育部的此次结构调整打通了上下层级之间的信息障碍，有助于信息共享。

改组后的泰国教育部职业教育委员会办公室主要负责职业教育政策和双元制的实施进程，鼓励学生在学习过程中锻炼学术和职业能力。其具体任务包括：（1）为职业教育的政策、规划和课程设置提供参考意见；（2）协调各类教育培训项目，提高专业标准；（3）建设师资团队；（4）协调政府和私人部门在职业教育中的参与。③ 同时在泰国政府出台《国家教育法》进行教育改革之后，私立职业学校划归私立教育委员会办公室管理。

---

① Yongyuth Chalamwong and Wanwisa Suebnusorn，"Vocational Education in Thailand：Its Evolution，Strengths，Limitations，and Blueprint for the Future"，in *Education in Thailand：An Old Elephant in Search of a New Mahout*，Gerald W. Fry（Ed.），Singapore：Springer Nature Singapore Pte Ltd.，2018，p.167.

② 贾秀芬、庞龙：《泰国职业教育的机制、政策与评价》，《职教论坛》2012 年第 27 期。

③ 宋晶：《泰国职业教育的现状与发展趋势》，《深圳职业技术学院学报》2018 年第 3 期。

二、泰国职业教育的发展现状

泰国选择就读职业教育学生的数量在 1999—2003 年间一直呈下降趋势，但在 2004—2007 年间有所回升。[①] 根据泰国教育部 2016 年的统计报告显示，就读职业教育与普通教育的学生比例在 2005 年为 40∶60，在 2010 年为 36∶64。[②] 这表明泰国职业教育的发展仍面临很大的挑战。2008 年，泰国高中教育层次的职业教育学生比例为 39.9%，高等教育层次的职业教育学生占比为 15.5%，比 2001 年降低了 6.3%。[③] 泰国发展研究所 2010 年的研究报告指出，泰国的劳动力市场非常缺乏中等技能的技术工人，而高等教育毕业生的数量逐年增加，呈现出供大于求的局面。[④]2011—2014 年间，职业教育的学生数量又有所波动。2013 年，泰国高中层次的职业教育学生比例降至 32.7%。[⑤]2015 年，泰国共有 318500 名学生参与了职业教育课程的学习，比上一年同期增加了 86052 名学生。[⑥]虽然泰国政府一直大力推广职业教育，职业教育的学生数量在 2015 年也有所回升，但是大多数学生依然偏向于选择普通教育然后进入大学继续

[①] Office of the Education Council, *Proposals for the Second Decade of Education Reform (2009-2018)*，Bangkok：Ministry of Education，2009，p. 7.

[②] Yongyuth Chalamwong and Wanwisa Suebnusorn，"Vocational Education in Thailand：Its Evolution，Strengths，Limitations，and Blueprint for the Future"，in *Education in Thailand：An Old Elephant in Search of a New Mahout*，Gerald W. Fry（Ed.），Singapore：Springer Nature Singapore Pte Ltd.，2018，p. 164.

[③] UNESCO，*Education Systems in ASEAN+6 Countries：A Comparative Analysis of Selected Educational Issues*，Bangkok：UNESCO Bangkok Office，2014，p. 58.

[④] Yongyuth Chalamwong and Wanwisa Suebnusorn，"Vocational Education in Thailand：Its Evolution，Strengths，Limitations，and Blueprint for the Future"，in *Education in Thailand：An Old Elephant in Search of a New Mahout*，Gerald W. Fry（Ed.），Singapore：Springer Nature Singapore Pte Ltd.，2018，p. 164.

[⑤] OECD/UNESCO，*Education in Thailand：An OECD-UNESCO Perspective*，Paris：OECD Publishing，2016，p. 48.

[⑥] Pongsuwat Sermsirikarnjana，Krissana Kiddee and Phadungchai Pupat，"An Integrated Science Process Skills Needs Assessment Analysis for Thai Vocational Students and Teachers"，*Asia-Pacific Forum on Science Learning and Teaching*，Vol.18，No.2（Dec. 2017），p.2.

学习。①

在高中教育层次，2012—2016 学年的职业教育和普通教育学生数量比例分别为 34∶66、33∶67、32∶68、33∶67 和 34∶66。②（参见表 5.1）相对偏低的职业教育学生比例表明泰国政府仍需要加强职业教育的推广和促进。自 2016 年"泰国 4.0 战略"推出以来，泰国政府正将职业教育与培训作为"泰国 4.0 战略"的优先领域，以期推进国民经济和社会发展的现代化进程。2018 年 4 月 19 日，重庆市教委、孔敬大学孔子学院以及重庆工程职业技术学院一起在重庆工程职业技术学院举办了中泰职业教育协会的开幕仪式和中泰高等职业教育发展的研讨会。③ 此项职业教育合作的开展很好地回应了"泰国 4.0 战略"和"一带一路"倡议，有利于中泰两国职业教育的共同发展。

表 5.1　高中层次普通教育和职业教育轨道的学生人数及比例（2012—2016）

年度	高中教育层次的学生人数			比例
	普通教育轨道	职业教育轨道	总数	普通教育∶职业教育
2012	1412570	726243	2138813	66∶34
2013	1440398	701186	2141584	67∶33
2014	1415298	670163	2085461	68∶32
2015	1358798	655314	2014112	67∶33
2016	1287979	652091	1940070	66∶34

资料来源：Office of the Permanent Secretary，*2016 Educational Statistics*，Bangkok：Ministry of Education，2017，p. 83.

---

① Office of the Education Council，Ministry of Education，*Education in Thailand*，Bangkok：Ministry of Education，2017，p.137.

② Office of the Permanent Secretary，*2016 Educational Statistics*，Bangkok：Ministry of Education，2017，p.83.

③ Confucius Institute at Khon Kaen University，*Working Together to Build a New Silk Road*，*Turning a New Page in Vocational Education of China and ThailandInauguration Ceremony of China-Thailand Vocational Education Association Kicks off*，2018 年 5 月 3 日，见 http：//english.hanban.org/article/ 2018-05/03/content729568. htm.

（一）泰国职业教育院校的类型

泰国的职业教育主要在中学、中学后或者高等教育阶段进行，也可以通过工作场所的非正规学习方式或者工作地以外的非正式教育方式进行。因此，职业教育的教育提供是多样化的。中学层次的正规职业教育与培训在特定的院校或者在双元制中进行，学生在经过2年的课程学习后可获得文凭，然后可以选择进入高等教育机构接受高等职业教育与培训。[①]公立的中学后职业教育主要由5种类型的学院提供，分别是职业学院（Vocational Colleges）、技术学院（Technical Colleges）、农业和技术学院（Agricultural and Technological Colleges）、多科技术学院（Polytechnic Colleges）以及工业和社区专业学院（Industrial and Community Special Colleges）。在高中和中学后教育层次，私立的职业学校和学院均可提供培训项目，涉及领域包括农业、商业以及很多工业细分专业。从学生进入私立学校的比例来看，高中层次私立职业教育的参与度最高。[②]职业学院和高等专科学校可提供较高层次的职业教育，这类教育学制一般为3年，培养模式借鉴德国的双元制。技工层次的高级职业培训主要由专业院校、学院和大学提供。泰国皇家理工大学（Rajamangala Universities）等一些高等教育院校也提供高级职业培训。此外，府级技能培训中心和其他人事培训机构也提供劳动力市场的员工技能培训，满足岗位对具体技能和专业的要求。

泰国已经形成了多层次的职业技术教育体系，除上述教育提供者之外，国际组织、非政府组织、普通中学，甚至泰国教育部、内政部、司法部、国防部、工业部、农业部等均可提供各类的职业教育。但是大部分的职业院校都隶属于职业教育委员会办公室的管辖。

截至2019年，泰国教育部职业教育委员会办公室共管辖416所职业

---

① OECD/UNESCO, *Education in Thailand: An OECD-UNESCO Perspective*, Paris: OECD Publishing, 2016, p.46.

② Office of the Education Council, Ministry of Education, *Education in Thailand*, Bangkok: Ministry of Education, 2017, p.36.

院校。职业教育委员会办公室专门在泰国的 5 个区域建立了管理中心，从而促进各府的学术工作和职业教育的发展。具体来看，泰国 416 所职业教育机构主要包括：113 所技术学院（Technical Colleges）、141 所工业与社区学院（Industrial and Community Colleges）、3 所商业管理与旅游学院（Business Administration and Tourism Colleges）、5 所商业学院（Commercial Colleges）、2 所艺术与手工艺学院（Arts and Crafts Colleges）、52 所多科技术学院（Polytechnic Colleges）、39 所职业学院（Vocational Colleges）、10 所技术与管理学院（Technology and Management Colleges）、43 所农业与技术学院（Agricultural and Technology Colleges）、1 所皇家金史密斯学院（Royal Goldsmith College）、3 所工业与造船技术学院（Industrial and Ship Building Technological Colleges）以及 4 所渔业学院（Fishery College）。职业教育课程的类型包括工业、商业、艺术、家族经济、农业、旅游、酒店管理以及信息技术。[①] 根据泰国国家统计局（NSO）的数据，自 2012—2016 学年以来，教育部职业教育委员会办公室管辖下的职业教育轨道的学生数量呈稳步增长态势。（参见图 5.1）

（二）泰国职业教育的学历文凭

一般情况下，泰国职业教育院校的招生都需要通过竞争性入学考试选拔方式。因为职业教育相对于普通教育的特殊性，职业教育更倾向于对学习者的技能进行培训从而帮助学习者进入劳动力市场，因此职业教育的入学考试制度需要考虑学习者的学习阶段和培训的性质。针对不同的职业技术教育类别，泰国提供了多样的职业教育项目。（参见表 5.2）

泰国的职业教育和培训分为短期的培训和长期的兼顾教育性质的培训。短期的培训包括初等职业教育和短期职业培训。初等职业教育是对初中毕业生进行的一年制的职业技术培训，同时在日常的学习进程中增设普

---

① Office of Vocational Education Commission，*Management of Vocational Education*，2019 年 5 月 11 日，见 http：//www.vec.go.th/en-us/aboutvec/managementofvocationaleducation.aspx。

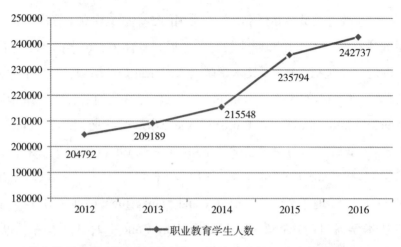

图 5.1　教育部职业教育委员会办公室下属的职业教育学生数量的变化（2012—2016）

资料来源：Thai National Statistical Office. *Education Statistics*，2019 年 5 月 11 日，见 http：// statbbi.nso.go.th/staticreport/page/sector/en/03.aspx。

通中学的职业教育必修课程。① 短期职业培训是专门针对木工、印刷工、修理工以及理发师等城市服务业人员开设的初等职业教育层次的培训。这类培训为广大社会人士提供培训项目，一般面向的对象为小学毕业的社会人士，不限制名额，没有入学考试。完成培训项目的人可获得不同级别的国际认可的技能文凭，具体的开展形式可以是通过学分累积系统（Credit Accumulating System）进行学分累积，也可以是夜校。学习者在经过 3—5 年的职业教育可获得学分累计体系下的职业教育证书。针对没有充足学习时间的成人而言，他们可以选择夜校从而获得职业教育证书。②

　　另外一类职业教育是长期的具备教育性质的职业学校，可以分为中等和高等两个层次。（2016 学年在正规教育体系下的职业学生数可参见表 5.3）这类职业教育拥有全日制培养方案，申请人至少具备初中学历。中

---

① 邓淑云：《泰国多层次职业技术教育体系研究以三所职业技术学校为例》，硕士学位论文，广西师范大学教育科学学院，2015 年。

② Nick Clark，*Education in Thailand-Wenr*，2018 年 1 月 22 日，见 https：//wenr.wes. org/2014/03/education-in-thailand。

等职业学校的入学条件是学习者必须为初中毕业生，学生在经过 3 年学习后成为技术工人，并且获得与普通高中文凭同等学力的职业文凭。在职业高中的学生依然要学习普通高中学生所学的科目（例如泰语、社会研究、体育和科学），但要在 5 个专业领域（农业、家庭经济、商科、艺术和手工业以及工程学）中选择一个进行重点学习。在文凭的选择上，学生可以获得职业教育证书或双元制职业教育证书，两者均需花费 3 年的学习时间，但是后者需要更多的行业实践经验。[1] 不过某些中等职业学校在提供高中层次的职业教育之外，也为在职工人、低技能人群以及失业人员提供短期的职业培训。[2] 有些学生也可以在完成 225 个小时的课程学习后获得培训结业证书。[3] 职业教育课程如果使用"2013 年职业教育证书课程"（2013 Curriculum for the Certificate of Vocational Education）及其 2014 年修订版，学生可获得低级证书水平的学习课程；如果职业教育课程遵从"2014 年职业教育文凭课程"（2014 Curriculum for Diploma of Vocational Education），学生可获得副学位文凭。[4] 学生可以根据自身的学习能力和兴趣选择课程计划。中学后层次的教育相当于 2 年的副学位或文凭层次。高等职业学校（即职业技术学院）的招生对象为高中毕业生，学生经过 2—3 年的学习后成为技术员。[5] 需要注意的是，高等职业学校的招生制度采用自主招生，不采用国家统一的高考分数。学生在高等职业学校毕业后可以选择转入大学的第 3 年进行学习，通过在高等教育院校中额外 2 年的

---

[1]　Pongsuwat Sermsirikarnjana，Krissana Kiddee and Phadungchai Pupat，"An Integrated Science Process Skills Needs Assessment Analysis for Thai Vocational Students and Teachers"，*Asia-Pacific Forum on Science Learning and Teaching*，Vol.18，No.2（Dec. 2017），p.3.

[2]　邓淑云：《泰国多层次职业技术教育体系研究——以三所职业技术学校为例》，硕士学位论文，广西师范大学教育科学学院，2015 年，第 13 页。

[3]　宋晶：《泰国职业教育的现状与发展趋势》，《深圳职业技术学院学报》2018 年第 3 期。

[4]　Office of the Education Council，Ministry of Education，*Education in Thailand*，Bangkok：Ministry of Education，2017，p. 49.

[5]　黄建如：《泰国初中后教育结构剖析》，《比较教育研究》1992 年第 2 期。

学习，将已有的文凭升格为学士学位。①

表 5.2　职业教育的项目、时长和获得的资历

类别	项目	时长	资历
初等职业技术教育	针对初中毕业生的一年制职业技术培训	1 年	培训结业证书
	短期职业培训	225 小时	培训结业证书
	普通中学开设的必修职业技术课程	课时数	课程结业证书
中等职业技术教育（相当于中国的职业高中、中专和技工学校教育）	高级中等职业项目	3 年	职业教育证书
	双元制和学徒制	3 年	双元制职业教育证书
	短期课程累积	3—5 年	职业教育证书：学分累计制
高等职业技术教育（相当于中国的两年制职业大学和高级技工学校教育）	职业技术学院	2—3 年	技术教育高级文凭
	大学本科	2 年（获得技术教育高级文凭后）	学士学位

资料来源：蔡昌卓：《东盟教育概论》，广西师范大学出版社 2015 年版，第 260 页；UNESCO-UNEVOC，*World TVET Database Thailand*，Bonn：UNESCO-UNEVOC International Center for Technical and Vocational Education and Training，2015，p. 11.

表 5.3　正规教育体系下的职业教育学生人数（2016 学年）

教育层次	类型和年级	职业教育学生人数
高中教育	10 年级	248366
	11 年级	198558
	12 年级	205167
	合计	652091
高等教育（本科学位及以下）	1 年制的高等教育	167770
	2—4 年制的高等教育	180748
	合计	348518

① Churairat Sangboonnum，*Vocational Education Development：Lessons from Thailand*，Yangon：United Nations Information Centre，2013，p. 1.

教育层次	类型和年级	职业教育学生人数
共计		1000609

资料来源：Office of the Permanent Secretary，*2016 Educational Statistics*，Bangkok：Ministry of Education，2017，p. 40.

　　一般来说，学历越高越有助于学生找到理想的工作。泰国多层次的职业教育为学生提供了多样的学习选择。例如，曼谷工商管理旅游学院的课程有两种类型：一种是三年制的职业教育培训项目，另外一种是两年制的高等职业教育，两类毕业生均可获得泰国教育部授予的大专文凭。① 另外，1975 年建立的技术和职业教育学院为职业学校毕业生提供了进入大学继续求学的机会。该学院于 1988 年改名为泰国皇家理工学院，并可提供职业资历证书、文凭等多层次的职业教育选择。2005 年，泰国皇家理工学院再度更名为泰国皇家理工大学，主要提供本科和硕士研究生层次的教育。②1959 年建立的泰德技术学院由泰国政府和联邦德国政府联合建立，后来更名为北曼谷先皇技术学院。北曼谷先皇技术学院主要提供在工业领域的职业资格证书和文凭的课程，毕业生在获得学位的基础上可以继续攻读博士研究生。③

　　（三）泰国职业教育的主要类型

　　职业教育开始于高中教育层次，可以延伸至高等教育层次。（参见图 5.2）泰国的高中分为普通高中和职业高中。学生在完成 3 年学习后可以参加大学入学考试选择接受普通高等教育或者职业技术教育。职业技术教育的年限为 2 年，学习者毕业后可获得职业技术教育毕业证书。另外，在

① 韩硕：《泰国职业教育紧盯国情和市场》，《人民日报》2013 年 8 月 5 日，第 22 版。
② 邓淑云：《泰国多层次职业技术教育体系研究——以三所职业技术学校为例》，硕士学位论文，广西师范大学教育科学学院，2015 年。
③ 邓淑云：《泰国多层次职业技术教育体系研究——以三所职业技术学校为例》，硕士学位论文，广西师范大学教育科学学院，2015 年。

高中阶段选择职业教育轨道的学生可以在完成 3 年的中等职业教育后接
受 2 年的高等职业教育，从而获得高等职业教育毕业证书。学生在完成 2
年的高等职业教育后还可以选择继续 2 年的学习获得普通高等教育毕业
证书。

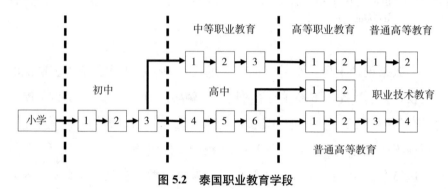

图 5.2　泰国职业教育学段

资料来源：罗妙心：《泰国高等职业教育发展问题研究》，硕士学位论文，广西民族大学管理学
院，2015 年，第 11 页。

　　泰国主要通过正规职业教育、非正规职业教育以及双元制职业培训
项目三种途径提供职业教育。正规的职业教育主要由职业教育委员会办公
室进行管理，为学历教育。非正规的职业教育由非正规教育委员会、企
业或单位等进行的短期培训项目，为非学历教育。针对双元制职业培训
项目，泰国 2008 年《职业教育法》（*Vocational Education Act*，B.E. 2551）
做出了具体的规定，并且也鼓励双元制职业教育的发展。[1]

　　1. 正规技术和职业教育与培训

　　大学或学院提供正规职业教育，有明确的毕业条件，例如，目标、
方法、课程、时长和评估方式等。三种层次的职业教育分别对应不同的学
历文凭：（1）高中层次的正规职业教育可授予职业教育低级证书；（2）在
中学后层次，公立或私立的职业院校提供职业教育相关课程，学生在完

① Yongyuth Chalamwong and Wanwisa Suebnusorn，"Vocational Education in Thailand：
Its Evolution，Strengths，Limitations，and Blueprint for the Future"，in *Education in
Thailand：An Old Elephant in Search of a New Mahout*，Gerald W. Fry（Ed.），Singapore：
Springer Nature Singapore Pte Ltd.，2018，p. 170.

成 2 年的学习后可获得副学士学位或高级职业文凭。[①] 学生在获得副学位、高级职业或技术教育文凭之后，如果学习者的平均绩点大于 2.0，那么他们可以转入本科的第二年或第三年继续学习[②]；（3）在高等教育层次，学生通过竞争性入学方式进入泰国皇家理工大学或北曼谷先皇技术学院进行学习，最后获得技术学士学位。[③]《职业教育法》也鼓励区域院校合并后的职业院校提供技术学士学位层次的学习项目。[④]

2. 非正规职业技术教育与培训

相比正规教育明确的毕业条件，非正规教育的毕业条件比较灵活，学习内容和课程设置与劳动力市场匹配，满足不同群体的学习需求。为了更好地管理非正规教育，泰国教育部非正规教育委员会办公室于 2008 年变更为非正规与非正式教育办公室。该办公室主要负责非正规职业技术教育培训项目，包括制定培训战略和计划、协调利益相关者的协作流程以及对其的监管。其主要职能为（1）作为支持性和协调性的中央机构，主要承担秘书工作；（2）提出政策、战略和方针；（3）提高非正规和非正式教育的质量；（4）认证相关学历资历；（5）促进利益相关者的协作，加快非正规和非正式教育的实施进程；（6）加快建设社区学习中心，完善基础设施建设，提高百姓生活质量；（7）监测并评估教育成果；（8）执行其他任务。

3. 双元制职业培训项目

双元制将理论知识和实践经验并举，要求职业院校和企业关于学生的教学课程与评估方式进行协商。学生在职业院校学习知识后可以将所学

---

① Office of the Education Council，Ministry of Education，*Education in Thailand*，Bangkok：Ministry of Education，2017，p. 68.

② Nick Clark，*Education in Thailand-Wenr*，2018 年 1 月 22 日，见 https：//wenr.wes.org/2014/03/education-in- thailand。

③ 邓淑云：《泰国多层次职业技术教育体系研究——以三所职业技术学校为例》，硕士学位论文，广西师范大学教育科学学院，2015 年，第 6 页。

④ Office of the Education Council，Ministry of Education，*Education in Thailand*，Bangkok：Ministry of Education，2017，p. 51.

技能在企业里实践。教育院校直接与国有或私有企业合作，为学生制定适合的学习计划和培养目标，学生在项目制学习过程中获得的津贴可用于生活费用。在泰国，双元制模式同时提供给学生证书层次和文凭层次的教育。在双元制职业教育过程中，学校和企业之间会达成谅解备忘录（MOU），企业可利用学生培训的预算金额申请高达百分之两百的减税额度。① 一般来说，学生会在学校学习1—2天的基础课程，然后去实习基地进行3—4天的实践活动。例如，曼谷工商管理旅游学院和泰国宋思力旅游公司进行合作，旅游公司为学生提供实习的平台，学生则获得锻炼的机会。②

在泰国，采用双元制职业教育的院校在管理过程需遵循以下要点：

（1）学校应包含行政人员、教师、行政支持性人员。行政人员负责学术方面的政策管理，教师和其他教育人员负责教学的实施。双元制职业教育的实施过程需在国家法律、部门指导方针以及职业培训标准下开展。

（2）双元制职业教育是指职业教育中双元制体系的管理。管理过程需要考虑不同分支与商业实践之间的平衡。另外，职业教育需要保障充足的资源，以及为学生提供安全的工作环境。

（3）以学生为中心的双元制教育流程。教师应该保障学生的身心健康，确保实现每位学生的良好发展。教师和其他人员需要在学生培养方面加强合作，尽可能保证学生在毕业后能够成功就业。职业教育标准框架和专业资格框架之间要保持一致。

（4）教学风格和学习方式需进行相应调整。传统的教学模式主要应用于普通教育中，学生是为了学术训练，而职业教育的就业属性要求学生需要增加职业技能和独立解决问题等能力。教学风格需要更多地以讨论的形式开展，通过引入更多职场中的真实案例为学生进入社会做良好准备。

---

① Sugunya Suksatan, Pariyaporn Tungkunanan and Siripan Choomnoom, "Thai Vocational College Education Monitoring and Evaluation: A Confirmatory Factor Analysis", *Asia-Pacific Social Science Review*, Vol.18, No.1 (Jan. 2018), p.159.

② 韩硕:《泰国职业教育紧盯国情和市场》,《人民日报》2013年8月5日,第22版。

学习方式可以融合更多的自主学习内容，激发学生的探究和团队合作的能力。

（5）双元制管理的监测和教学评价的管理。此项管理主要侧重于学生成就的衡量和评估。

虽然泰国在学习和借鉴德国双元制方面取得了进展，但是依然有很多泰国学生家长认为职业教育中的工作实践是辛苦的劳动，而不是在接受教育。泰国农村地区的家长希望孩子在未来能够从事办公室工作，而不是农业相关工作。在泰国，很多完成初中学业的学生不愿意进入职业高中，他们希望进入普通高中，通过大学入学考试进入名校从而获得学士、硕士甚至博士学位。为此，泰国政府专门成立了"解决中心"（Fix It Centers）。职业教育和培训作为纽带把学生与当地社区紧密相连，学生通过社会实践获得收入，当地社区减少对职校学生的偏见。此外，职业学校学生通过国家和国际层面的竞赛获奖也可改善职业教育的声誉。

（四）泰国专业资历框架

泰国的专业资历框架（Thailand Professional Qualification Framework）为职业资历提供了规范和标准。针对不同工作的难度，专业资历框架的不同级别描述了该工作所需的创新水平、知识和技能。低级别的专业资历框架关注职业工作本身的需要，高级别的专业资历框架要求能够产生创新的工作方式以及在职业过程中生成新的技术。泰国之前并没有针对任何职业描述工作履行的难度和创新程度。为了发展专业资历和人力资源，从而在东盟和国际舞台上保持竞争力，泰国政府于 2011 年 11 月成立了泰国专业资历研究所（Thailand Professional Qualifications Institute）。该研究所旨在推动泰国专业资历框架的发展，打通正规教育、非正规教育以及非正式学习之间的阻碍。该研究所的主要职能是（1）开发国家培训体系和框架，确保劳动力的技能培训符合国际标准；（2）积极与行业从业人员以及利益相关者合作，提升技能标准；（3）授权机构或培训机构需要评估技能型劳动力的水平；（4）提供国家培训体系相关的服务和信息；（5）评估负责资历认证组织的工作；（6）积极与利益相关者合作，完善国家培训体系；（7）

府级和地方当局可以利用"一区一产品"（One Tambon，One Product）倡议以支持社区的技能性培训活动开展。①

专业资历框架作为职业标准表现的评估和认知主要工具，可以满足商业部门和行业的需求。在国际层面，专业资历框架可以帮助泰国与其他国家进行职业教育和职业资历的比较。通过人们在工作过程中的表现、任务本身的难度和复杂度以及对工作结果的负责程度，专业资历框架可以对人们的职业发展状况能够有清晰的定位。泰国专业资历框架包括七个级别，每个级别有两个要素，分别是学习结果和该级别的描述。（参见表5.4）泰国专业资历研究所认为，薪酬应该基于员工的实际技能和资质，而不应该只参照员工的学历层次。泰国专业资历研究所与国内外的13个机构都有合作关系，包括教育部职业教育委员会办公室以及劳工部的技能发展司。

表 5.4　泰国专业资历框架

级别		描述
第七级	国家高级专业能力资历（National Qualification of Advanced Professional Competence）	高级管理，新颖并且原创性的：资深专家（Top Management，Novel & Original：Career Expert）	拥有能够持续发展公司管理、工作体系和创造以及人力资源的先进技能；能够进行分析和评估从而解决公司的危机，比如决定公司的走向和未来，是否改进企业文化从而在国内和国际舞台更加适用
第六级	国家高等专业能力资历（National Qualification of Higher Professional Competence）	有经验的专家和高级管理人员：有经验的专家（Experienced Specialists and Senior Management：Experienced Specialist）	拥有管理技巧，能够系统高效地分析和评估情况从而解决复杂和不可预测问题，比如在分配任务中运用自身知识和各种专业技能

---

① Australian Education International，*Thailand Regulatory Fact Sheet*，Canberra：Australian Education International，2013，pp. 22-23.

续表

级别		描述
第五级	国家专业能力资历（National Qualification of Professional Competence）	专业胜任和中级管理人员：专家（Professionally Qualified，and MidManagement：Expert）	拥有能够进行复杂活动的技术和实践技能；能够灵活运用理论和所需技术在计划、管理和公司决策过程中进行合作从而解决难题；能够产生新的创新点和技术，同时能将外语技能和技术应用于例如培训或教授他人这类任务中
第四级	国家职业能力高级文凭资历（National Advanced Diploma Qualification of Vocational Competence）	主管、工长、具有专业胜任力的工人，初级管理人员：专家（Supervisors，Foremen，Superintendents，academically Qualified Workers，Junior Management：Specialist）	实践性的技术性技能；各种概念化技能和实践；能够独立运用真实情境下实用的理论和技术进行决策从而解决问题；拥有各类必要的概念化和实践性技能；必须能够熟练运用掌握的理论和技术进行决策从而解决工作相关的问题
第三级	职业能力国家文凭资历（National Diploma Qualification of Vocational Competence）	技术人员／工人：领域专家（Skilled Personnel/Worker：Subject Expert）	拥有专业性和技术性技能，以及思维过程和其他技能；必须能够在导师指导下参照指导方针和相关信息解决技术难题
第二级	国家二级职业能力资历（National Qualification of Vocational Competence 2）	中等技术人员／工人：技术劳动力（Semi-skilled Personnel/Worker：Skilled Labour）	拥有明确的实践技能并且能够在导师引导下运用理论、工具和基础知识解决常规性基本矛盾
第一级	国家一级职业能力资历（National Qualification of Vocational Competence 1）	基础技术人员／工人：基础技术人员（Basic skilled Personnel/Worker Basic Skilled Personnel）	能够完成常规任务；能在密切的监管下解决工作中常见的基本问题

资料来源：Rawat Garchotechai，Supachada Tulwatana and Varapattra Naulsom，"Thailand Professional Qualification Framework：Are Necessarily Good Policy Practice，Especially for Aviation Personnel?" *Kasem Bundit Journal*，Vol.19，（May-Jun.2018），pp.418-419.

(五) 泰国职业教育办学特色和模式

泰国在基础教育阶段就非常注重职业技术素养的培养。《中小学教学大纲》规定，学生需要进行劳动实践，并且学习职业相关的基础知识。从课时分配来看，1—3 年级的职业技术课程为 40 节，占总课程 5%；4—9 年级的职业课程增至 80 节，比例增至 10%；10—12 年级的课时为 120 节，占比为 15%。泰国在基础教育阶段逐渐增加职业技术课程的节数和课时的占比，说明了职业技术素养对泰国人的重要性。一般来说，初级技术人才的培养定位在普通中小学。学生需要将所学知识和技能运用于日常生活当中，从而培养学生对待劳动的积极态度。中等技术人才的培养定位在普通高中。学生会学习实际的职业技能，并且获得工作经验，毕业后可顺利就业。另外，泰国学生很早就了解专业有助于未来升学的专业选择。

泰国职业教育一直注重与社会接轨，帮助学生获得技能从而更好地在劳动力市场就业。工作场所的实践分为两部制和三部制，两部制分为日班和夜班，三部制分为早班、日班和夜班。学生在每班学习 3—4 小时，然后利用剩余的时间进入工作场所进行实践，这有利于理论和实践的结合。[①] 职业教育课程主要涉及工业、商业、手工艺术、家庭经济、农业、渔业、旅游业、纺织业、信息技术以及生活技能等 10 个领域。泰国中小学的职业技术课程要求学生学习农业、园艺、商业、旅游业和家政等内容，还有很多其他课程有关染线技术和木炭制作工艺等泰国传统技术的传承与发展。目前，职业教育将融合废品再利用和无土栽培等高新技术推动可持续发展。在课程学习过程中，教师还会考虑学习者的性别差异从而更好地为学生安排学习课程。为了改善人们对体力劳动的偏见，职业教育也为学习者提供职业先修培训。2012 年，曼谷工商管理旅游学院与云南旅游职业学院合作办学开设了"应用泰语"专业。[②] 两所学院都是以旅游业为主导的教育，通过应用型泰语的学习，专门为两国间旅游业的开发和发

---

① 罗妙心：《泰国高等职业教育发展问题研究》，硕士学位论文，广西民族大学管理学院，2015 年。

② 韩硕：《泰国职业教育紧盯国情和市场》，《人民日报》2013 年 8 月 5 日，第 22 版。

展供应专业性人才。

具体的职业教育培训方式有两种：一种是学生进入职业教育院校学习3年，大多数时间花费在在职培训上，毕业后获取培训证书；另外一种是直接与企业合作，学生在读期间可以得到企业津贴，毕业后获得熟练工人水平的职业技能证书，然后进入该企业继续工作。学生在读期间有机会在合作工厂或企业进行至少一学期的实践培养。泰国的双元制职业教育也比较成熟。例如，德泰双元制卓越教育（German-Thai Dual Excellence Education）是泰国职业教育与培训网络（Vocational Education and Training Network）的组成部分。这个两年制的职业教育项目源于德国成功的双元制职业教育实践，并获得泰国教育部和德国驻泰大使馆的支持。2012年，德国—泰国商会（German-Thai Chamber of Commerce）和德国国际合作组织（German International Cooperation）在泰国的宝马公司帮助下正式将该项目引入泰国。2013年，该项目开始在机械电子、力学、汽车和电子等领域开展优质的双元制培训项目。除此之外，泰国的奔驰公司和工科职业技术院校的联合培养模式以及丰田公司与朱拉隆功大学工学院的合作培养模式均采用了双元制模式。[①]2018年1月，中泰两国在泰国成立了柳州铁道职业技术学院大城府分院，通过联合学院的方式培养职业型人才。[②]由于学院的专业导向，他们的培养专业比较注重铁路工程专业，尤其是高铁的建造项目。

（六）泰国职业教育的优势和局限

泰国职业教育呈现出的优势主要体现在三个方面。首先，职业教育的工读结合方式有助于减轻学生的家庭经济负担。来自处境不利家庭的学生可以获得入学机会。其次，职业教育帮助学生在理论和实践方面共同成长。泰国的职业教育模式基本都选择双元制，而双元制模式强调理论知识和实践经验的并举，或者更加偏向于就业，学生在学习过程中可以将理论

---

① 贾秀芬、庞龙：《泰国职业教育的机制、政策与评价》，《职教论坛》2012年第27期。

② Tik Netikamjorn，"Thailand，China Join Forces to Boost Railway Vocational Education and Training"，*National News Bureau of Thailand*，2018-01-23.

与实践有机结合，毕业时也更有竞争优势。第三，更短的学习时长和更便宜的学费。相比普通教育长久的学术训练和昂贵的学费，职业教育的学生可以更早进入劳动力市场，学习方式也更加灵活。

然而，泰国职业教育仍有不少局限之处。例如，职业教育侧重于工作场所的实践，专注于技能的培养，对于学生"软技能"的培养和开发不够，这不利于学生长远的职业发展。在当前知识经济和信息社会的背景下，批判性思维和解决问题的能力、协作能力、敏捷力和适应能力、领导力和企业家精神、高效的口语和书写沟通能力、获得和分析信息的能力、好奇心和想象力等21世纪技能和核心素养显得尤为重要。其次，职业教育机构需要加强学生德育问题。总体来说，职业学校学生打架斗殴和沾染黄赌毒等恶习的比例更高，这也是家长不愿意将孩子送到职业学校的原因。在学习资源方面，职业教育学校特别是私立职业教育学校通常面临缺乏基础设施、实验室和学习资料的困境，这也进一步加剧职业教育学校毕业生质量的低下。[1] 职业学校在师资方面也存在教师教学法落后、信息技术缺乏、优质师资短缺、特定专业的教师性别失衡等问题。[2] 很多教师依然使用传统的教学模式，不习惯能力本位的教学法，强调学生机械记忆的能力。教育注重知识的记忆和证书的获取，而不是对知识的实际应用。[3] 另外，信息技术也限制了网络在线学习，这阻碍了优质教育资源的自由流通。在贸易相关专业，大多数教师为女性，这也导致女学生的比例较高。在学生的课程选择方面，由于课程内容的重复率较高，传统社会价值

---

① Yongyuth Chalamwong and Wanwisa Suebnusorn，"Vocational Education in Thailand：Its Evolution，Strengths，Limitations，and Blueprint for the Future"，in *Education in Thailand：An Old Elephant in Search of a New Mahout*，Gerald W. Fry（Ed.），Singapore：Springer Nature Singapore Pte Ltd.，2018，p.181.

② 吴全全：《老挝、泰国、越南职业教育发展的研究现状·问题·对策·趋势》，《职教论坛》2004年第22期。

③ National Economic and Social Development Board，*The Tenth National Economic and Social Development Plan（2007-2011）*，Bangkok：National Economic and Social Development Board，Office of the Prime Minister，2016.

观念对学生的课程选择影响很大，因此课程咨询和指导往往倾向于传统课程。① 由于泰国劳动力市场对于职业学校毕业生的期望薪酬偏低，因此雇主偏向于招聘具有职业教育证书的毕业生，而不需要具有职业教育文凭或学士学位的学生，② 这在一定程度上阻碍了职业教育学生对更高层次职业教育的追求，很多职业院校也不重视学士学位及以上的教育。能够接受职业教育毕业生的公司大多位于曼谷或者其他大城市，这限制了职业教育毕业生的出路。泰国的职业教育没有受到高等教育同等的重视，学生在学习轨道的选择上也缺乏自由，不能在职业教育和普通高等教育之间进行灵活转换。

基于上述问题，泰国职业教育试图从采取如下措施加以改进和完善：（1）为职业教育制定清晰的发展愿景，并且与政策上保持一致。当前某些利益相关者对职业教育的抵制以及模糊的政策导向，普通中学不能充分地推行职业教育政策。（2）421 所私立职业院校的管理应该从私立教育委员会办公室转到职业教育委员会办公室，以保证统一的政策实施过程。（3）为职业院校提供更多的资源和预算，同时应使资源和预算的使用透明化。政府提供的经费应用于提升职业教育质量，包括购买学习设备、开设新课程以及加强信息技术运用。（4）杜绝职业教育中的贪污腐败行为。（5）促进职业院校师生的国际交流，支持他们前往德国、日本和新加坡的优质职业教育院校学习。（6）加大培养优质教师以替补即将退休的教师。（7）为来自处境不利家庭的学生以及在国家亟须发展领域有强烈继续学习意愿的学生提供更多的奖学金。辍学儿童、偏远山区学生、农村女童和妇女、残疾学生等都应是受资助对象。在必要情况下，家庭困难的学生可以直接免除学费和食宿费用。（8）加强与劳动力市场的联系，为学生提供实习机会。

---

① 吴全全：《老挝、泰国、越南职业教育发展的研究现状·问题·对策·趋势》，《职教论坛》2004 年第 22 期。

② Yongyuth Chalamwong and Wanwisa Suebnusorn, "Vocational Education in Thailand: Its Evolution, Strengths, Limitations, and Blueprint for the Future", in *Education in Thailand: An Old Elephant in Search of a New Mahout*, Gerald W. Fry (Ed.), Singapore: Springer Nature Singapore Pte Ltd., 2018, p.181.

（9）培养职业院校学生的英语技能、创造性思维和分析能力。（10）增加位于农村地区的职业院校数量，打破传统以城市为主的地理布局。（11）增加私立职业院校的数量。（12）建立职业教育院校与普通高等教育院校之间灵活的转换制度。①

第二节　泰国职业教育政策

一、职业教育的管理与治理

泰国教育部职业教育委员会办公室是主管国家职业技术教育与培训的主要机构，帮助职业教育与培训符合劳动力市场需求，同时促进国家的经济发展。它包含两个层面的管理：在国家层面，职业教育委员会办公室联合私营部门和相关机构代表共同制定职业教育长期规划和主要政策；在院校层面，职业教育委员会办公室将超过 400 所职业院校合并为 28 所跨校区的职业院校。② 这些院校与私营部门建立了密切的合作伙伴关系，使得学习资源得以重新配置，学习项目面向当地社区的发展需求。每所院校都明确并加强自身的优势，积极发展多学科项目，此次合并有利于提高院校的自主性和责任意识，同时更加符合教育标准。

泰国《国家教育法》第 9 条强调，将权力下放到教育领域、教育机构和地方管理机构。职业教育委员会办公室作为教育部下设部门之一，直接向教育部长负责。职业教育委员会的机构设置及其主要职责包括：（1）总务管理局（Bureau of General Administration）：负责实施法律政策，制定相关制度标准和指导方针，以及协调各级机构的相关工作；（2）政策计划局（Bureau of Policy and Planning）：负责制定战略和目标，规划预算，收集

---

① Yongyuth Chalamwong and Wanwisa Suebnusorn，"Vocational Education in Thailand：Its Evolution，Strengths，Limitations，and Blueprint for the Future"，in *Education in Thailand：An Old Elephant in Search of a New Mahout*，Gerald W. Fry（Ed.），Singapore：Springer Nature Singapore Pte Ltd.，2018，pp.181-185.

② UNESCO，*World Data on Education：Thailand（7th edition）*，Paris：UNESCO，2010.

并处理信息，宣传政策，与国际机构开展合作；（3）协调合作局（Bureau of Cooperation）：负责与民间职业教育机构进行合作交流，支持职业组织工作，积极与其他部门开展合作；（4）职业教育标准与资历局（Bureau of Vocational Education Standards and Qualification）：负责制定课程标准，认证职业资历，以及完善质量保障体系；（5）人事能力开发局（Bureau of Personnel Competency Development）：负责积极提升职业教育教师的能力并对其进行评估，开展教育研究工作；（6）研究开发局（Bureau of Research and Development）：负责研究职业教育的战略、政策和制度，并提出意见和建议；（7）监测评估局（Bureau of Monitoring and Evaluation）：负责监督并评估职业学校的办学和教学等活动，开展评估专家的培训工作，为评估工作提供信息咨询服务。①（参见图5.3）

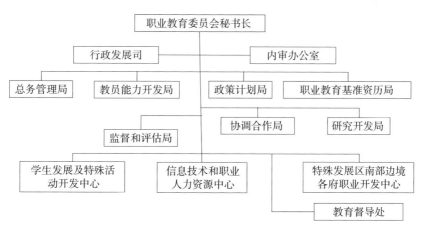

图 5.3　职业教育委员会办公室组织结构图

资料来源：Office of Vocational Education Commission，*Organization Chart* 2019 年 5 月 11 日，见 http：//www.vec.go.th/en-us/about vec/organizationchart.aspx.

　　泰国政府一直非常支持职业教育的发展。《东盟教育工作规划（2016—2020）》强调，教育的核心工作要支持职业技术教育与培训的发

---

①　Office of Vocational Education Commission，*Organization Chart*，2019 年 5 月 11 日，见 http：//www.vec.go.th/en-us/about vec/organizationchart.aspx.

展，同时在区域内推广终身学习。根据泰国政府最新制定的《国家教育计划（2017—2036）》，职业教育与普通教育学生数目的比例要从 38∶62 大幅提升为 60∶40。这也是泰国在"泰国 4.0 战略"下适应新技术驱动、以知识为基础的经济模式的要求。另外，泰国政府还推出了"学习与赚钱"（learn and earn）战略，该战略为低收入家庭的学生提供了教育选择。职业教育委员会办公室还发起多项运动及推出很多标语来改善公众对职业教育的偏见。例如，"职业教育是很好的选择，免费而且赚钱"（Vocational Education Is A Good Choice，Free Tuition and Earn Income）、"毕业就有工作等着你"（Jobs Are Available for You After Graduation）、"学习农业职业教育，免费食宿"（Study Agricultural Vocational Education with Free Accommodations and Free Meals）。

　　职业教育的发展离不开学分转换和资历认证等机制的支撑和保障。《国家教育法》第 15 条为学分转换制定了相关规定，受教育者在不同教育体系下（非正规教育、非正式学习或者职业教育培训）学习的学分可互相转换。2008 年颁布的《职业教育法》要求泰国政府制定统一的指导方针和多样的管理模式，鼓励国有企业、私营企业以及企业教育机构之间的交流，建立国家层面的职业技术教育委员会，注重培养学习者解决问题的能力以及认证教师资格等。泰国《教育改革第二个十年（2009—2018）》（The Second Decade of Education Reform（2009—2018））提出，泰国将关注职业资历中的知识、技能和资历的认证，符合专业标准，满足雇主需求。[1] 除了国家层面的政策之外，泰国工业联合会（Federation of Thai Industry）、泰国商务理事会等机构也积极关注职业教育的政策制定、项目培训和质量保障。劳工和社会福利部（Ministry of Labor and Social Welfare）负责制定在职业教育领域中的工人标准以及提升手工艺人的技能。内政部下属的很多部门也提供职业教育培训项目。2018 年 8 月 3 日，

---

[1]　Office of the Education Council，*Proposals for the Second Decade of Education Reform*（*2009-2018*），Bangkok：Ministry of Education，2009.

泰国驻德国大使馆、泰国外交部、泰国专业资历研究所以及教育部职业教育委员会办公室共同举办了以"升级专业标准与整合私营部门职业教育"（Upgrading Professional Standards and Integrating Private Sector TVET）为主题的泰德职业教育论坛。[①] 此次论坛旨在促进泰国职业教育领域的利益相关者之间的交流，提升职业标准和专业资历。

　　泰国职业教育办学主体呈现多元化特征，同时保障了双元制的实施。《国家教育法》第 8 条规定，教育活动允许社会各界参与办学。该法第 20 条规定，职业技术教育和培训可以由公立院校、私立院校、培训企业或者院校和企业合办的教育机构提供。职业教育的目的是培养具备职业技能的专业人才满足国家经济社会发展的需要，这需要关联很多部门共同参与职业教育体系的发展和治理当中。涉及双元制教育模式、基于工作场所的培训以及分析工作岗位所需技能时，企业和社会团体可以发挥非常重要的作用。基于此，《职业教育法》强调了多方利益相关者参与的重要性，公共部门和民营机构要构建起教育与劳动市场之间的桥梁。泰国《教育改革第二个十年（2009—2018）》中也强调了学校和企业协作的重要性。[②] 为了保证泰国人能够具备必要的知识和技能，《第十二个国民经济和社会发展计划（2017—2021）》提出 3 项目标：（1）双元制职业培训的学生注册人数以每年 30% 的速度增长；（2）通过泰国专业资历研究所认证的人数和通过国家技能标准测试（National Skill Standard Tests）的人数保持增长；（3）人均可支配收入增加。[③] 公立与私立教育联合委员会（Public and

①　Ministry of Foreign Affairs of the Kingdom of Thailand，*The Thai-German Technical and Vocational Education and Training Forum*" *Upgrading Professional Standards and Integrating Private Sector TVET*"，2019 年 5 月 14 日，见 http：//www.mfa.go.th/main/en/news3/6886/92928-The-Thai-German-Technical-and-Vocational-Education. html.

②　Office of the Education Council，*Proposals for the Second Decade of Education Reform* (*2009-2018*)，Bangkok：Ministry of Education，2009.

③　Office of the National Economic and Social Development Board，*The Twelfth National Economic and Social Development Plan* (*2017-2021*)，Bangkok：National Economic and Social Development Board，Office of the Prime Minister，2016，p. 82.

Private Joint Committee for Education）鼓励国有和私营部门在教育规划中的参与，旨在提高国家人力资源的质量和生产力。在职业教育领域，公立与私立教育联合委员会还负责管理职业教育毕业生的数目和国家对劳动力的需求状况。教育部私立教育委员会办公室主要负责私立的学前教育、学校和职业教育的准许，并对私立学校的相关事项负责。

　　泰国政府还出台一系列政策规划以保障弱势群体接受职业教育的权利。《国家教育法》第 21 条强调，专业教育要依照国家教育政策和标准，同时考虑学习者的学习需要和专业能力。① 泰国第九个《国家教育规划（2009—2016）》（*National Education Plan B.E. 2552-2559 (2009—2016)*）提出"教育强化国家，教育增强个人能力，教育促进就业"的原则，提升职业教育质量，倡导为弱势群体至少提供一种类型的职业培训，帮助他们实现就业。② 为此，泰国内政部社区发展司致力于改善农村贫困者的生活质量，根据他们的特殊需要提供职业培训。社会发展与人员安全部社会福利司为穷人、女性、孩子以及老年人等社会弱势群体，提供具体的职业培训项目。甚至司法部监狱司也为犯人提供通识教育和职业教育，帮助他们走出监狱时能有谋生手段，从而更好地融入社会。2014 年 11 月，安泽国际救援协会（Adventist Development Relief Agency）与职业教育委员会办公室为泰国—缅甸边境寻求临时避难所的人员和其他一些困难的当地人开展专业技能的相关培训，并且成功解决了他们的就业难题。③ 该培训项目共计持续 3 年，邀请了 4 所职业教育学院加入，主要目的是帮助上述人群增加知识储备、制定职业规划、获得合适的教育文凭。除此之外，泰国还在 44 个府专门成立了"智能工作中心"（Smart Job Centers），专注于帮助

---

① Office of the National Education Commission and Office of the Prime Minister, *National Education Act of B.E. 2542 (1999)*, Bangkok：Office of the National Education Commission and Office of the Prime Minister, 1999.

② 邓淑云：《泰国多层次职业技术教育体系研究以三所职业技术学校为例》，硕士学位论文，广西师范大学教育科学学院，2015 年，第 11—12 页。

③ Bumrung Chiablam, *OVEC and ADRA Thailand Sign MOU*, Bangkok：Ministry of Education, 2014.

提前释放的犯人、退伍军人、老年人、自然灾害的受害者以及少管所青年的技能培训等。[①] 通过参与技能开发项目，上述人群能够接受专业的职业教育培训，及时把握社会和市场脉搏。

2012 年 7 月，泰国教育部制定了面向为 15 年的《有关职业教育政策制定、目标设定以及职业人力开发的指导方针》（*Vocational Education Guidelines for Policymaking，Goal Setting and Development of Vocational Manpower*）。该指导方针提出了 4 项政策、10 个战略、28 个方法和 93 个旗舰项目。旗舰项目强调职业教育要在师生、教学能力、科研资质和专业性方面多维度发展。泰国教育部职业教育委员会进一步发展了这份文件。为了确保政策和战略有利于实现预期的成效和人才培养，职业教育委员会与公私部门的利益相关者、工作小组以及相关实体开展了对话。对话后的文件主要强调 4 项核心目标：（1）培养职业性人才回应劳动力市场的需求；（2）增加和提升职业教育教师的数量和质量；（3）提升教育院校的质量，积极开发新的学习方式；（4）提高行政管理效率。[②]《职业技术教育与培训计划（2012—2026)》强调，要加大职业教育的宣传力度，减少社会偏见，增加职业教育机构的数量，为更多学生的就业做良好准备，提高职业教育质量，降低学生辍学率，提高毕业率，增强与企业的合作，加大对弱势群体的关注，扩大职业教育的目标群体，加强国际合作。职业教育委员会办公室也出台了相关的政策，着重强调以下要点：（1）增加职业教育学生数量；（2）增加学生接受职业教育与培训的机会；（3）提升职业教育的质量；（4）提高行政效率。[③]《国家教育规划（2009—2016)》和《职业教育发展战略规划（2009—2018)》（*Vocational Education Development*

---

① UN，*Thailand's Voluntary National Review on the Implementation of the 2030 Agenda for Sustainable Development*，New York：United Nations，2017，p. 30.

② Australian Education International，*Thailand Regulatory Fact Sheet*，Canberra：Australian Education International，2013，p. 12.

③ Office of the Education Council，Ministry of Education，*Education in Thailand*，Bangkok：Ministry of Education. 2017，p. 148.

Strategic Plan（2009—2018））都关注以资质为基础的薪酬体系、改变社会公众对职业教育的偏见、培养学生的创新创业能力、推进双元制以及质量保障体系。①

二、职业教育的经费与资源

一般来说，教育部提供教育经费，职业教育委员会办公室确定预算标准和其他资源的分配。例如，曼谷工商管理旅游学院图书馆扩建工程的经费全部来自于泰国政府的拨款。② 泰国《国家教育法》第八章"关于教育投入和保障条件"第 58 条提出了多方面多渠道的经费筹措方式，充分发挥国家、地方行政机构、个人、家庭、社区、社会团体、私人机构、专业机构、宗教组织、企业以及国外机构的作用，从而实现经费来源的多元化。

泰国 2002 年颁布的《技能开发促进法》取代了 1994 年的《职业培训促进法》（*Vocational Training Promotion Act*），并提出要专门设立技能发展基金（Skill Development Fund）以支付培训相关费用。③ 技能发展基金针对积极为员工提供职业技能培训的企业给予奖励，同时辅助企业开展一系列技能开发推广活动。它促进了私营企业和教育机构之间的协作，通过赋予私营企业特权和税收优惠政策从而鼓励他们为员工提供职业技能培训服务。④《国家教育法》2002 年修正案提出，国家需要大力发展职业技术教

---

① Yongyuth Chalamwong and Wanwisa Suebnusorn，"Vocational Education in Thailand：Its Evolution，Strengths，Limitations，and Blueprint for the Future"，in *Education in Thailand：An Old Elephant in Search of a New Mahout*，Gerald W. Fry（Ed.），Singapore：Springer Nature Singapore Pte Ltd.，2018，p.171.

② 韩硕：《泰国职业教育紧盯国情和市场》，《人民日报》2013 年 8 月 5 日。

③ The Ministry of Labour，*Skill Development Promotion Act*，B.E. 2545（2002），Bangkok：The Ministry of Labour，2002.

④ Yongyuth Chalamwong and Wanwisa Suebnusorn，"Vocational Education in Thailand：Its Evolution，Strengths，Limitations，and Blueprint for the Future"，in *Education in Thailand：An Old Elephant in Search of a New Mahout*，Gerald W. Fry（Ed.），Singapore：Springer Nature Singapore Pte Ltd.，2018，p.170.

育，并且针对公立职业学校追加经费投入。① 职业教育经费可以投入到图书馆修护、实践操作设备购置等基础设施的建设，同时也可以创建良好的学习环境以及建设优良的师资队伍。

除了本国的经费来源，泰国职业院校还凭借充足的国外援助来帮助本国职业教育的发展。援助和贷款主要来源于联合国教科文组织、世界银行这类国际组织以及美国、英国、丹麦等国。亚洲发展银行也常年支持泰国政府发展职业教育。泰国教育部国际合作战略局主要负责海外教育经费，其中包括管理来自国外的用来培养泰国人才的年均 400 项研究奖励金。② 经费的适用对象为短期培训参与者、考察人员、研究生在读学生、实践经验丰富的工人。经费使用范围包括学费、旅费、生活费、保险、书籍等。在世界银行贷款的帮助下，泰国建立了春蓬农业技术学校。在美国政府的 160 万美元援助下，泰国建设了洛坤工业技术学院，并在学院内部建立了国际领先水平的实验基地。来自英国和丹麦政府的资金、技术和专家帮助泰国的宋卡渔业技术学院购置了大量的淡水养鱼、咸水养鱼、鱼产品加工的设备，建设了师资团队。③

三、职业教育的教师与发展

泰国 1999 年《国家教育法》及 2002 年修正案提出，要改革教师和教育的人事体系，将教师和教育人事转变成具有高社会地位的专业性人士。师资队伍的建设对于打造职业教育机构的核心竞争力而言非常关键，这也是提高教学质量和提升人才培养质量的根本。该法第 9 条制定了教育体系、结构和过程需要遵守的原则，其中强调要提升教师和教育工作者的专业水平，同时壮大教师队伍建设。在职业院校中，没有获得政府编制（Official Government Status）教师的离职率非常高。2012 年，泰国专门推

---

① 邓淑云：《泰国多层次职业技术教育体系研究——以三所职业技术学校为例》，硕士学位论文，广西师范大学教育科学学院，2015 年。

② 蔡昌卓：《东盟教育概论》，广西师范大学出版社 2015 年版，第 263 页。

③ 余逸群：《泰国的职业技术教育》，《亚太研究》1993 年第 6 期。

出"专业教师计划"（Professional Teacher Project），取代此前的"新生代教师计划"（New Generation of Teachers Project）。该计划专门培养当地急需的学科教师，完成项目培训的教师具备扎实的专业知识、熟练的教学技能、热爱教师工作，其地位相当于政府公务员。

泰国 2008 年《职业教育法》强调，职业教育教师必须满足以下条件之一才能任教：（1）具有本科学历，并且具有职业培训经历；（2）通过国家职业技能标准测试，并且有相关毕业文凭的专家；（3）通过国家职业技能标准测试，并且工作经验不少于 5 年；（4）在自身专业研究领域的时长超过 5 年的专家；（5）工作经验超过 3 年的高级技师。泰国职业技术院校的师资队伍建设主要通过师范学院、职业教育学院以及专门学院进行师资培养。

1. 师范学院

泰国没有专门的师范类高等院校，一般在综合性大学中设立教育学院，通过教育学院的"职业教育系"培养职业教育的教师、管理者和研究者。师范学院提供两种层次的师资培训项目：一种是高中毕业生在进入师范学院学习 2 年后获得与学士学位同等级别的技术教育高级文凭，另一种是直接完成 4 年的学习然后获得学士学位。一般来说，师范学院有四类科目供学习者选择：（1）教育科目：主要涉及特殊教育和早期儿童教育的专业；（2）科学科目：涉及数学、物理、化学、农业、生物等专业；（3）人文社科：涉及美术、音乐、历史、宗教等专业；（4）工艺科目：涉及建筑、手工艺、陶瓷、工业等专业。

2. 职业教育学院

职业教育学院通过开设教育、农业技术、企业管理、旅游等专业，为学习者提供学士学位的职业教育师资课程以及低于学士学位的职业学科、高级职业学科文凭、中级职业学科文凭的课程。职业教育学院的师资培养层次一般是在学士学位层次。

3. 专门学院

泰国在农学院、理工学院等专门学院开设了专门培养职业教育师资的课程。专门学院一般可以提供学士、硕士和博士层次的师资培养课程，为不同层级的职业院校培养师资队伍。

科学教育方面优质师资的欠缺更为显著。教师依然采用传统的教学方法，即教师只负责讲课，学生只负责听课和机械地记忆课堂内容，缺乏自我学习和探索的过程。获得教师资格证的前提是拥有教育学学位，很多符合条件的优质毕业生往往不愿意成为教师，他们更倾向于其他行业中的高薪岗位。低薪其实是难以留住优质教师的重要原因。高职院校的教师不仅仅需要持有教师资格证，更需要具备过硬的专业知识和技能。另外，泰国职业教育的师资也呈现出老龄化的趋势。2013 年，教师公务员和教育人事委员会办公室预计，61.8% 的职业教育师资将在未来的 15 年内退休。[1]2013—2014 学年，相关学校的职业技术课程已经存在 3420 名教师的缺口。[2] 职业教育委员会办公室一直在大力培养优质的职业教育师资队伍。2017 年，职业教育委员会办公室额外增加了 1.4 万名优质职业教育教师以弥补教师的空缺。[3] 为应对职业教育师资短缺的难题，泰国教育部允许政府的退休官员和企业中的技术专家在通过教育部组织的统一考试后进入教育机构任教。[4]

目前，泰国职业学校的很多教师在教授自身专业之外的课程内容，这种状况导致了职业教育教师的非专业化。2008 年，泰国教育部高等教育委员会办公室发起了"合作型教师教育计划"（Cooperative Teacher Education Project），旨在解决师资短缺的问题。教育学专业的本科毕业生

---

① OECD/UNESCO, *Education in Thailand：An OECD-UNESCO Perspective*，Paris：OECD Publishing，2016，p. 192.

② OECD/UNESCO, *Education in Thailand：An OECD-UNESCO Perspective*，Paris：OECD Publishing，2016，p. 228.

③ Workforce, *Reformation of Thailand's TVET System-Apprenticeships*，*Women and Innovation*，2019 年 5 月 14 日，见 http：//www.workforceblueprint.com.au/reformation-of-thailands-tvet-system-apprenticeships-women-and-innovation/.

④ 邓淑云：《泰国多层次职业技术教育体系研究——以三所职业技术学校为例》，硕士学位论文，广西师范大学教育科学学院，2015 年，第 28 页。

不需要再参加相关培训，但是其他有意愿成为教师的非教育学专业的本科毕业生需要在毕业后进行为期一年的教育学专业的学习，或者在指定院校进行一年的授课培训，然后获得教师资格证。[①] 该项目有助于在短期内壮大师资队伍，同时提升师资的综合素质。同时，参与该项目的学生可以通过实践获得真实的授课经验。

四、职业教育与劳动力市场的联系

不同行业对劳动力的需求不同，劳动力会密集性地进入某几个行业，从而造成供需不均的状况。帮助学生成功就业需要发展符合本地经济发展需求的职业教育，培养高技能人才以及解决学校所学技能与就业所需技能不匹配的问题。

泰国 1997 年《宪法》第 289 节规定，地方政府和组织有义务提供符合当地经济发展需求的教育和培训项目，同时关注当地人文、习俗、知识和文化的保护。[②] 国家的经济发展要与劳动力政策和国家经济社会发展规划保持一致。在泰国，职业技术教育与培训的课程是由地方社区设计的，课程的设计过程会考虑地方社区特定的社会、经济、环境和文化的需求。因此，泰国培养出来的技术人才是符合地方经济社会发展阶段的劳动力，职业院校提供的技术技能培训是能够帮助推动地方的发展。《职业教育法》指出，职业教育供给必须要与国家经济和社会发展计划以及国家教育规划保持一致，保证泰国培养出具备技能和技术的职业性人才以满足劳动力市场的需要。学生需要习得实践能力和有益于职业发展的资质。泰国《教育部教育发展战略（2012—2015）》确立了教育部改革的目标，其中一项就强调要提升职业教育质量，促进劳动力市场和东盟就业。

在过去 10 年间，泰国就业市场中中低技能劳动力所占的比例为 84%，

---

① Office of the Education Council，Ministry of Education，*Education in Thailand*，Bangkok：Ministry of Education，2017，p. 111.

② Thailand Government Gazette，*Constitution of the kingdom of Thailand*，B.E. 2540（1997），2019 年 5 月 16 日，见 http：//www.thailaws.com/.

而高技能专业人才的比例仅为 16%，相比之下，发达国家的高技能劳动
力占比高达 60%—70%，这让泰国很难挣脱"中等收入陷阱"的困境。①
泰国"东部经济走廊"(Eastern Economic Corridor) 发展规划提出了"职
业创造国家的未来"(Vocation Creates the Nation) 的口号。此项规划预计
需要超过 17 万具备职业证书的人才，而目前达到要求的人数不到 6 万。②
很多研究表明，泰国职业与技术教育没有培养出充足的、具备良好资质的
并且接受良好培训的技术人才。有调查显示，在 1029 名泰国职业学生中，
只有 2.09% 的学生通过了逻辑思维和分析能力的测试。③ 在当下经济社会
快速变革的时代，该数据表明只有少部分泰国职业教育的学生能够成功转
型，适应时代的变革，而大多数职业教育的学生都将面临失业的风险以及
升职的压力。

泰国《第七个国民经济和社会发展计划（1992—1996）》(*The Seventh*
National Economic and Social Development Plan(*1992—1996*)) 强调，要
发展科技领域的人力资源，力求将中等技工的数目从 1992 年每 1 万人中
141.5 名到 1996 年增至 221.5 名。④ 在社会对中等技工有大量需求的背景下，
此时的教育部职业教育司通过建立新的技术学院以提升培训质量，同时为
教育培训提供资金、专家、设备等，从而实现在特定时间段内对于大量中
等技工的需求。加强职业教育的推广有助于开发人力资源。人力资源，特
别是专业人才是实现一个国家经济持续发展的强大动力，泰国对于人力资

---

① Yongyuth Chalamwong, *How Vocational Education Can "Build the Nation"*，2019 年 3 月
14 日，见 https://tdri. or.th/en/2019/ 03/how-vocational-education-can-build-the-nation/.

② Yongyuth Chalamwong, *How Vocational Education Can "Build the Nation"*，2019 年 3 月
14 日，见 https://tdri. or.th/en/2019/ 03/how-vocational-education-can-build-the-nation/.

③ Pongsuwat Sermsirikarnjana, Krissana Kiddee and Phadungchai Pupat. "An Integrated
Science Process Skills Needs Assessment Analysis for Thai Vocational Students and
Teachers", *Asia-Pacific Forum on Science Learning and Teaching*，Vol.18，No.2（Dec.
2017），p.4.

④ Office of the National Economic and Social Development Board，*The Seventh National*
Economic and Social Development Plan(*1992-1996*)，Bangkok：National Economic and
Social Development Board，Office of the Prime Minister，1991.

源的开发以及教育培训给予高度的重视。2003 年，泰国强调要提高中等水平技工的数量，但是由于课程较为过时、教学设施缺乏、优质师资较少等问题，很多技术院校很难培养出足够多的中等技工以满足劳动力市场的需求。[①]

泰国《职业教育法》提出，职业教育必须要与国民经济和社会发展计划以及国家教育计划保持一致，在各个层面培养高技能的职业技术人才，从而满足劳动力市场的需求。而泰国《第十个国民经济和社会发展计划（2007—2011）》也指出，泰国缺少中高教育层次的劳动力。在工商业中，泰国需要 60% 的中等教育层次并且接受过职业教育的劳动力以满足行业需求以及国家竞争力水平。在科技专业性领域，泰国依然缺乏接受过高层次教育的人才。在设计、研究和开发领域的科技专业人员的比例低于2%，而科技领域的研究者比例在 1 万人中只有 6.7 人。[②]《第十二个国家教育发展规划（2017—2021）》中关于人力资源的开发提出了几项重点。在职业教育领域，第一个重点是促进青年人的认知发展以及增强生活技能，从而成为国家有价值的资源；第三个重点强调要在不同的年龄阶段发展必要的技能和知识，符合对劳动力市场的需要以及 21 世纪所需的技能，包括生活技能和工作技能；第四个重点关注科技领域的劳动力；第五个重点关注了双元制教育和协作教育（Cooperative Education）。[③]

泰国《职业教育法》第 7 条强调，受教育者需要掌握一技之长并且具备自力更生的能力，同时具有创新能力，不断学习和开拓进取的理念，

---

① Japan International Cooperation Agency, *Strengthening Vocational and Technical Manpower Production Program*，2019 年 5 月 16 日，见 https：//www.jica.go.jp/english/ourwork/evaluation/oda_loan/post/ 2004/pdf/2- 01_full.pdf。

② Office of the National Economic and Social Development Board, *The Tenth National Economic and Social Development Plan*（*2007-2011*），Bangkok：National Economic and Social Development Board, Office of the Prime Minister，2006.

③ Office of the National Economic and Social Development Board, *The Twelfth National Economic and Social Development Plan*（*2017-2021*），Bangkok：National Economic and Social Development Board, Office of the Prime Minister，2016，p.19.

自强不息的精神。泰国《第十一个国民经济和社会发展计划（2012—2016）》（*The Eleventh National Economic and Social Development Plan (2012—2016)*）和《职业教育法》均提出了要构建教育和工作之间灵活的桥梁的要求。上述法律和政策不仅覆盖到在读学生群体，而且也适用于已经在工作岗位的想要继续学习的人群。职业教育体系可以培养大批熟练的职业技术型人才，这批人才会为劳动力市场带来新的活力，同时促进泰国社会的经济发展。

　　泰国职业教育主要涉及的领域为工业、农业、商业、家政以及手工业。泰国的工业品从 20 世纪 80 年代以后开始逐渐取代农产品的出口，同时泰国也逐渐成为全球热门旅游目的地，因此泰国职业教育人才培养的重点方向是旅游业、工业和农业。在《1990—2000 年泰国职业技术教育发展纲要》中，泰国教育部强调了农业技术院校的重要性，致力于培养在农业领域的实用型技术人才，泰国政府从 1991 年开始在全国建立 1.5 万个农业相关的技术培训班，培训班人数在 1995 年达到 40 万人次。[①] 截至 2017 年的劳动力市场中，农业领域的劳动力比例为 8.9%，工业领域为 35.9%，服务业领域为 55.3%。[②] 根据此项数据，泰国需要特别关注服务业领域的人才培养。

　　泰国《国家教育法》第 9 条鼓励家庭、社区、企业、地方行政机构、社会团体、宗教团体等依法开办教育机构。泰国常见的"7/11"便利店的管理运营人才就是企业创办的院校培养的。[③] 为了更好地将所学技能与企业的业务流程相融合，学生根据合同规定在毕业后需要进入企业进行一段时期的工作。《国家教育法》第 24 条阐述了尽可能让学生在实践活动中学

[①]　余逸群：《泰国的职业技术教育》，《亚太研究》1993 年第 6 期。

[②]　Yongyuth Chalamwong and Wanwisa Suebnusorn，"Vocational Education in Thailand：Its Evolution，Strengths，Limitations，and Blueprint for the Future"，in *Education in Thailand：An Old Elephant in Search of a New Mahout*，Gerald W. Fry（Ed.），Singapore：Springer Nature Singapore Pte Ltd.，2018，p.173.

[③]　罗妙心：《泰国高等职业教育发展问题研究》，硕士学位论文，广西民族大学管理学院，2015 年。

习的过程，同时强调学习的实践和地点不限于学校。从 2014 年以来，泰国的劳动适龄人口一直呈下降趋势，这导致了劳动力的缺乏和生产力的降低。《第十二个国民经济和社会发展计划（2017—2021）》中关于人力资源开发方面特别强调，要提升教育质量，推动双元制职业教育和合作教育，帮助劳动力在进入就业市场之前习得必要的技能。双元制职业教育是指公司的学徒制培训和职业学校职业教育的有机结合。合作教育是指综合教师教学和实践工作经历的结构化方式，同时为结构化的工作经验提供学分。（高等职业教育双元制的培养模式参见图 5.4）

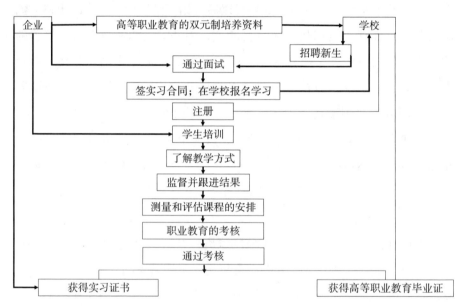

图 5.4　高等职业教育双元制的培养模式

资料来源：罗妙心：《泰国高等职业教育发展问题研究》，硕士学位论文，广西民族大学管理学院，2015 年。

　　泰国《职业教育法》明确了职业教育与正规教育是互为补充的关系，课程内容的设置要与国家、社会需求相呼应。例如，设置以资质培养为基础的课程，特别是培养学生的企业家精神和工作职业道德。《职业教育法》也是对《技能开发促进法》和劳工部 2003 年颁布的《关于泰国劳动标准保障的标准和程序规定》（*Regulations on Criteria and Procedure for Assurance of Thai Labor Standards B.E. 2546（2003）*）的有力补充。泰国《第十一个国民经济和社会发展计划（2012—2016）》指出，要发挥职业教育在优质劳动力建设当中的重要作用。该计划提出的与职业教育相关的目标包括：（1）提高职业资历标准，提升与劳动力市场相关的技能；（2）增设职业教育中的专业课数目；（3）建立国家劳动力数据库，数据存储包括劳动力的供需情况、教育成就和职业框架等；（4）鼓励地区大学和职业院校积极参与社区的发展。[①]

五、职业教育中信息技术的运用

泰国《国家教育法》第 8 条强调，要不断改进教育内容和教学的方式。为了推动教育技术的应用，泰国政府设立了教育技术发展基金。《国家教育法》第 68 条规定，此项基金的资金来源于国家补贴、特许经费以及来自通信技术相关部门的收入。2007 年，泰国政府提出要建立国家教育网络（National Education Network，简称 Ned-Net）。该网络将中小学、学院、大学和图书馆作为学习资源中心，为学习者提供在线自主学习的机会，同时推动教育信息化的管理模式。

当前泰国已经进入了"泰国 4.0 战略"发展阶段，其特征是运用最新的技术和信息化手段来推动泰国经济社会的发展。为了能在全球化的背景下增加受教育的机会，《第十个教育发展规划（2006—2011）》提出，泰国必须善用信息技术来提高人们接收信息、知识体系和接受教育的机会。[②] 正值高新技术与知识型经济的时代，泰国颁布了《第十二个国民经济和社会发展计划（2017—2021）》，其中强调要通过优质教育从而培养人的批判性思维和创造性，同时再次提出了科学技术、科研以及创新的重

---

① Office of the National Economic and Social Development Board，*The Eleventh National Economic and Social Development Plan（2012-2016）*，Bangkok：National Economic and Social Development Board，Office of the Prime Minister，2011.

② Office of the National Economic and Social Development Board，*The Tenth National Economic and Social Development Plan（2007-2011）*，Bangkok：National Economic and Social Development Board，Office of the Prime Minister，2006.

要性。① 在第七届中国（杭州）国际教育创新大会暨第十三届亚太地区教育革新为发展服务计划会议的开幕式上，泰国教育部部长朱林·拉克萨纳维丝（Jurin Laksanawsit）在其主题报告中提及了泰国的现代化改造职业教育的项目。信息技术在职业教育中的运用有利于提升其有效性。因此，为了推进职业教育中的信息技术和网络建设，泰国政府共计投入 200 万美元，总计覆盖 15 个重要的职业教育机构。②

在教育领域，信息技术的运用主要为了提升教学质量以及促进学生的自主学习。泰国《国家教育法》第 24 条在组织教学活动方面规定，教师的教学需要良好的环境和设施，而教学相长的过程可以通过教学媒体或其他教学途径实现。《第十个国家教育发展规划（2006—2011）》等文件也提出，要充分开发教师、课程、教学媒体和信息技术以提高整个教育体制的质量，同时推动信息技术的高频使用以提升学习效率。提高师资质量，《第十个国家教育发展规划（2006—2011）》认为，教师必须掌握新技术的相关知识，并且能够使用新技术到教学当中。③ 计算机辅助教学（Computer Aided Instruction / Computer Assisted Instruction）通过动画、声音、文字、图形等形式辅助教师的教学活动。这种方式不仅提高了教学质量，还提升了教学效率。学生从学习内容的被动接收者转变为学习内容的主动参与者，学生的学习积极性被激发。一般情况下，计算机辅助教学分为直线和跨线。直线是指教学的内容根据递进的难度等级已经被划分好了，学生根据不同的难度级别，一级接着一级地学习课程内容，中途不允许跳级学习。跨线是指学习内容没有直线的形式那么结构化，学生可以根

---

① Office of the National Economic and Social Development Board，*The Twelfth National Economic and Social Development Plan*（*2017-2021*），Bangkok：National Economic and Social Development Board，Office of the Prime Minister，2016.

② ［泰］朱林·拉克萨纳维丝：《信息通信技术推动泰国教育发展的巨大潜力》，《世界教育信息》2009 年第 12 期。

③ Office of the National Economic and Social Development Board，*The Tenth National Economic and Social Development Plan*（*2007-2011*），Bangkok：National Economic and Social Development Board，Office of the Prime Minister，2006.

据自身的学习状况和学习能力选择适合自己的难度级别，提升学习效率。在泰国的高等职业教育，计算机辅助教学是非常鲜明的特征。随着网络宽带的普及，世界范围内的学习资源得以共享，泰国的职业教育同样可以受益于此。

　　一般来说，信息技术的运用可以表现在两个方面，一个是利用计算机进行教育的辅助，另外一个是利用网络开展学习资源的共享，同时增强学生的自主学习能力。为了促进学生的自主学习，《国家教育法》第67条要求泰国政府推动教育技术的研发、生产和进步，保障受教育者将教育技术合理地运用到学习中。《第十个国家教育发展规划（2006—2011）》强调，教师的教学媒介要能促进学生们自主使用信息技术作为学习工具。[①]为了保证泰国人民能够享有符合国际标准的教育，同时促进持续性的自我学习的能力，《第十二个国民经济和社会发展计划（2017—2021）》倡导要提高以学习为目的的网络使用。[②]与计算机辅助教学模式类似，网络在线学习（e-learning）的方式也是强调学生的自主学习能力。但是与计算机辅助教学不同，网络在线学习往往需要进行模拟考试，而模拟考试的目的就是帮助学生选择与自身水平相适应的课程难度。网络在线学习的方式采用的是"学习者为中心"的学习模式，学习者根据自身学习能力和兴趣自主安排学习进度和内容。在提升学习效率的同时，学生有了更多的课程内容选择，教师也可以随时关注学生的学习进展状况。

---

① Office of the National Economic and Social Development Board，*The Tenth National Economic and Social Development Plan*（*2007-2011*），Bangkok：National Economic and Social Development Board，Office of the Prime Minister，2006.

② Office of the National Economic and Social Development Board，*The Twelfth National Economic and Social Development Plan*（*2017-2021*），Bangkok：National Economic and Social Development Board，Office of the Prime Minister，2016，p. 82.

第三节 泰国职业教育的质量保障

一、泰国职业教育质量保障框架

泰国《国家教育法》第 9 条规定了教育体系、结构和过程需要遵守的原则，其中涉及统一教学标准的重要性，各级各类教育应该形成整体的质量保障体系。该法第 47 条规定"要制定一套教育标准和质量保障体系，包括内部质量保障和外部质量保障"；第 48 条规定"教育院校的管辖机构和自身都应该建立一套内部质量保障体系，内部质量保障应该被作为教育管理中的一部分，同时需要持续推动内部教育保障进程"；第 49 条对外部质量保障有所涉及，"指明国家教育标准和质量评估办公室作为公共机构，需要对外部评估的条件和方式以及评估教育机构的教育成果负责"。①

泰国职业教育质量保障体系包括内部和外部两个层面的保障。（参见图 5.5）内部质量评估应该是持续性的教育管理常规流程，主要涉及与质量相关因素的控制，例如定期检测评估教育院校的表现等等。内部质量保障体系主要有控制、审计和评估三大部分。外部评估应该侧重于教育管理结果的评估。外部质量保障侧重于教育的输出和最终成果，内部质量保障侧重于教育的输入和教育过程。内部质量保障是外部质量保障的基础。与《第十一个国民经济和社会发展计划（2012—2016)》中制定的目标保持一致，职业教育项目的质量主要由职业教育委员会办公室的质量保障与教育标准部门（Quality Assurance and Education Standards Section）进行监测。泰国国家教育考试服务研究所是一个公共组织，也是教育考试信息中心。它是一个国际、国家层面有关教育衡量和评估领域的学术协作中心。在职业教育领域，该机构为职业教育提供检测服务。

---

① Office of the National Education Commission，Office of the Prime Minister，*National Education Act of B.E. 2542 (1999)*，Bangkok：Office of the National Education Commission and Office of the Prime Minister，1999，p. 17.

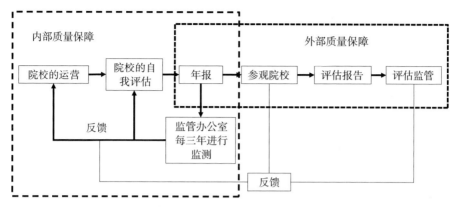

图 5.5　内部质量保障和外部质量评估之间关系图

资料来源：ONESQA，*Manual for Vocational Education Institutions the Third-round of External Quality Assessment*（*2011-2015*），Bangkok：ONESQA，2013，p. 10.

　　针对院校自身的运营状况，院校首先需要进行自我评估，并且每年发布真实反映院校教育质量各个方面的自我评估报告（SAR）。自我评估报告需要呈递给院校委员会（Institution Council）、上级机构、相关机构以及社会公众。之后外部质量评估介入，他们通过参观院校来了解院校的运营状况，结束时会形成评估报告，并将评估的结果反馈给院校，帮助其在接下来有针对性地做出调整和改善举措。

二、泰国职业教育内部质量保障

　　泰国教育部规定，教育质量保障的过程包括内部质量评估、教育质量监督以及教育质量提升这三个方面。《国家教育法》特别强调要建立内部质量保障体系。职业教育的内部质量保障体系有两个层次，一个是院校每年推出的自我评估报告，另外一个就是职业教育委员会办公室的内部评估委员会（Internal Assessment Committee）每三年的评估。每年的自我评估报告必须上交到职业教育委员会办公室以提升职业教育项目的质量，职业教育委员会至少每三年会对职业院校进行评估，即内部质量评估。职业院校的内部质量保障体系主要通过以下几点实现：（1）建立教育机构的教育标准（参见表 5.5）；（2）制定教育机构的管理规划；（3）实施管理规划；(4) 检测教育机构的管理质量；(5) 根据教育机构的教育标准进行内部质量评估；(6) 准备内部质量评估的年度报告；(7) 提供可持续的质量发展。为此，职业院校也需要坚持几项原则：(1) 保证院校、学生、教师和相关机构的参与；(2) 推动、支持和监督职业院校；(3) 教育标准参照教育部公布的国家教育标准和职业标准；(4) 教育质量包含所有课程和学科；(5) 符合学习者、教育机构、场所、当地社区和技术的需求。①

表 5.5 职业教育内部质量保障标准

评估问题	数据收集的方法			评估的本质
	观察真实情况	访问	检查证据文件	
1. 教育机构制定标准。教育管理部门、公共和私营部门、学生、社会团体以及相关机构均参与教育发展规划当中		1. 主管 2. 教师 3. 教育人事 4. 学生 5. 外部人员	1. 教育机构的标准 2. 教育机构的发展规划	1. 制定教育机构标准 2. 基于教育机构标准，制定以提升教育质量为目标的发展规划
2. 教育机构实施教育发展规划		1. 主管 2. 教师 3. 教育人事 4. 学生		基于教育机构的发展规划实施
3. 教育机构进行教育质量的监测，并根据教育标准进行内部质量评估		1. 主管 2. 教师 3. 教育人事 4. 学生		根据教育标准监督教育质量以及评估内部质量
4. 学校编写内部质量评估的年度报告		1. 主管 2. 教师 3. 教育人事 4. 学生	内部质量评估报告	内部质量评估报告

① Ministry of Education，รูปแบบระบบการประกันคุณภาพภายในสถานศึกษาสังกัดสำนักงานคณะกรรมการการอาชีวศึกษาที่เชื่อมโยงกับกฎกระทรวงฯและการประเมินคุณภาพภายนอกรอบสามของ สมศ，Bangkok：Ministry of Education，2018，p. 2.

续表

评估问题	数据收集的方法			评估的本质
	观察真实情况	访问	检查证据文件	
5. 基于内外部质量评估结果提升教育机构的质量		1. 主管 2. 教师 3. 教育人事 4. 学生	基于评估结果制定的年度计划	根据内外部质量评估结果提升教育质量

资料来源：Bureau of Vocational Education and Professional Standards，คู่มือการประเมินคุณภาพภายในการอาชีวศึกษาตามมาตรฐานการอาชีวศึกษาระดับประกาศนียบัตรวิชาชีพและระดับประกาศนียบั ตรวิชาชีพชั้นสูง พ.ศ. 2559，Bangkok：Ministry of Education，2016，p. 27.

根据《职业教育法》《教育部关于教育的体系条件的公告》以及于2010 年关于教育质量的实施、职业教育委员会办公室和教育部规定的职业教育标准，职业院校可以根据以上规定制定适合自己的标准。大多数泰国院校会直接采用国家教育标准和质量评估办公室的外部质量保障标准和指标对自身的质量进行评估，或者将其进行适当调整后再使用。教育机构根据国家教育标准和质量评估办公室的指标参与内部质量保障的过程可以参照 PDCA 循环。(参见表 5.6)

表 5.6　职业教育院校内部质量保障的 PDCA 循环过程

PDCA 循环	
计划（Plan）	1. 制定教育机构的教育标准 2. 制定教育管理规划
执行（Do）	1. 依据教育管理规划实施
检查（Check）	1. 进行质量检测 2. 进行内部质量评估 3. 准备年度报告
处理（Act）	不断提升教育质量

资料来源：Ministry of Eduaton，รูปแบบระบบการประกันคุณภาพภายในสถานศึกษาสังกัดสำนักงานคณะกรรมก ารการอาชีวศึกษาที่เชื่อมโยงกับกฎกระทรวงฯและการประเมินคุณภาพภายนอกรอบสามของสมศ，Bangkok：Ministry of Education，2018，p. 2.

　　职业教育机构的内部评估方针为：（1）所有教育机构每年都应该进行内部质量保障评估。（2）所有教育机构内部质量保障的持续性流程应该包括绩效的规划、评估和改善。每个院校的教育发展规划要与《国家教育法》中规定的目标和原则保持一致，与国家教育标准以及院校目标、理念和章程相统一。同时，院校要有明确的行动实施时间表，对于自身的表现要有后续跟进和评估，然后用评估结果改善并提升教育质量。（3）在内部质量保障的所有阶段，重点均在于各相关实体之间的参与和合作。（4）每个教育机构的内部质量保障报告要在下一个学年开始前结束。报告中需要涉及教育质量评估结果，以及下一年的教育质量改善和提升的指导方针。另外，报告要上交到上级组织、相关机构、教育标准和评估办公室以及披露给社会公众。

　　职业教育机构内部质量评估的程序为：（1）职业院校每年都需要进行一次内部质量评估，从第一学期开始，直到下一学年夏季学期结束。（2）学校必须参照职业标准实施内部质量保障，并根据自身需要制定教育标准。学校应尽可能将所有指标从目前的层次提升至"优秀"。（3）学校应按照教育类别、工作领域、师生情况等方面收集信息，然后分析优劣势和进一步发展的方向。（4）如果教育机构的内部质量评估结果出现了"需要改善"或"亟须改善"，那么学校必须分析原因以提升教育质量。（5）职业院校的内部质量评估至少每3年进行一次。如果评估结果的指标出现了"需要改善"或者"亟须改善"，那么教育院校必须分析原因，职业教育委员会办公室也会提供建议、监督和跟进、促进教育院校的进展，帮助其提升教育质量。（6）内部评估的指标考虑综合因素，包括观察实际情况、访谈相关人员以及审查有关文件等。

　　2018年，泰国教育部职业教育委员会办公室完成了对职业院校的一次内部教育质量评估。此次的内部质量保障主要考察五个方面，分别是学生和毕业生、学校课程和教师教学、学校管理与领导、资源的合理使用以及基础设施建设。①

1.第一方面：学生和毕业生

为了查看学生在道德、伦理和理想等方面的情况，职业教育委员会办公室需要评估学生和毕业生质量。职业院校是否给予学生关怀和指导会影响学生在毕业后的成就。理想的毕业生是可以自主创业，或者从事创新性和创造性的工作和研究。本次评估涉及学生和毕业生的国家职业教育考试成绩（V-NET）、就业情况以及升学情况。

（1）给予学生关怀和指导

评估方法：计算在所有毕业生中，获得职业中专证书和职业大专证书的毕业生的比例。可以考虑学校的综合情况。

评估标准：如下表所示。

评估结果	分数	质量水平
大于80%	5	优秀
70.00%—79.99%	4	良好
60.00%—69.99%	3	中等
50.00%—59.99%	2	需要改善
低于50%	1	亟须改善

（2）产生创新性和创造性的工作或研究

评估方法：教育机构组织创造性和创新性的竞赛和活动，并开展相关研究；开展创新性工作和发明，研究已经在学校层面付诸实践（府层面）；开展创新性工作和发明，研究已经在学校层面付诸实践（地区层面）；开展创新性工作和发明，研究已经在学校层面付诸实践（国家层面）；开展创新性工作和发明，研究已经在学校层面付诸实践（国际层面）。

评估标准：如下表所示。

① Office of Vocational Education Commission，แนวทางการประเมินคุณภาพการศึกษาของสถานศึกษา　ตามมาตรฐานการอาชีวศึกษา พ.ศ. 2561, Bangkok: Ministry of Education, 2018, pp.18-42.

评估结果	分数	质量水平
符合第 1 点和第 5 点	5	优秀
符合第 1 点和第 4 点	4	良好
符合第 1 点和第 3 点	3	中等
符合第 1 点和第 2 点	2	需要改善
符合第 1 点	1	亟须改善

（3）评估学生的专业水平

评估方法：根据课程结果，计算通过专业标准评估的学生占所有参加课程学生数目的比例。可以考虑学校的综合情况。

评估标准：如下表所示。

评估结果	分数	质量水平
大于 80%	5	优秀
70.00%—79.99%	4	良好
60.00%—69.99%	3	中等
50.00%—59.99%	2	需要改善
低于 50%	1	亟须改善

（4）评估毕业生的工作和继续教育情况

评估方法：在过去 1 学年中，获得职业中专证书和职业大专证书的毕业生参加工作（政府部门、私营部门以及个体经营）或者继续学习的比例。

评估标准：如下表所示。

评估结果	分数	质量水平
大于 80%	5	优秀
70.00%—79.99%	4	良好
60.00%—69.99%	3	中等
50.00%—59.99%	2	需要改善
低于 50%	1	亟须改善

2.第二方面：学校课程和教师教学

为了使泰国学生具备 21 世纪技能，职业院校已经开发并改善了课程，构建了以绩效为基础的系统性课程体系。

（1）开发以能力为基础的课程

评估方法：教育机构正在研究劳动力市场对课程开发和改善的需求；学校内部不断协调，持续改善课程；为了让学生能够拥有适应新技术和劳动力市场变化的专业能力和技能，学校与相关机构一起开发工作方面或者课程学习方面的以能力为基础的课程；学校使用了可持续的基于能力的课程体系；学校必须持续性评估并改进课程。

评估标准：如下表所示。

评估结果	分数	质量水平
符合第 1、2、3、4、5 点	5	优秀
符合第 1、2、3、4 点	4	良好
符合第 1、2、3 点	3	中等
符合第 1、2 点	2	需要改善
符合第 1 点	1	亟须改善

（2）融入面向学生的学习计划管理模式

评估方法：为了保障课程是面向就业的，教师需要分析课程；学习计划要囊括良好的道德、价值观和理念，同时符合"充足经济哲学"的思想；学习计划的管理要融入学习风格的培养，比如项目制学习和 STEAM 教育；学习计划的管理会涉及自媒体工具、设备和技术，结合教师教学和学生的学习一起使用；学习计划根据实际情况制定测量和评估的方针。

评估标准：如下表所示。

评估结果	分数	质量水平
符合第 1、2、3、4、5 点	5	优秀
符合第 1、2、3、4 点	4	良好
符合第 1、2、3 点	3	中等

续表

评估结果	分数	质量水平
符合第 1、2 点	2	需要改善
符合第 1 点	1	亟须改善

3. 第三方面：学校管理与领导

学校管理与领导主要涉及学校管理者和教师这两类主体。学校管理者是负责教育机构管理的专业人员。教师是负责教学的专业人员，运用教学法促进学生学习。

（1）教学管理

评估方法：计算教学区域中合格教师的比例；遵循教学计划的教师比例；使用教学计划，并且运用各种教学法教学的教师比例。比例依据实际情况进行评估；使用教育技术和创新性媒体的教师比例；运用研究解决教学管理问题从而提升教育质量的教师比例。

评估标准：如下表所示。

评估结果	分数	质量水平
大于 80%	5	优秀
70.00%—79.99%	4	良好
60.00%—69.99%	3	中等
50.00%—59.99%	2	需要改善
低于 50%	1	亟须改善

（2）课堂管理

评估方法：具有每位学生数据的教师比例；拥有课程文件和信息的教师比例；运用课堂管理方法营造良好学习氛围的教师比例；通过教学手段促进学生学习的教师比例；关注每位学生的学习和其他方面的教师比例。

评估标准：如下表所示。

评估结果	分数	质量水平
大于80%	5	优秀
70.00%—79.99%	4	良好
60.00%—69.99%	3	中等
50.00%—59.99%	2	需要改善
低于50%	1	亟须改善

（3）参与学校管理

评估方法：教师和教学人员均参与了教育机构教育标准的制定；教师和教学人员均参与了学校发展规划的制定；教师和教学人员均参与了学校的年度计划的制定；学校董事会或管理委员会参与了学校管理过程；学校管理者创新地参与了学校管理过程。

评估标准：如下表所示。

评估结果	分数	质量水平
符合第1、2、3、4、5点	5	优秀
符合第1、2、3、4点	4	良好
符合第1、2、3点	3	中等
符合第1、2点	2	需要改善
符合第1点	1	亟须改善

4. 第四方面：资源的合理使用

评估方法：学校的计划能够在国内和国际层面调动职业教育相关资源；建立学校和企业及其他机构的合作网络，培养优质的教师；为了增加预算从而提供奖学金、教材和设备，教育机构需要调动相关资源；为了持续性开发和改善职业教育体系，教育机构必须基于表现评估计划进行资源的调动以及开发职业的在线教育。

评估标准：如下表所示。

评估结果	分数	质量水平
符合第1、2、3、4、5点	5	优秀
符合第1、2、3、4点	4	良好
符合第1、2、3点	3	中等
符合第1、2点	2	需要改善
符合第1点	1	亟须改善

5. 第五方面：基础设施建设

（1）建设教学楼、教室和实验室

评估方法：教育机构内部有教学楼、教室、实验室、学习资源以及环境；教育机构会制定计划，该计划关注环境问题、建筑景观、教室、实验室和学习资源；教育机构会根据学校具体情况发展和改善学校的环境，比如景观、建筑、教室、实验室、学习资源和其他设施。

评估标准：如下表所示。

评估结果	分数	质量水平
符合第1、2、3、4、5点	5	优秀
符合第1、2、3、4点	4	良好
符合第1、2、3点	3	中等
符合第1、2点	2	需要改善
符合第1点	1	亟须改善

（2）开发学习资源和学习中心

评估方法：学校制定计划，计划强调要继续开发学习项目、资源中心以及图书馆；教育机构拥有资源中心或图书馆。资源中心或图书馆的环境有助于教师、教学人员、学生以及其他相关人员的学习和研究工作；资源中心或图书馆的运行参照指定的标准；由于资源中心或图书馆的数据是服务于学习者的，因此教育机构规定使用该资源的学生比例至少为80%；教育机构具备学习资源或媒体设备。

评估标准：如下表所示。

评估结果	分数	质量水平
符合第1点	5	优秀
符合第2点	4	良好
符合第3点	3	中等
符合第4点	2	需要改善
符合第5点	1	亟须改善

（3）开发高速网络系统，促进教育机构的信息运用

评估方法：教育机构拥有适合自身的高速网络系统；教育机构指派一个人专门监督和管理信息；高速网络系统涵盖教育机构涉及的所有领域；信息系统将教育机构内部的管理全部关联起来；信息系统将教育机构外部的管理全部管理起来。

评估标准：如下表所示。

评估结果	分数	质量水平
符合第1点	5	优秀
符合第2点	4	良好
符合第3点	3	中等
符合第4点	2	需要改善
符合第5点	1	亟须改善

三、泰国职业教育外部质量保障

为贯彻《国家教育法》中的教育目标和方针，泰国政府于 2000 年 11 月成立了国家教育标准和质量评估办公室。该办公室是独立的公益性机构，通过检验各级学校在教育管理方面的具体目标、原则和方针的实施情况，考察这些学校的教育质量，而产生的一种外部评估方式。外部质量评估的目的主要在于评估教育机构运营质量的所有方面、持续促进教育机构

改善教育的质量和管理、检测机构教育质量改善的过程以及告知相关组织和大众以上被考察的教育机构的进展状况。

国家教育标准和质量评估办公室每 5 年会对学校进行一次质量评估。其使命为：（1）构建外部评估体系；（2）开发外部质量保障标准和指标；（3）外部评估专家的资质认定，并对其进行培训；（4）编纂培训教材；（5）监督评估过程；（6）编写年度报告，上交给内阁及相关部门。外部治理评估有 6 项标准和 23 个指标。其中的 6 项标准包括内部质量评估、毕业生质量、教学管理、师生知识的创新、为社区和社会提供学术服务、学校的行政管理。评估要遵循以下目标和原则：（1）提高教育质量；（2）基于可核实的证据和数据以保证过程的公正、负责和透明；（3）在学术自由和统一战略规划下的国家教育政策之间保持平衡，鼓励每个教育机构基于自身潜能制定明确的目标并提升教育质量；（4）支持教育机构发展内部质量保障体系；（5）鼓励各个层次的利益相关者在质量保障和教育发展中的参与作用和协作能力；（6）在评估的过程中需考虑学术自由、学术身份、思维体系、目标、愿景、任务和目的。

在职业教育领域，国家教育标准和质量评估办公室已经完成了对教育机构的 3 轮外部质量评估。第一轮外部质量评估（2001—2005）旨在帮助教育机构理解并且准确地实施质量保障体系。第二轮外部质量评估（2006—2010）针对第一轮的评估结果进行教育质量的提升，同时在第二轮评估中对教育质量完成认证工作。第三轮评估侧重于产出、结果和影响，减少对教育过程的关注，全力提高教育质量标准。

针对第三轮职业教育的外部质量保障体系，国家教育标准和质量评估办公室设立了详细的 18 项指标，包括 11 项基本指标、3 项身份指标以及 4 项社会责任指标。国家教育标准和质量评估办公室在执行每所教育院校的外部质量评估时都需要与国家教育标准保持一致。（具体的 18 个指标与国家教育标准的关联情况可参见表 5.7）

表 5.7 第三轮职业教育外部质量保障的标准和指标

指标	具体的指标	权重	国家教育标准
基本指标	1. 毕业生在毕业一年内找到专业对口的工作 2. 学生在工作中必要的知识和技能 3. 在认证机构专业测试下的学生成就水平 4. 较好地利用学生项目或发明 5. 较好地利用教师的创新、创造性成果或研究 6. 学术性和职业型服务的结果用于促进学生的技能发展	5 5 5 5 5 5	教育成就
	7. 学生实践的学习体验	5	以学生为中心的课堂管理
	8. 院校委员会和管理者的表现结果 8.1 院校委员会的表现结果 8.2 管理者的表现结果 9. 使用院校行政管理数据库系统的结果 10. 教师和支持性人员的专业发展结果 11. 风险管理的结果	10 (5) (5) 5 5 5	教育管理
	12. 质量保障中的参与度结果 13. 根据内部质量评估获得的院校发展	5 5	内部质量保障
	总权重	70	
身份指标	14. 基于教育机构的思维理念、目标、任务、优势和重点的机构发展结果 14.1 教育机构在思维理念、目标、任务和目的的达成方面的结果 14.2 教育机构基于优势和反思机构身份的焦点基础上，其发展的结果	10 (5) (5)	教育成就
	总权重	10	
社会责任指标	15. 学生质量提升结果 16. 教师质量提升结果	5 5	教育成就
	17. 机构发展成为学习来源 18. 提倡参与和拓宽教育机会	5 5	教育管理
	总权重	20	
	18 个指标的总权重	100	

资料来源：ONESQA，*Manual for Vocational Education Institutions the Third-round of External Quality Assessment* (*2011-2015*)，Bangkok：ONESQA，2013，pp. 13-15.

　　基本指标是评估每个机构都具备并且都使用的基础项目指标，这类指标可以清楚地反映机构运营的结果和影响。这类指标与内部质量保障有联系。身份指标是基于机构思维理念、目标、任务和设立目的而评估其结果的指标，包括评估机构的成就水平等。这类评估会基于机构的优势和经院校委员会允许后在其身份的焦点方面展开评估工作。在遵从国家政策下，社会责任指标关注院校与他人在解决社会问题方面的协作，以及对致力于美好生活建设的院校运营状况的评估。在此指标下，院校需要在教育改革、皇家项目、民主政体、预防意外和毒品的措施以及融入东盟的准备方面帮助泰国社会实现转型。

　　在分析完一所教育机构的质量基本状况后，国家教育标准和质量评估办公室会根据该教育机构的情况考虑是否认证该机构的质量。教育机构获得质量认证的条件为：(1) 18 项指标的总分超过 79 分；(2) 基本指标总分超过 42 分；(3) 至少有 16 项指标的结果超过 50%；(4) 所有指标都不能出现"亟须改善"的质量水平。分析完所有教育机构的状况后，国家教育标准和质量评估办公室会将其质量水平分成 5 个层次。(参见表 5.8)

表 5.8　职业教育机构的质量层次与对应比例

比例	质量层次
90.01 — 100.00	优秀 (Excellent)
70.01 — 90.00	良好 (Good)
50.01 — 70.00	中等 (Fair)
30.01 — 50.00	需要改善 (Improvement required)
0.00 — 30.00	亟须改善 (Urgent Improvement required)

资料来源：ONESQA，*Manual for Vocational Education Institutions the Third-round of External Quality Assessment*（*2011-2015*），Bangkok：ONESQA，2013，p. 46.

　　针对进行质量改善的院校，国家教育标准和质量评估办公室发起了"1 对 9"项目来帮助各级教育机构之间通过协作和互相帮助共创更良好的教育管理。"1 对 9"项目顾名思义就是一所表现较好的院校帮助其他 9 所需要帮助的院校提升表现。

国家教育标准和质量评估办公室开展的第三轮外部质量评估在流程上主要包括组成专家评估团队、收集评估数据、评估步骤、监管并评估外部评估者的表现、监管教育机构并改善其质量等 5 个步骤。

1. 组成专家评估团队

根据 2000 年国家教育标准和质量评估办公室建立时的皇家法令内容，外部评估者需由国家教育标准和质量评估办公室指定，形式可以是个人或者机构。① 职业教育的外部评估者一般为个人、机构、学术型或专业型机构，或者是具有委员会专门指定证书的行政机构。专家团队的规模要根据教育院校的规模和教育管理下学科的多样化程度决定。专家团队一般至少由 3 部分组成，分别是评估专家、一位来自被评估院校的领域专家以及从院校质量评估领域选取的代表。

2. 收集评估数据

数据的收集对于外部质量评估非常关键。数据收集的方式一般有三种，分别是文件检验、采访以及观察。文件检验主要涉及院校的年度报告、自我评估报告、学生成就报告等内容。采访涉及的目标人群非常多，尽可能选择那些能够提供可靠信息的人群，一般采访对象包含院校行政人员、师生、毕业生的雇主，采访方式可以是面对面的会议交谈、电话访谈、一对一谈话、焦点访谈以及深入对话。观察法主要通过观察院校地理位置、教学氛围等元素，不进行访谈的主观记录。

3. 评估步骤

评估步骤一般分为院校访问前、院校访问期间以及院校访问后的工作。（参见表 5.9、表 5.10 和表 5.11）

---

① ONESQA，*Manual for Vocational Education Institutions the Third-Round of External Quality Assessment（2011-2015）*，Bangkok：ONESQA，2013，p. 52.

表 5.9　院校访问前的工作

步骤	负责主体	活动	细节
1.1	国家教育标准和质量评估办公室	国家教育标准和质量评估办公室组建一支评估团队，然后宣布一系列需要接受质量评估的院校	1. 国家教育标准和质量评估办公室选出并准备评估团队，然后指定一个教育院校 2. 国家教育标准和质量评估办公室*通知被指定的院校至少在外部质量评估 30 天前将院校委员会通过的年度报告和自我评估报告呈递上来
1.2	国家教育标准和质量评估办公室 / 评估团队	国家教育标准和质量评估办公室将评估院校呈递上来的年度报告和自我评估报告交给评估团队的组长	国家教育标准和质量评估办公室交递材料的过程同时推进评估管理的进程
1.3	评估团队	评估团队组长组织会议，分配任务	组长发起会议解释评估的流程，同时将任务和院校的自我评估报告分析结果发给每位评估者
1.4	评估团队	评估团队开会进行评估前的准备工作	开会内容主要是计划参观院校的内容，包括工作日程表、每位评估者的具体任务以及参观的日期
1.5	评估团队 / 院校	院校为外部质量评估做准备	1. 评估团队至少提前 1 周通知被评估院校 2. 被评估院校和评估团队一起合作准备外部质量评估所需的文件和证据材料

注: * 如果院校对评估团队不满意，院校可以向国家教育标准和质量评估办公室委员会提出申请，国家教育标准和质量评估办公室委员会会参考院校意见。但是结果以委员会的决定为准。

资料来源: ONESQA，*Manual for Vocational Education Institutions the Third-round of External Quality Assessment* (*2011-2015*)，Bangkok: ONESQA, 2013, p. 53.

表 5.10　院校访问期间的工作

步骤	负责主体	活动	细节
2.1	评估团队	评估团队参观院校	评估团队依照日程表参观院校，参观期间必须依照双方约定的时间表进行

续表

步骤	负责主体	活动	细节
2.2	评估团队	评估团队发起会议，解释外部质量评估的原则和步骤	第一天，评估团队和院校行政人员和人事开会，解释步骤和评估目标，并且告知院校人员日程表和他们的职责，此时院校应该准备齐全所有文件和评估的依据
2.3	评估团队	评估团队推进评估的进程	1. 评估团队依据确定的范围和问题评估院校的教育质量 2. 评估团队分享调研发现，同时分析评估结果
2.4	评估团队 / 院校	评估团队口头宣布评估结果的意见和总结	评估团队开会以计划院校参观期间的内容，包括日程表、每位评估者的具体任务以及参观的日期

注：在听取评估团队的结果期间，院校必须集合院校委员会的代表、行政人员、教师、人事部门以及学生代表。

资料来源：ONESQA，*Manual for Vocational Education Institutions the Third-round of External Quality Assessment*（*2011-2015*），Bangkok：ONESQA，2013，p. 54.

表 5.11　院校访问后的工作

步骤	负责主体	活动	细节
3.1	评估团队 / 院校	评估团队草拟评估报告，并将其呈现给院校预览	1. 评估团队基于收集的数据和证据材料，依照国家教育标准和质量评估办公室的框架协作完成外部质量评估的报告初稿 2. 评估团队在完成院校参观后的 15 天内将报告初稿呈递给院校预览 3. 院校在收到报告初稿后的 15 天内完成浏览和通过的工作。如果评估结果的反馈没有在预期收到，那么国家教育标准和质量评估办公室默认院校认可评估结果
3.2	国家教育标准和质量评估办公室 / 评估团队 / 主要评估者	国家教育标准和质量评估办公室浏览评估报告的初稿	1. 评估团队将经过院校认可后的评估报告呈递给国家教育标准和质量评估办公室 2. 国家教育标准和质量评估办公室将初稿交给主要评估者浏览 3. 国家教育标准和质量评估办公室将主要评估者批注后的初稿还给评估团队再做修改

续表

步骤	负责主体	活动	细节
3.3	评估团队／国家教育标准和质量评估办公室	国家教育标准和质量评估办公室通过评估报告，并授予被评估院校质量的认证	1. 评估团队基于主要评估者的建议修改评估报告，然后将完整的评估报告再次呈递给国家教育标准和质量评估办公室 2. 国家教育标准和质量评估办公室浏览并通过完整的评估保障，允许授予质量的认证
3.4	国家教育标准和质量评估办公室	国家教育标准和质量评估办公室基于教育质量评估结果制定年度报告	1. 国家教育标准和质量评估办公室将教育质量评估结果的报告呈递给内阁、教育部、预算署、相关办公室和大众 2. 针对那些评估结果没有达到国家教育标准和质量评估办公室标准的院校，国家教育标准和质量评估办公室会给予其上级组织以改善意见，并责其在一定时期内采取相关行动

资料来源：ONESQA，*Manual for Vocational Education Institutions the Third-round of External Quality Assessment*（*2011-2015*），Bangkok：ONESQA，2013，pp. 54-55.

4. 监管并评估外部评估者的表现

在评估团队的外部质量评估完成后，国家教育标准和质量评估办公室会基于来自院校和相关人员的反馈信息以监管并评估评估者的表现。反馈内容主要关于评估者是否履行其职责，它们是否严格按照国家教育标准和质量评估办公室的目标和条件对院校进行评估。另外，国家教育标准和质量评估办公室通过评估团队呈递上来的外部治理评估报告对评估者的表现进行评估。

5. 监管教育机构并改善其质量

在完成上述步骤之后，后续的跟进工作非常关键。《国家教育法》规定，院校每年必须发布年度报告。因此，院校表现的监管可以通过查阅它们的年度报告以及国家教育标准和质量评估办公室允准的外部质量评估报告实现。另外，通过比对院校内部教育管理下的内部质量评估结果和国家教育标准和质量评估办公室给予的建议，可以掌握院校进展状况，是否取得预期的进展。或者，对某些院校进行个案分析也可以监测它们是否在约定的时间表内改善了教育质量。

　　泰国第三轮职业教育外部质量评估涉及职业院校共计782所，其中私立院校为352所、工业和社区教育学院为142所、技术学院116所、职业学院61所、多科技术学院54所、农业和技术学院48所以及管理与技术学院9所。[①] 在上述782所职业院校中，教育质量为"优秀"的院校为75所、"良好"的院校为602所，"中等"的院校为75所、"需要改善"的院校为21所、"亟须改善"的院校为9所。通过质量认证的院校有621所，为79.41%，未通过质量认证的院校为151所，约占20.59%。[②]

　　在第三轮外部质量评估结束后，国家教育标准和质量评估办公室提出了以下建议：（1）加强多层次的组织合作，帮助学生在校期间就为未来职业做足准备；（2）每个学期都为学生提供职业咨询服务和实时的工作信息；（3）当前的职业国家教育测试只能衡量学生的知识和技能，对于工作所需的知识和技能无法检测；（4）教师要鼓励学生自我探究，自我满足学习的需求；（5）为学生提供创新创业项目的奖学金；（6）针对职业培训项目要有后续跟进的措施；（7）建立以学生为中心的学习方式；（8）不断提升外部评估专家的资质。[③]

---

①　ONESQA. *Executive Summary Synthesis of Third-round of External Quality Assessment for Vocational Education*，Bangkok：ONESQA，2017，p.1.

②　ONESQA. *Executive Summary Synthesis of Third-round of External Quality Assessment for Vocational Education*，Bangkok：ONESQA，2017，pp.1-2.

③　ONESQA，*Executive Summary Synthesis of Third-round of External Quality Assessment for Vocational Education*，Bangkok：ONESQA，2017，pp. 7-12.

第六章　泰国终身教育政策与变革

终身教育是当今世界的重要教育思潮，国际教育发展的重要趋势。终身教育也是泰国制定国家教育方针、教育政策以及构建国家教育体系的重要原则。泰国自 20 世纪以来便高度重视终身教育，出台相关的政策，并推出相应的举措。随着学习化社会和信息化时代的到来，泰国终身教育的目标群体不断拓展，其理念和内涵也不断深化。

第一节　泰国终身教育发展

终身教育是当今世界广为接受的一种重要教育思想和教育实践。在泰国，终身教育同样也是制定国家教育方针、教育政策以及构建国家教育体系的重要原则。泰国自 20 世纪以来便高度重视终身教育的发展，出台一系列政策，推出具体行动举措，并经历了以成人教育为主、以职业技能培训为主和终身教育成为国家教育原则三个主要发展阶段。泰国经济的转型和社会的发展，对终身教育提出新的需求，泰国也由此形成了社会广泛参与、教育项目多样、学习方式灵活、可持续发展的态势。

一、以成人教育为主的阶段（1940—1966）

20 世纪中叶，泰国基础教育普及率低，成人文盲率高，成人的基本读写算术能力较弱，国民素质亟待提升。1937 年泰国开启首次全国人口普查，普查发现泰国拥有 1446 万文盲人口，文盲率高达 70%。[①] 泰国国民的整体素质堪忧，这对于提升人们生活的质量以及促进国家的发展都是一个巨大的障碍。为此，泰国政府于 1940 年在教育部下设成人教育司，专门负责成人教育事务。泰国相继出台了聚焦成人教育、旨在提升成人识字率的政策与措施，试图提高国民的识字技能，以及国民关于民主社会公民身份的认知。泰国于 1941 年建立第一所成人学校，并于 1943 年颁布法律，要求 20—45 岁的成人文盲必须参加成人教育班，并且每年要缴纳一定的教育费用直至其掌握了识字技能，摆脱文盲的身份。[②]1942—1945 年，泰国教育部还联合内政部等政府部门统一开展第一次全国范围内的扫盲运动，并在一定程度上取得了积极的成效。据统计，经扫盲运动后，泰国成人文盲数量从 680 万下降至 540 万，约有 140 万人掌握了基本的读写技能。[③] 泰国还加大对成人教育师资的培训。1954 年，泰国教育部在联合国教科文组织的支持下成立了"泰国—联合国教科文组织基本教育中心"（Thailand-UNESCO Fundamental Education Center），专门培训农业等领域的相关工作人员以及成人教育领域的教师。[④]1961 年，泰国推出首个国民经济发展计划以及国家教育发展计划。《国民经济发展计划（1961—1966）》（*The National Economic Development Plan*（*1961—1966*）) 以及《国家教育计划（1961—1966）》（*The National Education Plan*（*1961—1966*）) 都有发展成人教育的相关内容。这一阶段泰国的成人教育以政府主导的扫盲运动和成人学校的扫盲课程为主，扫盲成效斐然。1960 年，泰国成人

---

① Sumalee Sungsri，"Nonformal and Informal Education in Thailand"，in *Education in Thailand：An Old Elephant in Search of a New Mahout*，Gerald W. Fry（ed），Singapore：Springer Nature Singapore Pte Ltd.，2018，p.194.

② Sombat Suwanpitak，"Thailand's Path to Literacy"，*International Review of Education*，Vol.54，No.5/6（Nov. 2008），p.764.

③ UNESCO，*Education for all Global Monitoring Report 2006：literacy for life*，Paris：UNESCO Publishing，2006，p.197.

④ Richard M. Tisinger，*Thailand-UNESCO Fundamental Education Centre：Thailand*，Paris：UNESCO，1956.

识字率提升至 70.8%。① 然而，泰国政府也逐渐发现从扫盲班获得基本识字技能的国民很快会重新成为文盲，尤其是在农村地区。泰国政府意识到没有扫盲后的配套项目，仅依靠扫盲班和扫盲课程是远远不够的。

二、以职业技能培训为主的阶段（1967—1998）

20 世纪 60 年代以来，泰国经济进入高速发展时期，经济的高速发展以及新产业的涌现对劳动力的技能水平提出了更高的要求。然而，泰国《第二个国民经济和社会发展计划（1967—1971）》(*The Second National Economic and Social Development Plan*（*1967—1971*）) 指出，泰国劳动力面临技能老化、技能供需结构性失衡、技能短缺等问题，这是制约泰国国家经济发展的重要因素。为此，泰国政府明确表示，要配合和服务社会经济的发展，将大力发展面向成人的职业技能培训。②

泰国教育部成人教育司参照联合国教科文组织功能性扫盲计划（Functional Literacy Programme）提出的以工作为导向的扫盲教育理念，推出功能性扫盲计划，关注成人的读写技能、职业技能和生活技能，建立并逐步扩大与职业培训相关的成人扫盲教育体系。泰国政府将成人教育融入《国民经济发展计划（1961—1966）》以及《国家教育计划（1961—1966）》，强调成人教育活动要满足人们的需要，要适应不断变化的社会环境。③ 泰国的功能性扫盲计划采取了多种形式，适应各种条件和服务人口的需要。泰国开展与经济发展密切相关的工作技能的培训，在各地区相继成立成人教育中心，按照市场需求开设各类短期职业培训课程，鼓励社区

① Thai National Commission for UNESCO, Ministry of Education, *Education for All 2015 National Review*: *Thailand*, Bangkok: Ministry of Education, 2015, p. 37.

② National Economic Development Board, Office of the Prime Minister, *The Second National Economic and Social Development Plan* (*1967-1971*), Bangkok: National Economic Development Board, Office of the Prime Minister, 1967.

③ Pierre Walter, "Adult Literacy Education and Development in Thailand: An Historical Analysis of Policies and Programmes from the 1930s to the Present", *International Journal of Lifelong Education*, Vol.21, No.2 (Mar. 2002), p.85.

按照需求开设职业兴趣小组，并强化工作本位的继续教育和工作场所的职业学习。例如，《技能开发促进法》就要求员工数量超过 100 人的企业每年必须向半数以上的员工提供一次培训。[①] 为减少偏远地区的文盲人数，泰国政府还大力招募教师、大学生志愿者和牧师成为功能性扫盲计划招募的教员，为偏远地区尤其是少数民族（如南部的马来语人口和北部的山地部落）提供了实用的扫盲计划。

　　这一时期，泰国政府逐步扩大成人教育目标群体，从"成人教育"向"非正规教育"转型。泰国《第四个国民经济和社会发展计划（1977—1981）》（*The Fourth National Economic and Social Development Plan（1977—1981）*）高度重视失学学龄儿童问题。该计划指出，1975 年泰国有 56% 的学龄儿童失学，但政府并未针对失学儿童出台具体的措施。该计划还关注到老年人、残障人士、妇女、犯人等社会边缘性群体，提出要有针对性地对这些群体开展非正规教育。[②]1972 年，泰国颁布有关加强非正规教育的法令，将教育部成人教育司更名为非正规教育司，扩展成人教育的范围，为在成人、弱势群体中广泛开展扫盲和基础教育、技能培训和职业教育等提供管理和指导。[③] 同时，泰国政府也非常重视南部地区以及北部山区人们的非正规教育活动，对苗族、克伦族、阿卡族等人们开展针对性的非正规教育活动。

　　泰国政府还积极为成人继续学习畅通渠道。泰国教育部提出非正规初等、初中、高中教育项目，完成课程的学习者可以获得同等学力文凭。1971 年，泰国参照英国开放大学模式，开办了亚洲的第一所成人教育开放大学——兰甘亨大学，并于 1978 年创办第二所开放大学——素可泰塔

---

① OECD，*Multi-dimensional Review of Thailand（Volume 1）*，Paris：OECD Publishing，2018，p. 75.

② National Economic and Social Development Board，Office of the Prime Minister，*The Fourth National Economic and Social Development Plan（1977-1981）*，Bangkok：National Economic Development Board，Office of the Prime Minister，1977.

③ 好运：《泰国非正规教育中的汉语教学研究》，博士学位论文，中央民族大学少数民族语言文学系，2016 年。

马斯莱特开放大学。泰国政府规定，开放大学招收学生不受年龄、性别、职业等方面的限制，为全国有志接受高等教育的成人提供终身教育的机会。泰国也积极推出扫盲后活动，协助获得基本识字技能的国民巩固技能。泰国政府逐渐开设乡村阅读中心和公共图书馆，增设教育电台节目。截至1997年，在教育部的资助下，泰国共建立了3.8万个乡村阅读中心。①通过数十年的努力，泰国的成人识字率显著提高，2000年泰国成人识字率高达92.6%，较1937年，上升了62.6个百分点。②

三、终身教育成为国家教育原则的阶段（1999—至今）

1999年，《国家教育法》阐述了21世纪泰国教育改革与发展的总体目标和原则，指出要以终身教育理念为原则架构整个国家的教育体系，确定了终身教育的法律地位，也为21世纪泰国教育的发展指明了方向。《国家教育法》将泰国的教育体制划分为正规教育、非正规教育和非正式教育三种类型，首次将非正式教育视为一种教育类型。该法将终身教育界定为"综合正规教育、非正规与非正式教育，旨在改善人的生活质量，并贯穿人的一生的教育"。③

泰国政府在这一阶段制定多项政策、计划和指导方针，推进全民终身教育的发展。2008年，泰国颁布《非正规与非正式教育促进法》，将教育部非正规教育司更名为非正规与非正式教育办公室，创建各种形式的学习中心，开展多种类型的教育项目，满足不同的目标群体的需求。泰国政府鼓励教育机构与有关政府机构、非政府机构、地方组织、私营部门和社区开展更密切的互动，改变政府主导的终身教育推进模式，构建"政府协

---

① Smarnjit Piromruen，Sen Keoyote，*Education and Training Strategies for Disadvantaged Groups in Thailand*，Paris：UNESCO IIEP，2001，p. 49.

② Thai National Commission for UNESCO，Ministry of Education，*Education for All 2015 National Review：Thailand*，Bangkok：Ministry of Education，2015，p. 37.

③ Office of National Education Commission，Office of the Prime Minister，*The National Education Act of B.E. 2542（1999）*，Bangkok：Office of National Education Commission，1999，p. 5.

助—部门协同—社会广泛参与"的模式。泰国政府还重视正规教育在促进全民终身教育中的作用，认为正规教育是终身学习的重要组成部分，尤其是正规教育中的基础教育，因为优质的基础教育是在瞬息万变的世界中实现终身教育的基石。① 为此，泰国积极普及基础教育，将义务教育的年限延长至 15 年，使国民在基础教育阶段就具备了扎实的自主学习和终身学习的能力。泰国政府也重视非正规与非正式教育的发展，推出一系列与特定群体相关的终身教育项目。《国家教育计划（2017—2036)》和《第十一个国民经济和社会发展计划（2012—2016)》还明确提出要推动全民终身教育，构建终身学习型社会。

第二节　泰国终身教育的体系结构

泰国 1999 年《国家教育法》明确提出泰国的教育活动应遵循"以人民为主要对象的终身教育"的重要原则，并将"终身教育"界定为"综合正规教育、非正规与非正式教育，旨在改善人的生活质量，并贯穿人的一生的教育"。② 由此可见，泰国的终身教育体系主要是由正规教育、非正规教育以及非正式教育三种类型的教育构成，正规教育包括了学前教育、初等教育以及高等教育；（参见图 6.1）非正规教育则在正规教育制度以外进行，为特定的学习对象提供有组织、有目的的教育活动；非正式教育则是贯穿人的一生。泰国政府一直致力于改善正规教育、非正规教育以及非正式教育，使各个年龄段的泰国人都能够获得优质的终身教育。

---

① National Economic and Social Development Board，Office of the Prime Minister，*The Eleventh National Economic and Social Development Plan*（*2012-2016*)，Bangkok：National Economic and Social Development Board，Office of the Prime Minister，2011.

② Office of National Education Commission，Office of the Prime Minister，*The National Education Act of B.E. 2542*（*1999*)，Bangkok：Office of National Education Commission，1999，p. 5.

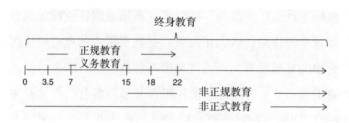

图 6.1　终身教育与三类教育类型的关系

资料来源：Sumalee Sungsri，"Nonformal and Informal Education in Thailand"，in *Education in Thailand：An Old Elephant in Search of a New Mahout*，Gerald W. Fry（ed），Singapore：Springer Nature Singapore Pte Ltd.，2018，p. 193.

一、正规教育

泰国 1999 年《国家教育法》对正规教育在学习目标、方法、课程、学制、课程评估以及学习者完成度等方面做出严格的规定。按照《国家教育法》的规定，正规教育主要划分为基础教育和高等教育两个阶段，基础教育是指接受高等教育前所受的不少于 12 年的教育；高等教育包括专科教育和本科及以上两个阶段的教育。总体来说，泰国的正规教育也包括多种类型的教育，以期以各种形式为各类目标群体提供教育服务。泰国的正规教育包括以下五类。

第一类是为正规学校的普通学生提供主流教育。这类正规教育一般包括普通类和职业类两类。2015 学年，约有 1400 万学生接受正规教育。[①]目前，泰国基础教育遵循 2003 年《幼儿教育课程》（*The Early Childhood Curriculum B.E. 2546*）和 2008 年《基础教育核心课程》等规章制度，明确了各级教育的学习目标、课程等内容。《幼儿教育课程》指出幼儿教育课程关注 3—5 岁的儿童，旨在从身体、智力、情感/心理等方面为儿童做好准备，并为教师和父母提供相关的指导。《基础教育核心课程》则指明基础教育旨在培养德、智、体全面发展的学习者，使其拥有泰国公民身

---

① Office of the Educational Council，Ministry of Education，*Education in Thailand*，Bangkok：Ministry of Education，2017，p. 47.

份的认同感以及国际公民意识，并掌握基本知识和技能。高中教育和高等教育能提供职业教育。目前，职业教育遵循《2013 年职业教育证书课程》和《2014 年职业教育文凭课程》等规章制度，侧重于培养学生在未来职业中所需的知识、技能、态度以及其他胜任力。

第二类是为有特殊教育需求的儿童提供基础教育。自从《国家教育法》颁布以来，泰国开始关注具有特殊教育需求的儿童，其中包括天才儿童、弱势儿童以及残障儿童。泰国先后颁布《培养资优儿童的战略计划（2006—2016）》（*Strategic Proposal to Develop Gifted and Talented Children (2006—2016)*）和《天才儿童计划（2016—2020）》（*Gifted and Talented Children (2016—2020)*）等战略规划，并提出要为这些具有特殊教育需求的儿童提供特殊的财政预算和特殊的教育服务。例如，泰国为残障儿童开设全纳学校和特殊学校，为天才儿童开设专供科学、数学、体育和音乐的天才学校以及开展特殊的项目、国家科学技术开发署开设的奥林匹克训练营和初级科学人才项目（Junior Science Talent Project）等。泰国教育部、社会发展和人员安全部等政府部门以及有关基金会（Suan Kaew Monastery Foundation）等机构还致力于通过福利学校（Welfare School）以及边境巡逻警察学校为包括童工、性工作者子女、孤儿、艾滋病儿童、少数民族儿童、贫困家庭儿童等在内的无法进入普通学校的弱势学生提供教育。2015年，泰国教育部基础教育委员会办公室下属的福利学校为 51 所；泰国皇家警察署边防巡逻警察局下属的学校和学习中心达 204 所，其中包括 162 所小学、2 所中学以及 40 所边境巡逻警察学习中心。①

第三类是宗教机构提供的教育服务。泰国佛教色彩浓厚，九成以上的民众信奉佛教，泰国佛教寺庙等宗教机构也在《国家教育法》的支持下积极参与教育服务，为泰国民众提供基础教育、高等教育以及宗教教育服务。泰国成立普通教会学校（General Ecclesiastical School）向僧侣提供初

---

① Office of the Educational Council，Ministry of Education，*Education in Thailand*，Bangkok：Ministry of Education，2017，pp. 56-57.

中和高中教育，除了教授基础教育委员会办公室要求的一般科目外，还提供宗教活动、佛教教义、巴利语等相关的教育活动。泰国还专门设立了两所佛教大学——摩诃蒙固佛教大学和摩诃朱拉隆功佛教大学，为僧侣等人提供高等教育，向社会传授佛教教义。此外，伊斯兰教、基督教、锡克教、印度教等宗教机构在提供正规、非正规、非正式的教育服务上也发挥了重要的作用。

第四类是由教育部以外的特定机构提供的专门教育。根据《国家教育法》的规定，国家各政府部门、公私企业、社会团体以及其他社会组织都能依法开办教育机构，结合国家教育政策和国家教育标准，提供基础教育和高等教育层级的专门教育。此类教育面向从小学到高中的学习者，大致可分为以下四种：第一种是为军队士兵和警察开设的课程，包括武装部队学院预科的课程，海军、陆军、空军学院和警察学院的课程，以及为中学毕业生准备准尉考试的课程；第二类是为特殊技术人员开设的铁路技术学院等机构的课程；第三类是由公共卫生部、国防部、曼谷都市管理局以及泰国红十字会开设的、面向中学毕业生的医学课程；第四类是为满足各类机构需求设立的，也是为中学毕业生开设的商船培训中心、邮政学校等。①

第五类是以泰语以外的语言（一般为英语）作为教学语言的国际教育。泰国自 20 世纪以来便高度重视国际教育，使用英语、汉语、日语、韩语和法语等作为教学媒介，向学生提供美国课程、英国课程、国际文凭课程和其他课程。近几十年来，泰国教育部私立教育委员会办公室和高等教育委员会办公室、泰国商务部（Ministry of Commerce）贸易谈判司和泰国国际学校协会（International Schools Association of Thailand）以及其他社会机构积极参与泰国的国际教育服务的推广。至 2015 年，泰国的国际学校已达 161 所，当年共招收了 4.5 万名学生。泰国国际学校还

---

① Office of the Educational Council，Ministry of Education，*Education in Thailand*，Bangkok：Ministry of Education，2017，pp. 30-31.

于 1994 年成立泰国国际学校协会，目前共有 128 个国际学校参与该协会，其质量获得美国西部学校和学院协会（Western Association of Schools and Colleges）及新英格兰学校与学院协会（New England Association of Schools and Colleges）等协会的高度认可。①

二、非正规教育

泰国《国家教育法》明确规定，"非正规教育的授课内容要以满足受教育者的需求、解决受教育者的具体问题为宗旨，非正规教育在学习目标、形式、课程、学制和课程评估方面都较为灵活"。②2008 年泰国教育部颁布了《非正规与非正式教育促进法》，明确了泰国非正规教育的目标和原则。首先，《非正规与非正式教育促进法》提出非正规教育应实现如下两点目标：一是泰国人民能够通过继续教育发展人力资源，促进经济、社会、环境的可持续发展，保证社会安全，提升生活质量；二是能调动利益相关者的积极性，鼓励其积极参与参加教育活动。《非正规与非正式教育促进法》也表明，各级各类教育机构在推行非正规教育时需要遵循以下两个原则：一是确保泰国公民都能平等地接受优质的非正规教育；二是将权力下放给教育机构，鼓励各方参与非正规教育。③

随着泰国终身教育目标群体的广泛化，泰国政府制定出灵活多样的终身教育项目，满足各类学习者的需求。泰国高度重视非正规教育，将其视为正规教育的补充手段以及贯彻终身教育的重要方式，能以灵活的方式使泰国国民获得所需的知识和技能使其能够适应不断变化的环境，更好地服务社会。泰国非正规教育主要面对正规教育体制外的群体，如错过正规教育的学龄人口以及超学龄人口，以及老年人、穆斯林、犯人等边缘群

---

① Office of the Educational Council, Ministry of Education, *Education in Thailand*, Bangkok：Ministry of Education，2017，pp. 154-156.

② Ministry of Education，*Promotion of Non-Formal and Informal Education Act B.E. 2551* (*2008*)，Bangkok：Ministry of Education，2008，p. 2.

③ Ministry of Education，*Promotion of Non-Formal and Informal Education Act B.E. 2551* (*2008*)，Bangkok：Ministry of Education，2008，p. 4.

体,① 以满足受教育者的需求和解决受教育者的具体问题为目标,因此在学习目标、形式、课程、学制和课程评估方面都较为灵活。目前,泰国的非正规教育项目主要分为以下五类。

第一类是扫盲运动,旨在让成人能够阅读、书写,成为一名合格的公民。泰国于 20 世纪 40 年代和 80 年代相继开展了两次大规模的扫盲运动,将扫盲运动视为培养忠诚公民和巩固民族认同的手段,试图从二战后分散的泰国人民中建立一个统一的"思想共同体"。② 泰国教育部非正规与非正式教育办公室为了加快扫盲运动,还在全国范围内设立了 761 个成人扫盲中心,③ 专门于 2014 年推出了扫盲课程,并提出要加快泰国扫盲信息调查,为把握全国文盲分布情况、深化扫盲运动提供数据支撑。泰国教育部还针对南部穆斯林、北部山区部落、警卫和犯人等不同的目标群体开设专门的扫盲课程。泰国政府每年也对扫盲运动提供一定的财政资助。以 2013 年为例,泰国政府为扫盲运动提供了 4400 万泰铢的资助,帮助 26.7 万成人通过扫盲运动掌握了基本的读写技能。④

第二类是同等学力教育项目,旨在向泰国国民提供相当于小学、初中和高中水平的基础教育,使国民具备最基本的满足生存所需的知识和技能。同等学力教育项目面向 15 岁以上的成人、未完成或错过正规基础教育的人,主要包括小学、初中、高中三个层次,学习者完成课程后能获得同等学力的文凭。其实,早在 1969 年,泰国教育部成人教育司就已经提出了同等学力教育的概念,将同等学力教育分为三个等级(三级、四

① Office of the Educational Council, Ministry of Education, *Education in Thailand*, Bangkok: Ministry of Education, 2017, p. 60.

② Pierre Walter, "Adult Literacy Education and Development in Thailand: An Historical Analysis of Policies and Programmes from the 1930s to the Present", *International Journal of Lifelong Education*, Vol.21, No.2 (Mar. 2002), p.79.

③ UNESCO, *Community-Based Lifelong Learning and Adult Education: Role of Community Learning Centres as Facilitators of Lifelong Learning*, Paris: UNESCO, 2016, p. 6.

④ Thai National Commission for UNESCO, Ministry of Education, *Education for All 2015 National Review: Thailand*, Bangkok: Ministry of Education, 2015, p. 42.

级、五级），能与正规教育的等级进行衔接（六年级、九年级、十二年级），修读同等学力教育课程的学生可以通过课堂学习、远程学习或者自学的方式，完成泰语、英语、算术、科学、社会科学和职业导向的选修课等课程才能够获得与正式体系中的证书相当的证书。[①] 根据《非正规与非正式教育办公室 2017 年绩效报告》（รายงานผลการดำเนินงาน สำนักงาน กศน. ประจำปีงบประมาณ พ.ศ. 2560）的数据，2017 年，同等学力教育项目共吸纳了 110 万余名学习者，其中小学、初中、高中的同等学力教育项目注册者分别达到了 8.5 万、43.7 万、60 万学习者。（参见表 6.1）为了提高泰国公民在国内和国际就业市场的机会，非正规与非正式教育办公室还于 2012 年启动了新的非正规教育同等项目（Non-formal Education Equivalency Programme），承认成人教育和社区学习中的先前学习。该项目面向有工作经验但错或缺乏机会进入正规教育系统的群体，主要包括 20 岁的公民，参与者需要拥有至少 3 年的工作经验。在该项目中，学习者在完成 9 门核心课程的学习，获得 60 分的理论分数以及和实践分数后，才能获得中学基础教育（十二年级或 M6 年级）的毕业证书。整个学习过程大致需要 8 个月。尽管这个非正规教育项目在失学人口中广受推崇，但不得不承认的是这个项目的毕业率很低。[②]

表 6.1　2017 年泰国非正规教育部分项目参与情况

教育项目	概述	类型	参与人数
同等学力教育项目	面向 15 岁以上的成人、未完成或错过正规基础教育的人	非正规小学教育课程	84613
		非正规初中教育课程	437429
		非正规高中教育课程	600584

---

① R.H. Dave，A. Ouane and D.A. Perera，*Learning Strategies for Post-Literacy and Continuing Education in China，India，Indonesia，Nepal，Thailand and Vietnam*，Hamburg：UNESCO Institute for Education，1986，p. 230.

② Suwithida Charungkaittikul，"Strategies for Developing a Sustainable Learning Society：An Analysis of Lifelong Learning in Thailand"，*International Review of Education*，Vol.60，No.4（Sep. 2014），p.510.

续表

教育项目	概述	类型	参与人数
非正规职业教育与培训	旨在通过职业技能发展增强专业技能，促进公共福利，提高生活质量	短、长期职业教育课程：人们可以自主报名参加所需的任何技能培训课程	985382
		职业证书课程：为完成初等教育的学生提供一个为期 3 年的职业证书课程，完成该课程的学生将获得初中同等学力的证书	
		专业证书课程：这项为期 3 年的非正规专业证书课程计划面向已完成初中教育并已工作至少 3 年的学习者，旨在提升学习者的专业技能；完成本课程的学生将获得高中同等学力的专业证书	
		兴趣小组：为特定群体的职业技能需求和兴趣提供职业技能培训的服务	
生活技能发展项目	旨在提高个人解决问题的能力，为其未来做好准备，使其可以妥善应对家庭问题、健康问题、媒体问题、环境问题、伦理道德问题、社会问题		506390
社会发展和社区发展项目	旨在传授"充足经济哲学"（Sufficiency Economy Philosophy）理念，鼓励人们参与发展社区；项目活动包括发展学习型社区、社区自然资源保护、社区环境发展、社区传统和文化推广、无毒品社区以及绿色和清洁社区		480935

资料来源：Office of the Non-Formal and Informal Office，รายงานผลการดำเนินงาน สำนักงาน กศน ประจำปีงบประมาณพ.ศ. 2560，Bangkok：Ministry of Education，2017.

第三类是非正规职业教育，旨在通过职业技能发展增强专业技能，促进公共福利，提高生活质量。泰国很多正规职业院校、社区学习中心等分别开设了不同层次、不同类型和不同形式的职业教育专业课程。这些课程主要可以分为职业培训、兴趣小组以及两类证书课程等四类。在 2017 年，泰国的非正规职业教育为 98.5 万学习者提供职业教育与培训。在短期和长期职业培训中，学习者可以自主报名参加所需的任何技能培训课程。短期职业培训课程具体视科目而定可能持续 1 天、2 天至 3 天或 1 周，培训的内容取决于烹饪、制作甜点、制作人造花、水果保存、编篮和种植蘑菇等每个社区居民的需要和条件。长期职业培训则通常持续 100—300 个学时，培训课程涵盖了化妆、美发、机械、电力、空调维修、摩托车维修、丝绸编织、泰国治疗按摩和木雕等各种领域。职业证书课程则是为完成初等教育的学生提供的一个为期 3 年的课程，完成该课程的学生将获得相当于正规教育体系中初中学习的证书。专业证书课程是面向已完成初中教育并已工作至少 3 年的学习者、为期 3 年的课程，旨在提升已有工作经验的学习者的专业技能，完成本课程的学生将获得相当于高中学历的专业证书。非正规与非正式教育办公室还提出了"一个社区一个职业团体"的创新政策，鼓励每个社区、街道或村庄建立一个最适合其环境的职业团体，开展兴趣小组职业培训，为特定群体的职业技能需求和兴趣提供职业技能培训，使同一社区中有相同兴趣的人可以作为一个小组聚集在一起，并从各自的地区非正规与非正式中心提出职业培训需求，由中心找到讲师或资源人员，为他们组织培训课程。这种培训课程通常持续 3 小时或 1 天，最多 1 周。这些科目取决于学习者的兴趣，如泰国传统甜点、养鱼、种树、种植蘑菇、制作天然肥料、种植有机蔬菜或制作草药。

第四类是生活技能发展项目（Life Skills Development Programme），旨在从知识、技能和态度等维度提升学习者的能力，提高个人解决问题的能力，为其未来做好准备，使其可以妥善应对家庭问题、健康问题、媒体问题、环境问题、伦理道德问题等，适应社会和环境的变化。生活技能发展项目能够为社区中的所有个人和特殊目标群体（如幼儿、青少年群体、劳动力、老年人或妇女群体）提供讲座、讲习班、展览和实践等活动，使其掌握一般的生活技能（即解决生活中日常问题的基本技能）以及具体的生活技能（即处理生活中具体问题的技能，例如性知识、艾滋病预防等）。非正规与非正式教育办公室还主张通过课程使学习者具备世界卫生组织确定的十项个人技能，即决策、解决问题、创造性思维、批判性思维、有效沟通、人际关系技巧、自我意识、移情、情绪应对和压力释放。[①] 2017 年，

---

① Thai National Commission for UNESCO，Ministry of Education，*Education for All 2015 National Review*：*Thailand*，Bangkok：Ministry of Education，2015，p. 69.

共有 50.6 万人参与生活技能发展项目。

第五类是社会发展和社区发展项目，旨在传授"充足经济哲学"理念，鼓励人们积极参与发展社区。社会发展和社区发展项目活动包括发展学习型社区、社区自然资源保护、社区环境发展、社区传统和文化推广、无毒品社区以及绿色和清洁社区，非正规与非正式教育办公室还鼓励社区开发特色项目和品牌项目，将社会发展和社区发展项目与地方特色、地方智慧（local wisdom）结合起来。

总而言之，泰国的非正规教育辐射面广泛，目前已开展了多种非正规教育项目，以满足不同群体的多元学习需求。但是这些项目的运行上也面临着推广力度有限、完成率低等问题。

三、非正式教育

泰国《国家教育法》《非正规与非正式教育促进法》等法律明确了泰国非正式教育的概念、原则与目标。《国家教育法》规定，非正式教育是指"根据个人的兴趣、天赋、自身条件从社会、环境、媒体以及其他知识渠道中获取所需的知识、提高个人技能的教育"[1]，是除正规教育和非正规教育外的另一类教育类型，是终身教育的重要组成部分。《非正式与非正规教育促进法》明确提出，非正式教育应使学习者具备终身教育的基本知识、技能和主动求知的态度，使其能够获取与提高个人生活水平的兴趣和需要相一致的学习资源，并鼓励学习者能够将获得的知识进行有效应用。《非正规与非正式教育促进法》还提出，各级各类机构在提供非正式教育活动时需要遵循以下三项原则：第一是提供丰富的学习资源，确保每个目标群体都能够获取与其学习兴趣、生活方式一致的教育资源；其次是要积极开发非正式教育资源，将地方智慧和教育技术融入非正式教育活动中；第三是要提供有利于学习者的教育框架或指导方针。非正式教育，相较于

---

[1] Office of National Education Commission, Office of the Prime Minister, *The National Education Act of B.E. 2542 (1999)*, Bangkok: Office of National Education Commission, 1999, p. 9.

正规教育和非正规教育而言，其覆盖面和受众更广，贯穿了人的一生。①

　　泰国政府也通过信息服务中心和国家科学中心这两种方式来向社会提供多种非正式教育项目和活动。（参见表 6.2）信息服务中心包括公共图书馆、乡村阅读中心、乡村新闻塔、教育技术中心等公共资源。信息服务中心能够向国民开展非正式教育，国民能根据个人的兴趣、自身需求自主获取所需的知识。泰国高度重视培养国民阅读习惯，将阅读列入国家议程，推出"阅读十年计划（2008—2018）"（The Decade of Reading 2009—2018）。泰国政府在全国范围内的府、区和街道等层面大力创建公共图书馆，发展阅读文化，将图书馆视为人们获取所需知识和信息的学术资源中心，力争提升泰国国民的阅读习惯，开发高质量的阅读资源，创造支持全民阅读文化的环境。在某些地区和街道，泰国还以其他灵活机动的形式提供图书阅读的公共服务，如寺庙图书馆、火车站图书馆和乡村阅读中心。泰国各地区非正规教育与非正式教育中心鼓励村委会和其他村民建立村阅读中心，大多数阅读中心都是小亭子，通常是用竹搭建成的。每个阅览中心都有政府和非政府机构以及其他人捐赠的不同种类的书籍。每个村民都可以在空闲时间来看书。泰国还大力推行电子图书馆项目，仅 2018 年，该项目就获得了 6100 万泰铢预算的资助，着力建设现代化的数字图书馆，设计数字学习空间，创建更多数字内容和数字化珍本书籍收藏，制作电子书，并在移动应用程序上创建新的图书馆馆藏，以服务全国所有用户。② 泰国还在全国范围内创新地推行"家庭智能图书"（Smart Book Home）项目，截至 2013 年，泰国共设立了 4.2 万余个"家庭智能图书"中心，泰国政府每年给予每个中心 1.5 万泰铢的资助，用于购买图书以及订阅报纸。③ 截

---

① Ministry of Education，*Promotion of Non-Formal and Informal Education Act B.E. 2551*，Bangkok：Ministry of Education，2008，p. 34.

② National Library of Thailand，*Annual Report of National Library of Thailand*，Bangkok：National Library of Thailand，2018.

③ Thai National Commission for UNESCO，Ministry of Education，*Education for All 2015 National Review*：*Thailand*，Bangkok：Ministry of Education，2015，p. 40.

至 2017 年，"家庭智能图书"项目共惠及 826 万余人。[①] 2013 年泰国的国民阅读率达到 81.8%，相较于 2010 年提升了 10 个百分点。[②] 泰国的阅读推广活动也获得国际的高度认可。2013 年泰国曼谷被联合国教科文组织评为"世界图书之都"（World Book Capital）。泰国政府还鼓励各村村委会建立和运行村级新闻塔，村新闻塔向该地区其他村民传播有用的新闻、知识和信息。

表 6.2 泰国非正式教育的主要形式

信息服务中心	通过各种媒体提供非正式教育和终身学习，致力于让人们能随时随地自主地获取所需的教育资源。信息服务中心主要包括以下几个主要的信息服务提供主体：（1）公共图书馆：公共图书馆是人们获取所需知识和信息的学术资源中心；（2）社区学习中心：社区学习中心是为社区居民提供非正规与非正式教育的主要场所；（3）教育技术中心以及区域非正规教育中心：该中心制作面向全体社会公众的教育广播和电视节目等。
国家科学中心和省级科学中心	由非正规与非正式办公室下设的国家教育科学中心组织，为公众提供科学技术知识和展览。目前在曼谷和其他省份建立了 14 个科学中心，主要由非正规与非正式办公室进行运营。

资料来源：UNESCO，*Thailand*：*Non-formal Education*，Country Profile Prepared for the Education for All Global Monitoring Report 2008 Education for All by 2015：Will We Make It？2008，p. 4.

泰国政府非常关注社区学习中心的建设，将社区学习中心视为推行全民终身教育、开展非正式教育以及非正规教育活动、构建学习型社会的重要载体和手段。泰国早在 1982 年便提出建立社区学习中心的构想，1991 年制定了"一区一社区学习中心"的战略规划，同年开启试点项目，并于 1998 年正式启动社区学习中心项目，由教育部与地方部门合作在全

[①] Office of the Non-Formal and Informal Office，รายงานผลการดำเนินงาน สำนักงาน กศน ประจำปีงบประมาณ พ.ศ. 2560，Bangkok：Ministry of Education，2017.

[②] Thai National Commission for UNESCO，Ministry of Education，*Education for All 2015 National Review*：*Thailand*，Bangkok：Ministry of Education，2015，p. 40.

国范围内大举推广社区学习中心。[①]2003 年，泰国内阁在制定非正规与非正式教育战略时明确要将社区定位为终身教育的核心。[②] 非正规与非正式教育办公室明确了社区学习中心的性质，指出社区学习中心是"属于人民，由人民经营，为人民服务的。它是为农村或城市村民建立的地方性机构，由当地人民管理，为社区发展和人民生活质量改善提供各种学习机会"。[③] 社区学习中心是开展非正规与非正式教育活动的重要场所，是终身学习体系的重要组成部分之一，由非正规与非正式教育办公室下设的府级和地方学习中心进行监督和管理，支持赋权，社会转型和改善人们的生活质量，旨在通过为当地社区的所有人提供终身学习的机会来促进人类发展。其主要职能是为社区居民提供教育与培训、社区信息和资源服务、社区发展服务以及协调和网络。除了提供扫盲、阅读推广、生活技能发展项目、社区和社会发展项目等非正规教育活动外，社区学习中心还为所在的地区提供适应当地需求、满足目标群体需要的非正式教育服务。泰国社区学习中心立足社区实践，以社区居民终身学习需求为基础，开发多样的社区教育活动，并取得积极的成效。截至 2016 年，泰国已在全国 77 个府成立了 7424 个社区学习中心，创建了 1.9 万个社区书屋，动员 390 万人参与社区学习中心的相关活动，这远超过了当年设定的目标。[④]

　　泰国教育部非正规与非正式教育办公室下设的教育技术中心以及区

---

① DVV International，*Community Learning Centres in Thailand*，2019 年 4 月 20 日，见 https://www.dvv-inter national.de/en/adult-education-and-development/editions/aed-742010/experiences-from-asia/community-learning-centres-inthai land/.

② Suwithida Charungkaittikul，"Strategies for Developing a Sustainable Learning Society：An Analysis of Lifelong Learning in Thailand"，*International Review of Education*，Vol.60，No.4（Sep. 2014），p.503.

③ National Institute for Lifelong Education of the Republic of Korea（NILE），UNESCO Institute for Lifelong Learning（UIL），*Synthesis Report on the State of Community Learning Centres in Six Asian Countries：Bangladesh，Indonesia，Mongolia，Republic of Korea，Thailand and Viet Nam*，Hamburg：UNESCO Institute for Lifelong Learning，2017，p. 14.

④ UNESCO Institute for Lifelong Learning，*Lifelong Learning in Transformation：Promising Practices in Southeast Asia*，Hamburg：UNESCO Institute for Lifelong Learning，2017，p.36.

域非正规与非正式教育中心还开设了面向全体社会公众的教育广播和电视节目。泰国教育部早在 1954 年就开始向普通听众播放广播，1958 年开始运营学校节目。截至 2017 年，泰国电台播放的教育节目共有 615 个，其中关于人口发展的有 436 个，关于课程教育教学的有 44 个，关于"数学在现实生活中的应用"的教育节目有 10 个，关于泰国 GAT 普通能力测试（General Aptitude Test）和 PAT 专业能力测试（Professional Aptitude Test）等教育节目有 10 个。①

泰国政府还通过国家教育科学中心和府级教育科学中心为公众提供科学技术知识和展览。这些中心由非正规与非正式教育办公室下设的国家教育科学中心组织，由非正规与非正式教育办公室进行运营，目前已在曼谷和其他 12 个府共建立了 14 个科学中心。根据《非正规与非正式教育办公室 2017 年绩效报告》来看，泰国的科学技术中心共惠及 2388.7 万人。②

四、终身教育的目标与任务

泰国终身教育深受前国王普密蓬·阿杜德（Bhumibol Adulyadej）的"充足经济哲学"理念的影响，旨在实现教育"经济目的""人文目的"以及"社会目的"的融合。一方面，终身教育旨在提升泰国国民的识字和职业技能水平，提升泰国的人力资源和国家竞争力；另一方面，它与"充足经济哲学"理念和可持续发展观相结合，促进人的全面发展，使个人能够应对瞬息万变的社会，通过个人的全面发展进而促进整个国家和社会的可持续发展。2017 年泰国《宪法》以及《国家战略（2018—2037)》等文件都明文表示"充足经济哲学"理念是国家社会经济发展的重要原则③，

---

① Office of the Non-Formal and Informal Office，รายงานผลการดำเนินงาน สำนักงาน กศน ประจำปีงบประมาณ พ.ศ. 2560，Bangkok：Ministry of Education，2017.

② Office of the Non-Formal and Informal Office，รายงานผลการดำเนินงาน สำนักงาน กศน ประจำปีงบประมาณ พ.ศ. 2560，Bangkok：Ministry of Education，2017.

③ Ministry of Foreign Affairs of the Kingdom of Thailand，*Sufficiency Economy Philosophy*：*Thailand's Path towards Sustainable Development Goals*，Bangkok：Ministry of Foreign Affairs. 2017.

为实现"安全、繁荣、可持续的发达国家"的愿景① 以及 "为泰国人民的可持续发展和福祉"② 提供指导。《非正规与非正式教育办公室 2018 年行动计划》(แผนปฏิบัติการประจำปีงบประมาณ พศ 2561 ของสำนักงาน กศน) 与《非正式教育行动计划（2012—2015)》(Four-year Action Plan for Non-Formal Education (2012—2015)) 更是明确提出"终身教育要按照'充足经济哲学'理念，使泰国国民获得优质教育和终身学习的机会，使其拥有 21 世纪所需的技能，能够过上适合其年龄的生活"。③ "充足经济哲学"理念是泰国前国王基于实现国民社会经济的长期稳定以及可持续发展的需要提出的，主要包括三项原则（即适度、明智以及自我防范）和两项基本要素（即知识和道德），从而使泰国平稳实现现代化建设。"充足经济哲学"理念主张在适度的基础上走"中间道路"，通过充分、合理、有效地利用资源，实现均衡和可持续发展，强调要"以人为本"，使国民对世界趋势和事件保持敏感，能主动增强自身素养妥善应对内外风险。④

受"充足经济哲学"理念的影响，泰国终身教育从两个维度阐述了终身教育的目标与任务。首先，终身教育以促进个人的全面发展为指向。《国家战略（2018—2037)》指出，终身教育要使学习者具备泰国公民的特质以及 21 世纪技能，即 3R（阅读、写作和算数）和 8C（批判性思维和解决问题的能力，创造力和创新，跨文化理解，协作、团队合作与领导力，沟通、信息和媒体素养，信息技术素养，职业和学习技能，以及同理心）。⑤

---

① ราชกิจจานุเบกษา. ยุทธศาสตร์ชาติ (พ.ศ. ๒๕๖๑-๒๕๘๐), 2018 年 10 月 13 日，见 http://www.ratchakitcha.soc.go.th/DATA/ PDF/2561/A/ 082/T_0001.PDF.

② The Constitutional Court of the Kingdom of Thailand，*Constitution of The Kingdom of Thailand*，Bangkok：The Constitutional Court of the Kingdom of Thailand，2017.

③ Office of the Non-Formal and Informal Education，*แผนปฏิบัติการประจำปีงบประมาณ พศ 2561 ของสำนักงาน กศน*，Bangkok：Ministry of Education，2018.

④ National Economic and Social Development Board，Office of the Prime Minister，The Eleventh National Economic and Social Development Plan (2012—2016)，Bangkok：National Economic and Social Development Board，Office of the Prime Minister，2011.

⑤ Office of the Education Council，*The National Scheme of Education* (B.E. 2560-2579)，Bangkok：Ministry of Education，2017.

其次，终身教育应促进社会稳定、实现社会可持续发展。终身教育应提升人力资源质量，促进经济、社会、环境的可持续发展，保证社会安稳，成为实现泰国"安全、繁荣与可持续发展"的重要驱动力。[①]

　　泰国《国家教育法》《非正规与非正式教育促进法》《非正式教育行动计划（2012—2015）》等相关政策法律不仅明确了推进终身教育全民性、平等性、多样性、社会广泛参与性等原则，还明确了泰国推行终身教育的优先领域以及具体的指标。泰国终身教育要优先发展以下六个重点领域：第一，大力发展终身教育相关项目，在项目内容设置中综合考虑社会、经济、文化等背景的变化以及社区和学习者的需求，尤其要加大对终身教育中科学、技术、工程及数学（STEM）教育的力度；[②] 第二，推进终身教育师资队伍建设，制定终身教育教师十年发展规划，推进教师的分层教育与培训，提升师资队伍水平；第三，要提升泰国国民的素质，普及基础教育，提高泰国国民的识字率，使泰国国民识字率达到85%[③]；第四，扩大教育机会，增加非正规与非正式教育的覆盖面，使参加非正式教育和非正规教育的学习者人数分别达到4600万[④] 和980万[⑤]；第五，加大数字化学习推进力度，开发在线学习渠道，推动移动终端学习模式的创新发展，整合各类优质的教育资源，为学习者的线上线下学习提供技术支撑；第六，基于善治的原则，探索有效的终身教育运行机制与管理模式，完善教育经费

[①]　*ราชกิจจานุเบกษา. ยุทธศาสตร์ชาติ (พ.ศ. ๒๕๖๑-๒๕๘๐)*，2018 年 10 月 13 日，见 http：// www.ratchakitcha.soc.go.th/DATA/ PDF/2561/A/ 082/T_0001.PDF.

[②]　Office of the Non-Formal and Informal Education，*นโยบายและจุดเน้นการดำเนินงานสำนักงาน กศน*，Bangkok：Ministry of Education，2019.

[③]　泰国国民识字率的定义为"5 岁及以上能够自主阅读、撰写简单的语句的人所占的比例"。参见 National Economic and Social Development Board，Office of the Prime Minister，*The Twelfth National Economic and Social Development Plan* (*2017-2021*)，Bangkok：National Economic and Social Development Board，Office of the Prime Minister，2016。

[④]　Thai National Commission for UNESCO，Ministry of Education，*Education for All 2015 National Review*：*Thailand*，Bangkok：Ministry of Education，2015，p. 41.

[⑤]　Office of the Non-Formal and Informal Education，*แผนปฏิบัติการประจำปีงบประมาณ พศ 2561 ของสำนักงาน กศน*，Bangkok：Ministry of Education，2018.

投入机制，力求能使非正规基础教育中接受资助的学生比例达到 100%，[①]
加强正规教育与非正规和非正式教育之间学分的转换，推进终身教育"立
交桥"建设，使能将工作经验作为学分转移到职业证书项目的学习者人
数年均增长 20%。[②] 泰国政府还就特定的终身教育项目设置了相应的发展
指标。例如，《非正规与非正式教育办公室 2018 年行动计划》指出，预
计至 2018 年底，社区职业培训中心的目标受众应达到 52 万人次。[③] 针对
泰国南部五个府的非正规教育项目，非正规与非正式教育办公室表示要
加大推行庞多克学院的力度，力求能使参与该项目的学生达到 10.4 万人
次，增加课程的实用性、适用性和针对性，使学生对课程的满意程度达
到 90%。[④]

第三节　泰国终身教育政策

21 世纪以来，泰国教育部相继出台《国家教育计划（2002—2016）》
《教育改革第二个十年（2009—2018）》《教育部教育发展战略（2012—
2015）》《国家教育计划（2017—2036）》和《第十二个国家教育发展规划
（2017—2021）》等综合性的教育政策。同时，泰国教育部也着重在终身
教育领域制定了《非正规与非正式教育促进法》《非正规与非正式教育办
公室行动计划（2012—2015）》《非正规与非正式教育办公室 2018 年行动
计划》等政策法规。本节将侧重分析泰国 21 世纪以来终身教育的政策法

[①] Office of the Non-Formal and Informal Education，*แผนปฏิบัติการประจำปีงบประมาณ พศ 2561 ของสำนักงาน กศน*，Bangkok：Ministry of Education，2018.

[②] National Economic and Social Development Board. Office of the Prime Minister，*The Twelfth National Economic and Social Development Plan（2017-2021）*，Bangkok：National Economic and Social Development Board，Office of the Prime Minister，2016.

[③] Office of the Non-Formal and Informal Education，*แผนปฏิบัติการประจำปีงบประมาณ พศ 2561 ของสำนักงาน กศน*，Bangkok：Ministry of Education，2018.

[④] Thai National Commission for UNESCO，Ministry of Education，*Education for All 2015 National Review：Thailand*，Bangkok：Ministry of Education，2015，p. 41.

规以及泰国政府推出的有关举措，尝试分析泰国终身教育政策的要点和未来发展趋势，以期把握泰国终身教育的主要脉络和焦点问题。在当前"一带一路"建设不断深入发展的背景下，了解和把握泰国终身教育的发展与走向对于通过教育合作促进民心相通，以及构筑面向未来的"'一带一路'教育共同体"具有重要的意义。

一、终身教育的治理

泰国 1991 年《公共行政组织法》提出要将行政管理、人事调动、财政管理等相关的权力下放到地方。泰国的终身教育也从政府导向到地方导向、鼓励社会广泛参与的方式进行转变，其中非正规与非正式教育办公室积极对其在非正规教育中的角色进行转变，从组织者转变为促进者。为有效促进终身教育活动的开展，泰国政府基于善治的原则探索有效的终身教育运行机制与管理模式，完善对终身教育的管理。

第一，泰国明确了各级终身教育管理部门的职权，做到权责明确，分层管理，逐渐形成"政府主导、部门协同、社会广泛参与"的终身教育管理体系。根据《非正规与非正式教育促进法》的规定，教育部下设的非正规与非正式教育办公室是负责终身教育的专门机构，负责制定与国家教育计划和国民经济和社会发展计划保持一致、能促进终身教育的政策和计划。该办公室还下设区域中心、府级中心、地区中心以及社区学习中心，负责当地终身教育需求的评估、计划的制定、实施与评估。这种机构设置方式既能保证宏观调控，又能综合考虑本地实际情况精准施策。《非正规与非正式教育促进法》明确了非正规与非正式教育委员会及其办公室具有以下的职权：（1）制定与国家教育计划和国民经济和社会发展计划一致、能促进非正规和非正式教育的政策和计划；（2）制定非正规和非正式教育活动的相关准则；（3）在非正规和非正式教育方面，积极协调政府机构、国有企业、国内外私营部门、社区、家庭等的参与；（4）就非正规和非正式教育的教育成果同等转换制度的制定和发展向部长提出建议；（5）办公室积极促进与非正规与非正式教育相关的学术、研究、课程建设、人才、信息系统等方面的建设。

《非正规与非正式教育促进法》第 15 条提出，要在各府设立一个非正规和非正式教育的府级委员会，监督提供非正规和非正式教育的教育机构，确保教育机构能够符合国家教育标准，与国家发展趋势以及当地发展的需要保持一致。① 泰国政府还专门区分了国家、区域、府、地方各级非正规与非正式教育中心的职权范围。非正规与非正式教育办公室负责制定主要政策和计划，推动政策执行，分配预算和资源，启动新的方法和战略，并对各级进行监测、监督和提出建议和建议。区域非正规和非正式教育中心主要负责学术和研发工作，制定适合该地区的地方课程，确定和尝试新项目，开展研究，找出组织非正规和非正式教育的有效方法，发展非正规和非正式教育的创新，培养非正规和非正式教育人员，将所发现的知识或创新转移到府级应用中心，供地方一级应用。府非正规和非正式教育中心主要负责将设计的政策和计划在区和街道层面付诸实施，各府级中心通常制定自己的战略计划，进行需求评估和形势分析，以设计非正规和非正式教育活动，建立地方课程，协调和促进非正规和非正式教育组织网络，组织人员活动，开展研究和开发以及后续的评估活动，促进和支持地区中心组织非正规和非正式教育活动。地区非正规与非正式教育中心则负责组织地区的非正规与非正式教育活动、组织和推广地区学习中心、调用当地资源，并且跟进、评估与向上级部门提交关于地区非正规与非正式教育活动的报告。②

泰国国防部、劳工部、内政部、卫生部、交通运输部等多个政府部门也推出了不同的终身教育项目，与教育部的政策密切配合、协同推进。泰国政府还鼓励宗教组织、非政府组织、国内外私营部门等积极参与到终

① Ministry of Education, *Promotion of Non-Formal and Informal Education Act*, *B.E. 2551*, Bangkok: Ministry of Education, 2008, p. 10.

② Sumalee Sungsri, "Nonformal and Informal Education in Thailand", in *Education in Thailand: An Old Elephant in Search of a New Mahout*, Gerald W. Fry (ed), Singapore: Springer Nature Singapore Pte Ltd., 2018, pp. 201-202.

身教育的开发、运营和监督等环节。在社区学习中心的管理上，泰国政府表示要确保社区学习中心委员会的成员由来自政府、学校、社区、私营部门等的不同利益相关者组成，定期召开会议，着眼于社区的情况，明确社区学习中心的目标学习者和学习需求，并据此制定社区学习中心的活动方案以期能够满足学习者的需求也能够促进社区的发展；管理上，社区学习中心由社区人民一同监督管理，定期收集学习者的反馈意见以及项目实施的数据，将数据提交给教育部的非正式与非正规教育办公室；社区学习中心也能自主选择与私营部门、国内外机构开展合作，建立合作伙伴关系。①

　　第二，泰国政府积极建立学习成果积累和转换制度，搭建学校正规教育与学校外非正规教育与非正式教育之间的立交桥。《国家教育法》第15条指出，"受教育者能够通过正规教育、非正规教育、非正式教育以及职业培训等渠道获得学分，且有权将在同一类型或不同类型的教育体制间互转所累积的学分"。② 泰国政府目前已制定了"泰国高等教育资历框架"、"泰国专业资历框架"（Thailand Professional Qualification Framework）和"国家资历框架"。2013 年，泰国教育部教育委员会办公室公布了国家资历框架。该框架涵盖了九个级别的资历，将此作为在高等教育资历框架和职业教育资历框架基础上开发的学分转换系统（credit transfer system）。国家资历框架被视为评估个人学习能力、将资历与经验进行衔接的重要工具，也被视为将各级各类教育进行衔接贯通、促进终身学习的强有力的工具。目前，泰国教育部教育委员会办公室正在大力推动国家资历框架的实施，并与东盟国家建立合作共同创建东盟资历参照框架。

　　泰国目前也已作出不少尝试，加快构建学分转换机制。泰国劳工部技能发展司（Department of Skills Development，Ministry of Labour）、专

---

① UNESCO, *Community-Based Lifelong Learning and Adult Education*：*Role of Community Learning Centres as Facilitators of Lifelong Learnin*，Paris：UNESCO，2016，pp. 10-15.

② Office of National Education Commission，Office of the Prime Minister，*The National Education Act of B.E. 2542*，Bangkok：Office of the Prime Minister，1999，p. 9.

业资历研究所以及有关培训机构共同推出了"劳动培训中心促进终身教育项目（2017—2021）"（Labor Training Center Improvement for Lifelong Learning Promotion Program）。该项目强化劳工部技能发展司、专业资历研究所、技能测试中心以及培训机构之间的协作，改善全国劳动培训中心的质量，使其培训的学习者具备国家职业资历框架和国家劳工标准所要求的能力，使工人能够充分发挥其技能，将其工作经验、培训经历等作为学分进行累积。[①] 泰国政府还基于善治的原则，探索有效的终身教育运行机制与管理模式，完善教育经费投入机制，力求增加非正规基础教育中接受资助的学生的比例，加强正规教育与非正规和非正式教育之间学分的转换，推进终身教育"立交桥"建设，使工作经验作为学分转移到职业证书项目的学习者人数年均增长 20%。[②] 泰国也积极加快终身教育法的立法，使终身教育的管理和治理做到有法可依。

二、终身教育的项目与课程

泰国高度重视终身教育的项目与课程建设，提出要加快推进适合泰国国情与社会经济发展需要的终身教育项目，重视人们的多样化、个性化需求，瞄准社会弱势和边缘化人群。为此，泰国政府积极引导相关教育机构、社区学习中心等充分发挥其优势和特色，围绕"泰国4.0战略""东部经济走廊"等发展战略，以满足学习者发展需求为导向，以提升学习者能力为重点，以服务国家战略和社会经济发展为宗旨，以建设学习型社会为目标，以社区教育和成人教育为重点，以培育新农民、助力脱贫攻坚为支撑，扎实开展全民终身学习活动。

1997 年的泰国《宪法》第 289 条规定，当地政府和组织有义务提供

---

① National Economic and Social Development Board, Office of the Prime Minister, *The Twelfth National Economic and Social Development Plan* (*2017-2021*), Bangkok: National Economic and Social Development Board, Office of the Prime Minister, 2016.

② National Economic and Social Development Board, Office of the Prime Minister, *The Twelfth National Economic and Social Development Plan* (*2017-2021*), Bangkok: National Economic and Social Development Board, Office of the Prime Minister, 2016.

复合当地经济发展需求的教育和培训项目,同时要加强对当地人文、习俗、知识和文化的保护。① 《非正规与非正式教育办公室2018年行动计划》也明确表示要大力发展终身教育的相关项目,在项目的内容设置中综合考虑社会、经济、文化等背景的变化以及社区和学习者的需求,尤其要加大对终身教育中科学、技术、工程及数学教育的力度,在项目和课程设置中要融入现代信息通信技术,主张根据当地的经济、文化等背景开展当地特色的课程。② 《非正规与非正式教育促进法》《非正式教育行动计划(2012—2015)》《非正规与非正式教育办公室2018年行动计划》等也强调社区学习中心在推进终身教育项目时应着重考虑当地社区特定的社会、经济、环境和文化的需求,创建"社区学习计划"。来自政府、学校、社区、私营部门等成员构成的社区学习中心委员会定期召开会议,着眼于社区的情况,明确社区目标群体及其学习需求,据此制定社区学习计划,明确社区学习中心发展定位,满足多样化和个性化的学习需求,并鼓励社区依托优势资源,凸显社区文化,开创社区品牌教育项目。③ 例如,在汛期漫长的马哈拉特(Maharat)地区,当地居民面临着汛期安全风险意识不足、粮食短缺等问题。马哈拉特社区学习中心基于该问题,与当地有关机构进行合作,为当地居民提供生活安全意识培训与粮食种植的职业技能培训课程,教授居民有效利用当地充足的竹资源以及创造性利用塑料瓶等废弃物制作木筏以及在木筏上种植蔬菜等技能。④ 泰国政府还鼓励支持社区学习中心自主创建社区学习中心集群,与其他社区分享成功的经验,加强社区

---

① Thailand Government Gazette, *Constitution of the Kingdom of Thailand*, *B.E. 2540 (1997)*, 2019 年 5 月 16 日,见 http://www.thailaws.com/.

② Office of the Non-Formal and Informal Office, *รายงานผลการดำเนินงาน สำนักงาน กศน ประจำปีงบประมาณ พ.ศ.* 2560, Bangkok:Ministry of Education, 2017.

③ UNESCO, *Community-Based Lifelong Learning and Adult Education:Role of Community Learning Centres as Facilitators of Lifelong Learning*, Paris:UNESCO, 2016, p. 10.

④ DVV International, Community Learning in Thailand, 2019 年 4 月 20 日,见 .https://www.dvv-inter national.de/adult-education-and-development/ausgaben/number-81/community-learning-in/community-learning-in-thailand/.

学习中心与国家政策以及项目的衔接，例如将"充足经济哲学"理念融入社区学习中心的相关活动中，培养智慧农民，鼓励将现代信息技术运用在农业生产中，开展可持续的农业生产模式；也鼓励地方寺庙为地方人们提供终身教育。[①]

此外，2003 年 12 月 2 日，泰国内阁决定了改革非正规和非正式教育战略。其中第一条就明确了在推进非正规与非正式教育过程中要确定目标群体，确定适合目标群体需要并与之有关的各种活动。[②]《非正规与非正式教育办公室 2018 年行动计划》《第十二个国民经济和社会发展计划（2017—2021)》《第十二个国家教育发展规划（2017—2021)》等也强调随着终身教育目标群体的广泛化，泰国在推进终身教育项目时应瞄准社会边缘化和弱势群体，多方位加强全民终身教育，主张创建"个人学习计划"，重视人们的多样化、个性化需求。在教育部非正规与非正式教育办公室、劳工和社会福利部等多部委的支持下，泰国政府相继推出了具有针对性的举措和项目。

首先，泰国高度重视在老龄化社会背景下对老年人的终身教育问题。《第十二个国民经济和社会发展计划（2017—2021)》指出，2016 年泰国老龄人口比重已高达16.9%，[③] 泰国开始迈入老龄化社会。在此背景下，泰国积极构建"智能老龄化社会"（Smart Aging Society）的理念，加强对老年人的终身教育。泰国社会发展和人员安全部公布的 2003 年《老年人法》（*Law for the Elderly*）和《国家第二个老年人规划（2002—2021)》（*The Second National Plan for the Elderly*（*2002—2021*)）高度关注老年人福利问

---

① Ineta Luka and Sumalee Sungsri，"Lifelong Learning Strategies and Practice in Latvia and Thailand"，*Policy Futures in Education*，Vol.13，No.4（May 2015），p.538.

② Suwithida Charungkaittikul，"Strategies for Developing a Sustainable Learning Society：An Analysis of Lifelong Learning in Thailand"，*International Review of Education*，Vol.60，No.4（Sep. 2014），p. 503.

③ National Economic and Social Development Board，Office of the Prime Minister，*The Twelfth National Economic and Social Development Plan*（*2017-2021*)，Bangkok：National Economic and Social Development Board，Office of the Prime Minister，2016.

题，强调要做好老年人素质老龄化的准备、加强老年人社会保障、国家老年人人事或护理人员发展综合系统的管理以及知识传播等。① 泰国还专门推出"老年人生活质量发展项目"，在社会发展和人类安全部的支持下创建老年人中心，为进入"智能老龄化社会"做准备，通过对老年人的教育和技能培训使其能够照顾个人的身心健康，提高老年人的生活质量，鼓励其积极参与社区的各种活动，传播老年人的智慧。② 泰国《第十二个国民经济和社会发展计划（2017—2021)》还提出，要着力提高老年人就业的机会，根据年龄、能力、体能和工作情况，开发适合老年人的工作技能发展课程，利用财政激励政策鼓励雇主雇佣老年人，为老年人提供信息渠道，使其能在当地社区获得工作。③

　　其次，泰国还大力发展面向妇女的终身教育项目。泰国教育部与国家妇女发展基金委员会（National Women's Development Fund）合作启动了主要对职业女性以及在校女学生的培训项目，旨在全面提升妇女在英语、东盟国家小语种等方面的语言能力，提升泰国妇女在东盟区域的竞争力，使其能够掌握并熟练运用至少英语或一门东盟小语种，能将语言运用到其个人的工作中，旨在全面提升妇女在英语、东盟小语种等方面的语言能力，提升泰国妇女在东盟区域的竞争力。该项目主要包含四门主要课程，每门课程为 100 个课时，学生通过课程初期的发音训练和说读写等基础课程到中高级课程能够掌握良好的语言运用和沟通的能力。④ 泰国还针对残障人士出台相关的五年计划，为全体泰国残障人士提供优质、平等的

---

① Nopraenue Dhirathiti, "Lifelong Learning Policy for the Elderly People: A Comparative Experience between Japan and Thailand", *International Journal of Lifelong Education*, Vol.33, No.6 (Oct. 2014), p.777.

② Office of the Non-Formal and Informal Education, *แผนปฏิบัติการประจำปีงบประมาณ พศ 2561 ของสำนักงาน กศน*, Bangkok: Ministry of Education, 2018.

③ National Economic and Social Development Board, Office of the Prime Minister, *The Twelfth National Economic and Social Development Plan (2017-2021)*, Bangkok: National Economic and Social Development Board, Office of the Prime Minister, 2016.

④ 北京师范大学国际与比较教育研究院：《国际教育政策与发展趋势年度报告 2014》，北京师范大学出版社 2014 年版，第 278 页。

终身教育的机会。该计划覆盖了与残障人士相关的诸多内容，包含开展相关的研究、残障人士课程发展、教学管理、评估残障人士终身教育的需求、残障人士教育指导员的培训、残障人士教育的管理体制和行政制度改革以及残障人士终身教育财政预算等相关内容。[①]

《非正规与非正式教育办公室 2018 年行动计划》以及《非正式教育行动计划（2012—2015）》还高度重视泰国南部地区的发展。2018 年度非正规与非正式教育办公室为南部地区提供 4574 万泰铢的财政资助，支持开发适合南部地区文化和地区需求的非正规与非正式教育项目。[②] 泰国出台专门针对泰国南部地区教育的政策，力求通过教育加强泰国南部地区学生对泰国主流文化的认同，加强泰国南部地区人们的团结。非正规与非正式教育办公室也表示要加大推行庞多克学院的力度，力求能使参与该项目的学生达到 10.4 万人次，增加课程的实用性、适用性和针对性，提升学生的满意度，希望能使学生对课程的满意程度达到 90%。[③]

泰国政府认识到农村发展的关键瓶颈在于"人"，在"泰国 4.0 战略"背景下想要提升农业的创新力和生产力的根本在于提升泰国农民的创新能力和生产力。泰国《非正规与非正式教育办公室 2018 年行动计划》提出设立"智慧非正规与非正式教育办公室"（Smart ONIE）和"智慧农民"（Smart Farmer）构想。这些举措的主要目的是开展新型智慧农民培育工作，积极探索适合当地需求的新型智慧农民培育模式，通过制作农业电视节目、提供农业培训等方式，预计在 2017 年至 2018 年度投入 1.2 亿泰铢，为全国 77 个府的 7.4 万个农民提供信息通信技术培训，[④] 使农民能够自如

---

① 北京师范大学国际与比较教育研究院：《国际教育政策与发展趋势年度报告 2014》，北京师范大学出版社 2014 年版，第 274 页。

② Office of the Non-Formal and Informal Education，*แผนปฏิบัติการประจำปีงบประมาณ พศ 2561 ของสำนักงาน กศน*，Bangkok：Ministry of Education，2018.

③ Thai National Commission for UNESCO，Ministry of Education，*Education for All 2015 National Review：Thailand*，Bangkok：Ministry of Education，2015，p.41.

④ Office of the Non-Formal and Informal Office，*รายงานผลการดำเนินงาน สำนักงาน กศน ประจำปีงบประมาณ พ.ศ. 2560*，Bangkok：Ministry of Education，2017.

地将现代信息通信技术应用到农场的生产、经营和销售等领域。泰国政府还推动"充足经济哲学"理论下的"智慧农场"的建设，提高乡村地区小规模农户的就业和生活质量，增加泰国的农业供给，将现代信息通信技术和"充足经济哲学"理念相结合融入有机生态系统中，实现可持续发展。非正规与非正式教育办公室还为犯人等边缘群体开设专门的项目。例如，每年还为 2 万余名犯人提供农业、木工等方面的技能培训和职业发展的项目，为犯人在释放后能进行正常的生活打好基础。①

三、终身教育的质量与标准

泰国政府高度关注终身教育的质量和标准问题。《国家教育法》第六章"教育质量标准与保障"聚焦教育的质量保障问题，提出要制定一个统一、整体的质量保障体系，明确各级各类教育标准，保证各级教育的教育质量。这不仅适用于正规教育，也同样适用于非正规教育和非正式教育。《国家教育计划（2002—2016）》指出，终身教育尤其是其中的非正规教育和非正式教育的质量存在诸多问题。例如，已推出的非正规与非正式教育项目、课程和活动仍然无法满足目标群体的需求，且学习者的学习结果仍然低于标准。② 因此，如何加强对终身教育的质量保障、提升终身教育的质量，成为迫在眉睫的问题。

泰国政府加强对终身教育的质量与标准的管理主要体现在以下两个方面。一方面是明确各级各类教育活动的相关要求。《国家教育法》第 22 条至第 30 条对正规教育、非正规教育和非正式教育活动的开展做出明确的规定。《国家教育法》指出，各个阶段的教育都应遵循各个阶段的特点，各级各类教育也应致力于开发与阶段特征、受教育者相适应的课程。《非

① Thai National Commission for UNESCO, Ministry of Education, *Education for All 2015 National Review: Thailand*, Bangkok: Ministry of Education, 2015, p.36.

② Suwithida Charungkaittikul, "Strategies for Developing a Sustainable Learning Society: An Analysis of Lifelong Learning in Thailand", *International Review of Education*, Vol.60, No.4 (Sep. 2014), p. 510.

正规与非正式教育办公室 2018 年行动计划》还指出，在课程开发过程中，确保非正规与非正式教育的形式与内容与当地的背景以及目标群体和社区的需求相一致。《国家教育法》也强调，不论是正规教育还是非正规教育和非正式教育，都应该保证受教育者能拥有自主学习和自我完善的能力，在教学过程中要强调以学生为中心，以激发其个人潜能为目标，强调德、智、体、美、劳多维度的能力，并从伦理和道德、知识、技能等领域描述了三类教育都应赋予学生的学习成果。伦理和道德上，受教育者通过教育能够了解个人与社会的关系，能够清晰把握泰国的历史渊源并能坚持捍卫以国王为国家元首的民主制度；知识和技能上，要能够掌握数学、语言、科学、宗教、艺术、文化等方面的知识以及泰国民族传统智慧并能将其进行良好的应用，能够掌握使个人拥有安居乐业的知识和技能，并能够合理使用所学技能为社会谋福祉，促进社会和国家的可持续发展。这不仅明确了三类教育活动人才培养、教学内容的要求，也为完善教育监督和质量保障提供了方向的指引。对于学生学习成果的评估上，《国家教育法》提出应根据不同阶段和不同类型的课程以及具体的内容做具体的分析，但应参照学生的进步程度、平时表现、参与情况、考试成绩等进行综合的测评，保证教育的质量。《非正规与非正式教育办公室 2018 年行动计划》还着重指出，要重点发展非正规教育的测量和评估体系，特别是在基础教育课程标准，鼓励有效地使用中心测试和电子考试系统（E-Exam），要大力创建满足质量标准、将工作经验转换为学分的转换系统，满足目标群体继续学习的意愿。[①]

第二个方面是加强对非正规教育和非正式教育学习成果的监测、检查和评估。2008 年《非正规与非正式教育促进法》明确了非正规教育和非正式教育学习成果监测等的具体流程，要求教育机构必须按如下流程对非正规教育和非正式教育学习成果进行监测、检查和评估。首先，非正规

---

① Office of the Non-Formal and Informal Education，*แผนปฏิบัติการประจำปีงบประมาณ พศ 2561 ของสำนักงาน กศน*，Bangkok：Ministry of Education，2018.

和非正式教育机构要明确教育标准，要根据教育部公布的非正规与非正式教育标准等明确人才培养等相关要求，并据此制定院校层面的年度行动计划。院校要根据年度行动计划实施工作计划，并根据教育标准等在院校层面开展自我监督和自我评估，撰写年度自我评估报告，并将年度评估报告提交给学校董事会的内部质量评估机构审查，主动向网络合作伙伴和公众进行公布，并定期向上级领导机构以及相关部门提交年度绩效报告。《非正规与非正式教育促进法》第 20 节还明确了国家层面和院校层面在非正规教育质量保障体系上的职责。非正规和非正式教育办公室应在国家教育标准的基础上构建非正规教育质量保障体系，非正规与非正式教育办公室还要定期收集全国终身教育的数据，形成终身教育年度绩效报告，并提交教育部审核；非正规教育机构应当在办公室、社会网络的协助下按照内部质量保障的制度、规则和程序等进行内部质量保障。泰国政府还于 2012 年颁布有关非正规教育机构的制度、标准和内部质量保障的法规，明确了非正规教育机构教育标准以及内部质量保障的相关要求，非正规教育机构应在学校董事会、社会合作伙伴的共同参与下制定年度工作计划，严格按照内部质量保障的制度、规则和程序等进行内部质量保障，定期向上级领导机构以及相关部门提交年度绩效报告，以便上级部门根据其年度计划对其实施情况进行评估，并向社会公布此报告。① 《非正规与非正式教育办公室 2018 年行动计划》还提出，不仅要加强非正规教育机构内部质量保障，还鼓励教育机构接受外部质量评估以此确保教育的质量。

四、终身教育的教师与发展

目前泰国终身教育缺少一支管理规范、规模适中的教育师资队伍，不

---

① Hang Chat District Non-Formal and Informal Education Center，รายงานการประเมินตนเองของสถานศึกษาศูนย์การศึกษานอกระบบและ การศึกษาตามอัธยาศัยอาเภอห้างฉัตรอาเภอห้างฉัตรจังหวัดลาปาง，2019 年 4 月 17 日，见 http://nfehangchat.com/acc/a2457126SA R_61.pdf。

能适应日益发展的终身教育的需要。① 从师资数量上来说，泰国终身教育面临教师缺乏的困境。仅以国家佛教局下属的非正规教育的师生数量来看，2016 学年，国家佛教局下属的非正规教育机构共有 245.9 万在读学生，但教师总数仅 5210 名，师生比为 1∶472。② 而社区学习中心的师资更为堪忧。泰国目前社区学习中心的大多数教师都是短期的志愿者，并未形成一支长期、稳定的师资队伍。③ 在教师质量上，终身教育的师资队伍的质量在一定程度上反映着终身教育的质量，而当前泰国现有的师资队伍来源复杂、学历层次与能力水平不足，进而造成终身教育师资水平参差不齐。以老年人终身教育为例，泰国目前缺乏合格的人员来为老年人进行教学和学习活动。④ 这种状况使泰国政府认识到终身教育师资队伍的建设对于提高终身教育的质量、推进全民终身教育、构建终身学习型社会等具有重要的意义。

泰国《非正式教育行动计划（2012—2015）》《非正规与非正式教育办公室 2018 年行动计划》《教育改革第二个十年（2009—2018）》等就强调高质量终身教育师资对推进全民终身教育、构建学习型社会的重要作用。《第十个国民经济和社会发展计划（2007—2011）》提出，要解决终身教师、课程、教学媒体和信息技术等存在的发展问题，为提高泰国系统质量、创建终身学习社会、将泰国打造成东南亚地区教育中心营造良好的氛围。⑤《第

① Nopraenue S. Dhirathiti and Pojjana Pichitpatja, "Characteristics and Differences of Lifelong Learning Policy Implementation for the Elderly in Thailand", Educational Research for Policy and Practice, Vol.17, No.1 (Feb. 2018), pp.58-59.

② Office of the Permanente Secretary, Ministry of Education. 2016 Educational Statistics [Z]. Bangkok: Ministry of Education, 2016, p. 66.

③ Nopraenue S. Dhirathiti and Pojjana Pichitpatja, "Characteristics and Differences of Lifelong Learning Policy Implementation for the Elderly in Thailand", *Educational Research for Policy and Practice*, Vol.17, No.1 (Feb. 2018), p.58.

④ Nopraenue S. Dhirathiti and Pojjana Pichitpatja, "Characteristics and Differences of Lifelong Learning Policy Implementation for the Elderly in Thailand", *Educational Research for Policy and Practice*, Vol.17, No.1 (Feb. 2018), p.59.

⑤ National Economic and Social Development Board, Office of the Prime Minister, *The Tenth National Economic and Social Development Plan (2007-2011)*, Bangkok: National Economic and Social Development Board, Office of the Prime Minister, 2007.

二轮教育改革大纲（2009—2018）》致力于实现为全体泰国人民提供高质量的终身教育的愿景，聚焦教师的身份，认为在教育中，教师是作为学习促进者（learning facilitators）的身份存在的。该文件提出，务必要提升教师的能力，调整教师的培训计划，侧重对教师进行能力导向的培训，使其掌握 21 世纪的技能，使之可以胜任各个教学岗位，教师只有自身具备足够的学术能力、专业知识和道德素养，才能培养出具有创造力、适应不断变化的世界的创新人才。[①] 非正规与非正式教育办公室强调要增强非正规教师使用信息通用技术进行教学的能力。《教育部信息和通信技术总体规划（2007—2011）》（*The Ministry of Education ICT Masterplan* (*2007—2011*)）提出具体目标——使 80% 的教师和教育人员具备良好的信息通用技术知识，70% 的教育工作人员能使用信息通用技术进行专业发展。[②]

　　泰国《国家教育法》提出，要改革教师和教育工作者的人事体系，力求能使教师和教育工作者成为具有较高社会地位的专业性人士。师资队伍的建设对于打造职业教育机构的核心竞争力而言非常关键，这也是提高教学质量和提升人才培养质量的根本，为此，务必要提升教师和教育工作者的专业水平，同时壮大教师队伍建设。泰国《国家教育计划（2017—2036）》提出要鼓励勾划各府各类教育机构以及各学科的教师招聘与培训的十年发展规划，要求教师以及教育工作者，不论其职称都必须要接受标准的能力培训。《非正规与非正式教育办公室 2018 年行动计划》提出要推进终身教育师资队伍建设，制定终身教育教师十年发展计划，推进教师的分层教育与培训，明确终身教育教师的招聘标准，提升师资队伍水平，培养一批业务能力强、与专业课程和培训项目相适应的稳定的教师队伍。为了响应"智慧非正规与非正式教育办公室"和"智慧农民"项目，开展新

---

① Office of the Education Council，Ministry of Education，*Proposal for the Second Decade of Education Reform* (*2009-2018*)，Bangkok：Ministry of Education，2009，p. 13.

② Ministry of Education，*Towards a Learning Society in Thailand：An Introduction to Education in Thailand*，Bangkok：Ministry of Education，2008，p. 11.

型智慧农民培育工作，积极探索适合当地需求的新型智慧农民培育模式，非正规与非正式教育办公室还加强对智慧农民培训的非正规教师的培训，以期能培养一批能力素质过硬、授课方法得当、适应"智慧农民"培训需求的"智慧"师资队伍，增强服务农民的能力。

非正规与非正式教育办公室还高度重视提升非正规与非正式教育中英语教师的素质，加强对英语教师的培训。2015 年 12 月 31 日，以政治安全、经济及社会文化为三大支柱的东盟共同体正式成立，这标志着东盟一体化进程取得了重大进展，同时这也给泰国的教育发展提出了新的发展要求。作为东南亚地区的大国，泰国将自身定位为东盟教育中心，意在引领整个东盟教育的发展。泰国在《教育部教育发展战略（2012—2015）》中强调了泰国教育与东盟教育的衔接和整合。例如，建立东盟国家间高等教育的学分互认制度，促进和支持在东盟地区设立社区学习中心，加强劳动力在和东盟劳动力市场中的就业，提高泰国公民的英语能力以期加强和东盟国家的联系和交流。[①] 泰国已在全国设立 928 个东盟非正规研究中心，为人们提供英语语言课程的培训。2018 年，泰国对此投入 8600 万泰铢的财政支持。2018 年度，非正规与非正式教育办公室还在全国范围内专门推出"培养非正规英语教师"的项目，预计投入 330 万泰铢。[②] 该项目力争加强非正规英语教师的素质，增加非正规英语教师的数量，提高其教学质量，使其能够开发高质量英语语言课程满足学习者英语学习的诉求，能够熟练使用信息通信技术为学习者提供专业的英语语言课程，使教师的能力能切合泰国教育贴合东盟的教育需求。

五、终身教育的技术与应用

泰国还高度重视信息通信技术在推进全民终身教育中的作用，力争

---

① 北京师范大学国际与比较教育研究院：《国际教育政策与发展趋势年度报告 2014》，北京师范大学出版社 2014 年版，第 274 页。

② Office of the Non-Formal and Informal Education，*แผนปฏิบัติการประจำปีงบประมาณ พศ 2561 ของสำนักงาน กศน*，Bangkok：Ministry of Education，2018.

加大数字化学习推进力度，开发在线学习渠道，推动移动终端学习模式的创新发展，整合各类优质的教育资源，为学习者的线上线下学习提供技术支撑，为全民终身教育提供优越的技术条件支撑。《泰国数字经济与社会发展计划》（*Thailand Digital Economy and Society Development Plan*）《非正式教育行动计划（2012—2015）》《教育部信息和通信技术总体规划（2007—2011）》等计划以及相关项目还着重从以下三个方面完善教育技术支持，营造良好的终身教育环境。

第一，泰国大力提高泰国国民的数字化素养，发展数字技术技能，提高泰国国民的技术应用能力。泰国《国家教育法》指出，"学习者有权学会如何使用教育技术，能够有足够的知识和技能利用教育技术进行自主学习和终身学习。""国家应当推动教育技术的研发、生产与进步，并时时跟进、检查与评估教育技术的使用效果，确保泰国人民能够将教育技术合理有效地运用到学习中。"[①]《教育部信息和通信技术总体规划（2007—2011）》也提出，教育部要大力提高学生的数字化素养，提供学习者使用信息通信技术的能力，并为此设立了数个相关的发展目标——使 80% 的毕业生能获得适当的信息通信技术知识，50%ICT 领域的毕业生达到公认的国际标准，70% 的适龄工作人员使用信息通信技术来支持他们的专业发展。[②]《非正规与非正式教育办公室 2018 年行动计划》还提出培养"智能数字人"（Smart Digital Persons）的战略，提升国民的数字化素养，使其掌握生活中数字知识和技能。部分社区学习中心也积极向"数字社区"转型，向居民开设了基本数字技能培训。

第二，泰国政府加强信息通信技术在教育领域的运用。《国家教育计划（2017—2036）》提出，确保"所有年龄段的人都可以通过数字教育技

---

① Office of National Education Commission，Office of the Prime Minister，*The National Education Act of B.E. 2542（1999）*，Bangkok：Office of National Education Commission，1999，p. 22.

② Ministry of Education，*Towards a Learning Society in Thailand：An Introduction to Education in Thailand*，Bangkok：Ministry of Education，2008，p. 11.

术获得更多的教育机会"。① 泰国教育部积极将信息通信技术应用于基础教育，以此扩大适龄儿童接受基础教育的机会。自 2015 年起，泰国在各府开始试行"智慧教室"（Smart Classroom）项目，将技术融入教学，在教室配置电子书，用于代替普通教科书；在学校建立电子学习中心，促进符合学习者需求和兴趣的终身学习，建立初级和中级"梦想学校"（Dream Schools），为学生的高等教育做好准备；在每个地区引入示范学校，通过使用现代技术发展卓越能力。② 《教育部信息和通信技术总体规划（2007—2011）》也表明要大力发展信息通信技术，发挥信息通信技术在改变教育资源分配不均、偏远地区教育质量低下等问题中的重要作用，并设立了数个相关的目标——泰国要向全国所有地区的人们提供接受远程教育的学习机会，要使 90% 的偏远地区的人们能使用信息通信技术。③

泰国的远程教育长期以来为全国学生提供服务，并改善了偏远地区学生获取教育的机会。通过数字图书馆技术所提供的教育，减少了由于小型学校教师短缺和学生经济社会背景不平等而造成的问题，使教师能够有效地管理和安排有关科目的学习。泰国大力推广信息通讯技术借此改变教育资源分配不均、偏远地区教育质量低下等问题，并开启"远程学习技术教育质量发展"（Project on Distance Learning Technology for Educational Quality）项目，通过远程学习电视（Distance Learning Television）和远程学习信息技术（Distance Learning Information Technology）两种技术来提高教育质量。远程学习电视最初是由泰国前国王普密蓬·阿杜德发起，目的在于解决泰国偏远地区教师短缺的问题，并增加泰国儿童接受基础教育的机会。通过该项目的实施，基础教育委员会办公室监督下的 15396 所小型学校得以利用远程学习电视开展日常教学。到 2014 年，该项目取

① Ministry of Education，แผนพัฒนาการศึกษาของกระทรวงศึกษาธิการ ฉบับที่ ๑๒（พ.ศ. ๒๕๖๐-๒๕๖๔），Bangkok：Ministry of Education，2017.

② Thai National Commission for UNESCO，Ministry of Education，*Education for All 2015 National Review：Thailand*，Bangkok：Ministry of Education，2015，p. 20.

③ Ministry of Education，*Towards a Learning Society in Thailand：An Introduction to Education in Thailand*，Bangkok：Ministry of Education，2008，p. 11.

得了不错的成果。调查表明,2014 年通过远程学习电视接受学习的学生在 2014 年全国普通教育考试(ONET)的平均成绩显著提高。基础教育委员会办公室的民意调查也表明,97% 的教师对远程学习电视项目表示支持,觉得这对于提升教学质量很有帮助。宣都实皇家大学(Suan Dusit Rajabhat University)对家长、学生等的调查显示,98.45% 的民众对远程学习电视项目感到满意,认为远程学习电视非常有益,学生们在学习上表现得更快乐,也更容易理解他们的功课。[1]

第三,泰国注重数字化平台的建设,最大限度地挖掘和整合数字化学习资源,完善数字化学习基地的建设,开设数字化学习共享服务平台。《国家教育发展规划(2017—2036)》提出,要"能够构建一个现代化的数字教育技术网络,它有效地满足学生和用户的需求,快速地连接各个教育机构"。[2]《教育部教育发展战略(2012—2015)》也明确提出,要扩大平等使用基础设施的机会,使用电子书(e-book)建立学习室,提高全民接受终身教育的机会,利用科技、图书馆、博物馆、艺术馆、文化馆以及其他手段,大力推进全民终身教育。[3]泰国目前已制定了《泰国数字经济与社会发展计划》《数字政府发展规划(2017—2021)》(*Digital Government Development Plan* (*2017—2021*))等数字发展规划,大力促进数字基础设施建设,促进学习设施的智能化和网络化,并声明在五年内使95% 的学校和社区学习中心都能接入宽带。[4]《教育部信息和通信技术总体规划(2007—2011)》也提出,要通过不同的学习媒体开发信息资源,大力开发信息通信技术工具和基础设施,促进使用信息通信技术以支持个

---

① Office of the Educational Council, Ministry of Education, *Education in Thailand*, Bangkok: Ministry of Education, 2017, p. 99.

② Ministry of Education, แผนพัฒนาการศึกษาของกระทรวงศึกษาธิการ ฉบับที่ ๑๒ (พ.ศ. ๒๕๖๐-๒๕๖๔), Bangkok: Ministry of Education, 2017.

③ 北京师范大学国际与比较教育研究院:《国际教育政策与发展趋势年度报告 2014》,北京师范大学出版社 2014 年版,第 242 页。

④ OECD, Multi-dimensional Review of Thailand (Volume 1), Paris: OECD Publishing, 2018, p. 102.

性化学习，加强对信息通信技术资源的有效管理，提高信息通信技术人员的数量和质量。① 泰国公私立高校采用校际网络（UniNet），将所有大学图书馆系统连接在一起，以便迅速有效地交换资源，也能与国际高校进行教育网络联系，使泰国高校能与国内外高校开展远程教育和远程会议。目前校际网络已连接国内外上千所大学。② 泰国还大力发展数字图书馆，相继启动"国家数字图书馆项目"（National Digital Library Project）"泰国学习型社会阅读文化项目（2017—2021）（Reading Culture as Part of Thai Learning Society（2017—2021））"等。2018 年度泰国政府为"国家数字图书馆"提供的预算达到 6100 万泰铢，支持其开发高效、开放的数字图书馆系统，为全民终身学习、构建学习型社会营造更有效的环境。③

泰国《第十二个国民经济和社会发展计划（2017—2021）》鼓励在全国范围内推广由文化部、社会发展和人员安全部、地方行政办公室、知识管理与发展办公室等联合推出的"终身学习环境营造"项目（Environments Building Conducive to Lifelong Learning Program），以丰富信息数据资源中心，并开发建立虚拟图书馆和娱乐中心等新形式的发展资源中心。泰国政府还提出要利用好地区学习园、博物馆等资源，为社会公众提供优质、便捷的学习资源。④《非正规与非正式教育办公室 2018 年行动计划》提出，"促进信息通信技术的发展"战略，鼓励各府加强信息通信技术的基础设施建设，为人们通过信息通信技术加强个人终身教育畅通渠道，开发在线学习门户网站，鼓励人们在学习和活动中应用信息通信

---

① Ministry of Education，*Towards a Learning Society in Thailand：An Introduction to Education in Thailand*，Bangkok：Ministry of Education，2008，p. 11.

② Office of the Educational Council，Ministry of Education，*Education in Thailand*，Bangkok：Ministry of Education，2017，p. 158.

③ National Library of Thailand，*Annual report of National Library of Thailand*，Bangkok：National Library of Thailand，2018.

④ Office of the National Economic and Social Development Board，Office of the Prime Minister，*The Twelfth National Economic and Social Development Plan（2017-2021）*，Bangkok：National Economic and Social Development Board，Office of the Prime Minister，2017.

技术。① 东南亚中心（South East Asia Centre）近期也在泰国投资了 6 亿泰铢，在东盟率先建立了学习中心。该中心正在推出一种新型的学习方法"四维在线学习"（4Line Learning），支持学习者通过四种不同的平台学习：第一维学生通过视频在线进行自主学习（online）；第二维鼓励学习者参加不超过半天的线下课程（inline）；第三是"连线学习"（beeline），学生能够与专家、演讲者、知名企业家和思想领袖的交流；第四是"前线学习"（frontline），学习者可以完全访问可下载的材料和数据。东南亚中心将有100 多个"在线学习"课程、40 多个线下课程、40 多个"连线学习"活动和允许无限下载的"前线学习"数据档案，并将继续寻找世界一流的合作伙伴开发课程，助力泰国建立终身学习生态系统。②

泰国终身教育源于成人教育，伴随着社会的进步与实践的开展，终身教育的目标群体不断拓展，其理念和内涵也不断深化，与"充足经济哲学"理念和可持续发展观相结合，将个人的全面发展以及人和社会的可持续发展作为终身教育的共同价值追求。然而，泰国终身教育也存在诸多问题。在终身教育法规上，泰国终身教育仍缺乏立法保障。目前，用终身教育思想变革现有的教育制度、构建终身教育体系、建设学习型社会已成为国际社会的共识，很多国家纷纷通过制定《终身教育法》来保障公民的受教育权并规范终身教育的发展。从国际社会的动态来看，加强对终身教育的专项立法，规范终身教育的发展，已成为国际社会在推进终身教育中具有前瞻性和导向性的趋势。③ 然而，泰国目前在国家层面上还没有专门的《终身教育法》，对于终身教育的推进进程中部分问题尚未明确。例如，泰国政府一直致力于促进正规教育、非正规与非正式教育之间学习成果的转换，但目前并未出台文件正式明确学习成果转换、认证先前学习的准则。

---

① Office of the Non-Formal and Informal Education, *แผนปฏิบัติการประจำปีงบประมาณ พศ 2561 ของสำนักงาน กศน*, Bangkok：Ministry of Education，2018.

② Dumrongkiat Mala，"Thailand Eyes Lifelong Learning Push"，Bangkok Post，2018-12-17.

③ 吴遵民、黄欣、蒋侯玲：《终身教育立法的国际比较与评析》，《外国中小学教育》2008年第 2 期。

在项目的执行过程中，泰国也面临着推广力度有限、完成率低等问题。以2015 年非正规与非正式教育办公室推行的部分项目的运行情况来看，各类非正规教育项目的完成率差别较大，职业培训、生活技能发展项目以及社会发展和社区发展项目的完成率高达 90%，但扫盲运动、同等学历教育项目以及职业教育证书课程的完成率很低，尤其是职业教育证书项目，其完成率仅为 10%，同等学力教育项目中小学、初中和高中项目的完成率也仅为 11%、19% 以及 23%。（参见表 6.3）这些项目运行过程中也面临着社会参与度不足的问题。泰国目前有关终身教育的相关政策对有关社会力量参与终身教育只是原则性的规定，并不具有激励性和约束性，在终身教育合作伙伴网络的建设，并未对合作伙伴的角色和责任进行明确，社会力量参与终身教育的积极社不高，社会参与力量类别有限。① 泰国政府虽然大力鼓励私营部门等利益相关者参与，但是目前私营部门并未充分参与终身学习，并未被视为平等的合作伙伴，② 社会参与终身教育的途径和范围模糊，社会参与的机制并不健全。在项目运行过程中还面临着经费资助不足、高质量师资匮乏等问题，相关教育机构向社会的开放度不够，缺乏教育资源之间有效整合，教育资源的利用度略低。

表 6.3　2015 年各类非正规教育项目完成情况

非正规教育项目	登记注册的人数	完成情况
小学教育	116117	12710（11%）
初中教育	478896	90557（19%）
高中教育	644298	147068（23%）
职业教育证书	36875	3496（10%）
扫盲	301473	126815（42%）

---

① Suwithida Charungkaittikul, "Strategies for Developing a Sustainable Learning Society: An Analysis of Lifelong Learning in Thailand", *International Review of Education*, Vol.60, No.4（Sep. 2014）, p.518.

② UNESCO, *Community-Based Lifelong Learning and Adult Education: Situations of Community Learning Centres in 7 Asian Countries*, Paris: UNESCO, 2016, p. 38.

续表

非正规教育项目	登记注册的人数	完成情况
职业培训	184752	173201（94%）
生活技能发展项目	451049	430572（96%）
社会发展和社区发展项目	472784	452289（96%）

资料来源：Sumalee Sungsri，"Nonformal and Informal Education in Thailand"，in *Education in Thailand：An Old Elephant in Search of a New Mahout*，Gerald W. Fry（ed），Singapore：Springer Nature Singapore Pte Ltd.，2018，p. 204.

　　泰国还面临着终身教育项目质量保障机制欠缺的问题。泰国目前缺乏一个完整和最新的学习者数据库系统，无法为相关政府部门提供全国教育动态，也无法为出台终身教育相关政策提供有效的数据。同时，泰国政府机构在教育机构的资格认证、学习成果鉴定、评估体系等方面也缺乏相关的质量监管机制。[①]

　　《非正规与非正式教育办公室 2017 年绩效报告》显示，泰国教育部已将制定《终身教育法》提上日程。泰国政府有望加快终身教育立法进程，并以此来明确各级政府、教育机构、社区、社会团体等在推进终身教育中的法定责任以及各类教育学习成果互认和衔接的规则与机制等内容，为推进全民终身教育、构建学习型社会提供法律保障。[②]

[①]　Suwithida Charungkaittikul，"Strategies for Developing a Sustainable Learning Society：An Analysis of Lifelong Learning in Thailand"，*International Review of Education*，Vol.60，No.4（Sep. 2014），p.519.

[②]　Office of the Non-Formal and Informal Office，*รายงานผลการดำเนินงาน สำนักงาน กศน ประจำปีงบประมาณ พ.ศ. 2560*，Bangkok：Ministry of Education，2017.

第七章　中泰教育交流合作政策与展望

　　泰国重视与世界各国的教育交流与合作，致力于推动教育国际化的发展。自 1990 年制定《高等教育第一个十五年长期发展规划（1990—2004）》（*The First 15-Year Long Range Plan on Higher Education*（1990—2004））以来，泰国为了顺应全球化的发展，努力调整国内教育政策，积极响应并参与国际组织的相关活动，促进人员国际流动，加强课程国际化设置，鼓励合作办学和开展远程教育，大力推动教育国际化进程。泰国的教育国际化也已逐步取得一些显著的成果，特别是在国际学生人数、课程和合作伙伴关系等方面。[①]

　　泰国教育部发布的多份政策报告彰显了泰国对于深化国际教育交流与合作的愿景和决心。泰国教育部高等教育委员会制定的《高等教育第二个十五年长期发展规划（2008—2022）》明确提出"到 2022 年，泰国要全面提升高等教育的质量，培养高素质的经济实用型人才，激发高等教育机构传授知识、培养创新能力的内在潜力，从而在全球化时代，全面提升国家竞争力。"[②]泰国高等教育第一个十五年计划，以及第七个和第八个

---

① Porntip Kanjananiyot and Chotima Chaitiamwong，"The Internationalization of Thai Higher Education over the Decades：Formidable Challenges Remain！"，in *Education in Thailand：An Old Elephant in Search of a New Mahout*，Gerald W. Fry（ed），Singapore：Springer Nature Singapore Pte Ltd.，2018，p. 271.

② 李枭鹰等编：《泰国高等教育政策法规》，广西师范大学出版社 2013 年版，第 23 页。

高等教育五年计划，即《高等教育第一个十五年长期发展规划（1990—2004）》及《高等教育计划（1992—1996）》和《高等教育计划（1997—2001）》，都对教育国际化做出了规划，承诺将支持泰国高等教育机构加强国际化，致力于将泰国发展成为国际化的先锋和东南亚国际教育的中心，尝试探索最适合泰国高等教育的国际化范式，[①] 鼓励高等教育机构在国际学术界发挥更大的作用。泰国专门在其本土语境下厘清了"国际化"（internationalization）的概念——"国际化是通过综合性大学的使命，为各级员工和学生波动、不确定、复杂和模糊的世界中成功地适应并以文化优雅的方式引导他们的生活的发展过程。"[②] 泰国教育部于 2007 年出台《教育部关于泰国与外国高等教育机构学术合作指导方针的公告》（*Announcement of the Ministry of Education on Guidelines for Academic Cooperation between Thai and Foreign Higher Education Institutions B.E. 2550 (A.D. 2007)*），明确了泰国高等教育机构与外国高等教育机构开展合作的相关规章制度。泰国全国维持和平与秩序委员会（National Council for Peace and Order）还于 2017 年专门发布了《关于促进国外高潜力高等教育机构的教育管理》（*The Promotion of Education Provision by Renowned Foreign Higher Education Institutions*）的政府公报，明确表示泰国支持国外高潜力高等教育机构在泰国传授知识和经验，加强与国外高潜力高等教育机构之间的教育管理与科研合作，借此提高泰国高等教育机构的质量，致力于将泰国发展成为未来东盟地区的教育中心。[③]

---

① Varapron Bovornsiri, "Thailand". in *SEAMEO Regional Centre for Higher Education and Development. Higher Education in South-East Asia*，UNESCO Office Bangkok and Regional Bureau for Education in Asia and the Pacific (ed.)，Bangkok：UNESCO，2006，p. 207.

② Bureau of International Cooperation Strategy，Ministry of Higher Education，Science，Research and Innovation，*Internationalization*，2019-10-06， 见 http：//www.inter.mua. go.th/.

③ Bureau of International Cooperation Strategy，Ministry of Education，*Order of the National Council for Peace and Order No. 29/2107*，Bangkok：Ministry of Education，2017.

中国和泰国山水相连、文化相通、经济互补。自建交以来，中泰两国一直保持良好的睦邻友好关系，频繁开展教育交流合作。"泰国4.0战略"与"一带一路"倡议的高度契合，更为中泰教育交流与合作提供了千载难逢的契机。随着"一带一路"倡议的深入推进，中泰教育交流与合作在高等教育领域的合作办学、人员流动和语言教育等方面都不断取得新的进展，同时在职业教育领域的农业和铁路等方面合作也日益成为新的趋向。

第一节　泰国对外教育交流与合作发展

作为东盟和亚太地区的重要国家，泰国长期以来一直都非常重视发展同周边国家、东盟国家以及美国、日本、英国、澳大利亚等国家在教育领域尤其是高等教育领域的交流与合作。泰国政府还专门在教育部高等教育委员会办公室成立了国际合作战略局①（Bureau of International Cooperation Strategy）负责高等教育的交流与合作。国际合作战略局主要负责以下五个方面的事项：（1）制定学术发展和高等教育管理国际合作的战略；（2）开展国际高等教育合作活动；（3）针对教育服务贸易的自由化，提供指导性建议并制定措施，以增强高等教育机构的竞争力；（4）促进和鼓励高等教育机构最大限度地利用国际资源发展高等教育；（5）与其他相关组织的合作并为其提供支持。②

一、泰国与东盟国家开展的教育交流与合作

泰国是东盟的重要成员。泰国积极利用东盟的平台，加强与东盟国家在教育领域的合作。东盟各国领导人在东盟第20届峰会上签

---

① 2019年5月，泰国高等教育、科学、研究与创新部成立后，国际合作战略局改隶属于这个新成立的部，成为该部新设高等教育、科学、研究与创新常任秘书长办公室的一部分。

② Bureau of International Cooperation Strategy，*About OHEC/BICS*，2019-10-06，见 http：//www.inter.mua.go.th/.

署的《携手共进：东盟 2025 吉隆坡宣言》（*Kuala Lumpur Declaration on ASEAN 2025：Forging Ahead Together*）提出，建设东盟经济共同体（ASEAN Economic Community）、东盟政治安全共同体（ASEAN Political-Security Community）以及东盟社会文化共同体（SAEAN Socio-Cultural Community），并勾画了这三大共同体 2025 年的发展愿景。《东盟互联互通 2025 年总体发展规划》（*Master Plan on ASEAN Connectivity 2025*）指出，东盟的联通不仅仅在于交通信息等基础设置的物理性流通和投资贸易的制度性流通，还在于教育、文化等领域的人员的自由流通。[①]《东盟互联互通 2025 年总体发展规划》高度重视东盟地区国家间教育的交流与合作，将其视为东盟互联互通的五大战略之一，认为要大幅度增加区域内国家间的学生流动。

其实，东盟成立之初就已关注到加强东盟区域内国家间教育交流与合作的重要性。2004 年东盟签署并通过了《万象行动计划（2004—2010）》（*Vientiane Action Programme 2004—2010*），主张增加区域内的交流与互动，加强东盟地区国家间的师生交流，构建高等教育机构数学和科学网络，加强东盟地区人力资源的开发和东盟大学网络的建设，扩大东盟与伙伴关系的教育交流与合作。根据《万象行动计划（2004—2010）》，东盟期望教育能够实现以下三个目标：（1）提高人民普遍接受教育的机会，大力发展科学技术与文化知识，培养高水平劳动力，提高东盟公民素质，推进东盟共同体建设；（2）保障高等教育质量，促进专业技术人员流动与培训，建立证书认证体系，完善东盟统一市场，深化东盟共同体建设；（3）构建东盟认同，培养东盟意识，加快东盟共同体建设的步伐。[②]2007年《东盟宪章》（*ASEAN Charter*）明确提出要"通过加强教育、终生学习以及科学技术领域的合作，开发人力资源，提高人民素质，赋权东盟

---

① 吴雪萍、王文雯：《东盟职业技术教育区域化发展：基于 FOPA 模型的分析》，《中国高教研究》2018 年第 6 期。

② 覃玉荣：《东盟一体化进程中认同建构与高等教育政策演进研究》，博士学位论文，华东师范大学教育科学学院，2009 年。

人民，强化东盟共同体意识"。①2009 年第 14 届东盟首脑峰会上各国领导人通过了《东盟一体化行动工作计划》（*ASEAN Integration Work Plan*），实施《东盟社会—文化共同体蓝图（2009—2015)》（*Blueprint of ASEAN Social-Cultural Community*（*2009—2015*)），并以建立"知识型社会"和"具有技术竞争力的东盟"作为战略发展方向，引导东盟教育朝向学术共同体和"东盟方式"，主张加强东盟教育的交流与合作，鼓励开展为期半学期或一学年国外交流项目，促进东盟地区国家间师生的自由流动；主张加大对高等教育机构教师的培训力度，增加教师培训项目，提高高等教育机构的质量和水平，并指出要高度关注柬埔寨、老挝、缅甸和越南四个高等教育较为薄弱的国家，通过东盟高等教育组织与科研合作，发展技术援助项目。② 东盟重视高等教育领域的跨国合作，推动亚欧之间的高等教育交流，加强亚洲地区内部国家间的教育合作，并提出创建"高等教育共同空间"（common space）的设想。③

　　泰国也是东南亚教育部长组织的重要成员。东南亚教育部长组织于1965 年成立，是由东南亚地区国家教育主管部门组成的地区性国际组织，旨在促进该地区在教育、科学和文化方面的区域合作。作为东南亚地区政府间的高等教育合作机构，东南亚教育部长组织下属的地区高等教育与发展中心（Regional Centre for Higher Education and Development）提出，东南亚各国的高等教育是东盟社会文化共同体的重要组成部分，各国的高等教育机构应当承担起培养学生区域认同感的共同责任，发挥高等教育机构服务社会的作用。地区高等教育与发展中心还提出建立东南亚高等教育共同空间的设想，旨在打破国家间的藩篱，实现国家间师生流动、教师专业发展、科学研究等方面的教育交流与合作。④ 东南亚高等教育共同空间构

①　ASEAN，*ASEAN Charter*，Singapore：ASEAN，2007，p. 4.
②　覃玉荣：《东盟高等教育政策：价值目标、局限与趋势》，《外国教育研究》2010 年第 7 期。
③　李化树、叶冲：《论东盟高等教育共同空间构建及启示》，《比较教育研究》2015 年第 3 期。
④　郑佳：《泰国高校国际学生流动的原因、路径及特点》，《比较教育研究》2014 年第 11 期。

建的首要任务就是实现区域内学生的自由流动。

　　泰国积极参与东盟和东南亚教育部长组织的相关教育交流与合作项目。例如，泰国积极参加东盟国际学生流动项目（ASEAN International Mobility for Students Programme），加强东盟范围内学生的流动。东盟国际学生流动项目也称为 M—I—T 项目，旨在为所有东南亚教育部长组织成员国的公民创建一个充满活力的学生流动项目，培养全球化的人力资源。该计划是东南亚教育部长组织高等教育与发展地区中心教育项目的核心，也是东南亚高等教育协调的重要组成部分。① 东南亚教育部长组织地区高等教育与发展中心认为，学生流动是合作的关键战略要素之一，能够在东南亚国家间营造协调一致的高等教育发展环境，也支持"东南亚地区高等教育区域一体化框架：走向共同空间的道路"（Framework for Regional Integration in Higher Education in Southeast Asia：The Road Towards a Common Space）。② 该项目历史悠久，最初源于马来西亚—印度尼西亚—泰国学生流动试点项目（Malaysia-Indonesia-Thailand Student Mobility Pilot Project）。该试点项目于 2009 年由三国政府和东南亚教育部长组织地区高等教育与发展中心共同启动，意在推动三个国家间若干个具体学科学生培养的合作。在该试点项目取得成功之后，东南亚教育部长组织对项目进行更大范围的推广，将选派专业拓展到更多的理工专业，同时邀请其他东南亚国家加入，共同制定东南亚区域学生流动计划，使其成为一个成熟的东盟计划。东南亚教育部长组织高等教育与发展区域中心提出，截至2015 年，至少能够使 500 名学生参与该流动项目。③ 而据泰国教育部高等教育委员会的统计信息，2010—2019 年间泰国在东盟国际学生流动项

---

① SEAMEO RIHED, *Student Mobility* (*AIMS*)，2019 年 1 月 10 日，见 https：//rihed.seameo. org/programmes/aims/。

② SEAMEO RIHED, *M-I-T Student Mobility Programme Pilot Project Review 2010*, Bangkok：SEAMEO RIHED，2010，p. 4.

③ SEAMEO RIHED, *Student Mobility* (*AIMS*)，2019 年 1 月 10 日，见 https：//rihed. seameo.org/programmes/aims/.

目的支持下，共接收 813 名学生，并派出 759 名学生。① 泰国还积极通过东盟奖学金（ASEAN Scholarship）中的东盟学生交换项目（AUN Student Exchange Programme）和东盟学习奖学金（ASEAN Studies Scholarships）等项目加强学生流动。东盟学生交换项目通过向学生提供在东盟大学网络成员大学学习的学期至一学年，以及整个学期的奖学金，促进东盟大学网络成员大学之间的本科生和研究生的流动。② 泰国自 1996 年起也加入了亚太大学流动计划（University Mobility in Asia and the Pacific），并加入了亚太大学流动计划学分转换项目（UMAP Credit Transfer Scheme），以支持更多的双向教育交流。

　　泰国作为东南亚高等教育共同空间构建和区域学生流动的重要参与者与积极的倡导者，泰国政府部门也出台了系列学生流动项目和奖学金项目。泰国教育部高等教育委员会和泰国文官委员会（Civil Service Commission of Thailand）为泰国学生提供奖学金项目，支持学生出国交流活动，也与区域内的高校开展了广泛的合作，先后出台系列学生流动的项目。泰国向来自南亚、东南亚国家的学生提供奖学金，使其能够在亚洲理工学院（AIT）以及其他具有国际学位课程的大学攻读学位。泰国也积极参与美国国际教育协会（IIE）发起的海外学习项目（Generation Study Abroad）。2018 年，作为海外学习项目合作伙伴之一，泰国高等教育委员会与 7 所泰国大学一起启动了主题为"全球化背景下的泰国社区"（Thai Community in Globalized Context）的短期课程，加强泰国与美国的教育交流与合作，也拓宽美国学生的国际教育经验，强化学生对文化多样性和全球化的理解。③ 泰国教育部高等教育委员会还积极参加由 16 个东亚国家和 20 个拉丁美洲国家组成的东亚—拉丁美洲合作论坛（Forum for East

---

① 　Bureau of International Cooperation Strategy, *Asian International Mobility for Student (AIMS) Programme Thailand*, 2019 年 2 月 26 日，http://www.inter.mua.go.th/.

② 　ASEAN University Network, *Scholarships*, 2019 年 11 月 18 日，见 http://www.aunsec.org/scholarships.php。

③ 　Thailand Short Course, *Rationale*, 2019 年 10 月 10 日，见 http://www.thaioverseastudy.com/2019/index.php/about-gsa。

Asia-Latin America Cooperation），联合朱拉隆功大学、法政大学、泰国商会大学、泰国农业大学等七所高校推出的主题为"可持续发展：泰国的跨文化商业和旅游业"的 2019 年东亚—拉丁美洲合作论坛短期学生交流计划，加强泰国学生同东亚—拉丁美洲合作论坛成员国的学术交流与合作，并且融入了泰国前国王普密蓬·阿杜德的"充足经济哲学"以及该思想在实现可持续发展目标上的应用。[①]

泰国不仅积极参与教育国际化的相关活动，也是相关活动的倡导者和发起者。泰国教育部积极扩大泰国高等教育机构的合作伙伴关系网络，将东盟大学网络（AUN）、欧洲国际教育协会（EAIE）、亚洲开发银行（ADB）等都列为合作伙伴。[②] 泰国还与大湄公河次区域（Greater Mekong Subregion）的国家（包括柬埔寨、老挝、缅甸、泰国、越南和中国）开展教育交流与合作。1992 年，在亚洲开发银行和其他捐助方的支持下，上述六国共同开启了大湄公河次区域合作项目。该项目不仅是要加强彼此间的经济关系，而且也着重推动农业、能源、环境、卫生和人力资源开发、信息和通信技术等诸多方面的合作。该项目特别将有效促进人员流动和提高竞争力列为优先事项之一。[③] 大湄公河次区域有关国家还同意在东南亚教育部长组织高等教育与发展区域中心的基础上，在泰国教育部的协助下，建立一个"大湄公河次区域高等教育协调工作组"（GMS Higher Education Coordinating Task Force）。[④]

泰国首都曼谷是东南亚地区拥有国际组织办事机构最多的城市。据

---

① FEALAC, *FEALAC Short Course Student Exchange Program*，2019-11-01， 见 http：//www.thaioverseastudy.com/ fealacshortcourse/index.php/about-us.

② 陈倩倩、赵惠霞：《"一带一路"视角：泰国高等教育的国际化范式与启示》，《西部学刊》2019 年第 6 期。

③ Greater Mekong Subregion, *Overview of the Greater Mekong Subregion Economic Cooperation Program*，2019-10-10，https：//greatermekong.org/overview.

④ Porntip Kanjananiyot and Chotima Chaitiamwong, "The Internationalization of Thai Higher Education over the Decades：Formidable Challenges Remain!", in *Education in Thailand：An Old Elephant in Search of a New Mahout*, Gerald W. Fry（ed），Singapore：Springer Nature Singapore Pte Ltd.，2018，p. 287.

统计，世界上有 26 个具有影响力的国际性和地区性组织的总部或办事处位于泰国，① 这包括亚太经济合作组织（APEC）、联合国教科文组织曼谷办事处（UNESCO Bangkok Office）及亚太地区教育局（UNESCO Asia and Pacific Regional Bureau for Education）、东南亚教育部长组织、东南亚国家联盟、东盟大学网络、东南亚高等教育机构协会（ASAIHL）等。位于泰国的诸多国际组织以及在泰国举行的各种国际教育会议使泰国加强了与国际组织在教育领域的联系，在一定程度上也推动了泰国与各国的教育交流与合作。受东盟大学共同体的影响，泰国与东盟国家间的高等教育机构的交流与合作日益频繁。泰国教育部教育委员会办公室正在大力推动国家资历框架的实施，并与东盟国家建立合作共同创建东盟资历参照框架，在国内建立全国东盟知识中心，对民众进行培训，使其能够掌握并熟练运用至少英语或一门东盟国家语言，能将语言运用到其个人的工作中，学习东盟国家及其文化。② 泰国还在全国设立 928 个东盟非正规教育研究中心，为人们提供英语语言课程的培训，2018 年度还投入 8600 万泰铢的财政支持。③

二、泰国与其他主要国家开展的教育交流与合作

泰国不仅与缅甸、越南等东盟国家开展广泛的教育交流与合作，也与世界上其他国家通过国际学校引入国际课程、师生交流项目、合作办学、联合研究等方式开展教育交流与合作。泰国还与中国、日本、美国、英国等国签署了学分互认协议以及学历学位互认协议，为学生的交流与合作提供了便利。2012 年泰国教育部发布公告称为 2015 年进入东盟经济共

---

① 　郑佳：《泰国高校国际学生流动的原因、路径及特点》，《比较教育研究》2014 年第 11 期。

② 　北京师范大学国际与比较教育研究院：《国际教育政策与发展趋势年度报告 2014》，北京师范大学出版社 2014 年版，第 278 页。

③ 　Office of the Non-Formal and Informal Education，Ministry of Education，*แผนปฏิบัติการประจำปีงบประมาณ　พศ 2561 ของสำนักงาน　กศ*，Bangkok：Ministry of Education，2018.

同体做准备，保持与国际学年的一致性，泰国高等教育机构的学期开学时间调整至 8 月或 9 月，并要求 2014 年所有泰国的高等教育机构正式开始实施。①

首先，泰国自 20 世纪以来便高度重视国际教育，使用英语、汉语、日语、韩语和法语等作为教学媒介，向学生提供美国课程、英国课程、国际文凭课程和其他课程。泰国很多高校也选用了世界知名大学的教材和课程，聘请外国教师，采用英语授课，在课程设置、教学模式、学分制度、学位资格等众多方面都与国际通行的制度保持一致，这为加强泰国与世界各国的教育交流与合作提供了便利。泰国很多高等教育机构使用英语授课，并且采用了英美等国家的教材与课程，采用了国际惯例的学分制度，在承认世界其他院校学生学分的同时，使得泰国部分高校的学分也能受到国际知名院校的认可，实现了泰国高校与世界上诸多高校的学分转换。② 作为世界上第一波"入世"并对教育服务贸易作出承诺的国家，泰国高等教育在跨境交付（Cross-border Supply）、境外消费（Consumption Abroad）、商业存在（Commercial Presence）及自然人流动（Movement of Natural Persons）等诸多方面基本不设"门槛"。③ 近几十年来，泰国教育部私立教育委员会办公室和高等教育委员会办公室、商务部贸易谈判司及泰国国际学校协会以及其他社会机构积极参与泰国的国际教育服务的推广。泰国的国际学校还于 1994 年成立泰国国际学校协会，目前共有 128 所国际学校参与该协会，其质量获得了美国西部学校与学院协会（WASC）、新英格兰学校与学院协会（NEASC）等认证机构的高度认可。④ 泰国与美国、英国、日本等国家合作在泰国开设国际学

① Office of the Higher Education Commission，Ministry of Education，*Study in Thailand 2014*，Bangkok：Ministry of Education，2015.

② 郑佳：《泰国高校国际学生流动的原因、路径及特点》，《比较教育研究》2014 年第 11 期。

③ 詹春燕：《走向国际化的泰国高等教育》，《江苏高教》2008 年第 3 期。

④ Office of the Educational Council，Ministry of Education，*Education in Thailand*，Bangkok：Ministry of Education，2017，pp. 154-156.

校，提供美国课程、英国课程、国际文凭课程（International Baccalaureate Curriculum）和其他国家课程。根据泰国教育部私立教育委员会的数据，至 2015 年，泰国提供基础教育的国际学校数量已从 2011 学年的 133 所学校逐渐增加到 2015 学年的 161 所学校。其中，有 95 所国际学校位于曼谷。这些国际学校 2015 年共招收了 4.5 万名学生，并吸纳了 6898 名国际教师。（参见表 7.1）

表 7.1　泰国提供基础教育的国际学校和教师数量（2011—2015）

学年	国际学校数量			国际教师数量			国际学生数量		
	曼谷	其他地区	总量	曼谷	其他地区	总量	曼谷	其他地区	总量
2011	88	45	133	2971	1633	4604	22879	10169	33048
2012	91	47	138	4068	1888	5956	24052	11384	35436
2013	93	50	143	2020	4156	6176	29123	12901	42024
2014	95	59	154	4471	2081	6552	30206	13261	43467
2015	95	66	161	4247	2651	6898	27257	17240	44497

数据来源：Office of the Educational Council，Ministry of Education，*Education in Thailand*，Bangkok：Ministry of Education，2017，pp. 154-156.

　　泰国公立和私立大学均设有专门的国际学院或者是国际课程系，国际课程全部为英语授课，采用欧美国家的课程体系，实行学分制，可授予学士学位、硕士学位和博士学位。据统计，泰国公立和私立大学共设有 356 门"国际课程"，其中，24 所大学的 70 个专业提供 122 个本科生课程，21 所大学里的 112 个专业提供 176 个硕士学位课程，12 所大学里的 32 个专业提供 58 个博士学位课程。①

　　其次，泰国的高等教育机构也积极寻求与美国、日本、澳大利亚及中国等国家的顶尖高校开展合作，通过合作办学、提供联合学位项目以

① 张成霞、胡彦如：《泰国高等教育国际化的经验与实践以高校国际合作学位项目调查为例》，《东南亚纵横》2016 年第 2 期。

及国际课程开发等方式，培养适应经济发展新引擎需求的高素质创新人才。例如，拉卡邦先皇技术学院（King Mongkut's Institute of Technology Chaokuntaharn Ladkrabang）就率先与卡内基梅隆大学合作建立分校，瞄准泰国十大战略产业和备受瞩目的"东部经济走廊计划"，预计在未来 20 年内培养 200 名硕士毕业生、80 名博士毕业生和 50 名"世界级的创新者"。[1] 在国际课程开发上，泰国参与了东盟大学网络在 2016—2019 年发起的"东南亚协调项目"（Tuning Asia-South East）。该项目联合东盟以及比利时、荷兰、西班牙、法国等国家和有关国际组织，利用欧洲学分转换系统和学位认可机制，对教师教育、土木工程和医学三个专业的课程进行调整。泰国朱拉隆功大学、国王科技大学等五所高等教育机构参与该项目，与国外大学联合对课程内容进行开发。[2]

　　泰国的高等教育机构还与英国、美国、日本、中国和澳大利亚等国的知名院校签署联合办学协议，建立联合学位项目，联合培养学生。根据泰国教育部高等教育委员会办公室国际合作战略局公布的数据（参见表 7.2），2015—2016 学年，泰国与 23 个国家和地区开展了 135 项合作学位项目（collaborative degree programmes），其中包括四种类型的合作学位项目，即联合学位项目（joint degree）、双学位（dual degree）、国家学位（national degree）和三联学位（triple degree）。从合作学位授予的情况来看，泰国高校与各国高校开展的联合学位项目中双学位（56%）和国家学位（37%）所占的比重较高，联合学位（6%）和三联学位（1%）的比重相对较低。通过合作学位项目的学位层次来看，学术学位的合作项目最多，高达 54%，其次是硕士学位项目，占 32%，博士学位项目则仅 14%。

---

① 阚阅、徐冰娜：《"泰国 4.0 战略"与创新人才培养：背景、目标与策略》，《比较教育研究》2019 年第 10 期。

② Tuning Asia-South East，*Description of Tuning Asia-South East*，2019-10-10，见 https：// tuningasia-southeast.org/# description.

表 7.2　2015—2016 学年泰国合作学位项目情况

项目类型		学位类型	
类型	数量（比例）	类型	数量（比例）
联合学位项目	8（6%）	本科项目	73（54%）
双学位项目	77（56%）	硕士项目	43（32%）
国家学位项目（39 个泰国国家学位项目以及 12 个外国学位项目）	51（37%）	博士项目	19（14%）
三联学位项目	2（1%）	/	/
总计	138*	总计	135

注：泰国易三仓大学、泰国兰实大学（Rangsit University）以及泰国博仁大学（Dhurakij Pundit University）提供的合作学位项目可提供两种类型（双学位项目以及三联学位项目）。

资料来源：Bureau of International Cooperation Strategy，*Collaborative Degree Programmes between Thai and Foreign Higher Education Institutions Academic Year 2015/16*（August 2015-July 2016），Bangkok：Bureau of International Cooperation Strategy，2017.

　　从合作学位项目的学科分布情况来看，泰国的合作学位项目主要集中在工程制造、人文艺术、商业、行政与法律、自然科学、数学、医学、教育、农业、信息技术、社会科学等学科，工程制造是合作学位项目的重点领域（共 27 项），信息技术的合作学位项目近年来也开始出现，这也与"泰国 4.0 战略"背景下加强 STEM 教育以及科学、技术、工程及数学领域人才培养的优先事项相吻合。泰国《第十一个高等教育发展规划（2012—2016）》专门提出要增加重点开展 STEM 教育的教育机构比例以及增加 STEM 学科毕业生的比重，使理工、人文、社科的毕业生比例达到 50：20：30。[1] 人文艺术学科（共 23 项），以及商业、行政和法律（共 22 项）也是高校合作学位项目的重点领域。（参见图 7.1）

---

[1]　［泰］朱美虹：《泰国〈高等教育发展计划（2012—2016）〉研究》，硕士学位论文，西南大学教育学部，2015 年。

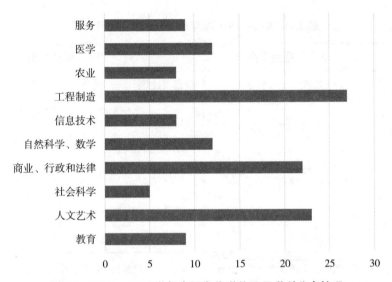

图 7.1　2015—2016 学年泰国合作学位项目学科分布情况

资料来源：Bureau of International Cooperation Strategy，*Collaborative Degree Programmes between Thai and Foreign Higher Education Institutions Academic Year 2015/16*（August 2015—July 2016），Bangkok：Bureau of International Cooperation Strategy，2017.

表 7.3　2011—2015 年泰国合作学位项目学科分布情况

学科	2011	2012	2013	2014	2015
教育	2	8	9	3	9
人文艺术	26	34	38	28	23
社会科学	17	29	35	32	5
商业、行政和法律	17	29	35	32	22
自然科学、数学	12	16	26	31	12
信息技术	/	/	/	/	8
工业制造	22	13	21	18	27
农业	2	2	5	11	8
医学	6	5	10	13	12
服务	5	8	14	14	9
总计	92	115	158	150	135

资料来源：Bureau of International Cooperation Strategy，*Collaborative Degree Programmes between Thai and Foreign Higher Education Institutions Academic Year 2015/16*（August 2015-July 2016），Bangkok：Bureau of International Cooperation Strategy，2017.

从合作高校所属的国家来看，中国是泰国高校联合学位项目首要的合作伙伴。据统计，泰国和中国合作建立的联合学位项目已达45个，占其总项目数的33%，明显高于美国（15%）、英国（10%）、日本（9%）、澳大利亚（6%）和法国（6%）等国家。（参见图7.2）从合作的区域来看，泰国合作项目主要选择亚洲非东盟国家（45%）、欧洲国家（24%）、美国（18%），而东盟国家仅占6%。2015—2016学年，泰国156所高等教育机构中有40所高校提供了合作学位项目，其中，泰国在世界大学排行中位次最高的朱拉隆功大学提供合作学位课程最多（20%），紧随其后的是泰国农业大学（15%）和国王科技大学（12%）。[①]

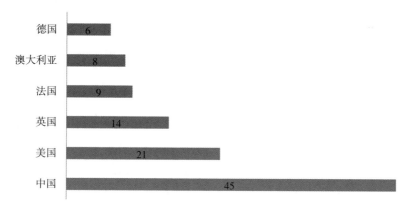

图7.2 2015—2016学年泰国与各国合作学位项目的情况

资料来源：Bureau of International Cooperation Strategy, *Collaborative Degree Programmes between Thai and Foreign Higher Education Institutions Academic Year 2015/16*（August 2015-July 2016），Bangkok：Bureau of International Cooperation Strategy, 2017.

除了合作办学，泰国还通过引进外籍教师，加强与国外高校的教师培训等方式深化与各国的教育交流与合作。2010年，澳大利亚倡议建立一个名为"东南亚教育专业人员发展"（Developing Educational Professionals in Southeast Asia）的项目。在澳大利亚的倡导下，泰国四所皇

① Bureau of International Cooperation Strategy, *Collaborative Degree Programmes between Thai and Foreign Higher Education Institutions Academic Year 2015/16*（*August 2015- July 2016*），Bangkok：Bureau of International Cooperation Strategy, 2017.

家大学与澳大利亚、印度尼西亚、老挝和越南的高校合作为大学教师提供专业发展。[1] 泰国还参与由澳大利亚—东盟理事会发起的澳大利亚—东盟桥梁学校合作项目（Australia-ASEAN BRIDGE School Partnerships Program）。该项目支持澳大利亚的学校与东南亚国家的姊妹学校建立国际学校合作伙伴关系，为两个地区的教师提供流动和培训项目，使泰国、缅甸、越南等东南亚国家的教师能够分享教学实践经验，提升教学技能。[2] 泰国高等教育机构还非常重视引进外籍教师，认为外籍教师在英语语言的掌握、国际课程的开发等方面具有优势。根据泰国教育部高等教育委员会公布的数据，2015—2017 年，泰国高等教育机构引进外籍教师的数量整体在上升，泰国每年从美国、中国、英国等近百个国家聘请近 3000 位外籍教师。以 2017 年的数据为例，泰国从 100 个国家和地区聘请了 2838 位外籍教师。（参见表 7.4）

表 7.4　2015—2017 年泰国高等教育机构聘请的国际教师

国家	2015 年	2016 年	2017 年	国家	2015 年	2016 年	2017 年
美国	584	633	611	澳大利亚	83	90	83
中国	334	434	397	加拿大	81	103	67
英国	241	278	229	缅甸	78	82	87
菲律宾	213	235	236	德国	64	74	64
日本	183	219	177	法国	56	85	77
印度	114	124	136	韩国	48	78	73

资料来源：陈倩倩、赵惠霞：《"一带一路"视角：泰国高等教育的国际化范式与启示》，《西部学刊》2019 年第 6 期。

---

① Porntip Kanjananiyot and Chotima Chaitiamwong，"The Internationalization of Thai Higher Education over the Decades：Formidable Challenges Remain！"，in *Education in Thailand：An Old Elephant in Search of a New Mahout*，Gerald W. Fry（ed），Singapore：Springer Nature Singapore Pte Ltd.，2018，p. 286.

② Asia Education Foundation，*Australia-ASEAN BRIDGE School Partnership Program*，2019 年 11 月 10 日，见 http://www.asiaeducation.edu.au/programmes/school-partnerships/participating-countries/asean。

　　泰国注重扩大人员国际交流，大力开展国际学生交流项目。1999 年以来，泰国教育部高等教育委员会与法国政府合作推出了"法泰高等教育与科研合作项目"（Franco-Thai Cooperation Programme in Higher Education and Research），旨在加强泰国和法国的教育交流与合作以及强化高等教育机构之间的学术科研合作。该项目围绕基础科学、工程技术、能源、卫生、环境、生物、农业、旅游业等七个领域开展可持续的联合科学技术研究，并对泰国的硕士、博士、博士后等初级研究人员进行能力建设。①

　　亚欧会议教育进程（ASEM Education）是亚欧区域间教育合作的重要平台，泰国积极利用这一平台，在共识的基础上开展对话和推进合作。泰国参加亚欧会议教育进程推出的工作实习计划（Work Placement Programme），旨在建立、促进和维护欧洲和亚洲地区之间的实习生相互交流。泰国是亚欧会议教育进程平台的重要成员，并于 2015—2017 年、2018—2020 年启动了两次工作实习计划，泰国教育部高等教育委员会管辖的所有高等教育机构学生都可以申请参加该项目。② 泰国还参加了双向奖学金项目（Duo-Thailand Fellowship Programme）。该奖学金项目最初是 1990 年由亚欧展望小组（Asia-Europe Vision Group）在亚欧会议（Asia-Europe Meeting）的框架下建议创建的"亚欧会议奖学金计划"（ASEM Scholarship Programme）的一个部分。"亚欧会议奖学金计划"强调增加亚洲和欧洲之间的教育交流，加深两大洲人民之间的了解。而后在《2000年亚欧合作框架》中，亚欧各国领导人将"加强欧亚区域人民之间的联系和相互认识"确定为今后亚欧会议的关键优先事项。③ 泰国双向奖学金项目是"亚欧会议奖学金计划"的重要组成部分，主要目的是通过支持结对

①　European Commission，*Franco-Thai Mobility Programme/PHC Siam*，2019 年 4 月 26 日，见 https：//euraxess.ec. europa.eu/worldwide/asean/franco-thai-mobility-programme-phc-siam-call-proposals-2020-2021。

②　ASEM Education，*Thailand Program*，2019 年 10 月 13 日，见 https：//www.asemwpp. org/program/thailand。

③　ASEM-DUO，*About US*，2019-10-10，见 http：//www.asemduo.org/01_about/about_01. php。

和双向交流来增强泰国与 30 个亚欧会议中欧洲成员国之间的学生流动。该计划要求在泰国的高等教育机构与欧洲的 30 个亚欧会议成员国之间的合作项目 / 合作框架内，交换一对学生（一个来自泰国大学，另一个来自欧洲大学）。[①]2006—2016 年，泰国双向奖学金项目共获得 5000 万泰铢的资助；[②] 在 2006—2017 年，泰国教育部高等教育委员会办公室通过泰国双向奖学金项目为 326 位师生提供了国际交流的机会。[③]

泰国还参与了多项国际学生交流援助项目。例如，日本文部科学省、德国学术交流中心（DAAD）等与泰国签署了学生交流协议。在泰国持续最久、影响最为深远的学生交流援助项目是"科伦坡计划"（Colombo Plan）。这是澳大利亚于 1950 年推出的面向亚洲国家开展的高等教育交流援助计划。据统计，截至 2012 年，泰国学生通过"科伦坡计划"到澳大利亚学习交流的人数已达 5 万人次，澳大利亚赴泰国学习交流的人数达到了 3.4 万人次。[④]类似的项目还有美国推出的面向泰国、柬埔寨、缅甸、老挝和越南的"湄公河下游倡议"（Lower Mekong Initiative），以及美国国际开发署（USAID）推出"通过教育和培训连接湄公河项目"（Connecting the Mekong through Education and Training）。"通过教育和培训连接湄公河项目"是一个为期五年（2014—2019）的劳动力开发培训项目，主要是为年轻人培训以市场为导向的技能，将教育的主要利益相关者（政府、企业、学校等）联系起来。[⑤]泰国还立足于现有的项目，拓宽双边和多边的项目，加强与世界各国的教育交流与合作。泰国拓宽 1994 年以来与奥地利、印

---

① ASEM-DUO，*2020 DUO-Thailand Fellowship Programme*，2019 年 10 月 10 日，http：//www.asemduo.org/02_ programs/programs_03.php。

② Office of the Higher Education Commission，*DUO-Thailand Fellowship Programme 2006-2016*，Bangkok：Ministry of Education，2016，p. 1.

③ ASEM-DUO，*ASEM-DUO Fellowship Program*，Seoul：ASEM-DUO，2017.

④ 郑佳：《泰国高校国际学生流动的原因、路径及特点》，《比较教育研究》2014 年第 11 期。

⑤ USAID，*Connecting the Mekong through Education and Training*，2019 年 11 月 18 日，https：//www.usaid.gov/ asia-regional/fact-sheets/connecting-Mekong-through-education-and-training。

度尼西亚、越南等国家建立的大学网络，在此基础上推动建立了东盟—欧洲学术大学网络（ASEA-UNNET）。该网络覆盖了 17 个国家的 83 所大学，促进亚洲和欧洲国家大学间教学、研究、师生流动等方面的多边合作。①

　　泰国高等教育机构也积极深化高等教育国际化和加强教育交流与合作。2014 年，泰国教育部高等教育委员会对 52 所公立和私立大学进行调查。调查结果表明，有 97% 的高等教育机构将国际化作为其使命的一部分，大约 60% 的高校已经制定了高校层面的国际化方案。高校也高度重视国际化研究与合作，积极与世界各国的高等教育机构建立校际合作关系。以朱拉隆功大学为例，该校与世界上 70 多所高等教育机构签订合作协议，朱拉隆功大学下属的学院也与很多高等教育机构签订了交流协议。朱拉隆功大学经济学院还设立若干个国际研究中心，例如国际经济研究中心、商业经济管理研究中心以及卫生经济研究中心（世界卫生组织卫生经济合作中心）等。泰国教育部还联合泰国各高等教育机构，设立相关的数据信息收集等项目，试图收集统计泰国与各国教育交流与合作的相关数据，公布国家层面以及院校层面签署的备忘录，收集泰国大学的国际学生人数和国际课程开设情况，为泰国教育部以及高等教育机构对泰国高等教育国际化有一个基于事实的、清晰的和系统的把握。② 泰国教育部还向亚洲开发银行寻求贷款支持，在国内建立了 7 个卓越中心，用以开发研究生课程和资助科学技术研究，推动联合研究、加强国际化师资队伍的建设，为国家层面的国际化行动提供支撑。③

---

① ASEAN-European Academic University Network, *Mission Statement*, 2019 年 11 月 16 日，见 https：//asea-uninet.org/ about-us/mission-vision-statement/。

② Porntip Kanjananiyot and Chotima Chaitiamwong, "The Internationalization of Thai Higher Education over the Decades：Formidable Challenges Remain！", in *Education in Thailand：An Old Elephant in Search of a New Mahout*, Gerald W. Fry（ed）, Singapore：Springer Nature Singapore Pte Ltd., 2018, p. 274.

③ Porntip Kanjananiyot and Chotima Chaitiamwong, "The Internationalization of Thai Higher Education over the Decades：Formidable Challenges Remain！", in *Education in Thailand：An Old Elephant in Search of a New Mahout*, Gerald W. Fry（ed）, Singapore：Springer Nature Singapore Pte Ltd., 2018, p. 275.

第二节　中泰教育交流与合作的发展机遇

泰国是中国的重要邻邦，两国友好交往历史源远流长。1975 年中泰两国建交开启了两国友好合作关系的新纪元。在中国与东盟国家关系中，中泰关系率先从睦邻友好合作关系提升到全面战略合作伙伴关系。中泰双方文化传统上的相通、经济结构的互补、国家战略的对接，为两国深化在政治、经济、文化、教育、科技等各领域的合作奠定了坚实的基础。

习近平主席 2013 年 9 月和 10 月在出访中亚和东南亚国家期间先后提出建设"丝绸之路经济带"和"21 世纪海上丝绸之路"的倡议（简称"一带一路"），并得到国际社会的广泛关注和积极响应。"一带一路"建设以政策沟通、设施联通、贸易畅通、资金融通、民心相通为主要内容，其中民心相通是"一带一路"建设的社会根基。[①]"国之交在于民相亲，民相亲在于心相通"，教育交流与合作是实现民心相通的重要路径，因此在推进"一带一路"建设和民心相通中，务必要重视教育交流与合作。人才是"一带一路"建设的支点和关键，"一带一路"愿景与目标的实现离不开各类人才的支撑和保障，[②] 在"一带一路"倡议背景下，中国和沿线各国合作空间广泛，发展潜力巨大，需要各类高端人才的支撑和推进。"一带一路"倡议的提出既为教育交流与合作提供了发展机遇，同时也要求教育对外交流合作通过相应的努力为实现总体战略目标服务。随着"一带一路"建设的不断推进，可以预见中泰教育交流与合作也必将会进入一个升级换代的新的发展阶段。

---

① 国家发改委、外交部、商务部：《推动共建丝绸之路经济带和 21 世纪海上丝绸之路的愿景和行动》，2018 年 1 月 10 日，见 https://www.yidaiyilu.gov.cn/wcm.files/upload/CMSydylgw/201702/201702070519013.pdf。

② 周谷平、阚阅：《"一带一路"战略的人才支撑与教育路径》，《教育研究》2015 年第 10 期。

一、文化传统的相通

中泰关系源远流长，地理位置相近，绵延两千多年的友好往来孕育出两国血缘相通、人文相近的深厚情谊，并不断焕发出新的生机。泰中文化经济协会会长、泰国前副总理颇钦表示，"泰中一家亲"离不开人文交流的滋养，泰国与中国在文化和教育领域的深入交流，增进了两国人民，尤其是青年人之间的了解，这为两国交往奠定了深厚根基。[①] 华人是泰国的重要群体，约有人口 600 万，约占泰国总人口的 12%，尤其在首都曼谷地区，华人约占 40%。根据世界华人华侨总会统计，泰国是世界上华人总数排在第三位的国家，也是东南亚地区华人华侨最多的国家。[②] 泰国传统文化中可清晰地看到中国文化的烙印。泰国历史上曾有过大规模的华人移民，华人最早到泰国经商和定居可以追溯至宋末元初，这不仅为泰国提供了推动社会经济发展的大量外来劳动力和先进生产技术，也为泰国带来了中国传统文化。可以说，泰国华人华侨是中国文化的传播者，他们在衣食住行各方面都对泰国文化产生了影响。[③]

国内外多项民意调查报告皆显示泰国民众对华持有积极友好的态度。在"各国民众认为中国对区域发展的贡献"的调查中，泰国有 92% 的民众秉持中国对区域发展有积极贡献的观点，这个比重想较于 2008 年第三轮的调查结果（67%）有明显的提升。在"各国民众认为中国对本国发展的贡献"的子调查中，第四轮的调查结果表明泰国民众对中国持有乐观的态度，93% 的民众认为中国对泰国的影响是正面积极的，该数据相较于第三轮（2008）的数据（71%）也有明显的上升。[④]

---

① 中华人民共和国教育部：《人文交流合作正成为中国东盟关系新支柱》，2016 年 8 月 4 日，见 http://www.moe.gov.cn/jyb_xwfb/xw_zt/moe_357/jyzt_2016nztzl/2016_zt13/16zt13_mtbd/201608/t20160804_273947.html。

② 何芳川编：《中外文化交流史》，国际文化出版公司 2016 年版，第 396 页。

③ 周方治：《中泰关系—东盟合作中的战略支点作用——基于 21 世纪海上丝绸之路的分析视角》，《南洋问题研究》2014 年第 3 期。

④ Asian Barometer Survey, *Asian Barometer Wave 4 Survey*, 2018 年 1 月 4 日，见 http://www.asianbarometer.org/ survey/key-findings.

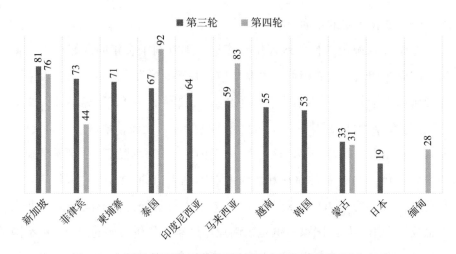

图 7.3　各国民众认为中国对区域发展有积极贡献的比例（%）

资料来源：Asian Barometer Survey，*Asian Barometer Wave 4 Survey*，2018 年 1 月 4 日，见 http：//www.asianbarometer.org/survey/key-findings

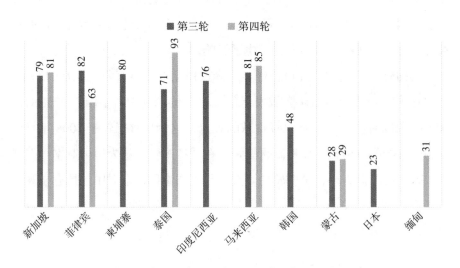

图 7.4　各国民众认为中国对本国发展有积极贡献的比例（%）

资料来源：Asian Barometer Survey，*Asian Barometer Wave 4 Survey*，2018-01-04，见 http：//www.asianbarometer.org/survey/key-findings。

美国皮尤研究中心①（Pew Research Center）也有进行类似的民意调

---

① 美国皮尤研究中心是美国的一家独立性民调机构，总部设于华盛顿特区，该中心对那些影响美国乃至世界的问题、态度与潮流提供信息资料。

查。美国皮尤研究中心公布的 2014 年全球民意趋势调查（Global Attitudes Survey）中"中国印象"（China Image）的调查表明泰国民众对中国好感度为 72%，在外国对华好感度排名中位居第六。① （参见表 7.5）

表 7.5　2014 年各国对中国的好感度（单位：%）

国家	好感度	国家	好感度
巴基斯坦	78	泰国	72
坦桑尼亚	77	塞内加尔	71
孟加拉	77	尼日利亚	70
马来西亚	74	委内瑞拉	67
肯尼亚	74	印度尼西亚	66

资料来源：Pew Research Center，*2014 Global Attitudes Survey*，2018 年 1 月 4 日， 见 http：//www.pewglobal.org/database/indicator/24/survey/16/.

国内零点集团② 等机构也对泰国等"一带一路"沿线国家对华态度进行了调查。零点集团发起"21 世纪海上丝绸之路"沿线东南亚五国调查、"一带一路"沿线 18 个国家民众对华态度调查等大型调查活动。其中，"一带一路"沿线 18 个国家民众对华态度调查关注的重点为中国好感度、中国品牌印象、对本国与中国的双边关系等 10 个指标。该调查表示"一带一路"沿线 18 个国家民众对华态度基本可以分为四类：全面积极型、主体趋好型、普遍忧虑型以及信任缺失型。在调查的国家中，新加坡、马来西亚、泰国和俄罗斯四个国家属于主体趋好型的典型国家，四国在对中国的态度上具有很大程度的相似性，在主流层面上一致肯定了中国，虽在个别指标上对中国有所疑虑，但不影响整体趋好的局面。在上述四国中，泰国对"一带一路"倡议表现出极大的兴趣和支持，表示要与"一带一路"

① Pew Research Center，*2014 Global Attitudes Survey*，2018 年 1 月 4 日，见 http：//www.pewglobal.org/database/ indicator/24/survey/16/.

② 零点集团是中联部牵头成立的"一带一路"智库联盟创始成员单位之一，欧美同学会筹备成立的智库联盟创始成员单位之一，也是由 12 国大学与智库机构参与的"赛里斯"全球智库联盟的发起方之一。

倡议进行对接，释放出了积极的信号，但泰国民众对于中国制造等方面仍表现出了一定程度上的担忧。①

此外，由推进"一带一路"建设工作领导小组办公室指导，国家信息中心"一带一路"大数据中心编著的《"一带一路"大数据报告（2017）》显示，在与中国民心相通的国家排行榜上，泰国于 2016 与 2017 年度均位居榜首。②（参见表 7.6）北京大学和太和智库联合发布的《"一带一路"五通指数研究报告（2018）》也显示，在"一带一路"沿线国家五通指数中，泰国排名第六，在东盟国家中排名第三，其民心相通方面得分为 18.31，占据民心相通榜首。③ 泰国民众对华采取友好的态度，为中泰开展教育交流与合作等打下了坚实的民心基础。

表 7.6　民心相通排行榜

排行榜	国别		区域	
	2016 年	2017 年	2016 年	2017 年
1	泰国	泰国	东北亚	东北亚
2	印度尼西亚	俄罗斯	东南亚	中亚
3	越南	埃及	中亚	东南亚
4	俄罗斯	乌克兰	南亚	南亚
5	老挝	柬埔寨	中东欧	西亚北非

资料来源：国家信息中心：《"一带一路"大数据报告（2017）》，2018 年 1 月 5 日，见 https：//www.yidaiyilu.gov.cn/xwzx/gnxw/33799.htm。

中泰两国领导人也高度重视加深两国的文化、教育、科技等方面的

---

① 零点集团：《"一带一路"沿线国家对华态度重磅调研》，2018 年 1 月 5 日，见 http：//www.ccpit.org/Contents/ Channel_3430/2015/082 5/483638/content_483638.htm。

② 国家信息中心：《"一带一路"大数据报告（2017）》，2018 年 1 月 5 日，见 https：//www.yidaiyilu.gov.cn/xwzx/ gnxw/33799.htm。

③ 北京大学"一带一路"数据分析平台：《太和智库与北京大学联合发布"一带一路"五通指数研究报告（2018）》，2019 年 11 月 10 日，见 https：//ydyl.pku.edu.cn/xwdt/1304771.htm。

交流。早在 1978 年，中泰就签订《中华人民共和国政府和泰王国政府科学技术合作协定》，约定在平等、互不干涉内政和互利等原则的基础上，加强两国之间的科学技术合作。①2007 年 5 月两国签署《中华人民共和国教育部与泰王国教育部关于相互承认高等教育学历和学位的协定》，促进中泰两国高等教育学历学位互认，并推动两国高等学校的学分互认。②2009 年，中泰签订《中泰教育合作协议》，明确规定了中泰两国在科技、教育和文化等领域的合作与交流政策。③ 在职业教育领域，中泰于 2013 年还签署了《中华人民共和国教育部与泰王国教育部关于加强在职业教育领域合作的谅解备忘录》，为双方职业教育合作的深化和拓展提供框架。④ 近年来，中泰两国还相继签署了《中华人民共和国和泰王国关于建立全面战略合作伙伴关系的联合声明》《中泰战略性合作共同行动计划 (2012—2016)》《中泰关系发展远景规划》《中国政府和泰国政府联合新闻公报》《中华人民共和国文化和旅游部与泰王国文化部 2019 年至 2021 年文化交流执行计划》等系列文件。双方均表示，愿积极开展地方间交流与合作，不断扩大民间交往，夯实中泰友好的社会基础，同意继续加强两国人文、教育特别是职业教育等领域合作；⑤ 承诺双方将在两国教育合作协议和相互承认高等教育学历和学位的协定框架下，加强双方学生交流以及在教育机构、汉语教学方面的合作，⑥ 加大在对方国家推广本国文化艺

① 李枭鹰、王喜娟、欧阳常青、王贤、牛军明：《中国—东盟高等教育区域性合作研究》，广西师范大学出版社 2015 年版，第 77 页。
② 中国学位与研究生教育信息网：《中华人民共和国教育部与泰王国教育部关于相互承认高等教育学历和学位的协定》，2019 年 8 月 10 日，见 http://www.cdgdc.edu.cn/xwyyjsjyxx/dwjl/xwhr/xwhrxy/264750.shtml。
③ 李枭鹰、王喜娟、欧阳常青、王贤、牛军明：《中国—东盟高等教育区域性合作研究》，广西师范大学出版社 2015 年版，第 78 页。
④ 泰国教育部：《泰王国教育部与中华人民共和国教育部关于加强在职业教育领域合作的谅解备忘录》，2013 年，第 1—3 页。
⑤ 中华人民共和国中央人民政府：《中华人民共和国和泰王国政府联合新闻公报》，2014 年 12 月 24 日，见 http://www.gov.cn/xinwen/2014-12/24/content_2795631.htm。
⑥ 中华人民共和国中央人民政府：《中泰关于建立全面战略合作伙伴关系的联合声明》，2012 年 4 月 19 日，见 http://www.gov.cn/jrzg/2012-04/19/content_2117598.htm。

术的力度，鼓励在文学和两国语言领域开展交流与合作，深化两国政府部门、教育机构和民间的教育与研究合作，扩大留学生交流，拓展人力资源培训合作。①2014 年两国签订的《中泰铁路合作谅解备忘录》和《中泰农产品贸易合作谅解备忘录》等经贸方面的备忘录也都提及加强中泰职业教育在铁路和农业等方面的交流与合作。

二、经济结构的互补

中泰相似的经济利益诉求、互补的经济结构，为深化两国的交流与合作提供了基础动力。中泰双方在战略上具有一致性，中国提出了《中国制造 2025》，泰国则提出了"泰国 4.0 战略"，两者都强调创新和数字化转型。《中国制造 2025》和"泰国 4.0 战略"高度的相似性和互补性，为两国合作共赢提供了基础。

2015 年发布的《中国制造 2025》是我国实施制造强国战略第一个十年的行动纲领，也是我国面向未来的重要的制造业政策。《中国制造 2025》指出，我国仍处于工业化进程中，与先进国家差距较大，面临着产业结构不合理、制造业创新体系不完善、资源能源利用效率低等问题。为此，《中国制造 2025》提出要推动重点领域突破性发展，深入先进制造业结构调整，优化制造业发展布局，并着重强调十个重点发展领域：新一代信息技术创新产业、高档数控机床和机器人、航空航天装备、海洋工程装备及高技术船舶、轨道交通装备、节能与新能源汽车、核能或可再生能源电力装备、农机信息整合系统、纳米高新材料和模块化建筑及生物化学医药及高性能医疗器械。②

泰国也面临着相似的经济社会发展问题。自亚洲金融危机以来，泰国的经济增长速度逐渐变缓，面临"中等收入"的发展瓶颈，且存在着

---

① 中华人民共和国外交部：《中泰关系发展远景规划》，2013 年 10 月 11 日，见 https：//www.fmprc.gov.cn/web/ziliao_674904/117 9_674909/t1088569.shtml.

② 中华人民共和国中央人民政府：《国务院关于印发〈中国制造 2025〉的通知》，2015 年 5 月 19 日，见 http：//www.gov.cn/zhengce/content/2015-05-19/content_9784.htm.

国家竞争力不足、人口红利逐渐丧失、产业结构不合理亟待转型升级等问题。据统计，1961—2017 年间泰国 GDP 平均增速为 6.02%，而在第九至第十一个国民经济和社会发展计划期间，泰国 GDP 平均增速分别为 5.8%、3.0% 和 3.4%，和往年相比明显呈现出波动下降的趋势。（参见图 7.5）从泰国的经济结构来看，其三产的比重分别为 9.1%、30% 和 60.9%，产业结构有待升级。（参见图 7.6）且其工业中包含大量的高耗能、技术落后、劳动力密集性的中小型企业。为此，泰国亟须改变经济发展模式和经济驱动力，使泰国走出"中等收入陷阱"。2016 年泰国巴育政府首次提出"泰国 4.0 战略"，声明泰国将力争进入工业 4.0 时代，致力于通过创新技术发展高附加值产业，推动泰国经济产业转型升级，跨越中等收入陷阱，增加泰国的创新力和国际竞争力，使创新成为推动泰国经济增长的主要动力；并提出未来优先发展的十大领域，即五大优势产业（新一代汽车制造、智能电子、高端旅游与医疗旅游、生物科技和农业、食品深加工）和五大未来产业（自动化和机器人、航空与物流、生物化工和生物能源、数字化产业、医药中心）。[①]

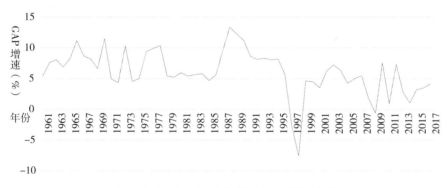

图 7.5　1961—2017 年泰国 GDP 增长速度

资料来源：World Bank，*World Bank National Accounts Data and OECD National Accounts Data Files*，2018 年 11 月 15 日，见 https：//data.worldbank.org/ indicator/NY.GDP.MKTP. KD.ZG？locations=TH。

[①]　National Economic and Social Development Board，*The Twelfth National Economic and Social Development Plan*（*2017-2021*），Bangkok：National Economic and Social Development Board，Office of the Prime Minister. 2016.

图 7.6 泰国三产比重及其劳动力分布情况

资料来源：National Economic and Social Development Board，*The Twelfth National Economic and Social Development Plan*（*2017-2021*），Bangkok：National Economic and Social Development Board，Office of the Prime Minister，2016.

中泰面临着相似的经济结构问题，并出台了国家层面促进经济结构调整的产业发展政策。"泰国 4.0 战略"的理念高度契合、工业发展战略合作互补性强，"泰国 4.0 战略"方针制定过程中参考了《中国制造 2025》以及世界上其他工业 4.0 发展战略，且其涉及的十大发展领域和《中国制造 2025》有高度的相似性和互补性，这为两国合作共赢提供了基础。[①]（参见表 7.7）

表 7.7 "中国制造 2025"和"泰国 4.0 战略"发展领域的对比

中国制造 2025	泰国 4.0 战略
新一代信息技术产业	数字化产业
高档数控机床和机器人	自动化和机器人
航空航天装备	航空和物流
生物医药及高性能医疗器械	医药中心
节能与新能源汽车	新一代汽车产业
农机装备	食品深加工
电力装备	智能电子

---

① 常翔、张锡镇：《泰国东部经济走廊发展计划》，《东南亚纵横》2017 年第 4 期。

续表

中国制造 2025	泰国 4.0 战略
新材料	生物化工和生物能源
海洋工程装备及高技术船舶	生物科技和农业
先进轨道交通装备	高端旅游和医疗旅游

资料来源：常翔、张锡镇：《泰国东部经济走廊发展计划》，《东南亚纵横》2017 年第 4 期。

　　2019 年 11 月 5 日发布的《中华人民共和国政府和泰王国政府联合新闻声明》提出，中泰双方同意推动产业规划政策深度对接，依托中泰罗勇工业园等合作平台持续扩大产能合作，加强下一代汽车、高科技医疗设备、新能源及节能型交通工具、橡胶等优势产业互利合作，打造产业集群。泰方也欢迎中国企业加大对东部经济走廊的投资。双方同意拓展东部经济走廊三方合作，认为该理念将成为推进类似合作的典范，造福更广泛的区域。① 《中华人民共和国政府和泰王国政府联合新闻声明》也指出，创新合作是两国共建"一带一路"的亮点，双方将推动通信技术、开放创新中心、高科技产业园、技术转移中心等项目发展，加强数字经济、智慧城市、通信技术融合应用软件和 IT 服务。②

　　李克强总理对泰国进行正式访问时表示中泰双方的合作是双赢的，是在符合中泰双方经济机构互补的背景下展开的，尤其农业合作有助于中泰双方的优势互补，也有利于中泰贸易平衡。③ 《中泰关系发展远景规划》也指出，中泰双方一致同意加强双方在农产品加工与贸易、农业企业投资和粮农政策协调方面的合作，提升两国农业合作水平；科研合作方面，双方推动在高技术领域的交流与合作，尤其要深化在通信、高速互联网、航

---

① 中华人民共和国中央人民政府：《中华人民共和国政府和泰王国政府联合新闻声明》，2019 年 11 月 7 日，见 http://www.gov.cn/xinwen/2019-11/07/content_5449617.htm。

② 中华人民共和国中央人民政府：《中华人民共和国政府和泰王国政府联合新闻声明》，2019 年 11 月 7 日，见 http://www.gov.cn/xinwen/2019-11/07/content_5449617.htm。

③ 吴乐珺：《李克强谈中泰合作：双赢的好事》，《人民日报》2014 年 12 月 19 日。

空航天、卫星技术与应用、生物医药、清洁能源等能源领域的合作。① 国务委员王勇在"2018 中泰经贸合作论坛"表示，中泰同为发展中国家，都正处在经济发展的关键时期，产业结构互补性强，发展战略高度契合，应坚定不移合作互助，推动两国务实合作向更大规模、更宽领域、更深层次拓展，积极推进航天、科技、农业、金融、电商、互联网、知识产权等领域深化合作，不断发掘新的合作增长点。②

泰国东部经济走廊计划高度重视基础设施建设和区域内的互联互通，这与当前我国的"一带一路"建设具有很大的契合性和互补性。泰国巴育政府在描绘宏伟的"泰国4.0战略"蓝图的同时，尤其是在推进"东部经济走廊"计划过程中，面临着资金、技术、人才等严重匮乏的问题，而通过中国的"海上丝绸之路"合作框架，泰国能够获得来自中国的资金和技术支持，有效弥合资金和技术的缺口。③ 例如，泰国批准的"东部经济走廊"基础设施建设项目中，2017年至2021年需要投入200多亿美元的资金，这对于泰国而言是巨大的经济压力。此外，泰国政府还面临着建设过程中的技术和人才储备等问题的挑战。④ 为此，华为、阿里巴巴、京东等中国高技术企业都加大了对泰国的投资，积极参与泰国"东部经济走廊"和数字化建设。中国倡议的"一带一路"建设及澜湄合作机制下的共享共建与泰国"东部经济走廊"规划契合度很高。目前，双方都表示要借此契机积极推动双方各领域合作，实现双方的互利共赢。

---

① 中华人民共和国外交部：《中泰关系发展远景规划》，2013 年 10 月 11 日，见 https：//www.fmprc.gov.cn/ web/ziliao_674904/11 7 9_674909/t1088569.shtml。

② 中华人民共和国驻泰王国大使馆：《王勇国务委员在 2018 中泰经贸合作论坛发表主旨演讲》，2018 年 8 月 25 日，见 http：//www.chinaembassy.or.th/chn/ztbd/333/t1588160.htm。

③ 周方治：《中泰关系—东盟合作中的战略支点作用——基于 21 世纪海上丝绸之路的分析视角》，《南洋问题研究》2014 年第 3 期。

④ 周方治：《中泰合作对接"一带一路"的机遇和挑战》，《当代世界》2019 年第 7 期。

三、国家战略的对接

中泰两国在战略利益上存在高度的契合性和互补性，"一带一路"倡议契合泰国国家发展模式变革诉求，这有助于中泰两国达成双赢的合作共识，① 有力促进中泰战略合作发展。② 在2014年两国政府共同发表的联合新闻公报中，泰方表示将支持中国提出的共建"丝绸之路经济带"和"21世纪海上丝绸之路"的倡议。③2015 年 3 月，国家发改委、外交部、商务部正式发布的《推动共建丝绸之路经济带和 21 世纪海上丝绸之路的愿景和行动》明确了"一带一路"的原则、目标、范围及重点等内容，并指出"21 世纪海上丝绸之路"由中国南部出发，过东南亚、南亚，经北非，抵达欧洲，旨在"通过互联互通建设形成一个以港口为依托，以贸易、投资为纽带的合作经济带"。④ 泰国地处要冲，有着优越的战略位置，是中国建设"21 世纪海上丝绸之路"的必经之地，且连接印度洋、太平洋等重要海域，不仅与中国西南边疆安全紧密相连，也是中国应对美日等国岛链封锁的重要突破口。⑤ 因此，加强中泰经贸、教育方面的交流与合作，在"一带一路"建设中是至关重要的。

中泰两国有牢固的合作基础，中国一贯高度重视中泰友好合作关系，中国始终坚持不干涉他国内政、互不侵犯、互相尊重主权和领土完整、平等互利和和平共处的原则，加强与泰国的睦邻友好合作共赢关系。泰国新任驻华大使醒乐堃·倪勇（Theerakun Niyom）认为中泰两国的发展战略和目标一致且相互促进，中泰两国的"一带一路"倡议与"互联互通"政

---

① 周方治：《中泰关系—东盟合作中的战略支点作用——基于 21 世纪海上丝绸之路的分析视角》，《南洋问题研究》2014 年第 3 期。

② 周方治：《"一带一路"建设与中泰战略合作：机遇、挑战与建议》，《南洋问题研究》2016 年第 4 期。

③ 中华人民共和国中央人民政府：《中华人民共和国和泰王国政府联合新闻公报》，2014 年 12 月 24 日，见 http://www.gov.cn/ xinwen/2014-12/24/content_2795631.htm。

④ 周谷平、罗弦：《推进中国—东盟高等教育合作的意义与策略》，《高等教育研究》2016 年第 10 期。

⑤ 孙娅：《从地缘政治看中泰关系》，硕士学位论文，中共中央党校，2014 年。

策，以及《中国制造 2025》和"泰国 4.0 战略"等将对提升两国合作水平发挥至关重要的作用。①2019 年 11 月 5 日《中华人民共和国政府和泰王国政府联合新闻声明》为两国全面战略合作伙伴关系发展及深化中泰双方关系未来发展指明了方向，表达双方支持在经济合作框架和基础设置联通的框架下深化中泰两国的合作，高度重视加快落实中泰两国政府关于战略性合作共同行动计划（2017—2021）并取得可视化成果。②

近年来，中泰两国关系蓬勃发展、高层交往频繁。中国国家主席习近平与泰国总理巴育多次会晤，就深化全面战略合作伙伴关系、加强发展战略对接达成一系列重要共识，为两国关系持续健康发展指明了新方向。2013 年习近平主席提出"一带一路"倡议后得到了泰国的响应和支持。泰国是"一带一路"陆海交汇地带，是"一带一路"建设过程中的重要支点国家，深化与泰国的合作为我国推进"一带一路"建设开创了巨大的空间。③2014 年 11 月巴育总理到北京出席亚太经合组织第 22 次领导人非正式会议期间接受媒体采访时表示，对中国提出的"21 世纪海上丝绸之路"的构想很认同，并希望继续深化双方交流合作的途径和渠道。泰国政府对"一带一路"倡议秉持积极的态度。2014 年 10 月，作为"一带一路"倡议框架下成立的亚洲基础设施投资银行（AIIB）在北京成立，泰国是亚投行首批意向创始成员国，作为亚投行的创始成员国，泰国也表示要同中国一起促进区域互联互和经济合作。④2017 年，中泰签署《共同推进"一带一路"合作谅解备忘录》和未来 5 年《战略性合作共同行动计划》，为两国关系未来发展提供了新机遇，双方表示要加强发展战略对接，认真落实两国领导人达成的重要共识，对接"一带一路"和"东部经济走廊"建

---

① 吕伊雯、许方舟：《全面战略伙伴关系下的中泰教育交流与合作》，《世界教育信息》2016 年第 21 期。

② 中华人民共和国中央人民政府：《中华人民共和国政府和泰王国政府联合新闻声明》，2019 年 11 月 7 日。

③ 周方治：《中泰关系—东盟合作中的战略支点作用——基于 21 世纪海上丝绸之路的分析视角》，《南洋问题研究》2014 年第 3 期。

④ 庄国土、张禹东：《泰国研究报告（2017）》，社会科学文献出版社 2017 年版，第 31 页。

设，保持多渠道政策沟通和协调，积极寻找战略交汇点，分享区域发展经验，着力解决好合作过程中遇到的困难和问题，推进本地区重大互联互通项目和民生项目加快实施。[①] 李克强总理与巴育总理多次会见，就扩大贸易投资规模、促进基础设施互联互通、鼓励人员往来、推进各领域务实合作作出安排部署。[②]

　　泰国官方和民间对于如何将泰国的国家发展战略与中国的"一带一路"倡议相对接也进行了大量的探讨。泰国于 2017 年 6 月举行大战略动向会议，通过了泰国政府未来 20 年的发展战略和规划，推行"泰国 4.0战略"，并明确指出"泰国 4.0 战略"和"东部经济走廊"发展计划要与中国"一带一路"倡议对接，特别是实现泰国东部经济走廊铁路与中泰铁路合作项目对接，让泰国东部经济走廊成为东盟地区的物流枢纽中心。[③]泰国中长期规划涵盖了基础设施建设、服务业与高技术产业发展、区域产能合作、人文交流与合作等诸多方面，相关内容与"一带一路"高度契合，成为中泰战略合作政策沟通的重要着力点。而相关战略建设也需要培养相应的高端人才，例如铁路方面的高技术人才，这也是中国的职业教育输出的契机。2017 年 7 月 24 日，泰国总理巴育在会见中国外交部长王毅时就表示泰国要学习中国治国理政经验的意愿，有意将"泰国 4.0 战略"同"中国制造 2025"实现深度对接，在中国"一带一路"框架下，深化两国的合作。对此，外交部部长王毅表示中国始终高度重视中泰的友好合作关系，表现愿在此框架下对接中泰的发展战略，拓展中泰的合作领域，推进中泰铁路项目，中方将积极参与泰国的东部经济走廊建设，不断挖掘

---

① 中华人民共和国驻泰王国大使馆：《王勇国务委员在 2018 中泰经贸合作论坛发表主旨演讲》，2018 年 8 月 25 日，见 http：// www.chinaembassy.or.th/chn/ztbd/333/t1588160. htm。

② 中华人民共和国驻泰王国大使馆：《王勇国务委员在 2018 中泰经贸合作论坛发表主旨演讲》，2018 年 8 月 25 日，见 http：// www.chinaembassy.or.th/chn/ztbd/333/t1588160. htm。

③ 《"泰国大战略"对接中国"一带一路"将泰国建成发达国家》，2018 年 1 月 25 日，见 https：//www.sohu.com/a/218942328_100098446。

和书写中泰两国友好合作关系的新潜力和新篇章。①

第三节　中泰教育交流与合作的重点领域

泰国是中国的全面战略伙伴。中泰关系自建交以来就一直十分友好，且中泰教育交流与合作频繁。2016 年泰国时任驻华大使醒乐堃·倪勇认为，"教育是泰中建立友好合作关系的一个重要领域，因为教育是促进两国人民紧密相连、互相信任和正确认知的重要机制"。②

中泰教育交流与合作主要有三种路径——合作办学、人员流动以及语言教育。在"一带一路"倡议提出前，中泰就主要以开设孔子学院、高校间开设合作学位项目以及留学生互访等方式开展教育交流与合作。而在中国提出"一带一路"倡议、泰国积极响应中国"一带一路"倡议后，通过双方相互签署的备忘、教育交流与合作的实践等来看，"一带一路"背景下中泰教育交流与合作有其聚焦点——围绕中泰铁路、农贸等开展铁路和农业方面职业教育的交流、培训与合作，为"一带一路"建设、中泰经济合作培养铁路和农业方面的高端技术人才。2019 年 11 月 5 日《中华人民共和国政府和泰王国政府联合新闻声明》也表示中泰两国对目前教育合作谅解备忘录框架下的合作表示满意，同意通过联合办学、专项交流、学术交流、远程授课等方式，加强各层次、各领域的教育交流与合作，为推进两国的发展提供高质量的人才和智力支撑，中泰一致主张通过联合研究开发、专业学者以及研究人员的交流、技术转移等方式，继续推动科学、技术和创新合作，并将在生物、绿色循环经济和前沿科技领域开展合作。③

---

① 庄国土、张禹东：《泰国研究报告（2017）》，社会科学文献出版社 2017 年版，第 32 页。
② 吕伊雯、许方舟：《全面战略伙伴关系下的中泰教育交流与合作》，《世界教育信息》2016 年第 21 期。
③ 中华人民共和国中央人民政府：《中华人民共和国政府和泰王国政府联合新闻声明》，2019 年 11 月 7 日，见 http://www.gov.cn/xinwen/2019-11/07/content_5449617.htm。

泰国不仅重视与中国在高等教育领域的教育交流与合作，也高度重视与中国开展职业教育领域的教育交流与合作。2010年泰国教育部副部长娜丽萨拉·查瓦丹披帕（Narisara Chawaltanpipat）女士访华，就进一步加强在职业教育领域的交流与合作交换意见，并就促进两国在师生互换、校际交流、教材合作、汉语教学等领域的合作达成共识。双方表示愿共同努力，推动中泰职业教育交流与合作向更高水平和更高层次发展。[①] 2013年《泰王国教育部与中华人民共和国教育部关于加强在职业教育领域合作的谅解备忘录》也指出将聚焦在以下几个相关的领域进行合作：（1）政府层面的职业教育政策交流和信息互换，推进两国在职业教育发展战略、体系建设、政策和机制等领域的合作；（2）支持两国职业教育院校和教育机构开展合作，尤其是通过学生交流以及专项教育和培训项目的方式；（3）对两国当前以及未来开展的职业教育合作项目进行引导；（4）鼓励两国企业参与职业教育实训环节，促进职业教育校企合作的开展，并鼓励中泰两国的教育机构、企业、协会等团体建立伙伴关系，联合设立相关的项目，开展相关活动。[②]

一、合作办学

中国高校与泰国高校积极开展短期交流、考察访问、合作办学等形式的教育交流与合作。其中，"N+N"的合作学位项目是中泰高校教育合作中常见的合作办学模式，学生将国内院校和国外院校的学习相结合，在完成学业后可获得国内外院校提供的文凭或学习证明。[③] 根据泰国教育部高等教育委员会办公室国际合作战略局公布的数据，2015—2016学年，泰国与23个国家和地区开展了135项合作学位项目，其中，中国是泰国

① 中华人民共和国教育部：《鲁昕会见泰国教育部副部长》，2010年10月25日，见 http://www.moe.gov.cn/s78/A20/moe_863/201010/t20101028_110450.html。

② 中华人民共和国教育部：《泰王国教育部与中华人民共和国教育部关于加强在职业教育领域合作的谅解备忘录》，2013年，第1—3页。

③ 张成霞、胡彦如：《泰国高等教育国际化的经验与实践——以高校国际合作学位项目调查为例》，《东南亚纵横》2016年第2期。

首要的合作伙伴，项目合作数达 45 个，占总项目数的 33%，明显高于项目合作数排名第二的美国（21 个）。[1] 据统计，中泰高校间的合作学位项目中有 85% 是面向本科生的，其次是硕士生（15%），目前并没有开设博士生的合作学位项目。中泰国际合作学位项目总量最多，所占比例较大，这与中泰两国地缘相近、文化相通以及经贸相融不无关系，双边文化教育交流与合作历史悠久且基础深厚，这也为之后进一步深化两国的教育交流与合作奠定了良好的基础。

从合作的高校来看，云南和广西等中国西南地区高校与泰国高校合作占了近六成，这与云南、广西的地理位置以及签署的"一带一路"教育行动国际合作备忘录是紧密相关的。（参见图 7.7）2016 年 11 月，教育部与云南、广西等六省区签署了"一带一路"教育行动合作备忘录，其中强调云南和广西地处中国西南边陲，是面向东南亚、南亚的重要门户，将围

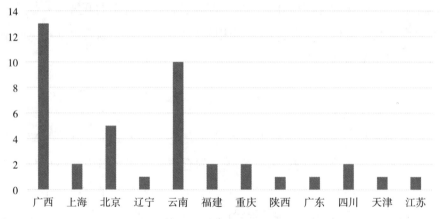

图 7.7　有关省区市高校和泰国高校开展合作学位项目情况

数据来源：Bureau of International Cooperation Strategy，*Collaborative Degree Programmes between Thai and Foreign Higher Education Institutions Academic Year 2015/16*（August 2015-July 2016），Bangkok：Bureau of International Cooperation Strategy，2017.

---

[1]　Bureau of International Cooperation Strategy，*Collaborative Degree Programmes between Thai and Foreign Higher Education Institutions Academic Year 2015/16*（*August 2015—July 2016*），Bangkok：Bureau of International Cooperation Strategy，2017. 教育部：《省部携手共建"一带一路"教育国际合作》，2018 年 11 月 22 日，见 http://www.moe.gov.cn/jyb_xwfb/gzdt_gzdt/moe_1485/201611/t20161122_289657.html。

绕建立与东盟各国教育部门工作交流机制，开展以面向东盟国家为重点的国际人文交流，建成面向东盟的教育国际交流与合作高地。[①]云南、广西等省区的高校对口泰国等东盟国家开展合作，也逐渐在教育交流与合作中形成了区域特色专业。

从中泰高校合作学位项目的学科设置上来看，语言类（包括汉语和泰语）项目占了半数；其次是经贸类（27%），这与中泰"一带一路"建设的需求是分不开的。（参见图 7.8）我国高校根据中泰对大批高质量汉语和泰语人才的需求，与泰国高校积极开展语言类的学位合作项目。例如，云南师范大学在和东盟尤其是泰国的众多高校开展合作中，逐渐形成自己的区域特色专业。该校与泰国南邦皇家大学、清迈皇家大学、清迈大学等多所泰国高校合作开设了对外汉语本科教育"3+1"合作学位项目。该项目将人才培养放在面向东南亚（以泰国为主）的国际坐标系中思考其定位，致力于培养有国际竞争力的、高层次的对外汉语教学的专门人才；目

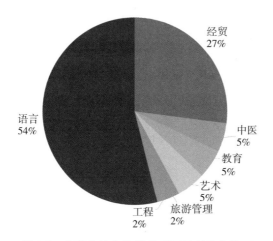

图 7.8　中泰高校合作学位项目学科分布情况

数据来源：Bureau of International Cooperation Strategy，*Collaborative Degree Programmes between Thai and Foreign Higher Education Institutions Academic Year 2015/16*（August 2015-July 2016），Bangkok：Bureau of International Cooperation Strategy，2017.

---

① 教育部：《省部携手共建"一带一路"教育国际合作》，2018 年 11 月 22 日，见 http：// www.moe.gov.cn/jyb_ xwfb/gzdt_gzdt/moe_1485/201611/t20161122_289657.html。

前，面向泰国等东南亚国家开展的汉语教育已经成为该校的办学特色。该校根据泰国不同地区的需求编写汉语教材，并相继出版了《泰国中学汉语》《对外汉语教学导论》等系列教材。① 可见，"一带一路"背景下中泰高校的合作学位项目，不仅加速中国高校的国际化进程，更为"一带一路"建设培养所需的人才。

随着"一带一路"建设的推进和中泰经济贸易发展的需要，中泰积极开展职业教育的交流与合作。根据全国职业教育对外合作与交流网公布的数据，仅 2016 年，我国各省区市就和泰国开展了 22 个职业教育合作办学项目和短期交流项目，其中包括 2 项职业教育合作办学的项目和 20 项职业教育交流项目（考察交流、学历进修、短期交流等活动）。② 从整体上来说，与泰国的职业交流与合作主要集中在云南、广西等西南省区（参见图 7.7），而且以短期的职业教育交流项目为主。从学科设置上来说，除了一直以来比较重视的语言学科外，随着"一带一路"建设的推进以及中泰铁路、农贸合作的深化，铁路和农业方面的职业教育交流与合作也逐渐增加。（参见图 7.9）

随着 2010 年中国—东盟自由贸易区的建成，以及 2014 年《中泰农产品贸易合作谅解备忘录》的签署，中泰不断加强农产品贸易合作并深化双方在农业教育方面的交流与合作。广西和云南等省区的高职院校也积极配合中泰共建农业互联互通，培养和输送了一大批生产服务一线的高素质技术人才。例如，云南农业职业技术学院和泰国黎逸农业技术学院开展农林牧渔类的合作交流项目，为泰国培养中职和高职层次的农业技术人才。③

---

① 吴雁江、方熹：《"3+1"中泰合作办学模式的实践与思考》，《高等理科教育》2012 年第 4 期。

② 全国职业教育对外合作与交流网：《2016 年各级单位上报对外合作项目情况》，2018 年 1 月 7 日，见 https：// www.cevep.cn/ cevNavProjectAction.fo? method=list&index=19&from=singlemessage。

③ 全国职业教育对外合作与交流网：《2016 年各级单位上报对外合作项目情况》，2018 年 1 月 7 日，见 https：// www.cevep.cn/ cevNavProjectAction.fo? method=list&index=19&from=singlemessage。

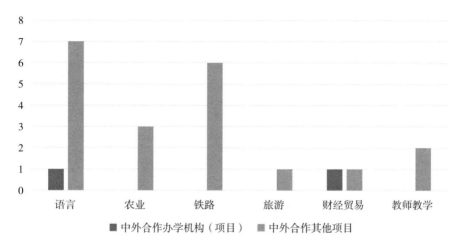

图 7.9　2016 年中泰职业教育交流与合作学科分布情况

数据来源：全国职业教育对外合作与交流网：《2016 年各级单位上报对外合作项目情况》，2018
年 1 月 7 日，见 https：//www.cevep.cn/cevNav ProjectAction.fo？ method=list&index=1
9&from=singlemessage。

中泰两国政府还鼓励职业院校和研究中心组成代表团进行农业互访。2016
年间，中国接待了泰国桑树种植交流团、超高产大豆交流团等 4 个交流
团，也派出了水果和蔬菜生产技术交流团等 4 个交流团。中国政府也向泰
国有关方面提供农业技术指导和农业示范区的建设，为包括泰国在内的东
盟国家举办了粮食安全信息系统、橡胶生产加工技术和生物技术等多期培
训班。①

此外，中国部分职业院校协同企业"走出去"，为泰国中资企业培养
铁路轨道等领域的紧缺人才，不断提高教育服务"一带一路"倡议的能力
和水平。铁路等轨道交通人才的培养主要源于中泰铁路建设的需求。2014
年国务院总理李克强在访问泰国期间与泰国签署了《中泰铁路合作谅解备
忘录》（以下简称《备忘录》）。该《备忘录》声明，中泰两国将在泰国建
设长达 800 多千米的铁路。这条铁路将使用中国技术标准和装备建设，也
将成为泰国第一条标准轨铁路。《备忘录》中也提出，希望加强中泰在高

---

① 《第 11 次中泰农业合作联合工作组会在上海·金山举行》，2019 年 1 月 10 日，见
　　http：//www.sohu.com/a/ 166791064_696584。

铁技术培训方面的合作。① 因此，培养相应的铁路技术技能人才成为中泰两国职业教育合作的当务之急。为此，泰国教育部启动了铁路技术人才培养和储备计划，鼓励泰国高校在泰国教育部职业教育委员会办公室的协助下与中国铁路院校开展高铁培训班、合作办学、建设实训基地等多形式的职业教育交流与合作。②2015 年泰国班普职业学院率先寻求和武汉铁路职业技术学院合作，签署《中泰联合培养铁路人才备忘录》，决定在铁道交通运营管理、高速铁路动车乘务、高速动车组检修技术等五个铁路专业实行人才联合培养，武汉铁路职业技术学院也定期为泰国院校的教师进行铁路专业技术培训。③ 柳州铁道职业技术学院与泰国东北皇家理工大学建设"泰中轨道交通学院"，在泰国成立柳州铁道职业技术学院大城府分院（Liuzhou Railway Vocational Technical College Ayutthaya Campus），培养铁路运输、城市轨道交通及工程建设专业人才，并提供有关铁路工程技术和铁路信号自动控制的文凭课程。④ 该项目始于 2013 年大城府技术商业学院（Ayutthaya Technological Commercial College）与广西柳州铁道职业技术学院的合作。⑤ 柳州铁道职业技术学院还开办了 6 期泰国轨道交通职业教育师资培训班。⑥ 武汉铁路职业技术学院也开启了中泰联合培养高铁技

---

① 刘红：《服务"一带一路"战略职业院校助力高铁"走出去"》，《中国职业技术教育》2015 年第 28 期。

② Thailand Ministry of Education，*Conference with the Working Group for Developing Personnel in Rail Transportation*，2018 年 1 月 15 日，见 http://www.en.moe.go.th/index.php? option=com_content&view=article& id=2845：conference-with-the-working-group-for-developing-personnel-in-rail-transportation&catid=1：news& Itemid=42。

③ 刘红：《服务"一带一路"战略职业院校助力高铁"走出去"》，《中国职业技术教育》2015 年第 28 期。

④ 中华人民共和国教育部：《广西壮族自治区发挥区位优势 着力打造面向东盟教育合作交流新高地》，2018 年 12 月 27 日，见 http://www.moe.gov.cn/jyb_sjzl/s3165/201812/t20181227_365124.html。

⑤ Tik Netikamjorn，"Thailand，China Join Forces to Boost Railway Vocational Education and Training"，*National News Bureau of Thailand*，2018-01-23.

⑥ 广西壮族自治区人民政府：《积极参与实施〈推进"一带一路"教育行动计划〉 广西教育"走出去请进来"成果丰硕》，2018 年 11 月 28 日，见 http://www.gxzf.gov.cn/sytt/20181128-723751.shtml。

术人才合作项目，与泰国班派工业社区教育学院达成合作协议，接收由泰国教育部从泰国院校选拔的留学生，按照学校、孔子学院、泰方学校"三位一体"模式，三方共同确定留学生培养目标，实行分段培养、学分互认，培养高铁技术技能人才。该校还向泰国输出优质教育资源，完成铁道机车等 5 个专业教学标准和实训室建设标准向泰国的输出。该校还积极推动建立海外教育基地，与泰国职业院校共建两个高铁技术人才培养实训基地，探索在泰国建立以学校为主体、以培养泰国高铁技术人才为主要任务的驻泰高铁技术技能人才培养基地。[①]

致力于服务"一带一路"建设，基于职业教育国际交流与合作的经验，天津渤海职业技术学院创新中外合作办学模式，探索出了职业教育输出的新方式——鲁班工坊。鲁班工坊基于输出地当地产业和发展亟须人才，以国际化教学标准为基础，以工程实践创新项目（Engineering Practice Innovation Project）为主线，以国家示范区优质资源为支撑，服务中国的产品技术和产能输出，并在输出地开展职业教育和技术技能培训，培养输出地当地熟悉中国技术、产品、标准的技术技能人才。[②]2016 年 3 月，泰国鲁班工坊正式揭牌，这是中国在海外设立的首家鲁班工坊，被誉为职业教育领域的"孔子学院"，它不仅是天津渤海职业技术学院的探索，也是中国职业教育输出的一次尝试，事实证明鲁班工坊在开展跨国联动和推动职业教育合作上成效斐然，得到了泰国官方的高度认可，获得了泰国政府颁发的"诗琳通公主纪念章"。[③]泰国鲁班工坊基于当地产业的需求开设了新能源技术、自动化控制技术等专业，满足当地社会经济发展和人才培养的需求，并基于国内外企业海外项目的产品技术标准和服务标准以

---

① 中华人民共和国教育部：《促进内涵升级　培养高铁工匠》，2017 年 4 月 18 日，见 http://www.moe.gov.cn/s78/ A07/zcs_ztzl/ ztzl_zcs1518/zcs1518_zcjd/201704/ t20170421_303025.html。

② 李云梅、戴裕崴、杨延、霍琳、刘万菊：《鲁班工坊：走向世界的中国职业教育》，《中国职业技术教育》2017 年第 16 期。

③ 李云梅、戴裕崴、杨延、霍琳、刘万菊：《鲁班工坊：走向世界的中国职业教育》，《中国职业技术教育》2017 年第 16 期。

及中国职业资格技术标准，由国内外院校和企业共同开发标准化、项目化的国际培训课程。① 与此同时，鲁班工坊也面向泰国等国开展了多期工程实践创新项目师资研修，为当地鲁班工坊的运营培养高水平的师资。泰国鲁班工坊瞄准"一带一路"重大基础设施建设项目和输出地产业亟须人才，与企业合作办学，培养了一大批能够适应"一带一路"建设的专业技能型人才，并助力中国职业教育向泰国等国的输出。作为中国职业教育在国外的技术服务、文化传承的交流窗口，鲁班工坊促进了泰国等国对中国技能和企业标准的认知、理解和接纳，提升中国教育机构和行业企业的国际认可度和竞争力，对于服务和推进"一带一路"建设发挥了独特的作用。

二、人员流动

中泰两国频繁的人员流动也是促进教育交流与合作的重要路径。21 世纪以来，泰国来华留学生人数增长迅猛，从 1999 年的仅 512 人次上升至 2016 年的 23044 人次，泰国已成为来华留学生第三大生源国。② （参见图 7.10）从 2014 年和 2015 年泰国来华留学生来看，学历学生比例较低，非学历学生比例较高。2014 年，泰国来华留学生中仅 41.4% 为学历生，其中学历生中以本科生为主（67.3%），硕士（25.2%）和博士生（4.7%）的比例较低。（参见图 7.11）国内学者的有关研究也表明，泰国乃至东盟国家来华留学生高层次教育留学生比例低、非学历学生比例高、奖学金留学生比例低、汉语专业留学生人数高以及集中在广西、云南省区等特点。③ 多

---

① 黎志东、张鹏：《渤海"鲁班工坊"——天津职教国际化发展的创新之举》，《中国职业技术教育》2016 年第 16 期。

② 教育部：《2016 年度我国来华留学生情况统计》，2018 年 1 月 1 日，见 http://www.moe.edu.cn/jyb_xwfb/ xw_fbh/moe_2069/ xwfbh_2017n/xwfb_170301/170301_sjtj/201703/t20170301_297677.html。

③ 参见云建辉、朱耀顺《"一带一路"背景下云南高校面向南亚东南亚留学生教育发展研究》，《云南农业大学学报》（社会科学）2017 年第 1 期；方宝《近十五年东盟国家来华留学生教育的变化趋势研究——基于 1999~2013 年相关统计数据的分析》，《比较教育研究》2015 年第 11 期。

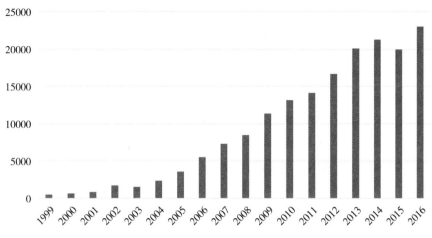

图 7.10　1999—2016 年泰国来华留学生人数

数据来源：根据教育部国际合作与交流司 2014 年、2015 年、2016 年来华留学生简明统计的相关数据统计。

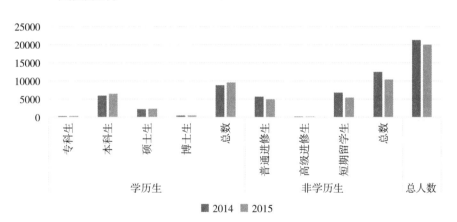

图 7.11　2014—2015 学年泰国来华留学生概况

数据来源：根据教育部国际合作与交流司 2014 年、2015 年来华留学生简明统计的相关数据统计。

年来，云南和广西凭借其独特的地缘和亲缘优势，面向泰国等东南亚国家招收了大量的留学生，并且在国家汉办、商务部、教育部等部门的协助下，面向东南亚国家开展了多期的汉语培训班，使泰国等国来华短期留学生和普通进修生在非学历生中呈现出一枝独秀的局面。在"一带一路"背景下，云南和广西分别与教育部签署了《"一带一路"教育行动合作备忘录》，着力建设面向东盟的教育交流与合作高地，并提出加强战略规划和政策磋商，积极签署双边、多边的教育合作框架协议，设置专门面向泰国等东盟学生的奖学金，致力于将云南和广西打造成面向南亚和东南亚国家留学生教育目的地。

近年来，中国一直是泰国第一大留学生来源国。仅 2017 年，中国赴泰留学生人数就高达 6400 余人，占其总留学生人数的 37.85%，明显高于泰国第二大留学生来源国缅甸（1100 人，6.48%）。（参见图 7.12）且赴泰留学的中国学生比较倾向于选择泰语、旅游管理和市场营销等泰国的优势学科。（参见图 7.13）随着"一带一路"建设的推进与合作的深化，中国对于熟悉和掌握泰国语言文化、风俗习惯、社会制度以及拥有专业知识和跨文化交往能力的专业技术人才的需求日益高涨，而赴泰留学生作为"一带一路"建设未来的人才，不仅能够将个人专业发展和国家战略需求相结合，而且还能深化中泰合作，促进民心相通，助力"一带一路"建设。

中国还积极借助东盟平台加强与泰国的教育交流与合作。2018 年是

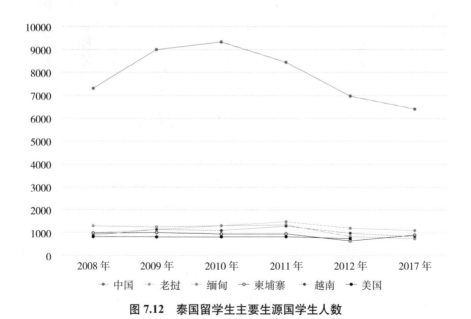

图 7.12　泰国留学生主要生源国学生人数

数据来源：1. *Number of Foreign Students in Thai Higher Education Institutions*（2012），2018-01-03. 见 https://drive.google.com/file/d/0B0tJlz-N98SrRGFmb3V0e DJPTnM/view.

2. *Thai Higher Education*：*At a Glance 2017*，2018-01-03. 见 https://www.doc droid.net/gRZK1HB/thai-higher-ed-2017-a4-final.pdf.

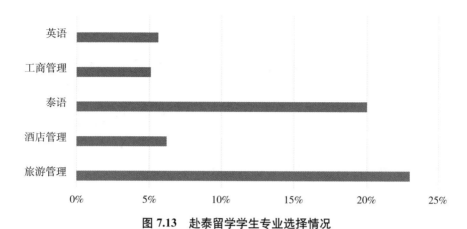

图 7.13　赴泰留学学生专业选择情况

数据来源：1. *Number of Foreign Students in Thai Higher Education Institutions*（*2012*），2018 年 1 月 3 日，见 https：//drive.google.com/file/d/0B0tJlz-N98SrRGFm b3V0eDJPTnM/view。

2. *Thai Higher Education*：*At a Glance 2017*，2018 年 1 月 3 日，见 https：//www. docdroid.net/gRZK1HB/thai-higher-ed-2017-a4-final.pdf。

中国—东盟建立战略伙伴关系 15 周年和中国—东盟创新年。作为中国与东盟十国共同建立的政府间国际组织，自 2011 年成立以来，中国—东盟中心一直致力于推动双方在贸易、投资、教育、文化等领域的合作。截至 2017 年底，中国与东盟互派留学生 22 万余名，其中东盟在华留学人数超过 9.5 万。双方正携手打造"双十万学生流动计划升级版"，以实现 2025 年学生流动总规模达到 30 万人次的目标。① 在中国与东盟的推动下，首届中国—东盟教育交流周于 2008 年正式开启，为中国—东盟人文交流、中泰教育交流合作搭建宽阔的平台，增进了友谊，开展了务实、多维的合作，加强了区域间人文交流。近年来，随着中国—东盟教育交流合作的不断深入，教育交流与合作的形式日益多元化。中国和东盟国家院校根据地区和国家社会经济发展的需求，从学科领域、学历认证、学制衔接等诸多方面探讨合作模式，开启合作学位项目、短期师生互访、教师培训等各种类型的项目，推动双方和多边教育合作，实现优势互补和合作共赢。在 2019 年的中国—东盟教育交流周上，中泰双方高校就深化"一带一路"

---

① 中国教育新闻网：《第四届北京东盟留学生运动会举行》，2018 年 11 月 16 日，见 http：//www.jyb.cn/zgjyb/ 201811/t20181116 _1263407.html。

与"泰国 4.0 战略"背景下的中泰交流与合作展开对话，尤其是针对汉语国际教育、校企合作、铁路交通、智能科技、医药创新、人才培养、科学研究、师生流动等热门话题进行专题研讨，为深化"一带一路"建设和"泰国 4.0 战略"框架下的中泰教育交流与合作奠定了基础。在本次交流周活动中，泰国暹罗大学分别与六盘水师范学院和山东农业工程学院、孔敬工业社区教育学院与山东交通学院、清迈北方大学与山东农业工程学院签署了合作协议。①

中泰两国还着力加强在师资培养培训方面的合作。以广西外国语学院与泰国梅州大学为例，至 2019 年，两所高校合作已有 14 年，双方不仅签署了两校在泰国梅州大学共建国际学院合作备忘录，推进国际生学位培养及本硕连读等项目，通过"2+2""3+1""1+3"等项目，互派交流学生1000 多名。两校还加强教师在培养培训、科研、学术合作等方面的合作交流，拓宽拓展两校师生国际交流的渠道，已联合培养培训了 100 多名高校教师。②2018 年，在重庆市教育委员会、孔敬大学孔子学院、泰国教育部职业教育委员会的共同指导下，重庆工程职业技术学院等中方 19 所院校与泰国南邦技术职业学院等泰方 18 所院校共计 37 所职业院校共同发起成立了中泰职业教育联盟，通过了《中泰职业教育联盟章程》，承诺联盟将联合举办中泰职业教育展览会，为联盟机构中的学生和老师提供长期和短期的交流和联合培训项目，为学生设置特殊的职业课程，创建职业技术培训基地。③ 联盟的成立标志着中泰两国职业院校的合作进入了发展的快车道，也为两国的教育交流与合作搭建了桥梁。2018 年联盟就组织了数

---

① 中国教育新闻网：《中国东盟高教合作形式多样》，2019 年 7 月 24 日，见 http：//www.jyb.cn/rmtzgjyb/201907 /t20190724_ 250059.html。

② 中国教育新闻网：《广西外国语学院与泰国梅州大学共建国际学院》，2019 年 7 月 11 日，见 http：//www.jyb. cn/rmtzcg/jzz/20 1907/t20190711_247446.html。

③ Hanban，*Working Together to Build a New Silk Road*，*Turning a New Page in Vocational Education of China and ThailandInauguration Ceremony of China-Thailand Vocational Education Association Kicks off*，2018 年 5 月 3 日，见 http：//english.hanban.org/article/2018-05/03/content_729568.htm。

十次师生互访交流活动、高层访问以及 3 次签约仪式，开展了中泰高铁汉语人才培训营、中泰职业技能汉语人才培训营、中泰旅游业职业人才技能强化培训营等活动。联盟成员单位重庆工程职业技术学院、武汉铁路职业技术学院的相关项目被评为"中国—东盟高职院校特色合作项目"。"中泰职业教育联盟 2019 年会"指出，要在泰国建立一批具有鲜明特色的海外远程教学中心和鲁班工坊，开发中泰职教联盟在线课程质量标准体系以及专业职业教育汉语标准和培训教材；推出中泰职业汉语强化培训营、中泰职业技能专项强化培训营等培训活动。① 中泰两国还积极搭建多维交流平台，加强与泰国教育部的交流，密切与东南亚教育部长组织等的联系，还积极搭建东盟的平台，例如中国—东盟职业教育联展暨论坛，建立中国—东盟区域经济发展协同创新中心、中国—东盟职业教育研究中心，搭建面向东盟的多边合作平台，支持广西高校发起成立"中国—东盟大学智库联盟""中国—东盟艺术高校联盟"以及"中国—东盟边境职业教育联盟"等联盟，推动联盟内教育资源共享。②

（三）语言教育

随着中泰教育交流与合作关系日益密切，作为交流和合作的基础工具与媒介，汉语的重要性和重视度也逐步得到提升。孔子学院是中国教育改革开放的窗口和桥梁，也是在泰国推广汉语和传播中国文化的重要机构。泰国政府也积极推动汉语教育。泰国教育部已经将汉语纳入到泰国国民教育体系，是世界上首个将汉语纳入国民教育体系的国家，汉语课程也已经成为泰国中小学教育的基础科目。③ 从 2007 年以来，泰国教育部基础

---

① 新华网：《中泰职业教育联盟 2019 年会暨中泰高等职业教育在线课程建设交流会在渝举行》，2019 年 5 月 15 日，见 http：// www.cq.xinhuanet.com/2019-05/15/c_1124496549.htm。

② 中华人民共和国教育部：《广西壮族自治区发挥区位优势　着力打造面向东盟教育合作交流新高地》，2018 年 12 月 27 日，见 http://www.moe.gov.cn/jyb_sjzl/s3165/201812/t20181227_365124.html。

③ 杜巧红：《泰国孔子学院中国文化活动调查研究——以泰国宋卡王子大学孔子学院为例》，硕士学位论文，广西师范大学文学院，2017 年。

教育委员会大力推动中小学校开设汉语课程。在政府的大力支持下，至
2015 年，提供汉语课程的学校数量已达 898 所。（参见图 7.14）泰国已有
134 所高等教育机构开设了中国语言文化专业课程。[1] 同时，泰国是每年
邀请汉办汉语教师志愿者人数最多的国家。据国际合作战略局统计，截至
2016 年有近 100 万泰国人在学习汉语。[2]

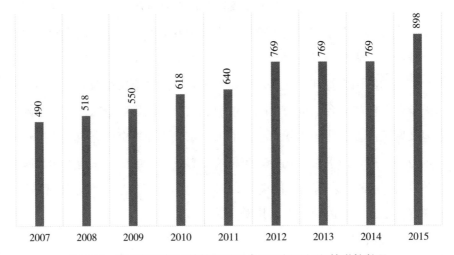

图 7.14　泰国教育部基础教育委员会开设汉语课程的学校数量

数据来源：杜巧红：《泰国孔子学院中国文化活动调查研究——以泰国宋卡王子大学孔子学院为例》，硕士学位论文，广西师范大学文学院，2017 年。

　　中泰两国达成的教育领域合作的有关声明和规划都显示出双方推动
汉语教育的决心。2012 年 4 月，《中华人民共和国和泰王国关于建立全面
战略合作伙伴关系的联合声明》明确指出，中泰双方将大力"在对方国家
推广本国语言文化并设立文化中心，为在泰国的孔子学院和孔子课堂以及
在中国的泰语角和泰语研究提供支持"，加强双方学生的相互交流以及在

---

① 　人民网：《汉语成为泰国最受欢迎的外语之一》，2019 年 3 月 15 日，见 http：//
yn.people.com.cn/n2/2019/031 5/c372459-32742 971.html。

② 　Bureau of International Cooperation Strategy，Thailand-China Higher Education
Cooperation Academic Year 2016，Bangkok：Bureau of International Cooperation Strategy，
2017.

教育机构、汉语教学等方面的合作。① 2013 年 10 月，《中泰关系发展远景规划》提出，中泰双方欢迎在泰增设孔子学院和孔子课堂。②

孔子学院是中国开展对外汉语教育和推广的重要途径。自 2006 年 8 月泰国第一家孔子学院——孔敬大学孔子学院正式揭牌以来，孔子学院在促进中泰人文交流、增加互信上发挥着独特的作用，为中泰教育交流与合作搭建了语言平台。2011—2016 年间，泰国孔子学院和孔子课堂的数量不断增加，呈现出良好的发展势头。（参见图 7.15）截至 2017 年 12 月，泰国已建立 15 所孔子学院，开设了 20 个孔子课堂。③ 泰国是"一带一路"沿线国家孔子学院和孔子课堂数量排行靠前的国家，位居全球孔子学院数量国家排名第 7 位，也是排名前 10 位国家中唯一的发展中国家。在东盟区域内，泰国不仅是率先设立孔子学院的国家，而且泰国所拥有的孔

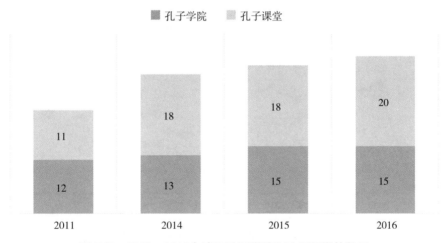

图 7.15　2011—2016 年泰国孔子学院和孔子课堂的数量

数据来源：根据国家汉办 2011、2014、2015、2016 年度报告的数据统计。

---

① 中华人民共和国中央人民政府：《中泰关于建立全面战略合作伙伴关系的联合声明》，2012 年 4 月 19 日，见 http://www.gov.cn/jrzg/2012-04/19/content_2117598.htm。

② 中华人民共和国外交部：《中泰关系发展远景规划》，2013 年 10 月 11 日，见 https://www.fmprc.gov.cn/web/ziliao_674904/11 79_674909/t1088569.shtml。

③ 国家汉办：《孔子学院 2016 年度发展报告》，2018 年 1 月 4 日，见 http://www.hanban.edu.cn/report/index.html。

子学院的数量与东盟其余 9 个国家的数量总和基本持平。① 国家汉办驻泰
国代表处指出，自 2003 年汉办第一批汉语教师志愿者抵泰任教以来，泰
国的汉语推广事业蓬勃发展，泰国目前也是孔子学院总部 / 国家汉办派出
汉语教师志愿者人数最多的国家。② 根据泰国教育部高等教育委员会公布
的数据，2006—2016 年，中国赴泰的汉语教师志愿者总数为 2104 名，其
中 2006 年只有 16 名，而 2007 年后中国赴泰的汉语教师志愿者人数明显
上升，2007 年增至 135 名。（参见图 7.16）另据有关统计数据，截至 2019
年初，中国赴泰的汉语教师志愿者人数达到 17169 人次，已覆盖泰国 73
个府的 1000 多所大中小学院校。③

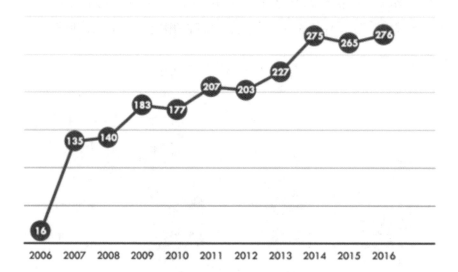

图 7.16　2006—2016 年中国赴泰的汉语教师志愿者人数

资料来源：Office of Higher Education Commission. *Thailand-China Higher Education Cooperation Academic Year 2016*，Bangkok：Ministry of Education，2016，p.1.

---

① 庄国土、张禹东：《泰国研究报告（2017）》，社会科学文献出版社 2017 年版，第
256 页。

② 国家汉办驻泰国代表处：《第十六批中国汉语教师志愿者抵泰》，2017 年 6 月 20 日，
见 http：//www.hanban thai.org/zhiyuanzhe/zhiyuanzhenews/2017-07-06/6229.html。

③ 人民网：《汉语成为泰国最受欢迎的外语之一》，2019 年 3 月 15 日，见 http：//
yn.people.com.cn/n2/2019/0315/ c372459-32742971.html。

　　我国云南、广西等省区充分发挥与东盟各国文化相近、地缘相邻的独特优势，牢牢抓住中国—东盟合作"黄金十年"等重大机遇，积极推进与东盟国家教育交流与合作，不断扩大教育对外开放，形成更大范围、更广领域、更高层次的教育国际化格局，着力打造面向东盟教育合作交流新高地以及我国面向南亚东南亚区域教育辐射中心和重要人才培养基地，也积极开展对外汉语的推广活动。云南省专门成立了云南省汉语国际推广领导小组，公布了《云南省汉语国际推广工作五年规划》《云南省 2009 年汉语国际推广项目建议书》以及《云南省对外投资重点国别国际教育交流合作实施方案》，明确了要将外国人"引进来"学习汉语转向"走出去"推广汉语的趋势，在推广的区域选择上，要充分利用云南省的区域地理优势，优先面向与云南相近的泰国等国家，将其作为汉语推广的主战场，并以高等教育、职业教育和基础教育为依托，加大云南省汉语国际教育推广的力度和格局。① 云南和广西高校积极联合泰国高校创建泰国语言文化中心，促进中泰文化交流、泰语教学、科学研究，并且凭借泰国语言文化中心平台，举办中泰研讨会，将之打造成为中泰两国专家学者交流、分享研究成果的平台。广西大学等高校在泰国、印度尼西亚、越南、老挝等国家建立 7 所孔子学院，适应当地需求开展形式多样的汉语教学和文化交流活动，2017 年开设各类汉语班 1900 多个班次，学员人数达 8 万余人，举办各类文化活动 480 多场，吸引 15 万当地民众参与，大力传播汉语和中华文化。②

　　然而，单纯的汉语语言教育已经无法满足泰国当地民众的广泛需求，中国亟须要开发适合泰国民众广泛需求的学习活动，这成为泰国孔子学院的新使命。随着"一带一路"建设的推进，泰国对汉语人才的需求进一步

---

① 李宏茜：《云南与东南亚高等教育合作的供给与需求研究——以泰国、马来西亚、老挝为例》，硕士学位论文，昆明理工大学管理与经济学院，2010 年。

② 中华人民共和国教育部：《广西壮族自治区发挥区位优势　着力打造面向东盟教育合作交流新高地》，2018 年 12 月 27 日，见 http://www.moe.gov.cn/jyb_sjzl/s3165/201812/t20181227_365124.html。

增长，孔子学院也因地制宜、应时而变，根据中泰经贸合作的需求开设了特色的汉语专业课程，培养"一带一路"建设中所需的汉语人才。云南省 2018 年《云南省对外投资重点国别国际教育交流合作实施方案》提出，要将孔子学院（课堂）的功能从单一的汉语教学发展成为融汉语教学、文化推广、国别研究、学术交流及为中资企业服务为一体的汉语教学基地和驻外办事机构。① 孔子学院将汉语教学与职业教育相融合，开展特殊的汉语与技能培训，促进中泰两国之间的职业教育交流，培养具有高水平专业技能的复合型人才。② 在中泰铁路合作深入的背景下，考虑到将来泰国社会需要大量熟悉铁路专业知识且具备汉语交际能力的本土人才，泰国教育部启动了铁路技术人才培养和储备计划，③ 孔敬大学孔子学院针对此类需求，积极与中国铁路院校开展合作，开设应对泰国国内需求的职业院校高铁培训班。④ 这种开展专业技术教育的孔子学院促进中泰在相应领域内开展教育交流与合作，并将中国文化、语言教育与专业技术教育结合起来，使中国文化与语言扎根于当地的社会经济发展中。泰国议会上议院与农业大学孔子学院还于 2018 年专门设立"泰国上议院议员汉语培训班"，帮助更多泰国的议员了解和熟悉中国语言文化，促进中泰高层的交流。⑤

---

① 云南省教育厅：《云南省教育厅关于云南省对外投资重点国别国际教育交流合作实施方案的征求意见》，2018 年 9 月 10 日，见 https：//www.ynjy.cn/web/eb488c7ebebb4c7abcef0063bc02c3bd/172845372be44addaab7e 367990e00c9. html。

② Hanban，*Working Together to Build a New Silk Road*，*Turning a New Page in Vocational Education of China and ThailandInauguration Ceremony of China-Thailand Vocational Education Association Kicks off*，2018-05-03，见 http：//english.hanban.org/article/2018-05/03/content_729568.htm。

③ Thailand Ministry of Education，*Conference with the Working Group for Developing Personnel in Rail Transportation*，2018-01-15，http：//www.en.moe.go.th/index.php?option=com_content&view=article&id=2845：conference-with-the-working-group-for-developing-personnel-in-rail-transportation&catid=1：news&Itemid=42.

④ 国家汉办驻泰国代表处：《泰国：孔子学院十年规模》，2018 年 1 月 5 日，见 http：//www.hanbanthai.org/news/ meitijujiao/ 2016-10-06/5943.html。

⑤ 中华人民共和国驻泰王国大使馆：《吕健大使出席"泰国上议院议员汉语培训班"开学典礼》，2019 年 11 月 15 日，见 http：//www.chinaembassy.or.th/chn/sgxw/t1716232.htm。

第四节　中泰教育交流与合作未来展望

中泰两国一直保持着良好的友好互动关系，且依托高校合作办学、人员流动互访、孔子学院等开展多样的教育交流。随着"一带一路"建设的推进，职业教育的交流与合作也日趋频繁，尤其是铁路和农业技术人才的教育与培训成为职业教育合作的新重点。然而，"一带一路"背景下，中泰教育交流与合作的未来发展也面临着不少挑战，需要两国各有关方面积极研讨加以应对。

首先，从泰国国情来看，泰国政局还存在很多不稳定因素。泰国国内局势走向的不确定性可能难以保证有关教育发展中长期战略规划的贯彻和落实。自 2014 年军事政变以来，泰国以军人集团与王室—保皇派为核心的保守阵营就一直在努力重组政治权力结构。泰国军人集团上台以来，明确表示以"和平"和"秩序"为前提主导泰国国家改革。在巴育政府的高压态势下，泰国结束了多年的政局动荡和社会的无序状态。但是泰国国内利益集团仍存在很大分歧，巴育政府的政治秩序重建能否取得预期成效存在诸多不确定性。[①] 总体来说，泰国整体局势大体是稳定的，但泰国政府推动的政治体制改革仍在蹒跚前行，社会矛盾暂时有所淡化，但是并未从根本上得以解决，这始终为政治稳定、社会安稳埋下了不确定的种子。[②] 泰国民众也对泰国政府是否能够真正意义上实现社会和平、和睦等目标存在质疑，泰国曼谷大学聚焦政府"和睦路线"对民众进行调查，其调查结果显示约半数（49.9%）的民众认为政府不能完成社会和睦的目标，33.9% 的民众认为泰国政府的"和睦路线"还不成熟，还有 24.7% 的民众表示政府在实施"和睦路线"过程中面临诸多问题，进度缓慢。[③]

[①]　周方治:《"一带一路"建设与中泰战略合作：机遇、挑战与建议》,《南洋问题研究》2016 年第 4 期。

[②]　庄国土、张禹东:《泰国研究报告（2017）》,社会科学文献出版社 2017 年版,第 1 页。

[③]　庄国土、张禹东:《泰国研究报告（2017）》,社会科学文献出版社 2017 年版,第 16 页。

第二，泰国在外交上长期奉行"大国平衡"的策略。泰国在地缘格局变化中面临重塑"大国平衡"策略的结构性难题，这种状况也可能在政治博弈时调整与其他大国的关系。① 这是限制中泰两国深化政策协调的重要影响因素。中泰关系的密切程度无疑也会影响到中泰教育交流与合作的热度、广度与深度。美国特朗普政府上台之后，推出了旨在对中国进行遏制的"印太战略"，强调印度洋和太平洋之间日益密切的整体性联系。"印太战略"的提出使美国在该地区的联盟与伙伴关系进一步得到强化，增加了中国崛起的不确定性和复杂性，美国积极引导泰国在"印太战略"框架下发挥支点作用，这在一定程度上会影响"一带一路"建设在中南半岛推进的步伐，不利于近年来中泰合作对接"一带一路"的良好态势。② 尽管"中泰一家亲"的观念在中泰两国都深入人心，并且泰国高度重视中泰战略合作发展，但是"外交平衡"的政策会导致泰国在政策协调方面始终有所保留，努力避免密切的中泰双边关系影响到泰国外交的多边关系平衡，这始终是制约中泰两国深化政策协调的重要影响因素。③

第三，中泰政治互信不足，合作共识有待全面提升。中泰建交以来，两国关系总体平稳，政治战略互信，高层互访频繁，民间往来密切，但近年来中泰双边合作并非是一帆风顺的，这与泰国内政动荡、保守派与革新派矛盾激化引发的政治权力重构、地缘格局策略变革等有一定的相关，这也导致中泰双方在合作上互信不足。例如，中泰双方在推进中泰铁路项目上就历经波折，泰国对互利共赢的合作前景缺乏稳定预期。④

从教育领域来看，中泰教育交流与合作也存在诸多挑战。中泰教育交流与合作存在层次和学科单一的问题。例如，职业教育交流与合作中以考察交流、学历进修、短期交流等交流项目为主，长期系统的合作办学项

① 余海秋：《中泰战略合作面临的机遇、挑战与对策》，《当代世界》2017 年第 9 期。
② 周方治：《中泰合作对接"一带一路"的机遇和挑战》，《当代世界》2019 年第 7 期。
③ 周方治：《"一带一路"建设与中泰战略合作：机遇、挑战与建议》，《南洋问题研究》2016 年第 4 期。
④ 周方治：《中泰铁路合作的结构性瓶颈与应对方略》，《当代世界》2017 年第 4 期。

目较少，来华留学生中也有半数是非学历生。根据泰国教育部国际合作战略局公布的数据，2015—2016 学年，泰国与 23 个国家和地区开展了 135 项合作学位项目，其中中国是首要的合作伙伴，项目合作数高达 45 个，占其总项目数的 33%。然而，从合作学位项目的学科比重来看，语言和经贸等是中泰合作学位项目的主要学科领域，工程技术类的合作项目比重非常有限，仅为 2%。[①] 同时，其他特色学科和"一带一路"建设亟须学科领域的合作项目的比例也较低。这种状况与"泰国 4.0 战略"背景下大力培养十大战略产业人才的目标存在不少偏差。农业教育的合作也是如此。泰国是传统的农业国家，农业在泰国的经济发展中拥有举足轻重的地位，但农业领域的合作学位项目也相对较少，因此很有必要增加农业领域的合作学位项目。从学历层次来看，目前中泰高校合作学位项目中八成以上是本科生项目，且目前并没有相关的博士生项目。

中泰教育交流与合作也面临着语言障碍和学期制度不一致等问题的困扰。泰国学校的教学语言是泰语，虽然有开设英文的课程，但是学生的外语运用能力个体差异较大，而中国高校的教学语言主要是汉语和英语，如果泰国学生的英语能力有限，汉语能力不足，这会对中泰教育交流与合作产生很大的困扰和难度。此外，中泰高校的学年时间安排不同。中国高校大多是两学期的学制，从 9 月至次年 6 月为一学年，包括有两个学期，第一个学期从 9 月至次年的 1 月，第二学期为 2 月至 6 月。为加速东盟地区的一体化进程，2012 年泰国教育部宣布要改变泰国高等教育机构的学期制度，与国际学年制度保持一致，自此，泰国的学年将由两个为期 16 周的学期组成，第一个学期为 8 月至 12 月，第二个学期为来年 1 月至 5 月。[②] 中泰学期制度的差异将为中泰双方深化交流与合作带来很大的困扰，

① Bureau of International Cooperation Strategy，*Collaborative Degree Programmes between Thai and Foreign Higher Education Institutions Academic Year 2015/16*，Bangkok：Bureau of International Cooperation Strategy，2017.

② Office of the Higher Education Commission，Ministry of Education，*Study in Thailand 2014*，Bangkok：Ministry of Education，2015.

时间上难以衔接。

　　毋庸置疑的是，"一带一路"背景下中泰教育交流与合作必将进入一个加速的发展时期，中泰两国对开展教育交流与合作高度重视，且已有良好的民心、政策和实践基础。对于中泰教育交流与合作的未来发展，值得持续关注和研究。

主要参考文献

中文文献

1.北京师范大学国际与比较教育研究院：《国际教育政策与发展趋势年度报告 2014》，北京师范大学出版社 2014 年版。

2.蔡昌卓：《东盟教育概论》，广西师范大学出版社 2015 年版。

3.曹自力：《泰国高等教育发展政策述评》，《高教探索》1990 年第 4 期。

4.常翔、张锡镇：《泰国东部经济走廊发展计划》，《东南亚纵横》2017 年第 4 期。

5.陈鸿瑜：《泰国史》，台湾商务印书馆 2015 年版。

6.陈倩倩、赵惠霞：《"一带一路"视角：泰国高等教育的国际化范式与启示》，《西部学刊》2019 年第 6 期。

7.崔晓麟：《东盟发展报告（2013）》，社会科学文献出版社 2014 年版。

8.邓淑云：《泰国多层次职业技术教育体系研究——以三所职业技术学校为例》，硕士学位论文，广西师范大学教育科学学院，2015 年。

9.杜巧红：《泰国孔子学院中国文化活动调查研究——以泰国宋卡王子大学孔子学院为例》，硕士学位论文，广西师范大学文学院，2017 年。

10.段立生：《泰国通史》，上海社会科学出版社 2019 年版。

11.方宝：《近十五年东盟国家来华留学生教育的变化趋势研究——基于 1999~2013 年相关统计数据的分析》，《比较教育研究》2015 年第 11 期。

12.冯增俊：《战后泰国教育发展的基本经验、问题及展望》，《教育导刊》

1996 年第 6 期。

　　13. 郭贤、卢双双：《泰国新高考"TCAS"制度研究》，《教育现代化》2018年第 18 期。

　　14. 韩硕：《泰国职业教育紧盯国情和市场》，《人民日报》2013 年 8 月 5 日。

　　15. 好运：《泰国非正规教育中的汉语教学研究》，博士学位论文，中央民族大学少数民族语言文学系，2016 年。

　　16. 何芳川：《中外文化交流史》，国际文化出版公司 2016 年版。

　　17. 洪晓霞：《泰国高等教育质量保障体系研究》，硕士学位论文，西北大学公共管理学院，2018 年。

　　18. 黄葛：《泰国高等教育本土化策略探析》，《煤炭高等教育》2011 年第 6 期。

　　19. 黄建如：《东盟五国高等教育发展战略的形成与演进》，《外国教育研究》1981 年第 4 期。

　　20. 黄建如：《泰国初中后教育结构剖析》，《比较教育研究》1992 年第 2 期。

　　21. 黄建如、卢美丽：《泰国高等教育管理中的政府行为》，《东南亚纵横》2009 年第 7 期。

　　22. 阚阅、徐冰娜：《"泰国 4.0 战略"与创新人才培养：背景、目标与策略》，《比较教育研究》2019 年第 10 期。

　　23. [泰] 朱林·拉克萨纳维丝：《信息通信技术推动泰国教育发展的巨大潜力》，《世界教育信息》2009 年第 12 期。

　　24. 李宏茜：《云南与东南亚高等教育合作的供给与需求研究——以泰国、马来西亚、老挝为例》，硕士学位论文，昆明理工大学管理与经济学院，2010 年。

　　25. 李化树、叶冲：《论东盟高等教育共同空间构建及启示》，《比较教育研究》2015 年第 3 期。

　　26. 李枭鹰等编：《泰国高等教育政策法规》，广西师范大学出版社 2013 年版。

　　27. 李枭鹰等编：《东盟教育政策法规》，广西师范大学出版社 2015 年版。

　　28. 李枭鹰、王喜娟、欧阳常青、王贤、牛军明：《中国—东盟高等教育区域性合作研究》，广西师范大学出版社 2015 年版。

　　29. 罗妙心：《泰国高等职业教育发展问题研究》，硕士学位论文，广西民族大学管理学院，2015 年。

30. 吕伊雯、许方舟：《全面战略伙伴关系下的中泰教育交流与合作》，《世界教育信息》2016 年第 21 期。

31. 贾秀芬、庞龙：《泰国职业教育的机制、政策与评价》，《职教论坛》2012 年第 27 期。

32. ［泰］Nuanthip Kamolvarin：《泰国教育质量保障体系及运行机制的反思》，《教育发展研究》2009 年第 3 期。

33. ［美］Stuart Powell、［美］Howard Green：《全球博士教育》，查岚、严媛、徐贝译，上海交通大学出版社 2012 年版。

34. 强海燕：《东南亚教育改革与发展（2000—2010)》，广东高等教育出版社 2010 年版。

35. 覃玉荣：《东盟一体化进程中认同建构与高等教育政策演进研究》，博士学位论文，华东师范大学教育科学学院，2009 年。

36. 覃玉荣：《东盟高等教育政策：价值目标、局限与趋势》，《外国教育研究》2010 年第 7 期。

37. 阮韶强：《泰国高等教育的国际化进程》，《东南亚纵横》2009 年第 12 期。

38. 宋晶：《泰国职业教育的现状与发展趋势》，《深圳职业技术学院学报》2018 年第 3 期。

39. 孙涛、沈红：《泰国高等教育助学贷款改革：基于实践的探讨》，《高教探索》2008 年第 1 期。

40. 孙娅：《从地缘政治看中泰关系》，硕士学位论文，中共中央党校，2014 年。

41. 田禾、周方冶：《列国志·泰国》，社会科学文献出版社 2005 年版。

42. 涂俊：《泰国创新政策与国家创新系统转型》，《亚太经济》2006 年第 1 期。

43. 吴全全：《老挝、泰国、越南职业教育发展的研究——现状·问题·对策·趋势》，《职教论坛》2004 年第 22 期。

44. 吴雪萍、王文雯：《东盟职业技术教育区域化发展：基于 FOPA 模型的分析》，《中国高教研究》2018 年第 6 期。

45. 吴雁江、方熹：《"3+1"中泰合作办学模式的实践与思考》，《高等理科教育》2012 年第 4 期。

46. 吴遵民、黄欣、蒋侯玲：《终身教育立法的国际比较与评析》，《外国中小学教育》2008 年第 2 期。

47. 杨林兴：《泰国高等教育发展略述》，云南人民出版社 1997 年版。

48. 余海秋：《中泰战略合作面临的机遇、挑战与对策》，《当代世界》2017 年第 9 期。

49. 余逸群：《泰国的职业技术教育》，《亚太研究》1993 年第 6 期。

50. 詹春燕：《走向国际化的泰国高等教育》，《江苏高教》2008 年第 3 期。

51. 曾佩琬：《促进中泰教育服务贸易发展研究》，硕士学位论文，云南大学经济学院，2013 年。

52. 张成霞、胡彦如：《泰国高等教育国际化的经验与实践——以高校国际合作学位项目调查为例》，《东南亚纵横》2016 年第 2 期。

53. 郑佳：《泰国高校国际学生流动的原因、路径及特点》，《比较教育研究》2014 年第 11 期。

54. 中国—东盟中心：《东盟国家教育体制及现状》，教育科学出版社 2014 年版。

55. 周方治：《中泰关系—东盟合作中的战略支点作用——基于 21 世纪海上丝绸之路的分析视角》，《南洋问题研究》2014 年第 3 期。

56. 周方治：《"一带一路"建设与中泰战略合作：机遇、挑战与建议》，《南洋问题研究》2016 年第 4 期。

57. 周方治：《中泰铁路合作的结构性瓶颈与应对方略》，《当代世界》2017 年第 4 期。

58. 周方治：《中泰合作对接"一带一路"的机遇和挑战》，《当代世界》2019 年第 7 期。

59. 周谷平、阚阅：《"一带一路"战略的人才支撑与教育路径》，《教育研究》2015 年第 10 期。

60. 周谷平、罗弦：《推进中国—东盟高等教育合作的意义与策略》，《高等教育研究》2016 年第 10 期。

61. 祝怀新、卢双双：《泰国政府在私立高等教育发展中的角色探析》，《浙江树人大学学报》2016 年第 6 期。

62. ［泰］朱美虹：《泰国〈高等教育发展计划（2012—2016）〉研究》，西南大学教育学部，2015 年。

63. 庄国土、张禹东：《泰国研究报告（2017)》，社会科学文献出版社 2017年版。

英文文献

1. Arthur S. Abramson（ed.），*Southeast Asian Linguistics Studies in Honor of Vichin Panupong*，Bangkok：Chulalongkorn University Press，1997.

2. Australian Education International，*Thailand Regulatory Fact Sheet*，Canberra：Australian Education International，2013.

3. Bureau of International Cooperation Strategy，*Thailand—China Higher Education Cooperation Academic Year 2016*，Bangkok：Bureau of International Cooperation Strategy，2017.

4. Bureau of International Cooperation Strategy，*Collaborative Degree Programmes between Thai and Foreign Higher Education Institutions Academic Year 2015/16（August 2015—July 2016)*，Bangkok：Bureau of International Cooperation Strategy，2017.

5. Suphat Champatong，*Roles of the Office of Higher Education：Thailand 4.0*，Bangkok：Ministry of Education，2017.

6. Rachanon Charoonsak，"University Admission System Gets Tech Upgrade after Last Week's Crash"，*The Nation*，2018-05-16.

7. Suwithida Charungkaittikul，"Strategies for Developing a Sustainable Learning Society：An Analysis of Lifelong Learning in Thailand"，*International Review of Education*，Vol.60，No.4（Sep. 2014).

8. C.S. Collins，et al.，*The Palgrave Handbooks of Asia Pacific Higher*

Education，New York：Palgrave Macmillan，2016.

9. R.H. Dave，A. Ouane and D.A. Perera，*Learning Strategies for Post—Literacy and Continuing Education in China*，*India*，*Indonesia*，*Nepal*，*Thailand and Vietnam*，Hamburg：UNESCO Institute for Education，1986.

10. Nopraenue Dhirathiti，"Lifelong Learning Policy for the Elderly People：A Comparative Experience between Japan and Thailand"，*International Journal of Lifelong Education*，Vol.33，No.6（Oct. 2014）.

11. Nopraenue S. Dhirathiti and Pojjana Pichitpatja，"Characteristics and Differences of Lifelong Learning Policy Implementation for the Elderly in Thailand"，*Educational Research for Policy and Practice*，Vol.17，No.1（Feb. 2018）.

12. Gerald W. Fry（Ed.），*Education in Thailand：An Old Elephant in Search of a New Mahout*，Singapore：Springer Nature Singapore Pte Ltd.，2018.

13. Rawat Garchotechai，Supachada Tulwatana and Varapattra Naulsom，"Thailand Professional Qualification Framework：Are Necessarily Good Policy Practice，Especially for Aviation Personnel?"，*Kasem Bundit Journal*，Vol.19（May-Jun. 2018）.

14. Government of Thailand，"Administrative Organization of the Ministry of Education Act of BE 2546"，*Government Gazette*，Vol.120/62，2003.

15. Government of Thailand，"Ministerial Regulation on System，Criteria，and Procedures for Educational Quality Assurance BE 2553"，*Government Gazette.* Vol. 127/23，2010.

16. Philip Hallinger and Pornkasem Kantamara，"Educational Change in Thailand：Opening a Window onto Leadership as a Cultural Process"，*School Leadership & Management*，Vol.20，No.2（2000）.

17. Jessie MacKinnon Hartzell and Joan Ross Acocella，*Mission to Siam：The Memoirs of Jessie MacKinnon Hartzell*，Honolulu：University of Hawai'i Press，2001.

18. Dumrongkiat Mala，"University Council Launches New Admission System"，

Bangkok Post，2017-06-03.

19. Dumrongkiat Mala and Kamolwat Praprutitum，"University Admission Rules Draw Flak"，*Bangkok Post*，2018-06-01.

20. Dumrongkiat Mala，"University Challenge：Falling Enrollment Stemming from Low Birthrate Is Hitting Where It Hurts"，*Bangkok Post*，2018-08-12.

21. Dumrongkiat Mala，"Thailand Eyes Lifelong Learning Push"，*Bangkok Post*. 2018-12-17.

22. Dumrongkiat Mala，"Unlocking the Future through Educational Reform"，*Bangkok Post*，2018-12-30.

23. Chaveewan Mekaroonkamol，*Education Reform in Thailand：A Comparative Study of Its Impact on Primary Education in Phichit and Suphanburi Provinces*，New Delhi：Jawaharlal Nehru University，2003.

24. Trevor William George Miller（Ed.），*Education in South-East Asia*，Sydney：Ian Novak，1968.

25. Ministry of Education，*Promotion of Non-Formal and Informal Education Act B.E. 2551（2008）*，Bangkok：Ministry of Education，2008.

26. Ministry of Education，*Towards a Learning Society in Thailand：An Introduction to Education in Thailand*，Bangkok：Ministry of Education，2008.

27. Ministry of Education，*Ministry of Education Announcement on Higher Education Standards B.E.2561*，Bangkok：Ministry of Education，2018.

28. Ministry of Foreign Affairs of the Kingdom of Thailand，*Sufficiency Economy Philosophy：Thailand's Path towards Sustainable Development Goals*，Bangkok：Ministry of Foreign Affairs. 2017.

29. Ministry of Labour，*Skill Development Promotion Act*，*B.E. 2545（2002）*，Bangkok：The Ministry of Labour，2002.

30. Niels Mulder，*Inside Thai Society：Interpretations of Everyday Life*，Amsterdam：The Pepin Press，1996.

31. Eiji Murashima，"The Origin of Modern Official State Ideology in Thailand"，

Journal of Southeast Asian Studies，Vol.19，No.1（Mar.1988）．

32. Robert J. Muscat，*The Fifth Tiger：A Study of Thai Development Policy*，New York：Routledge，1994.

33. National Economic Development Board，Office of the Prime Minister，*The Second National Economic and Social Development Plan*（*1967—1971*），Bangkok：National Economic Development Board，Office of the Prime Minister，1967.

34. National Institute for Lifelong Education of the Republic of Korea（NILE），UNESCO Institute for Lifelong Learning（UIL），*Synthesis Report on the State of Community Learning Centres in Six Asian Countries：Bangladesh，Indonesia，Mongolia，Republic of Korea，Thailand and Viet Nam*，Hamburg：UNESCO Institute for Lifelong Learning，2017.

35. UNESCO Institute for Lifelong Learning，*Lifelong Learning in Transformation：Promising Practices in Southeast Asia*，Hamburg：UNESCO Institute for Lifelong Learning，2017.

36. National Library of Thailand，*Annual Report of National Library of Thailand*，Bangkok：National Library of Thailand，2018.

37. Tik Netikamjorn，"Thailand，China Join Forces to Boost Railway Vocational Education and Training"，*National News Bureau of Thailand*，2018-01-23.

38. NUFFIC，*Education System Thailand Described and Compared with the Dutch System*，Hague：NUFFIC，2015.

39. OECD，*Structural Policy Country Notes Thailand*，in *Southeast Asian Economic Outlook 2013：With Perspective on China and India*，Paris：OECD，2013.

40. OECD/UNESCO，*Education in Thailand：An OECD-UNESCO Perspective*，Paris：OECD Publishing，2016.

41. OECD，*Multi-dimensional Review of Thailand*（*Volume 1*），Paris：OECD Publishing，2018.

42. Office of the Education Council，Ministry of Education，*Proposal for the Second Decade of Education Reform*（*2009-2018*），Bangkok：Ministry of Education，

2009.

43. Office of the Education Council, Ministry of Education, *The National Scheme of Education B.E. 2560-2579 (2017-2036)*, Bangkok: Ministry of Education, 2016.

44. Office of the Education Council, Ministry of Education, *Education in Thailand*, Bangkok: Ministry of Education, 2017.

45. Office of Basic Education Commission, Ministry of Education, *The Basic Education Core Curriculum B.E. 2551 (A.D. 2008)*, Bangkok: Ministry of Education, 2008.

46. Office of the Basic Education Commission, Ministry of Education, *Basic Education Standards for Internal Quality Assurance*, Bangkok: Ministry of Education, 2005.

47. Office of the Higher Education Commission, Ministry of Education, *National Qualifications Framework for Higher Education in Thailand Implementation Handbook*, Bangkok: Ministry of Education, 2006.

48. Office of the Higher Education Commission, Ministry of Education, *Manual for the Internal Quality Assurance for Higher Education Institutions*, Bangkok: Ministry of Education, 2014.

49. Office of the Higher Education Commission, Ministry of Education, *Study in Thailand 2014*, Bangkok: Ministry of Education, 2015.

50. Office of the Higher Education Commission, Ministry of Education, *Executive Summary: The Framework of the Second 15-Year Long Range Plan on Higher Education of Thailand (2008-2022)*, Bangkok: Ministry of Education, 2016.

51. Office of the Higher Education Commission, Ministry of Education, *Thai Higher Education: Fact & Figures*, Bangkok: Ministry of Education, 2016.

52. Office of the Higher Education Commission, *DUO-Thailand Fellowship Programme 2006-2016*, Bangkok: Ministry of Education, 2016.

53. Office of the Higher Education Commission, Ministry of Education, *Thai*

Higher Education: At a Glance 2017, Bangkok: Ministry of Education, 2017.

54. Office of the Higher Education Commission, Ministry of Education, *Manual for the Internal Quality Assurance for Higher Education Institutions*, Bangkok: Ministry of Education, 2017.

55. Office of the National Economic and Social Development Board, *The Fourth National Economic and Social Development Plan (1977-1981)*, Bangkok: National Economic Development Board, Office of the Prime Minister, 1977.

56. Office of the National Economic and Social Development Board, *The Seventh National Economic and Social Development Plan (1992-1996)*, Bangkok: National Economic and Social Development Board, Office of the Prime Minister, 1991.

57. Office of the National Economic and Social Development Board, *The Tenth National Economic and Social Development Plan (2007-2011)*, Bangkok: National Economic and Social Development Board, Office of the Prime Minister, 2006.

58. Office of the National Economic and Social Development Board, *The Eleventh National Economic and Social Development Plan (2012-2016)*, Bangkok: National Economic and Social Development Board, Office of the Prime Minister, 2011.

59. Office of the National Economic and Social Development Board, *The Twelfth National Economic and Social Development Plan (2017-2021)*, Bangkok: Office of the National Economic and Social Development Board, Office of the Prime Minister, 2016.

60. Office of the National Economic and Social Development Board, *National Strategy (2018-2037)*, Bangkok: Office of the National Economic and Social Development Board, Office of the Prime Minister, 2018.

61. Office of the National Education Commission, Office of the Prime Minister, *National Education Act of B.E. 2542 (1999)*, Bangkok: Office of the National Education Commission, Office of the Prime Minister, 1999.

62. Office of the National Education Commission, *Education in Thailand 2002/2003*, Bangkok: Amarin Printing and Publishing, 2003.

63. Office of the Permanent Secretary, Ministry of Education, *2016 Educational Statistics*, Bangkok: Ministry of Education, 2016.

64. ONESQA, *Manual for Basic Education Institutions: The Third-Round of External Quality Assessment (2011-2015)*, Bangkok: The Office for National Education Standards and Quality Assessment, 2013.

65. ONESQA, *Manual for Higher Educational Institutions: The Third-round of External Quality Assessment (2011-2015)*, Bangkok: The Office for National Education Standards and Quality Assessment, 2013.

66. ONESQA, *Manual for Vocational Education Institutions the Third-round of External Quality Assessment (2011-2015)*, Bangkok: ONESQA, 2013.

67. ONESQA, *Advanced Research & Innovation in Quality Assurance*, Bangkok: Office for National Education Standards and Quality Assessment, 2015.

68. ONESQA, *Executive Summary: Synthesis of Third-round External Quality Assessment for Higher Education*, Bangkok: Office for National Education Standards and Quality Assessment, 2015.

69. ONESQA, *A Glimpse at ONESQA*, Bangkok: Office for National Education Standards and Quality Assessment, 2017.

70. ONESQA. *Executive Summary Synthesis of Third-round of External Quality Assessment for Vocational Education*, Bangkok: ONESQA, 2017.

71. Chadarat Singhadechakul, *Current Thai Education Policies and Reform*, Boracay: APEC Education Network Meeting, 2015.

72. Smarnjit Piromruen, Sen Keoyote, *Education and Training Strategies for Disadvantaged Groups in Thailand*, Paris: UNESCO IIEP, 2001.

73. Somwung Pitiyanuwat, "The Standards and Key Performance Indicators of External Quality Assurance for Higher Education in Thailand", *Journal of Research Methodology*, Vol.18, No.2 (2005).

74. Sarayuth Poolsup, *Educational Politics in Thailand: A Case of the 1999 National Education Act*, Ypsilanti: Eastern Michigan University, 2003.

75. T. Neville Postlethwaite and R. Murray Thomas (eds), *Schooling in the ASEAN Region*, Oxford: Pergamon Press, 1980.

76. David Schavit, *The United States in Asia: A Historical Dictionary*, New York: Greenwood Press, 1990.

77. Klaus Schwab, *The Global Competitiveness Report 2019*, Geneva: World Economic Forum, 2019.

78. SEAMEO RIHED, *M-I-T Student Mobility Programme Pilot Project Review 2010*, Bangkok: SEAMEO RIHED, 2010.

79. Churairat Sangboonnum, *Vocational Education Development: Lessons from Thailand*, Yangon: United Nations Information Centre, 2013.

80. Pongsuwat Sermsirikarnjana, Krissana Kiddee and Phadungchai Pupat, "An Integrated Science Process Skills Needs Assessment Analysis for Thai Vocational Students and Teachers", *Asia-Pacific Forum on Science Learning and Teaching*, Vol.18, No.2 (Dec. 2017).

81. Harold E. Smith, Gayla S. Nieminen and May Kyi Win, *Historical Dictionary of Thailand (Second Edition)*, Lanham: Scarecrow Press, Inc., 2005.

82. Sugunya Suksatan, Pariyaporn Tungkunanan and Siripan Choomnoom, "Thai Vocational College Education Monitoring and Evaluation: A Confirmatory Factor Analysis", *Asia—Pacific Social Science Review*, Vol.18, No.1 (Jan. 2018).

83. Runchana P. Suksod—Barger, *Religious Influences in Thai Female Education (1889—1931)*, Cambridge: James Clarke & Co., 2014.

84. Sombat Suwanpitak, "Thailand's Path to Literacy", *International Review of Education*, Vol.54, No.5/6 (Sep. 2008).

85. The Constitutional Court of the Kingdom of Thailand. *Constitution of The Kingdom of Thailand*, 2017.

86. Thai National Commission for UNESCO, Ministry of Education, *Education*

for All 2015 National Review：*Thailand*，Bangkok：Ministry of Education，2015.

87. UN Department of Economic and Social Affairs，*Thailand's Voluntary National Review on the Implementation of the 2030 Agenda for Sustainable Development*，New York：United Nations，2017.

88. UNESCO Office Bangkok and Regional Bureau for Education in Asia and the Pacific，SEAMEO Regional Centre for Higher Education and Development，*Higher Education in South-East Asia*，Bangkok：UNESCO，2006.

89. UNESCO，*Thailand*：*Non-formal Education*，Country Profile Prepared for the Education for All Global Monitoring Report 2008 Education for All by 2015：Will We Make It？ 2008.

90. UNESCO International Bureau of Education，*World Data on Education* (*7th edition*)，Geneva：UNESCO International Bureau of Education，2010.

91. UNESCO，*Education Systems in ASEAN+6 Countries*：*A Comparative Analysis of Selected Educational Issues*，Bangkok：UNESCO Bangkok Office，2014.

92. UNESCO，*Community-Based Lifelong Learning and Adult Education*：*Situations of Community Learning Centres in 7 Asian Countries*，Paris：UNESCO，2016.

93. Walter F. Vella，*Chaiyol*：*King Vajiravudh and the Development of Thai Nationalism*，Honolulu：University Press of Hawaii，1978.

94. Pierre Walter，"Adult Literacy Education and Development in Thailand：An Historical Analysis of Policies and Programmes from the 1930s to the Present"，*International Journal of Lifelong Education*，Vol.21，No.2 (2002) .

95. Jarunee Wonglimpiyarat，"The Innovation Incubator，University Business Incubator and Technology Transfer Strategy：The Case of Thailand"，*Technology in Society*，Vol.46 (2016) .

96. David Wyatt，*Samuel McFarland and Early Educational Modernization in Thailand*，*1877-1895*，Bangkok：Siam Society，1965.

97. David K. Wyatt，*Thailand*：*A Short History*，London and Bangkok：Thai

Watana Panich and Yale University Press，1984.

98. Yong Zhao（ed.），*Handbook of Asian Education：A Cultural Perspective*，New York：Routledge，2011.

99. Adrian Zideman，*Student Loans in Thailand：Are They Effective*，*Equitable*，*Sustainable*? Bangkok：UNESCO Bangkok/IIEP，2003.

泰文文献

1. Bureau of Vocational Education and Professional Standards，คู่มือการประเมินคุณภาพภายในการอาชีวศึกษาตามมาตรฐานการอาชีวศึกษาระดับประกาศนียบัตรวิชาชีพและระดับประกาศนียบั ตรวิชาชีพชั้นสูง พ. ศ. *2559*，Bangkok：Ministry of Education，2016.

2. Hang Chat District Non—Formal and Informal Education Center，รายงานการประ เมินตนเอง ของสถานศึกษาศูนย์การศึกษานอกระบบและ การศึกษาตามอัธยาศัยอาเภอห้างฉัตรอาเภอห้างฉัตรจังหวัดลาปาง，2019 年 4 月 17 日，见 http：// nfehang chat.com/acc/a2457126SAR_61. pdf.

3. Ministry of Education，แผนการศึกษาแห่งชาติ พ.ศ. 2560 – 2579，สำนักงานเลขาธิการสภาการศึกษา，2018.

4. Ministry of Education，รูปแบบระบบการประกันคุณภาพภายในสถานศึกษาสังกัดสำนักงานคณะกรรมการการอาชีวศึกษาที่เชื่อมโยงกับกฎกระทรวงฯและการประเมินคุณภาพภายนอกรอบสามของสมศ，Bangkok：Ministry of Education，2018.

5. Ministry of Education. แผนพัฒนาการศึกษาของกระทรวงศึกษาธิการฉบับที่๑๒ (พ.ศ. ๒๕๖๐-๒๕๖๔). 2018 年 11 月 9 日， 见 http：//www.moe.go.th/moe/th/news/ detail.php? NewsID=47194&Key=news20.

6. National Science Technology and Innovation Policy Office，นโยบายและแผนวิทยาศาสตร์ เทคโนโลยีและนวัตกรรมแห่งชาติ ฉบับที่1 (พ.ศ.2555-2564)，2018 年 11 月 7 日，见 http：//www. sti.or.th/uploads/content_file/%E0%B9%81%E0%B8%9C%E0%B8%99_%E0% B8%A7%E0%B8%97%E0%B8%99.pdf.

7. Office of the Basic Education Commission，มาตรฐานการเรียนร่วมเพื่อการป

ระกันคุณภาพภายในของสถานศึกษา พ.ศ. *2555.* *[Standard of Quality Assurance for Inclusive Education within Academies]*，Bangkok：Ministry of Education，2012.

8. Office of the Higher Education Commission，แผนปฏิบัติการของสำนักงานคณะกรรมการการอุดมศึกษา ประจำปีงบประมาณ พ.ศ. 2561，2018 年 11 月 8 日，见 http：//www.mua.go.th/2018/wp-content/uplond/7425.pdf.

9. Office of the Higher Education Commission，แผนอุดมศึกษาระยะยาว 20 ปี พ.ศ. 2561-2580，2018.

10. Office of the Minister Newsline，ข่าวที่ *270/2561* ครม.เห็นชอบร่างพระราชบัญญัติการอุดมศึกษา พ.ศ，2018 年 8 月 7 日， 见 http：//www. moe.go.th/websm/2018/3/270.html.

11. Office of the Minister Newsline，ข่าวที่ 395/2561ครม. อนุมัติร่างพระราชบัญญัติการศึกษาแห่งชาติ พ.ศ.，见 http：//www.moe.go.th/websm/2018/4/395.html.

12. Office of the Non—-Formal and Informal Office，รายงานผลการดำเนินงานสำนักงาน กศน ประจำปีงบประมาณพ.ศ. *2560*，Bangkok：Ministry of Education，2017.

13. Office of the Non-Formal and Informal Education，แผนปฏิบัติการประจำปีงบประมาณ พศ *2561* ของสำนักงาน กศน，Bangkok：Ministry of Education，2018.

14. Office of the Non-Formal and Informal Education，นโยบายและจุดเน้นการดำเนินงาน สำนักงาน กศน，Bangkok：Ministry of Education，2019.

15. ราชกิจจานุเบกษา. ยุทธศาสตร์ชาติ (พ.ศ. ๒๕๖๑-๒๕๘๐)，2018 年 10 月 13 日，见 http：//www. ratchakitcha.soc.go.th/DATA/ PDF/2561/A/ 082/T_0001.PDF.

16. สำนักงานคณะกรรมการการอุดมศึกษา (สกอ.)，ข้อมูลการดำเนินงานตามภารกิจของทุนหมุนเวียน ปี *2558*，2019 年 12 月 16 日，见 http：//www.mua. go.th/users/bphe/rf/two.html.

相关网站：

1. Bureau of International Cooperation Strategy：http：//inter.mua.go.th/

2. Ministry of Education：http：//www.en.moe.go.th/enMoe2017/

3. Ministry of Higher Education，Science，Research and Innovation：

4. https：//www.mhesi.go.th/home/

5. Office of the Basic Education Commission：http：//www.obec.go.th

6. Office of the Non-Formal and Informal Education：http：//www.nfe.go.th/

7. Office of the Vocational Education Commission：http：//www.vec.go.th/th-th/ หน้าแรก.asp

8. Office for the National Education Standards and Quality Assessment：http：// www.onesqa.or.th/

9. Office of the Education Council：http：//www.onec.go.th/

10. National Educational Information System：http：//www.mis.moe.go.th/

11. National Statistical Office：www.nso.go.th

12. Office of the National Economic and Social Development Council：https：// www.nesdc.go.th/nesdb_en/main.php？filename=index

13. Ministry of Foreign Affairs of the Kingdom of Thailand：http：//mfa.go.th/ main/en/home

14. Thailand Development Research Institute：https：//tdri.or.th/en/category/ publication/

15. National Science Technology and Innovation Policy Office：http：//www.sti. or.th/home.php

16. Thailand Development Research Institute：https：//tdri.or.th/en/

17. Bangkok Post：https：//www.bangkokpost.com/

术　　语

1. 主要法律

Act of Ministries，Bureaus，and Departments Improvement，B.E. 2562（2019）	《部、局和司改进法》（2019）
Administrative Organization of the Ministry of Education Act B.E. 2546（2003）	《教育部行政组织法》（2003）
ASEAN Charter	《东盟宪章》
Child Protection Act，B.E. 2546（2003）	《儿童保护法》（2003）
Compulsory Education Act，B.E. 2545（2002）	《义务教育法》（2002）
Constitution of The Kingdom of Thailand，B.E. 2560（2017）	《泰王国宪法》（2017）
Elementary Education Act，B.E. 2478（1935）	《初等教育法》（1935）
Government Teacher and Education Personnel Act，B.E. 2547（2004）	《政府教师和教育人事法》（2004）
Institute of Community College Act，B.E. 2558（2015）	《社区学院机构法》（2015）
Law for the Elderly，B.E. 2546（2003）	《老年人法》（2003）
National Education Act，B.E. 2542（1999）	《国家教育法》（1999）
National Education Act B.E. 2542（1999）Amendments（Second National Education Act）B.E. 2545（2002）	《国家教育法（修正案）》（2002）（《第二国家教育法》）

续表

National Education Act B.E. 2542（1999）Amendments（Third National Education Act）B.E. 2553（2010）	《国家教育法（修正案）》（2010）（《第三国家教育法》）
National Strategy Act，B.E. 2560（2017）	《国家战略法》（2017）
Compulsory Primary Education Act，B.E. 2464（1921）	《义务初等教育法》（1921）
Private College Act，B.E. 2512（1969）	《私立学院法》（1969）
Private School Act，B.E. 2461（1919）	《私立学校法》（1919）
Private School Act，B.E. 2550（2007）	《私立学校法》（2007）
Private Higher Education Institution Act，B. E. 2522（1979）	《私立高等教育机构法》（1979）
Private Higher Education Institution Act，B.E. 2546（2003）	《私立高等教育机构法》（2003）
Promotion of Non-Formal and Informal Education Act B.E. 2551（2008）	《非正规与非正式教育促进法》（2008）
Rajabhat University Act，B.E. 2547（2004）	《皇家大学法》（2004）
Regulation on the Rights of Enterprises to Establish Learning Centres to Provide Basic Education. B.E. 2547（2004）	《企业设立学习中心提供基础教育权利的条例》（2004）
Reorganization of Ministry，Sub-Ministry，and Department Act，B.E. 2545（2002）	《部、分部、司重组法》（2002）
Skill Development Promotion Act B.E. 2545（2002）	《技能开发促进法》（2002）
Student Loans Fund Act，B.E. 2541（1998）	《学生贷款基金法》（1998）
Sub-District Administrative Organizations Act，B.E. 2537（1995）	《分区组织理事会法》（1995）
The Teachers and Educational Personnel Council Act，B.E. 2546（2003）	《教师和教育人事委员会法》（2003）
Vocational Training Promotion Act，B.E. 2536（1994）	《职业培训促进法》（1994）
Vocational Education Act，B.E. 2551（2008）	《职业教育法》（2008）

2. 主要政策

Announcement of the Higher Education Internal Quality Assurance Committee Regarding Criteria and Guidelines for Internal Quality Assurance in Higher Education (2014)	《高等教育内部质量保障委员会关于高等教育内部质量保障标准和指南的公告》(2014)
Announcement of the Ministry of Education on Guidelines for Academic Cooperation between Thai and Foreign Higher Education Institutions B.E. 2550 (2007)	《教育部关于泰国与外国高等教育机构学术合作指导方针的公告》(2007)
ASEAN Integration Work Plan	《东盟一体化行动工作计划》
ASEAN Work Plan on Education 2016-2020	《东盟教育工作规划（2016—2020)年》
Blueprint of ASEAN Social-Cultural Community (2009-2015)	《东盟社会—文化共同体蓝图（2009—2015)》
Digital Government Development Plan (2017-2021)	《数字政府发展规划（2017—2021)》
Directive of the Ministry of Education No. OBEC 293/2551	《教育部基础教育委员会办公室令293/2551》
Four-year Action Plan for Non-Formal Education (2012-2015)	《非正式教育行动计划（2012—2015)》
Manual for the Internal Quality Assurance for Higher Education Institutions	《高等教育机构内部质量保障手册》
Master Plan on ASEAN Connectivity 2025	《东盟互联互通 2025 年总体发展规划》
Ministry of Education Announcement on Higher Education Standards B.E. 2561 (2018)	《教育部关于高等教育标准的公告》(2018)
Ministerial Regulation on Educational Quality Assurance B.E. 2561 (2018)	《教育部关于教育质量保障的规定》(2018)
Ministerial Regulation Regarding Systems, Criteria, and Procedures for Internal Quality Assurance in Higher Education Institutions, B.E. 2546 (2003)	《教育部关于高等教育机构内部质量保障体系、标准与程序的规定》(2003)
Ministerial Regulation on System, Criteria, and Procedures for Internal Quality Assurance of Educational Institutions, B.E. 2553 (2010)	《教育部关于教育机构内部质量保障制度、标准与程序的规定》(2010)

续表

National Education Standards，B.E. 2561 (2018)	《国家教育标准》（2018）
National Qualifications Framework for Higher Education in Thailand Implementation Handbook	《泰国国家高等教育资历框架实施指南》
National Policy and Strategy for Early Childhood Development (2006-2008)	《国家幼儿早期发展政策和战略（2006—2008）》
National Science，Technology and Innovation Policy Master Plan (2012-2021)	《国家科学和技术十年战略规划（2012—2021）》
National Strategy (2018-2037)	《国家战略（2018—2037）》
Regulations on Criteria and Procedure for Assurance of Thai Labor Standards B.E. 2546 (2003)	《关于泰国劳动标准保障的标准和程序规定（2003）》
Royal Decree on the Establishment of the Office for National Education Standards and Quality Assessment，B.E. 2543 (2000)	《关于设立国家教育标准和质量评估办公室的皇家法令》（2000）
Standard of Quality Assurance for Inclusive Education within Academies B.E.2555 (2012)	《学校内部全纳教育的质量保障标准》（2012）
Thailand Digital Economy and Society Development Plan	《泰国数字经济与社会发展计划》
The Basic Education Curriculum，B.E. 2544 (2001)	《基础教育课程》（2001）
The Basic Education Core Curriculum，B.E. 2551 (2008)	《基础教育核心课程》（2008）
The Early Childhood Curriculum B.E. 2546 (2003)	《幼儿教育课程》（2003）
The Eighth National Education Development Plan (1997- 2001)	《第八个国家教育发展规划（1997—2001）》
The Eleventh Higher Education Development Plan (2012-2016)	《第十一个高等教育发展规划（2012—2016）》
The Eleventh National Economic and Social Development Plan (2012-2016)	《第十一个国民经济和社会发展计划（2012—2016）》

续表

The Eleventh National Education Development Plan (2012-2016)	《第十一个国家教育发展规划（2012—2016)》
The Fifth Higher Education Development plan (1982-1986)	《第五个高等教育发展规划（1982—1986)》
The Fifth National Economic and Social Development Plan (1982-1986)	《第五个国民经济和社会发展计划（1982—1986)》
The Fourth National Economic and Social Development Plan (1977-1981)	《第四个国民经济和社会发展计划（1977—1981)》
The Ministry of Education ICT Masterplan (2007-2011)	《教育部信息和通信技术总体规划（2007—2011)》
The National Economic Development Plan (1961-1966)	《国民经济发展计划（1961—1966)》
The National Education Plan (1961-1966)	《国家教育计划（1961—1966)》
The Fourth National Economic and Social Development Plan (1977-1981)	《第四个国民经济和社会发展计划（1977—1981)》
The National Economic Development Plan (1961-1966)	《国民经济发展计划（1961—1966)》
The National Education Plan, B.E. 2552-2559 (2009-2016)	《国家教育规划（2009—2016)》
The National Scheme of Education, B.E.2545-2559 (2002-2016)	《国家教育计划（2002—2016)》
The National Scheme of Education, B.E. 2560-2579 (2017-2036)	《国家教育计划（2017—2036)》
The Ninth Higher Education Development plan (2002-2006)	《第九个高等教育发展规划（2002—2006)》
The Promotion of Education Provision by Renowned Foreign Higher Education Institutions	《关于促进国外高潜力高等教育机构的教育管理》
The First 15-Year Long Range Plan on Higher Education (1990-2004)	《高等教育第一个十五年长期发展规划（1990—2004)》
The Second 15-Year Long Range Plan on Higher Education (2008-2022)	《高等教育第二个十五年长期发展规划（2008—2022)》

续表

The Second Decade of Education Reform (2009-2018)	《教育改革第二个十年（2009—2018）》
The Second National Economic and Social Development Plan (1967-1971)	《第二个国民经济和社会发展计划（1967—1971）》
The Seventh National Economic and Social Development Plan (1992-1996)	《第七个国民经济和社会发展计划（1992—1996）》
The Second National Plan for the Elderly (2002-2021)	《国家第二个老年人规划（2002—2021）》
The Seventh National Education Development Plan (1992-1996)	《第七个国家教育发展规划（1992—1996）》
The Sixth Higher Education Development Plan (2007-2011)	《第六个高等教育发展规划（1987—1991）》
The Tenth Higher Education Development Plan (2007-2011)	《第十个高等教育发展规划（2007—2011）》
The Tenth National Economic and Social Development Plan (2007-2011)	《第十个国民经济和社会发展计划（2007—2011）》
The Tenth National Education Development Plan (2006-2011)	《第十个国家教育发展规划（2006—2011）》
Th Twelfth Higher Education Development Plan (2017-2021)	《第十二个高等教育发展规划（2017—2021）》
The Twelfth National Economic and Social Development Plan (2017-2021)	《第十二个国民经济和社会发展计划（2017—2021）》
The Twelfth National Education Development Plan (2017-2021)	《第十二个国家教育发展规划（2017—2021）》
Vientiane Action Programme (2004-2010)	《万象行动计划（2004—2010）》
Vocational Education Development Strategic Plan B.E. 2552-2561 (2009-2018)	《职业教育发展战略规划（2009—2018）》
Vocational Education Guidelines for Policymaking, Goal Setting and Development of Vocational Manpower B.E. 2555	《有关职业教育政策制定、目标设定以及职业人力开发的指导方针》（2012）
2013 Curriculum for the Certificate of Vocational Education	《2013 年职业教育证书课程》

续表

2014 Curriculum for Diploma of Vocational Education	《2014 年职业教育文凭课程》
แผนปฏิบัติการประจำปีงบประมาณ พศ 2561 ของสำนักงาน กศน	《非正规与非正式教育办公室 2018 年行动计划》
รายงานผลการดำเนินงาน สำนักงาน กศน ประจำปีงบประมาณ พ.ศ. 2560	《非正规与非正式教育办公室 2017 年绩效报告》

3. 有关机构

Adventist Development Relief Agency（ADRA）	安泽国际救援协会
ASEAN University Network（AUN）	东盟大学网络
Asian Institute of Technology（AIT）	亚洲理工学院
Association of Southeast Asian Institutions of Higher Learning（ASAIHL）	东南亚高等教育机构协会
Assumption University（AU）	易三仓大学
Bureau of International Cooperation Strategy（BICS）	国际合作战略局
Chiang Mai University（CMU）	清迈大学
Chulalongkorn University（CU）	朱拉隆功大学
Civil Service Commission of Thailand	泰国文官委员会
Committee on Education Reform in the Regional Areas	地区教育改革委员会
Council of International Schools	国际学校协会
Council of University Presidents of Thailand（CUPT）	泰国大学校长理事会
Consortium of Thai Medical Schools（CTMS）	泰国医学院联盟
Department of Industrial Promotion Ministry of Industry	工业部工业促进司
Federation of Thai Industry（FTI）	泰国工业联合会
German International Cooperation（GIC）	德国国际合作组织
German-Thai Chamber of Commerce（GTCC）	德国—泰国商会
Government Teacher and Education Personnel Committee（GTEPC）	政府教师和教育人事委员会

续表

Institute for the Promotion of Teaching Science and Technology（IPST）	科学技术教学促进研究所
International Institute for Trade and Development（ITD）	国际贸易与发展研究所
International Schools Association of Thailand	泰国国际学校协会
Kasetsart University（KU）	农业大学
Khon Kaen University（KKU）	孔敬大学
Mahamakut Buddhist University（MBU）	摩诃蒙固佛教大学
Mahachulalongkornrajavidyalaya University（MCU）	摩诃朱拉隆功佛教大学
Mahidol University（MU）	玛希隆大学
Mahidol Wittayanusorn School（MWITS）	玛希隆王子纪念科学学校
Ministry of Commerce（MOC）	商务部
Ministry of Foreign Affairs（MFA）	外交部
Ministry of Higher Education，Science，Research and Innovation（MHESI）	高等教育、科学、研究与创新部
Ministry of Interior（MOI）	内政部
Ministry of Labor and Social Welfare（MOLSW）	劳工和社会福利部
Ministry of Public Health（MOPH）	公共卫生部
Ministry of Science and Technology（MOST）	科技部
Ministry of University Affairs（MUA）	大学事务部
National Buddhism Bureau（NBU）	国家佛教局
National Council for Peace and Order（NCPO）	全国维持和平与秩序委员会
National Institute of Educational Testing Service（NIETS）	国家教育考试服务研究所
National Research Council of Thailand（NRC）	泰国国家研究委员会
National Science and Technology Development Agency（NSTDA）	国家科学技术开发署
National Scout Organisation of Thailand（NSOT）	泰国国家童军组织
National Startup Committee（NSC）	国家创业委员会
National Women's Development Fund	国家妇女发展基金

续表

New England Association of Schools and Colleges（NEASC）	[美] 新英格兰学校和学院协会
Office of the Basic Education Commission（OBEC）	基础教育委员会办公室
Office of the Education Council（OEC）	教育委员会办公室
Office of the Educational Service Areas	学区办公室
Office of the Higher Education Commission（OHEC）	高等教育委员会办公室
Office for the National Education Standards and Quality Assessment（ONESQA）	国家教育标准和质量评估办公室
Office of the Prime Minister（OPM）	总理办公室
Office of the Private Education Commission（OPEC）	私立教育委员会办公室
Office of the Teacher Civil Service and Educational Personnel Commission（OTEPC）	教师公务员和教育人事委员会办公室
Panyapiwat Institute of Management（PIM）	正大管理学院
Payap University	西北大学
Prince of Songkla University（PSU）	宋卡王子大学
Public and Private Joint Committee for Education（PPJCE）	公立与私立教育联合委员会
Ramkhamhaeng University（RU）	兰甘亨大学
Rockefeller Foundation	洛克菲勒基金会
SEAMEO-Regional Center for Higher Education and Development（SEAMEO RIHED）	东南亚教育部长组织地区高等教育与发展中心
Software Industry Promotion Agency	软件产业促进署
Sukhothai Thammathirat Open University	素可泰塔马斯莱特开放大学
Teachers' Council of Thailand（TCT）	泰国教师委员会
Thai National Statistical Office（NSO）	泰国国家统计局
Thailand Advanced Institute of Science and Technology（THAIST）	泰国高等科学技术研究所
Thailand Development Research Institute（TDRI）	泰国发展研究所
Thailand National Defence College（TNDC）	泰国国防学院
Thailand Professional Qualifications Institute（TPQI）	泰国专业资历研究所

续表

Thammasat University（TU）	法政大学
The National Economic and Social Development Board（NESDB）	国民经济和社会发展委员会
Western Association of Schools and Colleges（WASC）	［美］西部学校和学院协会

4. 关键术语和概念

autonomous university	自治大学
ASEAN Economic Community	东盟经济共同体
ASEAN International Mobility for Students Programme（AIMS）	东盟国际学生流动项目
ASEAN Political-Security Community	东盟政治安全共同体
ASEAN Qualifications Reference Framework（AQRF）	东盟资历参照框架
SAEAN Socio-Cultural Community	东盟社会文化共同体
ASEAN University Network-Quality Assurance（AUN-QA）	东盟大学网络质量保障体系
Bangkok Metropolitan Area	曼谷都市区
Eastern Economic Corridor（EEC）	东部经济走廊
Education for All（EFA）	全民教育
educational service area	教育服务区
Functional Literacy Programme	功能性扫盲计划
Greater Mekong Subregion	大湄公河次区域
Millennium Development Goals（MDGs）	千年发展目标
National Qualifications Framework	国家资历框架
Rajabhat Universities	皇家大学
Special Local Administration Organizations	地方特别行政组织
Sub-District Administration Organizations	分区行政组织
Sufficiency Economy Philosophy	充足经济哲学
Sustainable Development Goals（SDGs）	可持续发展目标
Thai Qualifications Framework for Higher Education	泰国高等教育资历框架

续表

Thai University Central Admission System（TCAS）	泰国大学中央录取系统
Thailand Professional Qualification Framework（TPQF）	泰国专业资历框架
University Mobility in Asia and the Pacific（UMAP）	亚太大学流动计划
UMAP Credit Transfer Scheme	亚太大学流动计划学分转换项目

后　记

　　经过三年多的努力协作，本书作为教育部人文社会科学重点研究基地重大项目——"'一带一路'不同类型国家教育制度与政策研究"的部分成果，终于得以如期问世。在本书即将付梓之际，首先要感谢项目负责人北京师范大学资深教授顾明远先生的信任与鼓励，使我有机会与课题组诸位老师和同学一道共同参与这项具有重要学术价值和现实意义的研究项目。回想起 2017 年 6 月受老师和母校之邀参加项目启动会时，既为能够忝列研究团队承担子课题"泰国教育制度与政策研究"而感到荣幸，但同时也为任务的艰巨和责任的重大而深感忐忑。可以说，这三年的项目研究过程，是对既有国别教育研究领域不断拓展和深化的过程，也是与研究团队不断交流和研讨的过程，期间的点滴累积无疑是一笔宝贵的财富。在此谨向顾明远先生以及项目研究团队各位老师和同学的支持和帮助致以衷心的感谢！

　　本书所涉及的国别教育研究是一个传统经典而又历久弥新的主题。一方面，国别教育制度研究本身就是比较教育研究的重点和核心。200 多年前，比较教育的诞生即是在欧洲民族国家蓬勃兴起的土壤之中。而在此后比较教育的发展历程中，无论是康德尔的《比较教育》、汉斯的《比较教育：教育的因素与传统研究》、卡扎米亚斯和马西亚拉斯的《教育传统与变革》，还是埃德蒙·金的《别国的学校和我们的学校》，这些比较教育代表性人物的奠基之作都是以国家作为研究的基本单位。即使在全球化浪潮风起云涌，全球治理不断深入的今天，虽然"没有政府的治理"正在对国家的主权和行为能力形成挑战，但在可预见的未来，国家依然是国际秩序的主角和全球治理的主体。因此，以国家为基本研究单位的比较教育依然有其生命力和重要价值。另一方面，随着全球化带来的时间和空间的压缩，人与人之间、国家与国家之间的联系正变得越来越紧密，这在客观上也要求我们需要对不同区域、不同国家和不同文化背景下的教育形成更丰富、更动态和更深入的认知与理解。特别是"一带一路"倡议的提出，新时期教育对外开放政策的推进，使得国别教育研究的价值和意义更加凸显。除了主要发达国家和新兴国家之外，很多发展中国家尤其"一带一路"沿线非英语国家的教育研究，已成为当前教育理论、政策与实践发展的迫切需求。或许这也正是本项目研究的立意和指向所在。

泰国是与我国山水相连的友好邻邦，也是"一带一路"建设的重要节点国家。在新的时代背景下，开展泰国教育研究的意义不言而喻。我既非通晓泰语，亦非拥有旅居或留学泰国的经历，然而各种机缘巧合却使我对泰国教育产生了关注和兴趣。10多年前，我跟随王承绪先生攻读博士时，先生主持了"发展中国家高等教育模式的国际移植比较研究"，其中共涉及了亚洲、非洲和拉丁美洲7个代表性国家的案例研究，而我当时承担的恰好就是泰国案例的研究。为完成该研究任务，我从《剑桥东南亚史》《战后东盟教育研究》以及《高等教育百科全书》（*Encyclopedia of Higher Education*）等中英文文献中形成了对泰国高等教育的初步印象，而后撰写了以《泰国高等教育的国际移植与现代化策略》为主题的研究报告，并成为项目最终成果——《发展中国家高等教育模式的国际移植比较研究》（浙江大学出版社2009年版）中的一部分。2012年以后，在汪利兵教授的支持和帮助下，我获得更多的机会参与到联合国教科文组织亚太地区教育局组织的有关国际会议和专业活动，这也使我在多次往来曼谷的经历中对泰国社会和教育有了更真实和更立体的印象。我也曾经利用暑期海外夏令营的机会带领学生先后访问中国驻泰使馆教育组以及亚洲理工学院（AIT）、泰国国家行政发展学院（NIDA）、清迈大学、正大管理学院等教育机构，从而对泰国教育有了更直观和更近距离的了解。此外，通过与泰国学者共同参加学术会议，以及招收泰国留学生等，这些交流与互动都不断加深了对泰国教育的了解和认识。而参与本研究项目和撰写本书的过程，特别是通过收集、整理和分析相关的文献资料，则为更加系统和完整地把握泰国教育提供了可能。

本书的撰写与出版是集体努力和智慧的结晶。根据课题组多次研讨形成的共识，本书确定了整体框架结构和相应的篇章提纲。本书对泰国教育制度与政策的阐述，力图做到薄古厚今，重心放在当代，特别是关注新世纪以来的新发展和新变革。同时，本书以政策为关注重点，努力在宏观层面呈现泰国教育的政策、法律与治理体系，并对中泰面向未来的教育交流合作做出分析和展望。本书第一章和第二章由阚阅撰写，第三章和第五章由翁馨撰写，第四章由徐冰娜、阚阅撰写，第六章和第七章由徐冰娜撰写。泰国留学生黄珊绮（Warocha Pohhan）参与了本书部分泰语文献资料的翻译和整理。阚阅对本书初稿进行了统稿，并对全书内容进行了最后审定。

本书在撰写过程中参考了国内外同行的大量研究成果，在此对相关作者一并表示感谢！本书能够得以顺利出版离不开北京师范大学滕珺教授的统筹、协调和督促，也离不开人民出版社责任编辑的辛勤工作，在此深表谢意！

由于学识和能力所限，特别是语言和资料上的限制，本书还存在很多缺陷和不足，敬请学界同仁批评指正，以便未来修订完善。

阚　阅

庚子阳春于杭州

责任编辑:郭星儿

封面设计:源　源

图书在版编目(CIP)数据

泰国教育制度与政策研究/阚阅,徐冰娜 著. —北京:人民出版社,2020.11

("一带一路"不同类型国家教育制度与政策研究/顾明远主编)

ISBN 978-7-01-022486-2

Ⅰ.①泰… Ⅱ.①阚… ②徐… Ⅲ.①教育制度-研究-泰国②教育政策-
研究-泰国 Ⅳ.①G533.6

中国版本图书馆 CIP 数据核字(2020)第 176165 号

泰国教育制度与政策研究

TAIGUO JIAOYU ZHIDU YU ZHENGCE YANJIU

阚　阅　徐冰娜　著

人民出版社 出版发行

(100706　北京市东城区隆福寺街 99 号)

北京佳未印刷科技有限公司印刷　新华书店经销

2020 年 11 月第 1 版　2020 年 11 月北京第 1 次印刷

开本:710 毫米×1000 毫米 1/16　印张:24.75　字数:366 千字

ISBN 978-7-01-022486-2　定价:74.00 元

邮购地址 100706　北京市东城区隆福寺街 99 号

人民东方图书销售中心　电话 (010)65250042　65289539